中山大学

2023年第1卷

（总第9卷）

青年法律评论

中山大学法学院　主办

法学国家级实验教学示范中心（中山大学）　协办

《中山大学青年法律评论》编辑部　组编

主编　巢志雄

执行主编　张书凝　谢坤怡

法律出版社

LAW PRESS·CHINA

北京

图书在版编目(CIP)数据

中山大学青年法律评论. 2023年. 第1卷 : 总第9卷 / 《中山大学青年法律评论》编辑部组编 ; 巢志雄主编. -- 北京 : 法律出版社, 2023
ISBN 978-7-5197-8307-5

Ⅰ. ①中… Ⅱ. ①中… ②巢… Ⅲ. ①法律-文集 Ⅳ. ①D9-53

中国国家版本馆CIP数据核字(2023)第172678号

中山大学青年法律评论
2023年第1卷(总第9卷)
ZHONGSHAN DAXUE QINGNIAN FALÜ PINGLUN 2023 NIAN DI-1 JUAN (ZONG DI-9 JUAN)

《中山大学青年法律评论》编辑部 组编
巢志雄 主编
张书凝 谢坤怡 执行主编

责任编辑 王 珊 王雅楠
装帧设计 臧晓飞

出版发行 法律出版社
编辑统筹 学术·对外出版分社
责任校对 王晓萍 王语童
责任印制 陶 松
经 销 新华书店

开本 710毫米×1000毫米 1/16
印张 20.25 字数 349千
版本 2023年11月第1版
印次 2023年11月第1次印刷
印刷 北京新生代彩印制版有限公司

地址:北京市丰台区莲花池西里7号(100073)
网址:www.lawpress.com.cn
投稿邮箱:info@lawpress.com.cn
举报盗版邮箱:jbwq@lawpress.com.cn
销售电话:010-83938349
客服电话:010-83938350
咨询电话:010-63939796

书号:ISBN 978-7-5197-8307-5
定价:88.00元
凡购买本社图书,如有印装错误,我社负责退换。电话:010-83938349

【专题研讨 数字时代法治理论与实践】

个人分享数据财产利益的困境与出路 …………………………… 王洪伟(003)

从透明到信任:论个人信息的关系性保护与规则优化 ……………… 黄昊之(031)

《个人信息保护法》第16条的解释论展开 ………………………… 吉心颖(053)

大数据时代反洗钱监管的信息困境和应对
——兼评美国《2020年反洗钱法案》 …………………………… 朱 婕(077)

电信网络诈骗案中的共犯认定问题研究 ………………………… 杨轩宇(092)

【理论前沿】

论刑事专家辅助人意见:协助质证与证据效力 …………………… 王瑞聪(111)

司法适用中“进退两难”的原股东知情权
——评《公司法司法解释四》第7条第2款 ………………………… 覃 静(127)

劳动合同变更规制之检视
——以《劳动合同法》第35条为切入 ………………………… 钟念珈(145)

异议人承担逾期举证事实证明责任之质疑 ………………………… 田宏伟(166)

“民事责任”的价值基础与内涵重述
——兼论“民事责任承担方式” ………………………………… 杨展硕(182)

【学术视点】

论消费税收入分享制度改革 ……………………………………… 杨佳颖(207)

专利联营的反垄断规制 ………………………………………… 温廷婷(231)

行政过程视域下交通违法记分行为的分段定性 …………………… 吴 童(248)

"三维土地"视阈下分层建设用地使用权的客体分析与权利取得
——基于《民法典》第 345 条展开 …………………………… 石兴熠(263)
农地流转中权利关系的异化及破解路径
——以"三权分置"为背景 ……………………………………… 张百川(278)

【法学书评】

浮出历史地表的"巧儿":法与人文的另一种书写
——评丛小平《自主:中国革命中的婚姻、法律与女性身份
(1940~1960)》 ……………………………………………… 冀翌昕(303)

《中山大学青年法律评论》稿约 …………………………………………… (320)

专 题 研 讨

数字时代法治理论与实践

个人分享数据财产利益的困境与出路

王洪伟*

摘要：

数据不同于信息，当其所载信息具备个人可识别性时，法律对个人信息的保护便从人格权益（内容层）延伸到作为财产权益客体的数据（符号层）上，此时个人数据构成多元权益集合体，近似“人格财产”。遵循个人数据财产价值源于个人和数据处理者之间持续合作的逻辑，个人作为“产消者”、数据贡献者、数据处理活动负外部性承担者，应当有权实质性分享此财产利益。因此，应将个人数据视为集体资产而非个体资产，采取事后分配模式，由非营利性组织成立数据合作社，代表个人参与制定数据处理、红利分享规则；由国家征收数据红利税，所得纳入数字基金，用于改善公共服务并培育新生市场竞争者，最终形成国家集体支付、数据处理者主动让利、个人积极参与的“数据红利”分享格局。

关键词：

个人数据；数据红利分享；数据税；数字基金；数据合作社

一、问题的提出

个人数据是各平台争相获取的养料之源。个人为平台提供了大量的数据资源，其中大多数甚至关涉自我人格。据统计，2021 年互联网广告规模已经突破 5000 亿元大关，广告与营销市场总规模整体达到 11608 亿元。[1] 这一切财产收益，都是以个人自愿或被迫，甚至是无意识地数据贡献为基础，但其分配却与个人无关。“数字鸿沟”下个人和数据处理者贫富差距逐渐拉大，新的弱势群体正在形成。正如帕玛拉·萨缪尔森（Pamela Samuelson）所言：“个人数据之供

---

* 王洪伟，苏州大学民商法学硕士研究生，研究领域为物权法、数据法学。

〔1〕 参见中关村互动营销实验室：《2021 年中国互联网广告数据报告》，载尼思数据网 2022 年 1 月 13 日，https://www.nisdata.com/report/5853。

需交易虽活跃,但消费者能参与的角色实属有限。”[2]个人作为数据价值开发链条的起点,参与数据财产价值的生成全过程,但遗憾的是,数据收益被处理者倾入囊中,产生的风险却由仅从数据市场分得“残羹冷炙”的个人承担。

因此,值得思考的是,个人是否有权对“源于自身、经数据处理者开发而形成的数据财产”主张财产性权益?数据处理者提供的免费、便捷的网络服务能否视为个人让渡自身数据的“对价”?在个性化推荐、精准营销的商业场域下,数据处理者是否应当为个人的“注意力”和“人格牺牲”付费?事实上,2022年12月2日中共中央和国务院联合发布《关于构建数据基础制度更好发挥数据要素作用的意见》(以下简称数据二十条)第12条明确提出了“健全数据要素由市场评价贡献、按贡献决定报酬机制……通过分红、提成等多种收益共享方式,平衡兼顾数据内容采集、加工、流通、应用等不同环节相关主体之间的利益分配”要求。但是,个人数据所涉利益纷繁复杂,关涉财产、个体人格、社会公益,如何构建个人参与分享数据财产利益的法律机制,尚未有可行定论。

二、数据和信息的二元区分

我国法律并未厘定“数据”与“信息”、“个人数据”和“个人信息”之间的关系。在学术界提出的各种数据确权构想中,除了以“数据信息”为财产权客体之外,甚至有学者提出“数字信息”[3]、“数字资产”[4]、“个人信息数据”[5]等概念,司法实践还创造出“数据产品”[6]一词。因此,当我们谈论数据财产时,我们的谈论对象到底是什么?厘清两者的关系,关乎个人能否以及如何参与分享个人数据财产利益,也是不同学科之间进行对话的前提。

---

[2] Pamela Samuelson, *Privacy As Intellectual Property?*, 52 STAN. L. REV. 1125 (2000).

[3] Raquel Gonzalez-Padron, *Property Rights over Personal Data: An Alternative for Standing in Data Breach Cases*, 56 Wake Forest Law Review 401(2021).

[4] Sjef van Erp, *Ownership of Data: The Numerus Clausus of Legal Objects*, 6 Brigham-Kanner Property Rights Conference Journal 252(2017). Sjef van Erp建议用术语“数字资产”作为一个总体概念来定义具有经济价值的数据。

[5] 例如,《互联网个人信息安全保护指南》(公安部网络安全保卫局、北京网络行业协会、公安部第三研究所研究起草,2019年4月10日生效)共有7处引用“个人信息数据”。

[6] 淘宝诉美景案,浙江省杭州市中级人民法院(2018)浙01民终7312号民事判决书。

自古以来,信息被看作是一种自由流动的东西以至于不能被“拥有”。法律对于信息的保护,仅限于特定的领域,如商业秘密。学界主流观点认为,数据和信息无须区分。[7] 数据的价值源于信息且两者在物理层面密不可分,数据作为信息这一交流媒介的延伸,若离开了信息,只不过是一串串以 0 和 1 为代码的电磁,两者区分会使得法律关系复杂化。[8] 但是,若认为两者等同,则“个人数据”便等同于“个人信息”,其结果是,企业对个人数据不能享有控制权——控制个人数据就意味着控制了个人信息,而依《民法典》第 111 条和第 1034 条的规定,控制了个人信息即意味着控制了个人的隐私等人格利益,最终可能形成平台对个人的霸权。显然,这不符合数字经济发展的需要。

依笔者之拙见,数据与信息应予区分。具体而言:

1. 数据和信息处于不同的层级。数据处于符号层,是对事实、活动的数字化记录,是信息在符号中的句法呈现(syntaktische Repräsentation)。[9] 不同于人人可识可读的文字、图画等符号,数据具有特殊性,其存在于网络环境中,受制于代码与技术规则,作为研究过程的“输入”,最终“输出”的才是信息。只有专业人士运用技术手段才能对数据进行读取分析。信息则不同,其处于语义层,产生于对海量数据的筛选、分析。因数据统计分析规则、读取分析能力以及处理的目的不同,隐藏在数据背后的信息便具有了高度场景化的特征。经典的 DIKW 模型亦将数据定义为信息的前身,是未解释的符号。数据处理者寻找数据的目的是获得进一步的信息和知识,[10] 而信息和知识则能为人们的行动提供

---

[7] 参见张新宝:《“普遍免费 + 个别付费”:个人信息保护的一个新思维》,载《比较法研究》2018 年第 5 期;高富平:《个人信息保护:从个人控制到社会控制》,载《法学研究》2018 年第 3 期;丁晓东:《个人信息的双重属性与行为主义规制》,载《法学家》2020 年第 1 期;彭诚信:《数据利用的根本矛盾何以消除——基于隐私、信息与数据的法理厘清》,载《探索与争鸣》2020 年第 2 期;等等。

[8] See Sjef van Erp, *Ownership of Data: The Numerus Clausus of Legal Objects*, 6 Brigham-Kanner Property Rights Conference Journal 248(2017); Kathleen Liddell, *Patient Data Ownership: Who Owns Your Health?*, 8 Journal of Law and the Biosciences 5(2021).

[9] 参见申卫星:《数字权利体系再造:迈向隐私、信息与数据的差序格局》,载《政法论坛》2022 年第 3 期; John Rumbold & Barbara K. Peirscionek, *What Are Data? A Categorization of the Data Sensitivity Spectrum*, 12 Big Data Research 49(2018)。

[10] See Ivan Stepanov, *Introducing a Property Right over Data in the EU: The Data Producer's Right-an Evaluation*, 34 International Review of Law, Computers & Technology 65(2020).

指引。(见图1)

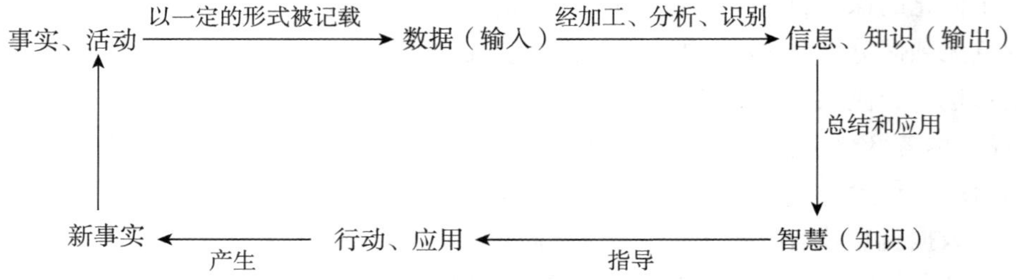

图1 DIKW模式下数据与信息区分模型

2. 事实上,立法者已经表明数据与信息应予区分的态度。从《民法总则》(一审稿)第108条第2款将数据和信息笼统列为知识产权客体之“数据信息”到《民法总则》(二审稿)中将其拆解为“数据”和“个人信息”,分别规定于第124条和第109条,可见数据与信息归属于不同的范畴。此种立场被《民法典》所认可,其第127条明确将“数据”和“网络虚拟财产”并列,表明数据的财产属性。而“个人信息”则被规定于《民法典》“总则”第111条和“人格权编”第1034条下,表明其人格权益的属性。各地的数据条例之规定也表明数据不同于信息。如《重庆市数据条例》《苏州市数据条例》明确表明,“数据,是指以电子或者其他方式对信息的记录”。也就是说,数据是信息的记载形式,信息则是数据被分析提取之后所呈现的内容。

3. 若数据等同于信息,则将使实践中的数据利用、处理活动陷入“个人数据”与“非个人数据”难以区分的困境。如果不区分数据和信息,根据逻辑推演,作为特殊数据类型的个人数据,将会与个人信息等同,依《民法典》第1034条之规定,个人数据将变成人格权益的客体。其结果是,数据处理者在对数据利用之前,必须要事先厘清数据中的“个人数据”和“非个人数据”。但实践表明,个人数据和非个人数据之间的界限并非泾渭分明。尽管《苏州市数据条例》第3条第5项将“匿名化处理后的数据”排除在“个人数据”范围之外,但强大的数据合并的能力使得处理者可以很容易地实现重新识别(re-identify)和去匿名化(de-anonymize),使看似匿名的非个人数据变成个人数据。[11] 而囿于数字经济发展的需要以及算法技术的发展,推断性数据(inferred data)不断产生,绝对的匿名化数据将不复存在。对数据控制者而言,匿名的数据集却可能被有动机的

---

〔11〕 See Andreas Boerding, *Data Ownership-A Property Rights Approach from a European Perspective*, 11 Journal of Civil Law Studies 364(2018).

第三方结合推断性、额外的,甚至是非法的数据加以识别。[12]

根据赫伯特·泽赫(Herbert Zech)对信息进行的语义层(semantic information)、语法层(syntactic information)、结构层(structural information)的三层分类[13]以及经典的DIKW模型,笔者将数据和信息作如下区分:数据处于符号层,是对内容层的信息之客观记载,对数据读取和分析,得到的则是信息。当数据上所负载的信息具备个人"可识别性"时,此时的信息便属于"个人信息",此时的数据则构成"个人数据"。实际上,数据与信息的区分,是一种法技术构建,旨在分类规制。立法者制定数据规则,旨在规范数据的访问、共享和流通秩序,其应用于特定的网络系统,服从于代码与技术规则,而信息规则要解决的是信息内容免受侵犯,无论信息流向何地,法律都要随着信息的流向加以救济。(见图2)

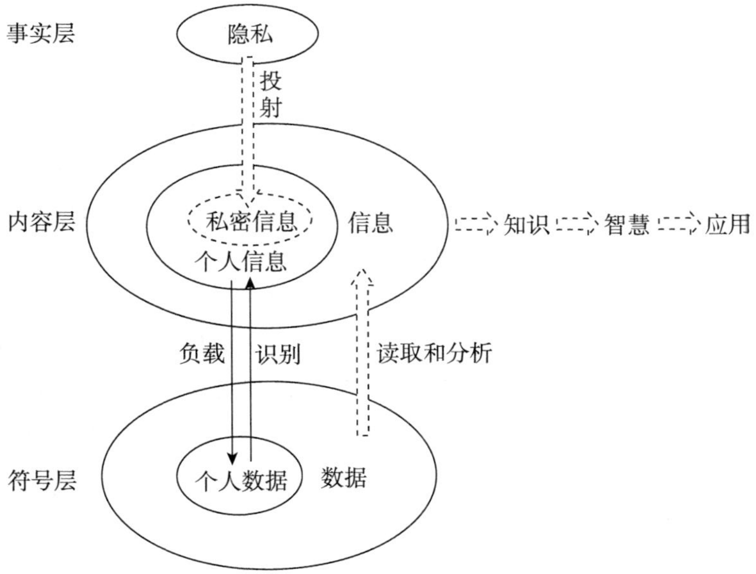

图2　数据与信息区分

---

〔12〕 See Finck & Pallas, *They Who Must Not be Identified-Distinguishing Personal from Non-Personal Data under the GDPR*, https://ssrn.com/abstract=3462948, July 25, 2022.

〔13〕 See Herbert Zech, *Information as Property*, Journal of Intellectual Property, 6 Information Technology and Electronic Commerce Law 193(2015).

三、个人分享数据财产利益的法理基础

个人对个人数据财产应当享有财产性利益。因个人信息兼具财产与人格双重属性,而数据本身又是一种无形财产,因此,当该数据上所载信息为个人信息时,个人自有权就两者的结合之物——个人数据,享有财产性利益。此外,个人是个人数据财产价值生成的贡献者、数据处理活动所生风险的受害者。承认个人有权分享此财产利益,契合劳动创造财产理论与分配正义。实际上,个人让渡数据换取免费网络服务的行为只是揭示了人们在特定时间、特定环境下基于风险评估做出的选择,并不能表明"个人同意让渡数据"与"数据处理者提供的免费网络服务"之间构成"对价",更遑论"等价"。

(一)个人数据的财产要素源自信息主体的人格

个人数据是一种特殊的无形财产。基于数据和信息的二元区分,民法领域广义的数据属于无形财产,存在于符号层,个人信息则属于受法律保护的人格利益范畴,处于内容层。当数据上承载的信息具备个体可识别性时,法律对内容层中个人信息人格利益的保护便延伸到了该个人数据上,此时的个人数据便具有了"人格财产"(personal property)的属性,即个人数据是一种特殊的无形财产,是负载人格利益的多元利益集合体。作为联通信息和数据的个人数据,其既是个人信息在符号层上的映射,又因其上所载信息具有个人"可识别性"而成为个人人格的延伸。类似于《民法典》第1183条第2款规定的"具有人身意义的特定物",法律并没有因"人格物"承载了人格利益而明确将其排除在财产范围之外,而是依其性质或者当事人约定对其流转施加了相应限制。同理,个人数据关涉主体人格,其财产要素源自信息主体人格,但这并未改变个人数据作为数据这一无形财产的本质。(见图3)

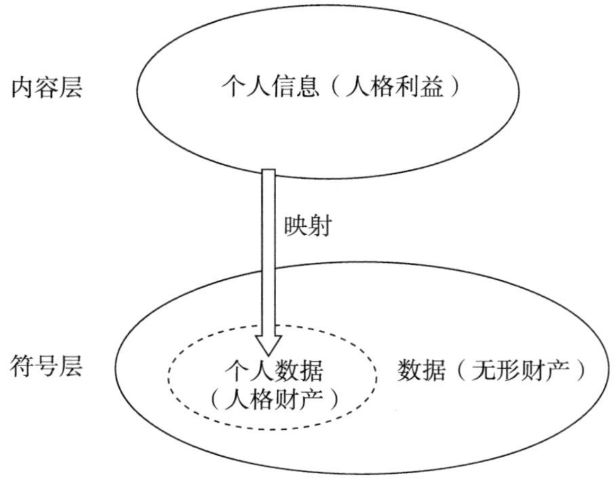

图3 个人信息和个人数据分层结构

1. 作为人格利益客体的个人信息内含财产要素

我国法律实际上认可了个人信息内含财产要素。《民法典》第1182条规定了人格权侵权获利返还制度，以期保护人格中所蕴含的经济利益。应"返还"之获利，实际上就是这些"人格要素上的经济利益"所受之损失。依此逻辑，我国《个人信息保护法》第69条第2款亦规定了个人信息侵权获利剥夺制度。此种以"个人因此受到的损失"或者"个人信息处理者因此获得的利益"为标准确定损害赔偿额的设计，从侧面表明个人信息天然内含财产价值——获利之所以应剥夺，乃在于侵害人取得了应归属权利主体的财产利益。司法实践中，有的法院认为，反映众多自然人身份信息的微信账号具有财产价值，如程某红与赵某飞合同纠纷案。[14]甚至有的法院进一步表明，以承载可识别个人信息的微信账号为标的物的买卖合同依法有效，如四川逐梦游网络科技有限公司与杨某豪买卖合同纠纷案。[15]

---

〔14〕 参见程某红与赵某飞合同纠纷案，江苏省江阴市人民法院(2020)苏0281民初7297号民事判决书。

〔15〕 参见四川逐梦游网络科技有限公司与杨某豪买卖合同纠纷案，四川自由贸易试验区人民法院(2021)川0193民初5976号民事判决书；叶某宁、韦某飞合同纠纷案，广西壮族自治区北海市海城区人民法院(2022)桂0502民初1524号民事判决书。甚至有法院认为微信账号使用权可以作为公司股东的有效出资。如卢某齐与宋某股东出资纠纷案，重庆市沙坪坝区人民法院(2019)渝0106民初10851号民事判决书，重庆市第一中级人民法院(2019)渝01民终8536号民事判决书。

2. 个人信息中财产要素的释放依赖于数据形式

个人信息财产价值的释放必须依赖于“个人数据”这一载体。一项权利客体是否具有财产内容或金钱价值非由法律决定,而是由科技的发展与商品经济的需求而定。[16] 科学技术以及商业发展使得人格要素中潜在的“财产”要素得以萌芽和生长,如肖像权和姓名权。在数字社会中,个人信息经技术手段汇集分析,在市场需求的驱动下,被应用于各种场景,使得商业、政务决策更具有针对性、精确性。个人数据充当了数据和个人信息之间的桥梁,沟通了个人与数据处理者、个人信息财产利益与人格利益。依赖于电子化的个人数据这一形式,数据化的个人信息在流通中实现了溯源,冲破了许可使用合同链条下合同相对性的限制,使得个人信息被大规模、自动化收集、分析与应用成为可能。数据化的形式使得信息中的财产要素附着在数据上,被数据这一无形财产吸收、放大,得以作为数据资产而整体被估价,如《资产评估专家指引第9号——数据资产评估》提出的对数据进行定价的各种方案。

(二)个人对于个人数据财产的生成有实质贡献

遗憾的是,个人的持续性数据投入活动绝大多数被定义为“消费”而非“生产”,所产生的经济价值被视为消费行为的正外部性逸散到公共领域,被有能力者抢占。此种“占有即强权”的默认状态掩盖了个人与数据处理者在个人数据价值生产过程中的合作维度,使数据处理者“攫夺”个人数据财产的行为得以正当化。实际上,个人对个人数据财产的生成具有实质贡献,个人数据财产源于个人和数据处理者双方持续、深度合作。

1. 个人为数据财产价值的生成提供了基础“养料”

(1)个人是数据的生产者兼消费者,个人的参与丰富了数据服务的内容。在全民“短视频”时代,个人可随时以“Vlog”的形式将悠闲娱乐转变成商品,供其他用户消费。据统计,截至2021年年初,微信的日活跃用户就已经达到10.9亿人,有7.8亿人每天会像“皇帝批阅奏折”一样翻看朋友圈,其中的1.2亿人会在朋友圈分享自己的生活动态。[17] 实际上,用户在提供个人数据的过程中,投入了自己的“注意力”“偏好”这一稀缺资源。这种参与本身,就是一种数据“贡献”,意味着我们的数字生活本身已经成为一种新的生产形式——“闲暇”

---

〔16〕 参见黄芬:《人格要素的财产价值与人格权关系之辨》,载《法律科学(西北政法大学学报)》2016年第4期。

〔17〕 参见樊宏伟:《媒体聚焦微信十年:日活跃用户近11亿,数个对手停服或转型》,载百家号“青瞳视角”2021年1月26日,https://baijiahao.baidu.com/s?id=1689958539514365476。

资源的商品化。[18] 因此,约翰·洛克(John Locke)的劳动创造财产理论在数字社会依旧有适用的空间。“当劳动增加了资源的价值时,一个人理应对自己的劳动成果享有财产权。”[19] 换言之,当个人对数据的产生贡献了劳动时,个人理应有权主张参与分享该数据财产。诚然,如果没有公众生成数据,数据驱动型经济就不会存在。因此,公众应该从这种经济中获得公平的收益份额。

(2)将个人纳入数据财产利益分配格局中,有助于激励个人提供更“高质量”的数据。个人参与的深度与广度决定了数据样本的数量和质量,而这又决定了算法的精确性。有的企业在设计导航线路时,甚至会故意引导用户走不同的线路,以补充收集企业尚未掌握的相关线路数据。因此,数字经济的高质量发展,需要以个人提供的准确、高质量的数据为支撑。但现实中,个人提供了海量的网络行为数据等,不论质量高低,得到的回报都是同样的网络服务。当个人没有捕捉到全面、高质量数据而产生的经济回报时,个人提供数据的自利动机便会有所降低,这无疑会阻碍数字经济的发展。

(3)数据处理者所提供的免费、折扣的网络服务掩盖了个人的数据供给行为是“生产”行为的本质。当下看似是“免费”的网络服务,实际上是“以物易物”——免费的个人数据换取免费的网络服务。毫无疑问的是,“免费个人数据”和“免费网络服务”之间并不能构成“等价”。在数据处理者经个人“同意”才能收集个人数据的场合,“同意”隐私服务条款这一行为本身并不构成“意思表示”,仅仅只是“揭示了人们在特定时间、特定环境下基于风险评估做出的选择”[20]。况且,个人数据价值具有稀薄效应,只有在经海量数据聚合并经算法模型分析之后才能产生巨大的财产价值。在被聚合之前,个人甚至是数据处理者都难以知晓此类个人数据究竟能产生多大价值。因此,人们不会像计算机器那样完全理性地评估风险—收益,而是在匆忙中作出选择,更遑论对自己让出的数据的财产价值有所评估。

2. 个人是个人数据处理活动负外部性的承担者

在数据处理者和个人的合作关系中,两者的地位并不平等,呈现数据处理

---

[18] See Imanol Arrieta Ibarra & E. Glen Weyl, *Should We Treat Data as Labor? Moving Beyond "Free"*, https://ssrn.com/abstract=3093683, July 4, 2022.

[19] [英]约翰·洛克:《政府论(下篇)》,丰俊功、张玉梅译,北京大学出版社 2014 年版,第 36 页。

[20] Daniel J. Solove, *The Myth of the Privacy Paradox*, 89 George Washington Law Review 28(2021).

者对个人高度侵害的特征——个人数据源于个人并最终用于“算计”个人,个人承担着数据处理活动的外部性。一方面,个人深受“数字监控”困扰。在各种传感器之下,人们的一举一动都将被监控记录,最终汇集到一小部分数据处理者手中。另一方面,个人固有财产利益被榨取。大型平台掌握着信息技术,其可能比消费者本人还深谙消费者的个人喜好,其可以轻松借由产品或服务之定价方式,尽可能接近个人所能接受的最高价格之保留价格(reservation price),以掠夺该交易可能存在之全部价值剩余(value surplus),如屡禁不止的“大数据杀熟”——不是以商品的成本为基础进行区别定价,而是以用户的价格耐受度作为评判标准。数据资源确实催生很多财富,但是这种财富并不会惠及大众,而将汇集到少数人手中,扩大贫富差距。

实际上,个人数据财产价值被释放的同时,潜在风险也被无限放大:数据泄露、隐私侵扰、算法操纵……正如乌尔里希·贝克所言:“现代社会的风险已经脱离了人类的感知能力,引发的损害是系统性的,通常是不可逆、不可见,风险处境中的社会是不平等的。”〔21〕穷人抵抗风险的能力远不及富有之人,而个人数据处理所产生的风险则刚好在人生的每一个重大关头,打击着穷人。相比于科技带来的环境污染,数据处理活动的负外部性波及面更广、危险性更大、对人们生活的渗透程度更深,甚至侵入人的思想,如形成信息茧房(information cocoons)与诱发群体极化。

(三)个人分享个人数据财产利益符合分配正义

个人数据确实能产生大量财富,但这种财产并没有在全社会共享,而是流向了少数人手中。众多数据企业基于技术、经济地位上的优势而成为个人数据的事实持有者(de facto holder),进而享有事实上的数据财产权(de facto data property),而个人则沦为砧板上的“数据肉”(data meat),任数据处理者宰割。市场的自发性使得基于功利主义(utilitarian theory)和成本—收益决策的初始分配得以正当化,而个人的“特别牺牲”却被合理化为:为追求最大多数人的幸福这一更为值得追求的目标而必要的付出。实际上,每个个体对幸福、公平、平等的感受理应被顾及。资本逐利之下,企业追求利润变成了真理的象征,而受害者的“特别牺牲”却被视为经济发展的附带损失。在整个社会财富因数字技术而增长时,个人数据处理活动所生风险却仅仅被视为伴随数字经济发展的“潜在副作用”。实际上,这种风险正在侵蚀着数据处理者和数据主

---

〔21〕 [德]乌尔里希·贝克:《风险社会:新的现代性之路》,张文杰、何博闻译,译林出版社2018年版,第8~10页。

体之间的信任,此种以“数字经济发展之名”而将个人排除在数字财富分配格局之外的做法,无疑是剥夺了个人作为数据贡献者在数据处理过程中应有的公平感和获得感。

分配正义要求财富等资源的分配应平等、适当。亚里士多德认为:“分配正义在于成比例,公正就是合比例的。”[22] 实际上,个人并不是在免费使用网站提供的服务,表面上看似免费的背后,却是个人以非货币的形式支付了大量的个人数据、碎片化的时间和注意力等,甚至还会面临个人数据失控、被滥用造成的身份被盗、隐私侵扰、精准诈骗等风险。一言以蔽之,此种所得(免费的网络服务)与所失(数据处理风险)之间并不成比例,甚至会动摇双方之间持续合作的信赖基础。因此,当这种数据价值挖掘、社会总体财富增长的负担不成比例地落在个人身上时,此种“特别牺牲”不应该被视为数据经济的“附带损失”而忽略不计。承认个人有权分享数据财产利益,与其说是“补偿”,毋宁视为个人之“应得”。

四、个人分享个人数据财产利益之现有模式困境

(一)个人数据作为纯粹财产权分享的风险

近年来域外诸多学者,如密尔(Miller)、保罗·施瓦茨(Paul M. Schwartz)纷纷认为应承认个人享有个人数据财产权。[23] 此种主张也得到了司法实践的部分支持。早在2011年,在周某与浙江省衢州万某网络技术有限公司侵害商业秘密纠纷上诉案中,[24] 法院认为,网络经营者是以法律行为的方式继受取得

---

[22] [古希腊]亚里士多德:《尼各马可伦理学》,廖申白译注,商务印书馆2021年版,第148~149、160页。

[23] See Vera Bergelson, *It's Personal But is it Mine? Toward Property Rights in Personal Information*, 37 U. C. DAvIs L. REV. 379 (2003); Paul M. Schwartz, *Property, Privacy, and Personal Data*, 117 Harvard Law Review 2056 (2004); Jorge L. Contreras, *The False Promise of Health Data Ownership*, 94 New York University Law Review 624 (2019); Raquel Gonzalez-Padron, *Property Right over Personal Data: An Alternative for Standing in Data Breach Cases*, 56 Wake Forest Law Review 403 (2021).

[24] 参见周某与浙江省衢州万某网络技术有限公司侵害商业秘密纠纷上诉案,上海市第二中级人民法院(2010)沪二中民五(知)初字第57号民事判决书;上海市高级人民法院(2011)沪高民三(知)终字第100号民事判决书。

“网站注册用户信息的所有权”,即用户对该信息享有“初始所有权”。域外,2019年在HiQ v. LinkedIn[25]案中,二审法院认为用户保留了其“个人数据所有权”(data ownership),因此LinkedIn对用户提供的数据不享有“所有者利益”。此观点虽有助于佐证个人应分享数据财产利益,但所谓“个人数据所有权”,仍有商榷之必要。依笔者所见,“个人数据所有权”的主张可能是个人参与分享数据红利的“虚假承诺”。

1. 加剧市场失灵

一旦认为个人对个人数据享有财产权,因数据公开披露的成本低、双方信息不对称、谈判地位不对等、议价能力悬殊等,此主张反而会加速个人数据以廉价、“自愿”出售的方式大规模商业化。实际上,只要市场经济活动对数据要素有处理、利用的需求,数据处理者就有足够的经济动机去贪婪地收集并识别用户的个人数据,在“个人数据财产化的世界里,无处不在的掠夺式转让机会只会让数据层层出售的所有流程合法化”[26]。(见图4)况且,囿于合同的相对性,在复杂的合同交易链条中,一旦数据被二次交易流转至第三人之手,个人将被置于窘境:承担更大风险的同时却难以就二次交易的价格、新的推断性数据主张财产利益。

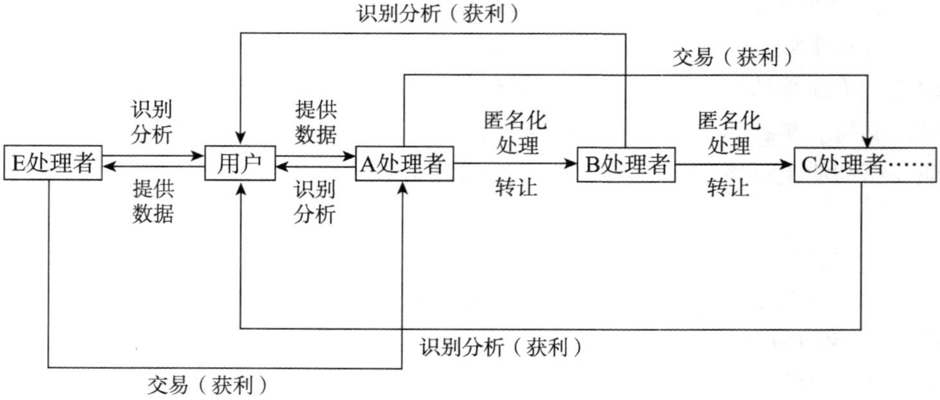

图4 个人数据财产流通过程

[25] See HiQ Labs, Inc. v. LinkedIn Corp, United States Court of Appeals, Ninth Circuit. September 9, 2019 938F. 3d 985 2019 WL4251889.

[26] Jessica Litman, *Information Privacy / Information Property*, Seanford Law Review 1299 (2000).

2. 诱发道德风险

意图增加个人对个人数据控制能力的“个人数据财产权”会诱发数据处理者和个人的双重道德风险。

其一,就个人而言,基于理性“经济人”的假设,可能会诱发“数据钉子户”,甚至可能会引发“无私的利他主义”式微。换言之,当个人数据可以与一定的经济利益挂钩时,个人数据所有者会在此利益驱动下,只生产市场上认为有价值的数据,并且不断抬高个人数据使用的价格,增加数据处理者的数据收集成本。再者,个人数据上所载的信息具有关系性,个人信息虽关乎个人,但常常包含他人的信息。[27] 不同个人提供的看似不相关的大量数据结合推断出新的数据和信息可能会关涉他人。若将个人数据视为个人的财产,则当个人为了追求自身经济利益而在日常社交中不断披露、处分个人数据时,此行为是否会构成对该数据上所载的他人可识别数据的“无权处分”?若否,则任何人的“同意”都变得无关紧要,因为一旦某处理者将人们的个人数据聚集到数据集(池)中,再根据其他人披露的内容,可以推断出每一个人的个人信息。“在个人数据财产权模式下,每个人都是他人选择的囚徒。”[28]

其二,就商家而言,一方面,其可以通过提高产品和服务的费用的方式,将此种事前补偿所增成本转嫁到消费者身上,即个人所分得之红利,最终不过是“羊毛出在羊身上”。另一方面,个人数据具有弱稀缺性,若个人坚持以高价出售自己的数据,则数据处理者会立马转而寻求那些出价较低之人。在市场的自发引导下,个人数据的出售价格只会越来越低,数据样本会越来越偏向于那些将经济利益看得比隐私更重要的人群,以至于穷人和那些无法购买足够隐私的人在交换数据时处于不利地位——隐私等人格利益成为只有富人才能享有的奢侈品。再者,当数据处理者在个人数据收集端耗费过多成本时,则其对数据安全保障措施的投入动机便会不足,其结果是,数据泄露的风险增加,个人处境更为不利。显然,依赖于市场调节的个人数据财产权模式将降低数据处理者对个人整体权利的保护水平,并使所有人的情况更糟。

总之,承认个人数据是“人格财产”,这并不等于其中内含的财产利益不证自明地归于个人专有。实际上,数据财产权是一种隐喻,因为我们找不到合适

---

〔27〕 参见丁晓东:《个人信息权利的反思与重塑——论个人信息保护的适用前提与法益基础》,载《中外法学》2020 年第 2 期。

〔28〕 Ignacio Cofone, *Beyond Data Ownership*, 43 Cardozo Law Review 531(2021).

的词同时表达出个人对个人数据的一定程度的控制与财产利益诉求。[29] 但这种隐喻忽视了个人数据自身的特殊性。若承认数据财产权,意味着要创建特定的法律制度来区分不同类型的数据,而实践中,数据收集是一个持续不断变化的过程——新的个人数据源源不断注入,新的推断性数据源源不断地产生,有的数据甚至不需要存储便可即时分析,例如,导航和跟踪类数据。个人数据在使用上具有非竞争性、非排他性,能够无限复制且价值不减损,这决定了数据上利益主体的多元性。同一种数据,可以同时为不同主体基于不同目的,以不同方式,在不同的场景中加以分析利用,产生不同的经济价值。此种价值的形成,是多方合作贡献的结果,除个人的参与外,还有数据处理者的资金、劳动、技术等的投入,以及其他市场主体的技术支持等。因此,个人数据财产不可能归单一主体独占性享有。

(二)个人数据作为劳动力的利益补偿漏洞

个人数据财产权路径依赖并将放大“同意”在个人数据利用中的重要性,实际上,“同意”依赖的基础——“隐私自我管理”(privacy self-management),被证明是无效的,个人并无自我管理数据的能力。[30] 因此,格伦韦尔(Glen Weyl)和埃里克·波斯纳(Eric Posner)等学者从平等、效率和数据尊严(data dignity)等角度切入,将个人数据视为劳动力(data as labor,DaL),鼓励平台用户形成联盟(利益共同体),组建“个人数据工会”,由工会代表个人与数据处理者集体协商,讨价还价,迫使数据处理者回应个人的财产利益诉求。[31] 换言之,个人充当着数据工作者(data worker)的角色,社交平台给每一个用户分配一块虚拟的土地,让用户在这块虚拟的土地上耕作自己的互联网作物,比如发布图文、点赞,然后平台用其吸引广告,赚取利润,这就是“现代佃农制度”。[32] 既然数据生产是一种

[29] See Annie Sorbie, *Examining the Power of the Social Imaginary Through Competing Narratives of Data Ownership in Health Research*, 68 J. oF L. & Bioscis. 5 (2021); Jacqueline Lipton, *Information Property: Rights and Responsibilities*, 56 FL. L. Rev. 135 (2004).

[30] 参见[德]乌尔里希·贝克:《风险社会:新的现代性之路》,张文杰、何博闻译,译林出版社2018年版,第5页;Daniel J. Solove, *Introduction: Privacy Self-Management and the Consent Dilemma*, 126 HARV. L. REV. 1880 (2013); Neil Richards & Woodrow Hartzog, *Taking Trust Seriously in Privacy Law*, 19 STAN. TECH. L. REV. 431 (2016)。

[31] See Eric A. Posner & E. Glen Weyl, *Radical Market: Uprooting Capital Democray For a Just Society*, 43 Cardozo Law Review 205 (2018).

[32] 参见[美]尼古拉斯·卡尔:《数字乌托邦:一部数字时代的尖锐反思史》,姜忠伟译,中信出版集团股份有限公司2018年版,第37~38页。

劳动形式，那么获取数据而不给予补偿就是劳动剥削。为此，“个人数据工会”旨在以集体行使管理权的形式改善个人在数据处理活动全过程中的谈判的议价能力和弱势地位，增强个人对数据分享、利用以及平台数据治理等方面的发言权。例如，不仅可以考虑工资，还可以考虑非货币形式的补偿、福利等。[33]

以上建议确实提供了一个有益视角，但仍存在以下问题：

1. “个人数据”要素不同于“劳动力”要素。早在2020年3月，中共中央、国务院发布了《关于构建更加完善的要素市场化配置体制机制的意见》，该意见明确将数据与土地、资本、劳动力、技术要素并列，表明数据是独立于劳动力的一种新的生产要素。劳动力要素分布于“生产”端，从产生起，利用方式便是确定的，这决定了劳动力要素的价值是可以固定、预期的。一个人的劳动力是有限的，在同一时间是很难被出卖给多方“雇主”。而个人数据恰恰相反，其经济价值在“集合”中产生，分布于“生产、消费、流通”等各个环节，单个数据的价值在聚合之前是难以衡量的，只有在不断、多次流转中，借助算法等技术工具，与其他数据相关联才能产生。实际上，个人数据的利用方式具有创造性，其价值具有不确定性。

2. 难以组建以“个人”为基础的数据劳动者联盟。传统的工会以国家、地域，或者是企业为单位，联合劳动者。但将“个人视为个人数据劳动力的提供者”，则面临用户基数庞大且分散、用户之间的联系超越时空界限等难题。实践中，某个人可能同时是数十个网络平台的用户，或者说某一个网络平台的用户甚至覆盖了国内外不同阶层、不同年龄的人，如Facebook社交软件掌握着全球超30亿人的用户资源。况且，每一个用户的个人数据每天会被置于上百种不同的算法模型中进行运算，个人很难知晓其个人数据到底在何时与何种数据处理者建立了“劳动力交换”关系，以至于无法清楚地知道自己应该加入何种“个人数据工会”。因此，该以何种标准、何种方式组建“个人数据工会”？

3. 我国现有的《劳动法》《劳动合同法》不太适合这样一个世界：大量的“数据劳动”可能是在消费体验过程中完成的。对个人而言，很多“数据工作”看起来像是娱乐休闲。在个人数据的创建过程中，唯一的人工干预是打开计算机或按下开始按钮，[34]这与传统的“劳动力交换”相去甚远。事实上，个人数据只不过是个人生活的“副产品”，个人数据只是对个人生活的记录而已，只要个人处于网络环境

---

〔33〕 See Eugene K. Kim, *Data as Labor: Retrofitting Labor Law for the Platform Economy*, Minnesota Journal of Law, 23 Science and Technology 134(2021).

〔34〕 See K. K. E. C. T. Swinnen, *Ownership of Data: Four Recommendations for Future Research*, Journal of Law, 5 Property, and Society 152(2020).

中,就会有源源不断的个人数据产生。尤其是很多生物识别数据,如个人的虹膜、基因数据等,是个人与生俱来的。因此,很难将此类数据视为“劳动力”。

(三)个人数据信托制度的困境

数据信托主张将个人数据权利交由专业的、集体谈判单位(数据信托受托人)管理,受托人有权决定谁可以在什么条件下访问数据以及谁可以从中受益。自从2004年利利安·爱德华兹(Lillian Edwards)首次提出数据信托并建议从信托法的角度考虑消费者和数据处理者之间的关系后,[35]这个词逐渐演变为新数据关系的统称,它可能包含也可能不包含信托法,甚至可能不包含类似的信任关系。总之,关于数据信托的界定,目前并未达成共识。

1.第三方数据信托模式困境

在英国,主流观点认为数据不能成为财产,因此数据信托的标的物是数据权利而非数据本身。第三方数据信托是以权利托管的形式实现个人数据“公平、安全分享”,本质上是一种独立的个人数据管理工具。2019年英国开放数据研究所(ODI)在综合西尔维·德拉克洛瓦(Sylvie Delacroix)与尼尔·D.劳伦斯(Neil D. Lawrence)提出的“自下而上”的数据信托方案、利利安·爱德华兹的“隐私税”构想、肖恩·麦克唐纳(Sean McDonald)的“公民数据信托”计划以及Keith Porcaro、David和Richard Winickoff等提出的数据信托构想的基础上,最终将数据信托定义为:提供独立的第三方数据管理的法律结构,即由个人将对自己数据管理的权限授予数据信托受托人,由受托人代表个人,以行使集体管理权的方式与数据使用者共同协商制定数据使用条款。[36](见图5)

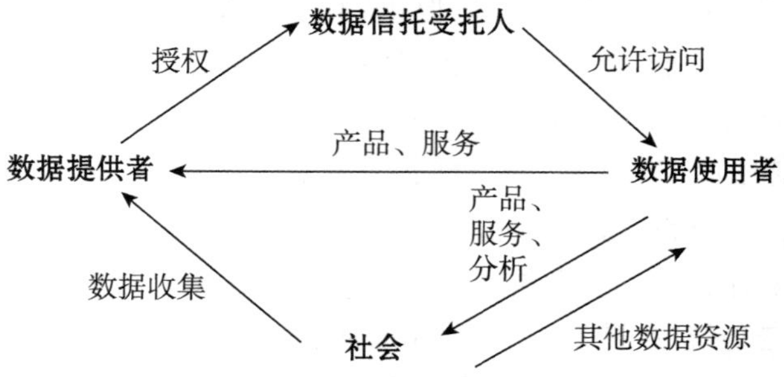

图5 英国开放数据研究所定义的数据信托结构

---

[35] See Lillian Edwards, *The Problem with Privacy*, 18 International Review of Law Computers & Technology 263(2003).

[36] See Jack Hardinges, *Data Trusts in* 2020, https://theodi.org/article/data-trusts-in-2020/.

但不可否认,此种模式仍存在以下问题:(1)术语本身缺乏清晰度。数据信托这一术语易与传统的“财产信托”混淆,导致个人所期望的信托关系实际上不存在,此种困惑可能会消解传统的财产信托机制所释放的价值。(2)加入或退出难题。实践中,很多数据不是经“同意”收集而是通过传感器“被动”获得的,如何让这部分数据所对应的主体能知晓并愿意加入数据信托?实际上,确定哪些数据是个人数据,取决于数据聚合的程度。虽然可以实施“默认”数据信托,然而,这种家长式的方法可能剥夺个人决定授权他人管理自己的数据权益的权利。因此,为防止默认数据信托对个人自主权的僭越,除了需要确保在整个过程中选择退出程序是非常容易的,法律还需要设计持续的审查、监督机制。此外,当个人退出时,如何确定受托人对离开的人应支付的数据利益以及委托人应支付给受托人的数据管理报酬?(3)适格受托人难寻。现实中很难找到这样的适格受托人,即有稳定的资金来源,具备相应专业技术能力,能持续性地履行数据权利管理义务,在违反义务时有能力承担责任,并且只能为了数据主体的利益而工作。如果数据受托人无法承担数据管理造成的高额损害赔偿责任,那是否应当引入责任保险?如将非营利性组织视为受托人,则如何保证其拥有稳定的资金来源以维持数据信托的长期、可持续性运作?[37](4)主体过于宽泛。无孔不入的传感器随时随地地收集着各种数据,个人每天甚至要与几十个不同的数据处理者建立数据联系。数据处理活动的隐蔽性以及过于宽泛的数据信托受托人使得个人根本无从知晓到底是哪一个受托人违反了信义义务而造成了数据泄露或者滥用等问题。(5)可能引发新的数据治理冲突。在全球互联互通的背景下,如果一个政府在某技术平台上定义或强加一种信托义务,它们可能成为全球标准,使其有效地将该国文化规范强加给全球的用户,这关涉一国主权问题。换句话说,决定“谁”来定义平台治理标准的过程可能会阻止或至少破坏治理的有效性。[38]

2. 数据银行模式的困境

20 世纪 90 年代,肯尼斯·劳登(Kenneth Laudon)认为,可以创建地方信息银行,由其负责管理并在国家信息市场(National Information Market,NIM)

---

〔37〕 See Sylvie Delacroix & Neil D. Lawrence, *Bottom-up Data Trusts: Disturbing the "One Size Fits All" Approach to Data Governance*, 9 International Data Privacy Law 251 (2019).

〔38〕 See Sean Martin McDonald, *The Fiduciary Supply Chain*, https://www.cigionline.org/articles/fiduciary-supply-chain/#article-body, September 7, 2022.

中交易个人数据。NIM是一个将个人信息货币化的集中市场,"允许个人信息被买卖,赋予卖方决定泄露多少个人信息的权利"[39]。遵循此逻辑,2018年日本建立了数据银行,试图在数据处理者和个人之间合理分配数据财富。数据银行根据数据主体提供的数据贡献率,反馈个人积分奖励或者财产利息,以此汇集个人数据的管理权,后根据个人的指示或者预先设定的条件向第三方提供相关数据,也可自行根据数据需求者的具体需要将个人数据匿名化处理后贷出,从而创造出新的经济价值。但在整个环节中,数据需求方负担禁止再识别义务,以免个人数据被不断识别、深挖而造成对个人的侵扰等。(见图6)

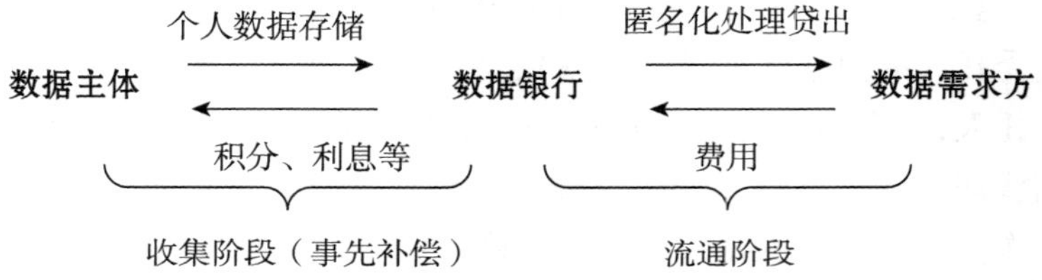

图6 日本数据银行运行过程

此种模式依赖于完善的匿名化和禁止再识别制度,而我国并无匿名化之详细规则,更无对匿名化数据再识别分析之禁止规定,因此借鉴意义有限。除此之外,日本数据银行还将面临以下问题:(1)个人的贡献率难以确定。数据具有网络效应,其聚合之后能否产生预期价值以及产生的价值大小均难以事先精确估量。(2)个人数据集中引发新问题。在有利可图的情况下,个人理性的选择是,将自己的个人数据存入数据银行。结果是,个人数据越来越集中在少数的数据银行手中。而这是危险的——除了数据垄断,数据安全问题或许更为迫切。

(四)小结

从域外经验看,无论是哪种个人数据财产利益分享模式,本质都试图增强个人与数据处理者的谈判能力,打破单个个人与数据处理者之间权力不平等、信息不对称、地位不对等的谈判局面,将一部分价值返还给个人。但遗憾的是,上述探索均未必能满足个人分享数据财产利益的诉求。

1. 使用信托作为个人数据财产红利共享的提议建立在了一个不可靠的假

[39] Kenneth C. Laudon, *Markets and Privacy*, 9 Communications of the ACM 99(1996).

设上:行使数据管理权的影响将局限在有限的团体范围内。[40] 实际上,个人数据上所载的信息具有关系性。因此,受数据受托人决策影响的群体范围是难以确定的。当汇集个人数据的受托人不能保证其决策的影响将限于委托人/受益人,或受益人将不受其他个人以及其他数据信托机构的决策影响时,数据信托结构便脱离了信任的界限而失去效力。此外,在受托人代表个人集体行使权利时,如何避免为多数人利益而产生的决策暴政?该如何为受决策不利影响的少数人提供救济?个人数据信托的退出或相应的补偿机制该如何设计?均有待进一步研究。

2. 利益分配规则所依赖的前提有待推敲。数据银行、第三方数据信托试图将数据权利汇集交由专业人士集体行使从而实现财产利益分配,此种构想建立在了一个错误的假设上:个人数据的财产价值来自个人输入。实际上,个人数据财产价值的产生有赖于市场与技术,源自数据聚合之后的相关性分析,而不是单个数据价值的简单叠加。

3. 个体支付、现金反馈的补偿方式可能诱发新的社会矛盾。以个体支付为原则的分红策略,可能会诱使那些更需要经济利益的人不断让渡自己的个人数据,最终使得隐私成为只有富人才拥有的奢侈品。再者,当交换个人数据所得的收入能维持一个人的社会基本所需时,是否会诱使个人不断提供自己的个人数据而完全放弃隐私?毕竟数据是对个人生活的记录,对于个人而言,他们只是在过他们的生活而已。此外,个体支付的补偿方式面临技术操作难题。例如,微软数据红利分享计划中出现大量机器人涌入而攫夺了本应分配给用户的财产利益。

4. 事前利益分配模式忽视了个人对推断性数据的财产利益诉求。实际上,数据聚合后产生的推断性数据不仅财产价值更大,其风险亦难以估量。在事前分配模式下,数据财产利益补偿仅仅只发生在收集阶段,对于数据聚合分析后产生的更大财产收益,由于经匿名化处理,数据处理者自身恐怕也难以回答某类推断性数据到底是因谁的贡献而产生,更遑论估量个人的贡献率。个人分享数据财产红利终沦为空谈。

[40] See Kenneth C. Laudon, *Markets and Privacy*, 9 Communications of the ACM 332 (1996).

五、个人分享数据财产利益的路径重构

实际上,个人数据的经济价值具有集合(collective)性质——其潜在价值主要来自大型群体而非任何个人产生的数据聚合效应,人工智能技术从"汇总"的数据集中学习而不专注于分析某个人输入的数据。数据的集体价值和网络化属性表明,个人数据财产是一种集体利益,其利润不专属于任何单一主体,而是应该事后以"集体支付"的方式回报给公众。个人数据财产利益分享的构想必须从"我们的数据"而非"我的数据"的角度来切入,将个人数据视为一种集合资产(collective asset)而不是个人资产(individual asset)。

依笔者之见,我国个人参与数据财产利益分享的法律机制可做如下设计[41](见图7):

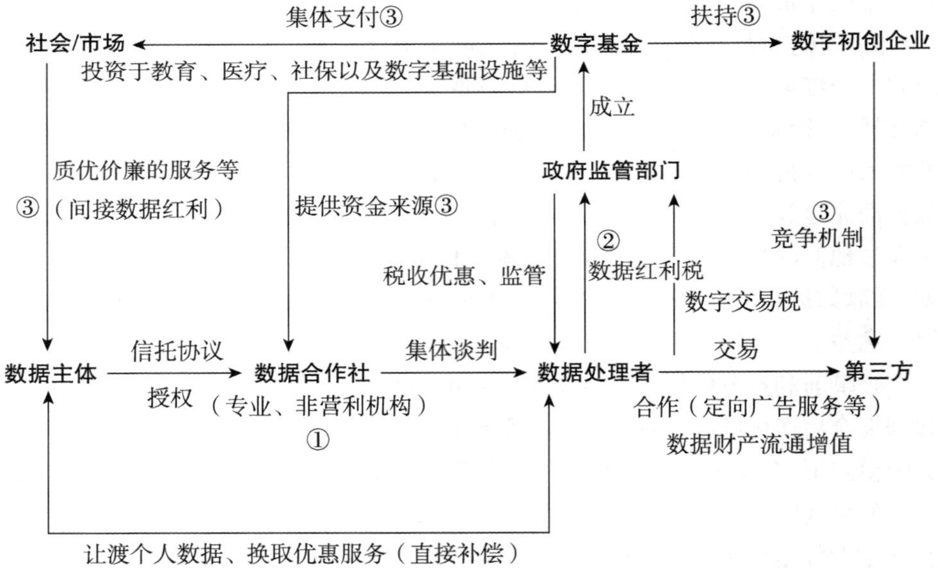

图7 我国个人参与数据财产利益分享的法律机制初步构想

注:①是个人分享数据财产利益的直接方式;②是个人分享数据财产利益的间接方式;③是①和②两种方式的联动模式。

---

[41] 关于如何重构个人分享数据财产利益的法律机制内容,详见王洪伟:《个人分享数据财产利益的法律机制探索》,苏州大学2020年硕士学位论文。

首先,由数据专家组成的公益性组织成立数据合作社,与数据主体签订信托协议,数据主体作为委托人,注册成为数据合作社的会员,数据合作社则作为数据权利的受托人,对数据主体负担信义义务。数据合作社发挥集体协商机制的作用,代表数据主体与数据处理者讨价还价,制定、执行数据处理与利益分配规则。

其次,国家可以将税收作为激励工具,向数据依赖型的数据处理者征收数据红利税,引导数据处理者主动让利于个人。

再次,将数据红利税收所得成立数字基金(Data Found),用于改善公共服务、培育新生市场竞争者,营造良好的数字经济发展环境,使数据主体受益于充分的市场竞争与普惠的公共服务。

最后,数据红利税和数据合作社两种分享数据红利的方式并不是相互独立的,而应相互结合、补充。国家应充分运用税收工具,创造激励机制。例如,以税收优惠、政策支持、资金补贴等方式,鼓励数据处理者加大对数据资源开发与数据安全保障措施的投资,激励数据处理者与数据合作社谈判合作,主动与个人分享数据财产红利,最终形成国家集体支付、数据处理者主动让利、个人积极参与的多方联动的"数据红利"共享格局,确保新的技术所创造的收益在其诞生之初就与公众广泛共享。

(一)个人分享个人数据红利之原则

数字经济的发展具有不确定性,目前并没有明确的证据表明数字企业已经将个人数据作为驱动经济发展要素并获得了可持续盈利的能力,而不仅仅是将个人数据作为获得经济利益的短期工具。因此,个人数据财产利益分享制度的设计应当尽可能考虑以下因素:引导数据处理者因改善服务、开发新技术而扩大用户数据规模,而不是为了囤积数据以削弱竞争对手;跳脱逐渐走向垄断、低水平的技术扩散以及强势一方不断对个人进行剥削的经济结构;减少掠夺性商业行为,增强利用数据持续盈利的能力;为数字小微/初创企业提供发展的市场空间、资金支持,以形成充分的市场竞争;鼓励和规范数据处理者研发并运用隐私计算、差分隐私以及同态加密等技术,更好地保护用户隐私;鼓励数据处理者主动让利于个人等。

1. 采事后利益补偿机制

事前利益补偿模式忽略个人对推断性数据财产利益的诉求。所谓推断性数据(inferred data),是指数据处理者将其收集的零散的数据聚合,对海量碎片化数据的相关性进行分析而得出的新的、与个人有关的其他数据。推断性数据往往产生于二次或多次利用之中,其对个人特性之揭示,更为完整翔实,因而具有更高的价值。换言之,若在个人数据收集阶段对个人进行经济利益补偿,等同于将个人排除在个人数据财产利益分配之外——在收集阶段,个人数据的财产价值并没有爆发,甚至是没有财产价值,个人几乎分享不到什么财产利益。因此,在个人数据收集端对个人进行经济利益补偿,是极不公平的,事后利益补偿模式才是更为适宜的选择。(见图8)

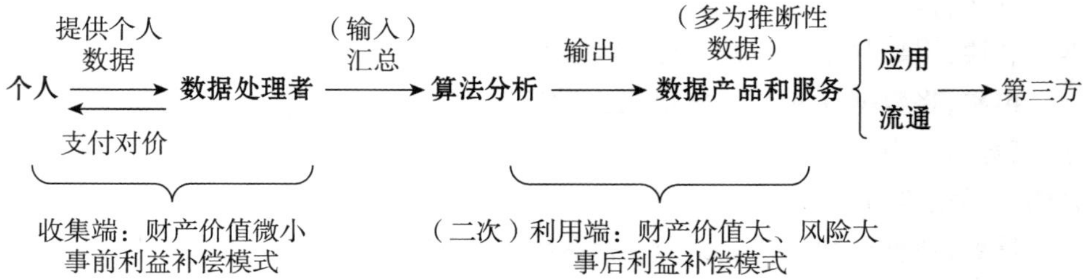

图8　个人数据价值链生成过程

事后利益补偿的模式应当以国家集体支付为主,数据处理者主动让利为辅。一方面,就国家集体支付而言,个人数据财产的集合性与"税收和转移支付"天然契合。大数据技术总是从由许多不同的人的贡献组成的聚合数据集中"学习",而不是专注于在海量的数据集中寻找"个人"。而税收和转移支付作为国家调节财富分配、促进社会公平的重要工具,其也不专注于对国民进行个体支付,而是以强制征税的方式,汇总社会上的财富,再将所汇总之财富以社会救济、福利、保险等形式,转移支付给社会大众,尤其是更为需要的群体。实际上,弱者的存在很大程度上与强者占有本该属于全体成员所共有的资源,甚至压榨、掠夺弱者的劳动成果有关,因而国家必须扮演维护公正的角色,强制强者交出本属于弱者的财富与利益。[42] 换言之,国家作为民主社会的代理人,应当以强制税收的手段从较强势的群体(数据处理者)中抽出一部分数据财富,并以社会福利的形式补偿社会中较弱势的群体(个人)。

另一方面,国家应以税收为调节工具,引导数据处理者主动让利。个人数据财产价值的释放依赖于个人和数据处理者之间长期持续深入合作,个人欲实质性地享受到该财产利益,需要数据处理者主动配合。换言之,数据处理者应当为个人提供更优质的产品和服务。这对个人而言,亦是一种福利。至于数据处理者的让利形式,应当灵活多元,可以是直接的现金支付,亦可以是低价的、优惠折扣的服务,甚至是消费补贴等。例如,某宝每年年底的"集五福、赢红包"

---

〔42〕 参见胡玉鸿:《弱者权利保护基础理论研究》,商务印书馆2021年版,第30页。

以及重大节日期间提供的“实体店线下支付红包抵扣”活动。但应警惕，现今市面上存在很多乱象，数据处理者表面上为用户提供了大量的优惠券，然而这种小额红包、“拉人助力”型优惠券的本意不是支付对价、补偿，而是旨在刺激、引诱消费，以更廉价的手段进行“数据圈地”——收集更多的数据从而赚取更多的规模回报。这种短期的、投机性的数据收集、垄断行为，并不符合数字经济发展的规律，应予警惕。

2. 第三方受托集体管理

可以借鉴英国第三方数据信托，以国家公共资金为依托，培育非营利性组织作为数据信托的受托人，在不妨碍数据处理者正常数据开发活动的前提下，代表个人与数据处理者协商并制定数据处理的伦理准则、财产分配规则以及参与并监督数据处理的全过程，保守商业秘密，监督数据处理者让利并要求违反共同伦理准则的数据处理者承担相应责任。

3. 建立激励与竞争机制

不可忽视的是，以税收作为财富分配工具可能会导致企业税收负担过重，数据处理者可能会以提高产品和服务价格之方式，将此种税负转移到消费者身上。这就要求个人数据红利分配制度的设计应当考虑激励机制，即如何在不加重数据处理者负担的情况下使数据处理者能让利于个人。(1)建立激励机制。例如，政府应当制定相应的产业政策，运用好税收手段，对于主动采取更好隐私保护技术以及让利于个人的数据处理者给予相关的税收优惠或者是技术研发补贴，激励数据处理者投资数据安全保障措施；降低市场主体获取数据的门槛，增强数据要素的分享性、普惠性，提高数据要素供给的数量和质量，为数据处理者提供优质的个人数据资源；加强反垄断执法监督，推动非公共数据按市场化方式“共同使用、分享收益”等。(2)建立竞争机制。政府应降低数字市场准入门槛，给予更多数据处理者进入数字市场的机会。在扶持中小微企业进入数据市场时，政府应加强监管，提高数据处理活动的违法成本，引导数据处理者建立良性的数据发展生态，使得个人最终受益于充分良好的市场竞争。

(二)直接方式：集体协商与数据合作社

我国 2022 年 6 月推出“人民数保”平台，以期利用智能合约、区块链等核心技术实现个人数据酬劳分配。“人民数保”作为第三方平台，本质上是日本数据银行模式在我国的初步探索实践。笔者在权衡英国“第三方个人数据信托”模式的优劣之后，认为其“信义义务”的主张同样可以适用于我国。但是考虑到“数据信托”这一术语可能与传统的“财产信托”混淆，笔者在结合我国国情基础上，认为以“数据合作社”命名第三方受托组织更适宜。

具体而言,笔者所称的数据合作社是与大型平台协商会员数据收集条款的“消费者联盟”,也被称为“数据联盟”“数据联合”组织,作为独立的第三方集体谈判组织,对用户负有信义义务,为个人(委托人)的最大利益而运作,同时受法律和政府部门监管。数据合作社和个人之间以传统的财产信托架构为基础,建立信任机制,由个人(委托人)授权数据合作社(受托人)管理委托人的数据权益。同时,为避免拥有海量个人数据权利集合的受托人为了自身私利而滥用权利,非营利性的公益组织可能是更适格的受托人。因此,国家财政应当为数据合作社提供长期稳定运营的资金来源。

数据合作社具有以下特征:

1. 不同于人民数保平台要求个人将其数据上传至该平台,个人与数据合作社签订授权协议后,并不发生个人数据让渡、存储至数据合作社的结果。换言之,签订授权协议并不发生个人数据本身转移的效果,而是产生个人将个人数据权益委托给数据合作社集中管理,数据合作社对个人负担信义义务的法律效果。接受委托的数据合作社,应当组织专业人士,代表个人与数据处理者进行平等谈判,公平有效地讨价还价,共同商定个人数据访问条件、个人数据被处理的深度以及该数据财产利益的分配机制等。数据合作社有义务监督并督促数据处理者遵守以上共同制定的伦理准则。对于罔顾个人数据安全的处理活动,数据合作社有权要求其整改,造成严重损害的,有权要求其承担赔偿责任。

2. 凡是同意与数据合作社合作的数据处理者,都应当遵守上述伦理准则并主动让利于个人,至于让利的形式,可以多元化——可以是直接的现金支付,亦可以是低价的、优惠折扣的服务,甚至是消费补贴等。例如,QQ音乐用户观看15~30秒广告可得30~60分钟会员服务,这实际上就是我们的“注意力资源”被货币化并让利于个人的商业实践。除此之外,“让利”不等于数据处理者可以“一劳永逸”——不顾个人对个人数据后续处理的合理期待,为最大化挖掘个人数据的财产价值而将个人置于更大的风险之中等。换言之,数据处理者还应采取技术手段,尽力保证个人数据“可用不可见”,最大化降低数据处理活动对个人造成的负面效应。

(三)间接方式:集体支付与国家税收

1. 国家征收数据红利税

所谓“数据红利税”(Data Dividend Tax),是指国家运用税收手段,汇集本属于个人的数据财产,再以集体转移支付的形式,间接回馈给社会大众。笔者所指的“个人数据红利税”,是在借鉴并超越了保罗·罗默(Paul Romer)教授对定向广告征收类似“累进庇古税”(progressive Pigouvian tax)[43]主张的基础上,要求政府考虑数据处理者对用户数据聚集和存储的依赖程度、平台存储的用户数据数量、利用用户数据所产生的收入(包括将数据用于与第三方进行交易所得收入)、数据处理活动所产生的风险等因素,合理设定不同的税收基准,对不同档次的数据处理者征收相应级别的数据红利税。但是,应当注意的是,此种税收针对的是数据处理者对个人数据的使用和商品化的程度,而不是针对数据处理者的整体收入,即将那些“非数据依赖型”和数字初创企业排除在外,防止它们承担过高的税收负担。

数据红利税具体包括以下两种:

(1)数据依赖税

数据依赖税可以边际用户规模和销售分配收入作为评定依据,重点针对个人数据的存储规模进行征税。具体而言,先根据企业存储的用户数据的数量制定几个纳税等级,然后根据企业的收入来评估纳税等级。现实中,许多公司的盈利能力低但却收入很高,其策略不是创造利润,而是不断扩大市场份额,以获取最大的市场容量及其伴随数据。数据具有巨大的网络效应,数据处理者收集的数据越多,就越能为用户提供更好的定制服务,从而聚集更多的数据,获得更多的市场份额,最终产生更多的收入。因此,我们很难估量单位数据的价值或者为算法创造的单位价值设定一个客观中立标准。以收入和数据量为基础的税收计算依据,可以最大限度地接近数据的实际价值,迫使企业从一开始就专注于建立高利润率业务,如研发新数据产品与创新技术,而不是旨在建立数据垄断,进行掠夺式商业营销。同时,对于那些数据使用量小或只有很小数据集的小型初创公司而言,可以避免承担过重的税收负担。

(2)数据交易税

数据密集型公司的主要收入来源是定向广告。2022 年全年中国互联网广告市场规模约 5088 亿元,互联网营销市场规模约为 6150 亿元。[44] 无论是将个

---

〔43〕 See Paul Romer, *Opinion a Tax That Could Fix Big Tech*, https://www.nytimes.com/2019/05/06/opinion/tax-facebook-google.html, September 9, 2022. 庇古税旨在针对一项活动的负外部性征税,保罗·罗默(Paul Romer)教授主张对定向广告征收类似的“累进庇古税”,是因为它会对公民和社会带来负面的后果。

〔44〕 参见中关村互动营销实验室:《2022 年中国互联网广告数据报告》,载和讯网 2023 年 1 月 12 日,https://baijiahao.baidu.com/s?id=1754822274656302264&wfr=sipder&for=pc。

人数据视为个人的财产,还是将个人数据作为信托财产的标的,都难以使个人享受到数据交易环节中所产生的财产利益。而实际上,相较于未开发的原始数据,聚合之后的数据价值更大。对于很多靠用户数据运营的公司来说,大部分利润不是来自AI,而是来自广告和用户数据的销售,数据交易税有助于阻止新兴AI生态系统对个人的剥削和压榨。[45] 因此,应当对产生此种收入的所有数据处理者以统一的税率征收数据交易税,包括那些因数据量过小或收入太低而不被征收数据依赖税的数据处理者。否则,有的数据处理者可能为了钻数据依赖税的漏洞,放弃自我存储、开发数据财产价值的路径,转而作为中间商,"倒卖""炒作"数据而不对数据资源做创新性投入。在这个过程中,数据财产的价值并没有被最大化地挖掘出来,数据处理者自己利用数据进行创新的动机也将会弱化,不利于整个社会数字经济的发展。

除上述征税之外,政府还应当将税收作为激励工具,对那些主动与数据合作社合作并采取更好隐私保护技术以及实质性让利于个人的数据处理者给予相关的税收优惠,甚至是为数据处理者提供技术研发补贴、税收优惠,促使数据处理者投入更多的资金和技术降低数据处理活动的风险,保障数据安全。相反,对那些不积极采取措施保护数据安全以至于数据处理风险增加的数据处理者,苛加更重的数据红利税负担。

2. 税收所得建立数字基金

收数据红利税的目的不是增加公共财政收入,而是确保数据生产力在各个层面迅速发展,数据财富向社会各个阶层扩散,而不仅仅是在顶层聚集。因此,有必要成立数字基金,其资金源于数据红利税,主要用于普惠性的服务以及投资数字基础设施。

(1)数字基金最有效的使用方法不是对数据主体进行个别性的报酬反馈,而是遵循数据财产生成的逻辑,作为集体劳动报酬,为公共产品创造资金流。若为每一个人派发数据财产利益,数据财产价值的不确定性以及无限庞大的基数,最终只会导致一个个人实际分得的经济利益微乎其微,更遑论改善贫富不均的财富收入结构。因此,应从财富不平等的根源着手,运用集体转移支付的手段,将数据基金用于投资教育、医疗、数字基础设施等公共领域,为公共产品提供资金流,创造更多的公共产品和提供更完善的公共服务。具体而言,投资

---

[45] See The California Data Dividend Working Group, *A Data Dividend That Works: Steps T oward Building an Equitable Data Economy*, https://zoharurian. com/wp-content/uploads/2021/05/Data-Dividend_final. pdf.

医疗领域,降低个人就医成本;投资教育领域,缩小各地区教育之间的差距,促进教育公平;投资就业培训,培养高质量的劳动人才等。最终,让每一个人能够实质性地享受到数字经济带来的财产红利。

(2)政府还可以利用数字基金培养新生市场竞争主体并最终使个人等多方受益。由于大型企业的反竞争行为非常普遍,因此在数字经济领域,初创企业要么被淘汰要么被迫选择被大企业吞并。为改变这一局面,政府可以将数字基金的一部分用于鼓励、扶持中小型数字企业,为其创造机会,提供数据资源,增强其在新生之初抗击大型企业压制的竞争能力,使其与大型数字公司充分公平、自由地竞争。市场竞争度越高,提供的数据产品就越多,用户的选择权也越多,作为消费者的个人亦受益于科技进步带来的非金钱利益。

(3)政府还应当积极作为,围绕数字基金建立起一整套激励机制。例如,应当制定数字产业政策,为数据处理者提供政策咨询服务,指导数据行业健康有序发展等。另外,政府应当为数据合作社提供稳定的资金来源,确保数据处理者不会为了追逐自身的利益而置个人利益于不顾。除此之外,为了防止数据处理者将税收的成本转嫁给消费者,政府还应当利用数字基金,对那些积极投入高成本,研发数据安全保障技术的企业提供技术补贴等,激励数据处理者在追求自身财产利益的同时,兼顾个人,乃至整个社会的发展利益。例如,同意与数据合作社合作的公司,或甚至要求其用户成为数据合作社成员的公司,可能有资格从数据红利税中获得税收减免。政府也可以将每一个通过数据合作社作为代理而访问某平台的用户不纳入该平台用户数量,以此减轻企业的数据税收负担。

(四)小结

数据的非竞争性质及其规模回报,意味着数据处理者主要业务策略是建立市场主导地位,通过提高服务或主导劳动力市场并降低工资来赚取利润。这种策略既不是提高生产率,也不是创新——而是将数据的剩余价值从消费者和劳动者手中重新分配给股权所有者。[46] 数据合作社和数据红利税的设想并不会导致企业利润的减少,并不是国家对个人和数据处理者创造的数据财产的榨取。相反,它应该是一系列相互补充的激励机制,不仅仅解决"每个为数据经济做贡献的人都应该获得实质性利益"这一问题,还应激励并引导数据处理者在

---

〔46〕 See The California Data Dividend Working Group, *A Data Dividend That Works: Steps T oward Building an Equitable Data Economy*, https://zoharurian. com/wp-content/uploads/2021/05/Data-Dividend_final. pdf.

数据收集之初就建立旨在提高生产率、长期创新的数据驱动发展模式,打造可持续发展的数据经济市场秩序,确保新的潜在通用技术所创造的收益在其诞生之初就与公众广泛分享。

六、结　语

正是在数字时代,技术变革使得这些曾经非商业的个人数据大规模地聚集起来,与其他数据流结合在一起,被打造成产品以获取利润。理论上,每个为数据经济做出贡献的人都应该实质性地分享到此财产利益,但实践却正好相反:数据处理者以较低的成本积累了这些数据资源并通过买卖和毫无底线地分析、利用个人数据获取巨额的经济利润。技术的商业化并非中立的,在资本的裹挟下,由于缺乏监管和指导,数字市场进入者的力量被放大,加剧了原有的不平等,这种自发的市场经济注定要走向垄断、低水平的技术扩散以及与对用户的剥削。这使我们不得不开始思考,只有在法律上承认了个人对个人数据享有财产利益,才有可能使个人在实践中实现这种利益,而不至于使数据处理者的每一次让利都变成恩赐。换言之,个人的数据"贡献"与"牺牲"不应被"便捷的网络服务"掩盖,当数据处理者将其所收集的海量个人数据与第三方分享并获得巨大利润时,个人应有权要求数据处理者分享该部分收益,并要求以定向广告等为主营业务的数据处理者为用户的"注意力"和人格牺牲"付费"。数据红利税收和集体转移支付、数据合作社联动,形成"国家集体支付、数据处理者主动让利、个人积极参与的个人参与数据财产利益分享的格局"的构想,或许可以为个人实质性地享受数据红利提供一个进一步探索的思路。

从透明到信任：论个人信息的关系性保护与规则优化

黄昊之*

摘要：

个人信息保护法律框架以“告知—同意”原则为核心，以个人信息收集与处理相关信息的披露作为个人信息处理者核心义务。然而，这种保护进路却忽视了个人信息主体的决策能力不足、个人信息处理关系的持续不平等性以及个人信息的特殊性。应将个人信息权益视为关系性权益，采取信息信义关系进路构建关系性保护，强调个人信息处理者的忠诚义务。在个人信息收集阶段，应采取善意或中立隐私设计；在个人信息传输阶段，个人信息处理者应作为忠诚的守门人负有审查义务；在个人信息储存阶段，应以个人信息主体最佳利益为标准；在个人信息处理阶段，应符合用户最佳利益且不影响集体利益。

关键词：

透明；信任；信息信义关系；个人信息；关系性保护

一、问题的提出

在数字时代，个人信息保护问题成为时代关注热点。个人信息法律保护始于美国医疗、教育与福利部门1973年提出的公平信息实践准则（Fair Information Practices Principles），此后其便成为个人信息保护法或信息隐私法的基石，[1]无论是美国的多部信息隐私法，还是欧盟的《一般数据保护条例》，抑

---

* 黄昊之，中国人民大学法学院硕士研究生，研究领域为数据法与信息法。

〔1〕 参见丁晓东：《论个人信息法律保护的思想渊源与基本原理——基于“公平信息实践”的分析》，载《现代法学》2019年第3期。

或是我国的《个人信息保护法》均接纳了公平信息实践准则,[2]形成了以"告知—同意"原则为核心的个人信息保护框架。[3] 在这种保护框架下,个人信息权益成为个人信息主体"自我管理"(self-management)的权益,[4]个人信息关系近似于以个人信息来换取服务或者便利的合同关系,交易信息的透明成为个人信息保护法律的主要要求,即通过要求披露个人信息收集与处理相关信息,保障个人信息主体决策所需信息的透明从而维护这一交易的公平。然而,实践中存在"隐私悖论"现象,[5]"告知—同意"原则趋于异化,交易信息的透明流于形式,难以有效保护个人信息权益。基于此,首先本文从个人信息主体、个人信息处理者以及操纵问题三方面出发,指出了强调透明的"告知—同意"原则在个人信息保护领域所面临的困境。其次,本文对透明原则进行了反思,指出其失灵原因在于忽视了个人信息保护场域下,个人信息主体决策能力、个人信息主体与个人信息处理者关系以及个人信息三方面较传统交易场域下的特殊性。再次,本文将信任引入个人信息保护核心价值中,从个人信息处理者的信义义务出发,对个人信息关系性保护进行了探讨,并指出其优势及所面临的争议。最后,本文结合关系性保护,对个人信息保护规则的优化进行了探讨。

二、"透明"下的困境:"告知—同意"原则的失灵风险

公平信息实践准则的支柱为"告知—同意"原则,即个人信息主体有权了解其被收集的个人信息的内容以及处理方式,同时也对其个人信息的收集和处理

---

〔2〕 如美国《加州隐私权法》中第4条以此为基础规定了企业的一般责任,欧盟《一般数据保护条例》第5条则将其确定为数据处理基本原则,我国《个人信息保护法》总则也参考了公平信息实践准则。

〔3〕 如我国《个人信息保护法》和欧盟《一般数据保护条例》中规定同意为个人信息或数据处理的合法性基础之一,同时赋予信息主体查询权、更正权等个人信息权利,美国《加州消费者隐私保护法》等信息隐私法中也赋予消费者选择退出权等消费者权利。

〔4〕 See Daniel Solove, *Privacy Self-management and the Consent Dilemma*, 126 Harvard Law Review 1880 (2013).

〔5〕 See Patricia Norberg, Daniel Horne & David Horne, *The Privacy Paradox: Personal Information Disclosure Intentions Versus Behaviors*, 41 The Journal of Consumer Affairs 100 (2007).

行为具有同意的权利。[6] "告知—同意"原则旨在赋予个人控制其个人信息的权利,其关键在于透明,即通过告知保证个人信息收集和处理行为的高度透明,让个人信息主体能够进行公平合理的决定,通过同意赋予具有法益侵害性或者法律未主动规制的信息收集或处理行为合法性。[7]

在实践中,透明主要体现为企业隐私政策等的广泛适用;在法律层面,透明要求主要体现为公开透明原则、信息主体的知情权等权利以及企业披露信息的具体规定。如我国《个人信息保护法》第 7 条规定了公开透明原则,第 14 条赋予个人信息主体知情权,第 17 条具体规定了个人信息处理者应当披露的事项;欧盟《一般数据保护条例》第 5 条第 1 款第 1 点规定了个人数据处理原则,第 12 条规定了信息、交流与模式的透明性;美国《加州隐私权法》第 3 条中也规定了消费者的知情权和企业的明确具体告知义务。

以透明作为内核无疑是具有合理性的。首先,理想的透明状态下,"告知—同意"可以成为节省交易成本的极具效率的选择。只需要个人信息处理者以制定标准化的隐私政策等形式向个人信息主体一次性披露信息,个人信息主体根据披露信息作出是否同意的决定,个人信息便可进行流动和处理,极大地节省了信息获取成本与博弈成本。其次,面对完备的决策信息,个人信息主体与个人信息处理者可以在个人信息流动的价值与信息处理的风险之间进行权衡和博弈,[8]从而达到个人信息保护的最佳状态。最后,透明可以充分发挥个人自决。传统观点认为,个人最了解其偏好,会依据其偏好采取最佳行动,[9]信息隐私保护的正当性之一便始于个人对其隐私是否公开的自决权,[10]无论是将个人信息权益视为一项人格权益或是消费者权益,个人自决权都是其核心与基础。而就以透明为内核的"告知—同意"而言,理想状态下个人信息主体可以最大限度获取决策所需信息,从而在充分知情情境下更加理性地

---

〔6〕 See Daniel Solove & Woodrow Hartzog, *The FTC and the New Common Law of Privacy*, 114 Columbia Law Review 583(2014).

〔7〕 See Elettra Bietti, *Consent as a Free Pass: Platform Power and the Limits of the Informational Turn*, 40 Pace Law Review 307(2019).

〔8〕 See Robert H. Sloan & Richard Warner, *Beyond Notice and Choice: Privacy, Norms, and Consent*, 14 Suffolk University Journal of High Technology Law 370(2014).

〔9〕 See John Christman, *The Politics of Persons: Individual Autonomy and Socio-historical Selves*, Cambridge University Press, 2009, p. 149 – 156.

〔10〕 See Alan F. Westin, *Privacy and Freedom*, Atheneum, 2018, p. 7.

行使同意权、同意撤回权等个人信息权利,以充分发挥个人自决权的个人控制信息之目的。

然而,强调透明的"告知—同意"原则自始就面临广泛的批评,虽然立法者和监管者对其不断进行改良,[11]不断加强透明度,但仍存在失灵风险,无法有效保护个人信息利益。

(一)个人信息主体面临的困境

就个人信息主体而言,强调透明的个人信息保护法律以"理性人"为前提,即只要保障个人信息处理相关信息的透明,个人信息主体即可理性做出最佳决策。然而,"告知"与"同意"均存在形式化风险。一方面,就"告知"而言,透明度的提高并不能保证个人信息主体的知情。根据相关研究,个人信息主体本身对个人信息处理者的"告知"就不感兴趣,极少会进行了解;[12]即使主动了解,由于能力与知识水平受限,个人信息主体也无法理解告知内容;[13]即使能够理解,面对海量的告知内容,用户也无时间和精力进行细致了解。[14]此外,就告知内容而言,个人信息处理风险或损害也并非人身或财产损害一样有形且重大,损害链也往往十分狭长,远非一般侵权行为或汽车设计缺陷所产生的风险那样直接并冲击明显,[15]个人信息主体难以察觉并据此进行一般交易中的成本收益分析。另一方面,个人信息主体也难以做出有效的"同意"。就自

---

〔11〕 就告知方面,如我国《个人信息保护法》第17条规定,"个人信息处理者在处理个人信息前,应当以显著方式、清晰易懂的语言真实、准确、完整地向个人告知下列事项",欧盟《一般数据保护条例》第7条中也存在相似规定,美国联邦贸易委员会也通过和解协议来确定个人信息保护中告知与同意的"最佳实践"(best practices);就同意方面,各国立法中也设置了诸如同意撤回权、自动化决策拒绝权等个人信息权利。

〔12〕 See Jens Grossklags & Alessandro Acquisti, *What Can Behavioral Economics Teach Us about Privacy*, in Alessandro Acquisti & Stefanos Gritzalis eds., Digital Privacy, Auerbach Publications, p. 369 (2007).

〔13〕 See Omri Ben-Shahar & Carl E. Schneider, *The Failure of Mandated Disclosure*, 159 University of Pennsylvania Law Review 647 (2011).

〔14〕 See Daniel Solove, *Privacy Self-management and the Consent Dilemma*, 126 Harvard Law Review 1888 (2013);此外一项调查研究显示,一个人阅读其所接受的所有隐私政策需每年花费244小时,参见 Aleecia M. McDonald & Lorrie Faith Cranor, *The Cost of Reading Privacy Policies*, 4 A Journal of Law and Policy for the Information Society 543(2008)。

〔15〕 参见丁晓东:《从个体救济到公共治理:论侵害个人信息的司法应对》,载《国家检察官学院学报》2022年第5期。

主的"同意"而言,有学者认为需要满足相应条件,即个人有理解和选择的能力,有足够的备选项,并存在与另一方协商的空间。[16] 欧盟《一般数据保护条例》重述第32节指出,数据主体的同意应以自由、具体、知情和明确的肯定性行为表示。我国《个人信息保护法》第14条也提出同意应当在个人充分知情的前提下自愿、明确作出。可见,个人信息主体的同意至少应是充分知情下的不受干涉表意,然而,正如前文所述,个人信息主体的知情是极为困难的,此外,就选择而言,个人信息主体所能接受的选择是由信息处理者意志筛选的,[17]面对格式化的隐私政策等"告知",个人信息主体缺乏与信息处理者进行协商的空间,即使立法已对强迫同意作出回应,[18]但这种同意仍非自主,远非个人真实意思表示。

(二)个人信息处理者面临的困境

一般而言,透明主要给个人信息处理者提出了两方面要求,即制定更加清晰可读的隐私政策等告知内容和设计更加便利的知情权、查询权、算法解释权等权利的行使方式。[19] 然而,对个人信息处理者而言,达到此种要求绝非易事。一方面,过度透明本身就给个人信息处理者带来极高成本。有学者指出,过于详细的隐私政策难以理解,而隐私政策过于简洁则信息不足,[20]即使采取渐进式的弹窗设计以满足不同信息主体的需求,也会面临涉嫌不正当阻碍信息主体获取隐私政策的风险。而对于知情权、查询权、算法解释权等权利,若信息处理者均采取详尽的人工处理方式,不仅会给企业带来过高的成本负担,存在与企

---

〔16〕 See Margaret Jane Radin, *Humans, Computers, and Binding Commitment*, 75 Indiana Law Journal 1125 (1999); Daniel Solove, *The Myth of the Privacy Paradox*, 89 George Washington Law Review 1 (2021).

〔17〕 See Elettra Bietti, *Consent as a Free Pass: Platform Power and the Limits of the Informational Turn*, 40 Pace Law Review 348(2019).

〔18〕 如我国《个人信息保护法》第16条规定"个人信息处理者不得以个人不同意处理其个人信息或者撤回同意为由,拒绝提供产品或者服务;处理个人信息属于提供产品或者服务所必需的除外"。欧盟数据保护委员会(EDPB)也曾在其指南中回应公权力机关迫使个人同意的问题。

〔19〕 See FTC, *Protecting Consumer Privacy in an Era of Rapid Change*(Mar. 1,2012), 60–71, https://www.ftc.gov/sites/default/files/documents/reports/federal-trade-commission-report-protecting-consumer-privacy-era-rapid-change-recommendations/120326privacyreport.pdf.

〔20〕 参见丁晓东:《从合同法到信义法:论个人信息私法保护的范式转变》,载《数据法学》2021年第1期。

业商业秘密之间的紧张,[21]更可能会造成恶意第三方破解算法致使企业服务与消费者所需背道而驰的结果。[22] 另一方面,并非所有信息个人信息处理者均可事前告知。个人信息收集范围、处理后果等方面本身也存在不确定性,不仅个人信息处理者难以事先予以告知,甚至某些风险仅是"统计学上的",对这种不确定性的披露不仅无助于"非专家"的个人信息主体进行理性决策,反而会不适当地加剧个人信息主体不安全感,[23]不合理地阻碍其向个人信息处理者分享个人信息。

(三)操纵问题——"透明"的失灵

操纵指利用消费者的认知偏差和缺陷来影响其决策的行为。乔恩·汉森(Jon Hanson)和道格拉斯·基萨尔(Douglas Kysar)以产品责任领域为例,指出制造商对消费者的操纵是竞争性市场的必然结果,制造商通过广告、促销、价格等手段让消费者对产品风险的认知降至最低,从而增加消费者的购买率。[24] 在此基础之上,瑞安·卡洛(Ryan Calo)指出信息技术下的数字平台具有中介地位,其可以大肆获取消费者的行为信息,个性化设计消费者所接触的数字环境与时机,从而对其进行操纵性的说服。[25] 阿里·以斯拉·沃尔德曼(Ari Ezra Waldman)也指出,隐私设计并非中立,如现实中的空间结构可以暗中影响人们的行为,隐私设计限制了用户获取与理解隐私政策从而做出决策的能力,预先地限定了用户自由的范围。[26] 在个人信息保护领域内,暗黑模式、样板合同以及个性化推荐等均成为个人信息处理者暗中影响个人信息主体决策或绕过其决策过程的手段。

---

〔21〕 参见吕炳斌:《论个人信息处理者的算法说明义务》,载《现代法学》2021年第4期。

〔22〕 参见沈伟伟:《算法透明原则的迷思——算法规制理论的批判》,载《环球法律评论》2019年第6期。

〔23〕 参见宋华琳:《风险规制与行政法学原理的转型》,载《国家行政学院学报》2007年第4期。

〔24〕 See Jon D. Hanson & Douglas A. Kysar, *Taking Behavioralism Seriously: The Problem of Market Manipulation*, 74 New York University Law Review 632 (1999).

〔25〕 See Ryan Calo, *Digital Market Manipulation*, 82 George Washington Law Review 995 (2014).

〔26〕 See Ari Ezra Waldman, *Privacy, Notice, and Design*, 21 Stanford Technology Law Review 129 (2018).

有观点认为,操纵现象的影响微不足道,[27]并未达到妨碍个人自决的地步,最终同意权仍在个人手中,且存在个人与操纵者目标一致或操纵结果符合个人利益的可能。如根据个人浏览香烟的记录向其推送戒烟广告以推动其戒烟。也有观点指出,操纵现象中的信息处理者起到了一种过滤器的作用,反而会让信息主体节省更多成本。[28] 然而受制于操纵的暗中影响,个人不能充分发挥其反思和审慎思考的能力,其自决仍受严重干扰。曾有研究表明,操纵行为的存在可以使用户难以根据自己的真实偏好行为选择,反而选择注册所提供的可疑服务,最终用户量增加了 2 ~4 倍。[29] 除威胁自决之外,个人信息处理者通过数据分析,可以实现对个人信息主体的个性化歧视或弱点利用,侵犯个人信息主体的个人信息权益或隐私利益,如 Facebook 曾被爆出利用未成年人信息进行预测,从而在其出现负面情绪时向其推送广告,携程曾利用用户信息进行大数据杀熟。

在传统的市场失灵规制领域中,提高透明度是减少操纵问题的有效方式,[30]但对于个人信息保护而言,存在部分信息无法告知的问题。如对个性化的广告或网站设计详尽说明仍难以使得信息主体察觉其中的个性化操纵,[31]甚至有些操纵现象是通过第三方网站的广告等所实现的或根本不涉及透明度问题,如通过频繁的提示来促使用户授权,这些都超出了个人信息处理者告知的范围。同时,就算法而言,算法本身即存在"算法黑箱问题",以相关性为基础的用户画像或个性化推荐更是缺乏直线型的逻辑解释,[32]并且算法可能存在的商业秘密性质也决定了其不宜深度透明,提高透明度并非破解算法操纵的最佳选择。此外,部分操纵现象并非隐蔽现象,个人信息主体对其处于知情状态,如有

---

[27] See Christine Jolls et al. ,*A Behavioral Approach to Law and Economics*,50 Stanford Law Review 1471 (1998).

[28] See Eric Goldman,*A Coasean Analysis of Marketing*,2006 Wisconsin Law Review 1151(2006).

[29] See Jamie Luguri & Lior Jacob Strahilevitz,*Shining a Light on Dark Pattern*,13 Journal of Legal Analysis 43 (2021).

[30] 如通过披露香烟的危害、食品配料表等来提醒消费者,使其避免受潜意识广告的操纵影响,参见 Ian Ayres & Alan Schwartz,*The No Reading Problem in Consumer Contract Law*,66 Stanford Law Review 545 (2014)。

[31] See Shaun B. Spencer,*The Problem of Online Manipulation*,2020 University of Illinois Law Review 959 (2020).

[32] 参见丁晓东:《论算法的法律规制》,载《中国社会科学》2020 年第 12 期。

研究指出亚马逊通过“羞耻感确认”(confirming shaming)来推动用户继续使用其服务,[33]欧盟数据保护委员会(EDPB)也曾在相关报告指出信息控制者可以通过情感引导(emotional steering)或默认化利己选项来获得更多数据,[34]而这种暗黑模式的设置均以用户知情的方式进行。有学者指出,即使企业尽可能地披露其使用了潜意识广告等操纵手段,个人信息主体也很难会因此转投他者。[35] 甚至有学者指出,提高透明度来应对操纵问题不但难以有效,反而会驱使企业“以更不透明的方式追踪和监控互联网用户,越来越深入消费者所使用的设备的逻辑层和硬件层”[36]。

(四)对透明度要求的反思

提高透明度,防止信息不对称致使交易过程中频现欺诈和不公现象,本是一般商品交易关系中保护消费者利益的有效方式,然而,在个人信息保护领域,强调透明度的“告知—同意”原则却存在诸多困境,其原因在于如下三个方面。

首先,仅强调“透明”忽视了个人信息主体的决策能力的不足。实际上,根据行为经济学理论,个人信息主体并非完美“理性人”,个人信息主体作出符合其个人信息利益的最佳决定是极为罕见的。[37] 一方面,个人信息主体的理性是有限的(limited rationality),其决策存在现状依赖(status quo bias)的情况,即在面对非重大损害时,个人信息主体会更倾向于保持现状不变,而非通过理性分析进行决策,如用户时常保持相关选项为默认状态;另一方面,受确定效应(certainty effect)的影响,个人信息主体在进行成本收益分析时,更倾向于用个

---

〔33〕 See Arunesh Mathur, Jonathan Mayer, & Mihir Kshirsagar, *What Makes a Dark Pattern ... Dark? Design Attributes, Normative Considerations, and Measurement Methods*, Proceedings of the 2021 CHI Conference on Human Factors in Computing Systems, 4 (2021).

〔34〕 See EDPB, *Guidelines 3/2022 on Dark Patterns in Social Media Platform Interfaces: How to Recognise and Avoid Them*, 61 (Mar. 14, 2022), https://edpb.europa.eu/system/files/2022-03/edpb_03-2022_guidelines_on_dark_patterns_in_social_media_platform_interfaces_en.pdf.

〔35〕 See Cass R. Sunstein, *Fifty Shades of Manipulation*, 1 Journal of Marketing Behavior 213 (2016).

〔36〕 Julie E. Cohen, *Between Truth and Power: The Legal Constructions of Informational Capitalism*, Oxford University Press, 2019, p. 56-57.

〔37〕 See Norberg PA, Horne DR & Horne DA, *The Privacy Paradox: Personal Information Disclosure Intentions Versus Behaviors*, 41 Journal of Consumer Affairs 100 (2007).

人信息换取当下所能接受到的个人信息处理者提供的服务，忽视事后的风险，[38]同时个人信息侵权所带来的损害本身也具有聚合性和延后性。[39] 因此个人信息处理者可以通过隐私设计或架构设计的助推作用诱导个人信息主体作出同意，[40]使其决策更加偏离其利益而靠近个人信息处理者利益，如Uber曾利用弹窗、短信提醒、自动排队等设计诱导司机更多地接收订单。诚然，在一般商品交易关系中，消费者也并非"理性人"，但就一般商品交易而言，个人可以轻易获得决策的基本信息，即价格和收益，而个人信息保护场域中个人信息主体很难得知个人信息处理风险等成本信息，获取信息能力显然不足。

其次，个人信息主体与个人信息处理者之间为持续性不平等关系。个人信息主体与个人信息处理者之间并非一般的单次交易关系。一方面，就持续性而言，一旦个人信息主体披露其个人信息，个人信息处理者的信息处理活动将长期存在；同时，个人信息主体注册某平台后，由于退出成本，也往往会长期使用。另一方面，就不平等性而言，二者之间存在权力或地位不平等。美国学者尼尔·理查兹与伍德罗·哈佐格认为，同意的"黄金标准"为具有同等谈判能力、重要资源，知情并自愿同意承担合同或其他法律义务的各方之间达成的一致。[41] 而正如前文所言，个人信息主体所接触的选择均由个人信息处理者提供，二者之间不存在谈判空间，个人信息主体只能就个人信息处理者提供的条件选择是否接受，个人信息操纵问题的根源即在于信息处理者拥有的事实上能够影响和控制人们行为选择的权力。[42] 此外，主要的个人信息处理者往往规模庞大，并充当着人们的社交空间，[43]日益具有公共属性，个人信息主体几乎不存在脱离其的可能。

---

[38] See Sendhil Mullainathan & Richard H. Thaler, *Behavioral Economics* (2000), https://ssrn.com/abstract=245828.

[39] See Daniel Solove & Danielle K. Citron, *Privacy Harms*, 102 Boston University Law Review 793 (2022).

[40] See Ryan Calo, *Digital Market Manipulation*, 82 George Washington Law Review 1000 (2014).

[41] See Neil Richards & Woodrow Hartzog, *The Pathologies of Digital Consent*, 96 Washington University Law Review 1461 (2019).

[42] 参见陈景辉：《算法的法律性质：言论、商业秘密还是正当程序？》，载《比较法研究》2020年第2期。

[43] See Ari Ezra Waldman, *Privacy as Trust: Information Privacy for an Information Age*, Cambridge University Press, 2018, p. 68 – 69.

最后,作为客体的个人信息本身也极具特殊性。个人信息往往存在信息盈余,即个人信息往往能够透露出远超其本身的个人信息,如零售公司塔吉特曾根据消费者消费记录推测出消费者存在育婴情况的可能。甚至特定情况下,匿名化信息的聚合利用仍会给信息主体带来信息泄露风险。基于此,信息处理者可以获取到信息主体不愿披露的个人信息或对其进行分类,从而对其进行行为预测或影响,实现操纵。个人信息损害也往往聚合显现,个人信息权益损害存在叠加问题,单个损害微乎其微,个人常常倾向于放弃维权,而损害叠加起来则极具风险。[44] 例如,收到一封不需要的电子邮件只是一个小麻烦,收到数百封不想要的电子邮件就会给个人带来很大困扰。同时,个人信息也具有负外部性影响。个人信息保护不仅涉及信息处理者与信息主体,个人信息的披露还可能影响他人信息权益。[45] 如个人在社交媒体发布的照片可能含有非平台用户的肖像信息,个人披露其基因信息会导致其血亲的基因信息遭到泄露,个人透露其个人信息可能会帮助个人信息处理者完善相似群体的画像。此外,操纵问题也存在横向影响,信息处理者可以利用部分人群的个人信息进行数据挖掘和分析,以预测、影响或操纵其他群体的行为,[46] 如剑桥分析公司曾利用用户好友信息操纵用户的选举行为。总而言之,个人信息并不适宜成为单次的个体处分的对象。

综上所述,强调透明的"告知—同意"框架难以应对个人信息保护问题,无穷尽的透明只会带来信息过载、选择疲劳以及巨额企业合规成本。虽然有学者提出"产品规制"的思路,主张将"告知"与服务共同视为产品,通过"产品标准",来弥补"告知—同意"的不足,[47] 但是消费者保护式的"产品规制"仍局限于对透明度的要求,认为个人信息主体与个人信息处理者之间为一次性交易关

---

〔44〕 See Daniel Solove, *Privacy Self-management and the Consent Dilemma*, 126 Harvard Law Review 1891 (2013).

〔45〕 See Joshua A. T. Fairfield & Christian Engel, *Privacy as a Public Good*, 65 Duke Law Journal 385 (2016).

〔46〕 See Christopher W. Savage, *Managing the Ambient Trust Commons: The Economics of Online Consumer Information Privacy*, 22 Stanford Technology Law Review 95 (2019).

〔47〕 See Julie E. Cohen, *How (Not) to Write a Privacy Law* (2021), https://knightcolumbia.org/content/how-not-to-write-a-privacy-law; Woodrow Hartzog, *Website Design as Contract*, 60 American University Law Review 1635 (2011); Ari Ezra Waldman, *Privacy's Law of Design*, 9 UC Irvine Law Review 1239 (2019).

系，而忽视了个人信息主体的决策能力、个人信息主体与个人信息处理者的“持续性不平等关系”以及个人信息的特殊性。

三、基于信任的个人信息关系性保护

（一）关系性保护的引入

个人信息与传统财产权益不同，其之所以值得保护，不在于信息内容的微小价值，而在于社会持续交互中的尊重，[48]是一种关系性权益，即个人信息保护法处理的不应是作为财产的个人信息与人之间的关系，而是与个人信息相关的各个主体之间的关系。一方面，个人信息保护应具有社会性或群体性，就理查德·波斯纳（Richard Posner）看来，隐私不是完全由个人自主的事情。[49] 美国学者罗伯特·波斯特（Robert Post）曾提出，隐私保护的目的是维护个人与社会之间的相互亲密依存关系，体现的是社会群体所认可的社会规范，具有社会属性；[50]保罗·施瓦茨（Paul Schwartz）认为信息隐私是民主社会的基石，其保护规则应由社会共同决定；[51]莎乐美·维尔约恩（Salomé Viljoen）曾指出，数据具有极强的横向关联性，这既助力了数字经济发展，也引发了一系列社会问题，数据保护法需要注意横向数据关系。[52] 国内有学者指出，至少就个人信息的特殊性来看，不宜采取个人信息主体自治与控制的进路，[53]也有学者就个人信息的国家保护义务进行了深入探讨。[54] 另一方面，从具体场景的视角来理解个人信息保护也已成为学界共识，事实上，沃伦与布兰代斯的《隐私权》中就体现了结

---

〔48〕 参见陈景辉：《隐私的价值独特性：个人信息为何应受保护？》，载《环球法律评论》2022 年第 1 期。

〔49〕 See Richard A. Posner, *An Economic Theory of Privacy*, 3 Regulation 2 (1978).

〔50〕 See Robert C. Post, *The Social Foundations of Privacy: Community and the Self in the Common Law Tort*, 77 California Law Review 957 (1989).

〔51〕 See Paul M. Schwartz, *Privacy and Democracy in Cyberspace*, 52 Vanderbilt Law Review 1607 (1999).

〔52〕 See Salomé Viljoen, *A Relational Theory of Data Governance*, 131 Yale Law Journal 573 (2021).

〔53〕 参见高富平：《个人信息保护：从个人控制到社会控制》，载《法学研究》2018 年第 3 期。

〔54〕 参见王锡锌：《个人信息国家保护义务及展开》，载《中国法学》2021 年第 1 期。

合具体案例的多种情景考虑隐私保护的观点。[55] 隐私场景化理论也指出,要将隐私保护与具体场景结合起来进行差别式保护,维护具体信息关系的公正。[56] 隐私与个人信息虽不能完全等同,但上述观点仍可见对个人信息保护的启发,应采取动态沟通的社会化、场景化的保护进路,充分考虑信息主体与信息处理者、信息主体与其他利益相关者之间的持续关系,即本文所称关系性保护。

就保护进路而言,强调透明的"告知—同意"不合理地将个人信息保护重担置于个人信息主体之上。而如前文所述,个人对于个人信息的决策能力不足,即使个人信息保护法律赋予个人诸多个人信息权利,个人信息主体也难以有效保护其个人信息权益,[57] 居于信息和权力优势地位的个人信息处理者应发挥更大作用。

在这种关系性保护中,信任是关键。一方面,在关系性保护进路下,个人信息主体与个人信息处理者间的个人信息处理规则将更加场景化或定制化,不免产生更多信息成本,信任让人们无须消耗时间与成本便可进行核实或获得担保,从而信赖他人,[58] 更加节省交易成本。同时,相较于将个人信息主体与个人信息处理者置于对立提防地位的透明原则,信任更试图推动信息主体与信息处理者间的合作互惠,欧盟《数据治理法》(DGA)也在其前言中强调信任对于数据流动和数字经济发展的重要作用。此外,由于个人信息处理者的优势地位,其更便于确认和应对个人信息处理的内部风险与外部风险,由其确认与处理风险更符合效率要求,而在关系性保护中构建信任机制,为其具有更大自主裁量权以确认和应对风险提供了合理性与可证成性。另一方面,个人信息关系本身即是一种在信任中共享信息的关系,信息隐私的披露与分享会暴露人们的脆弱性(vulnerability),而披露信息隐私的前提便是对被披露者存在信任,[59] 除了获

---

〔55〕 See Samuel D. Warren & Louis D. Brandeis, *The Right to Privacy*, 4 Harvard Law Review 215 (1890).

〔56〕 See Helen Nissenbaum, *Privacy in Context: Technology, Policy, and the Integrity of Social Life*, Stanford University Press, 2009;丁晓东:《〈个人信息保护法〉的比较法重思:中国道路与解释原理》,载《华东政法大学学报》2022 年第 2 期。

〔57〕 See Daniel Solove, *The Limitations of Privacy Rights*, 98 Notre Dame Law Review (Forthcoming 2023), https://papers.ssrn.com/sol3/papers.cfm? abstract_id=4024790.

〔58〕 See Tamar Frankel, *Trust and Honesty: America's Business Culture at a Crossroad*, Oxford University Press, 2005, p. 49.

〔59〕 See Neil Richards & Woodrow Hartzog, *Privacy's Trust Gap*, 126 Yale Law Journal 1180 (2019).

取相应服务之外，个人信息主体之所以向个人信息处理者披露信息更在于其信任个人信息处理者不会恶意泄露或处理其个人信息，事实上，实践中企业确保个人信息流动的方式也是获得用户的信任与信心。[60] 因此，无论是从成本角度还是社会规范角度来看，都应在关系性保护进路中构建信任机制。这一领域已有一大批学术成果，如国内有学者从信任出发对算法解释权的性质进行重新解读，[61] 美国学者阿里·沃尔德曼（Ari Ezra Waldman）提出信息隐私的本质是信任，社会规范赋予被披露者维护这种信任关系的义务，应从信任关系出发保护信息隐私。[62] 信义关系是社会体系中人们之间信任与信赖关系的基础，在传统法律规制领域中即存在以信义关系来构建主体之间的信任，[63] 基于此，构建基于信任的关系性保护，有必要将目光移于信义关系。

（二）信息信义关系的构建

事实上，在个人信息保护或隐私保护领域应用信义义务已有很多讨论，学者杰克·巴尔金（Jack Balkin）指出个人和企业之间存在信义关系，提出了信息信义（information fiduciaries）理论；[64] 伍德罗·哈佐格（Woodrow Hartzog）与内尔·理查德（Neil Richards）在此基础上就忠诚义务进行了深入探讨；[65] 劳伦·肖尔茨也基于消费者保护法提出了信义模板（fiduciaries boilerplate），回应数字时代个人与企业的关系。[66] 国内也有学者或以此为切入

---

[60] See Timothy Morey, *Customer Data: Designing for Transparency and Trust*, Harvard Business Review (May 2015), https://hbr.org/2015/05/customer-data-designing-for-transparency-and-trust.

[61] 参见丁晓东：《基于信任的自动化决策：算法解释权的原理反思与制度重构》，载《中国法学》2022 年第 1 期。

[62] See Ari Ezra Waldman, *Privacy as Trust: Sharing Personal Information in a Networked World*, 69 University of Miami Law Review 559 (2015).

[63] 如在公司法领域中即存在通过信义关系构建公司内部信任，参见 Lynn A. Stout & Margaret M. Blair, *Trust, Trust worthiness, and the Behavioral Foundations of Corporate Law*, 149 University of Pennsylvania Law Review 1735 (2001)。

[64] See Jack M. Balkin, *Information Fiduciaries and the First Amendment*, 49 U. C. Davis Law Review 1183 (2016).

[65] See Neil Richards & Woodrow Hartzog, *Taking Trust Seriously in Privacy Law*, 19 Stanford Technology Law Review 431 (2016).

[66] See Lauren Henry Scholz, *Fiduciary Boilerplate: Locating Fiduciary Relationships in Information Age Consumer Transactions*, 46 Journal of Corporation Law 143 (2020).

视角重构算法解释权,[67] 或借助信义关系填补《个人信息保护法》中"诚信原则"的空白。[68] 此外,立法者也试图从信义关系角度完善信息隐私保护框架。如美国联邦层面隐私法草案《数据保护法》(DCA)中曾提出信息处理者的谨慎、忠诚和保密责任;欧盟《数据治理法》(DGA)中强调数据主体对数据处理者的信任;《纽约隐私法案法》(NYPA)也引入了"数据受托人"这一概念;美国待审议的《美国数据隐私和保护法》(ADPPA)中也具体落实了忠诚义务;我国《个人信息保护法》草案也曾一度引入信息信义理论。

在个人信息保护领域构建信息信义关系,首先要明确此种关系存在的场景。在传统信义法中,信义关系的建立总体上需要满足三种条件:关于财产、权力或利益的委托;委托人对受信人(the fiduciary)存在信任且依赖于受信人;委托人面临源于委托的风险。[69] 落于个人信息保护领域中,不同于合同关系,信息信义关系应在此种场景下产生:受信人向委托人表明其可以信任;委托人因信任和依赖而向受信人披露个人信息;委托人因个人信息的披露而面临风险;受信人因个人信息获取而拥有相对委托人的权力。在当下的个人和平台之间,平台通过多种途径获取个人的信任,个人因依赖也不得不信任平台,因此向其披露个人信息,平台因个人信息获取取得算法权力,个人因披露个人信息而面临被操纵等风险,个人即为此时的委托人,平台则为此时的受信人,即因与个人信息主体的关系而对在该关系中取得的信息承担特殊责任的企业,二者之间存在信义关系。

同时,在信息信义关系场域中,个人信息处理者不再是隐私政策的诚信履行者,"告知—同意"所建立的也并非普通交易关系,而是一种近似于律师与委托人的关系,即作为专家的受信人为委托人利益行事的持续性不完全契约关系。此时个人信息处理者义务内容发生变化,以满足信任要求。一般认为,受信人应负有谨慎义务(duty of care)、忠诚义务(duty of loyalty)。谨慎义务指受信人应谨慎行事、尽职尽责,以免损害委托人的利益,其注重受信人过错和实质损害,单独讨论谨慎义务仍未突破合同进路的限制。另外,信义关系下谨慎义务仅是忠诚义务的"子义务",不谨慎本就是违反忠诚义务的表

---

〔67〕 参见丁晓东:《基于信任的自动化决策:算法解释权的原理反思与制度重构》,载《中国法学》2022 年第 1 期。

〔68〕 参见许可:《诚信原则:个人信息保护与利用平衡的信任路径》,载《中外法学》2022 年第 5 期。

〔69〕 参见[美]塔玛·弗兰科:《信义法原理》,肖宇译,法律出版社 2021 年版,第 10 页。

现形式之一，[70]故而本文不再对其做讨论。

综合而言，基于信任的关系性保护应当围绕忠诚义务展开。就忠诚义务而言，有观点认为忠诚义务要求受信人服从于信息主体的自我选择。[71] 然而，忠诚与服从并不对等，有时忠诚需要受信人发挥其知识或信息优势，不服从委托人的指示，[72]服从本质上仍是将决策负担完全置于个人信息主体，如前文所述，个人信息主体难以作出最佳选择，且信息隐私具有外部性，服从本质上仍未解决透明原则下的问题。因此，忠诚义务更应被解读为个人信息处理者应当为个人信息主体最佳利益行事。这包括两方面的要求：一方面，作为受信人的个人信息处理者应仅为作为委托人的个人信息主体的最佳利益行事，即个人信息处理者应当将个人信息主体的利益置于其利益之上。同时，这一范围不宜过宽，不应超过个人信息主体合理的个人信息利益期待的范围，这一合理期待范围应根据双方关系性质确定，也即仅需对受影响的利益忠诚。[73] 另一方面，忠诚要求个人信息处理者禁止从事与委托人利益相冲突的行为。[74] 这包括两层理解，首先个人信息处理者不得损害某一个人信息主体的最佳利益，也即与上述第一方面呼应；其次，个人信息处理者不得为某一个人信息主体的利益而从事与其他主体利益冲突的行为，即这一最佳利益应当与其他个人信息主体或社会利益相调和，[75]也即信义法中的公共信义原则。总而言之，忠诚义务也即基于信任的关系性保护应以“最佳利益”为原则，以“服从”为例外。

---

〔70〕 参见许德风：《道德与合同之间的信义义务——基于法教义学与社科法学的观察》，载《中国法律评论》2021年第5期。

〔71〕 See Paul B. Miller & Andrew S. Gold, *Fiduciary Governance*, 57 William & Mary Law Review 513 (2015).

〔72〕 如医患关系中，医生有时候需要违背病人的决定进行手术，对于信息处理者而言，有时遵从信息主体的决定可能误删除其有价值的信息。

〔73〕 如社交媒体可以将其开屏广告统一设置为某家汽车公司的广告，也可以获取用户自愿提供的位置信息，但不能因从某位用户的地理信息中发现其曾出现在汽车4S店而单独向其投放某家汽车公司的广告。此外，双方关系性质需要考虑个人信息主体披露的信息种类和敏感程度以及个人信息处理者利用信息的能力等因素。

〔74〕 参见[美]塔玛·弗兰科：《信义法原理》，肖宇译，法律出版社2021年版，第107页。

〔75〕 如个人希望能够在社交媒体上公布与他人的私密聊天记录，但考虑到对对方个人敏感信息的影响，显然不能允许；在传统信义关系中同样存在这种情况，如律师不能为利益冲突的个体同时代理。私法中早已存在相应规则，如民法中的公平原则。

(三)信息信义关系的优势与争议

基于信任构建信息信义关系性保护框架,可以弥补透明原则的不足,重新激发个人信息私法保护活力。

首先,就个人信息处理者而言,信义关系可以进一步促进数据信息自由流动。相比于强调透明的"告知—同意",信义关系下的受信人的权利与义务来自信息主体的信任而非对于格式化隐私政策的同意。[76] 就告知来说,类似于医患关系,企业将不再被期望对所有事项进行烦琐细致的告知,可以一定程度免除其合规负担;另外,就同意来讲,信义关系下的企业与个人之间存在的不再是内容固定的合同,而更像一种一般性授权,企业可以在一定范围内进行自我判断,而无须反复获取用户的单次同意,根据不同的关系性质其拥有相应的自由裁量权,可以更自由地运用其专业知识进行数据信息处理。诚然,有观点认为,这存在侵害用户自决以及损害竞争的风险,但就用户自决而言,信义关系下,个人信息主体的偏好在于取得个人最佳利益,而经个人信息主体授权,个人信息处理者一定程度上取代了信息主体的自治或自决,从这个意义上来说,执行忠诚义务,实现个人信息主体的最佳利益就算保护其自由与尊严;[77] 就市场竞争而言,有学者指出,即使是忠诚的个人信息处理者也仍存在受竞争法规制的可能,信义关系框架和原有的"告知—同意"与竞争法并非水火不容,存在协同空间。[78]

其次,就个人信息主体而言,信义关系可以加强个人信息私法保护力度。忠诚义务下,法律一定程度上保护的是个人信任利益,企业承担责任的原因在于行为违背用户最佳利益,存在违背最佳利益的行为即存在责任,个人不再受因格式合同带来的损害难以认定、过错难以存在等救济困难的限制,黑暗模式等操纵行为也因违背忠诚义务及损害信任利益而存在追责空间。另外,信义关系也将突破合同相对性的束缚,赋予个人信息主体对后续第三方处理者追究责任或寻求救济的权利。虽然我国《个人信息保护法》第21条、第23条对委托处理个人信息的情形进行了规定,第58条规定了大型平台的守门人责任,但二者均未对个人信息主体在第三方处理其个人信息时个人信息利益受损如何寻求

---

〔76〕 参见丁晓东:《从合同法到信义法:论个人信息私法保护的范式转变》,载《数据法学》2021年第1期。

〔77〕 参见许德风:《道德与合同之间的信义义务——基于法教义学与社科法学的观察》,载《中国法律评论》2021年第5期。

〔78〕 See Neil M. Richards & Woodrow Hartzog, *A Duty of Loyalty for Privacy Law*, 99 Washington University Law Review 961 (2021).

救济进行有效回应,信义关系下,显然后续处理者合法合理处理数据也符合信息主体最佳利益,因此忠诚义务将伴随数据信息的流动而移动,不仅受信人有责任保证后续数据处理者忠诚处理信息数据,数据信息受让者既需要对信息主体承担原关系下的忠诚义务,也要承担新关系中的忠诚义务,即个人信息主体可以违反忠诚义务为由向所有个人信息处理者寻求救济,以连带责任的方式解决责任主体难以确定之困境。[79] 此外,有观点认为,最佳利益原则与企业对股东的忠诚义务相冲突,[80]然而企业并非可以完全追求股东利益开展经营活动,事实上竞争法、消费者保护法等传统法律中也存在对企业的责任限制。[81] 我国《电子商务法》要求企业承担消费者合法权益保护责任,《信托法》第25条也要求受托人"为受益人的最大利益处理信托事务",将个人信息主体"最佳利益"置于股东之上并非不合理。

再次,信义关系性保护进路体现了合理的风险规制态度。有学者指出,个人信息保护领域不宜适用严格零风险的预防性原则,更应适用合理的风险规制原理。[82] 一方面,信义关系下个人信息处理者理应是个人信息主体值得信任的对象,个人信息处理者应依据自身专业知识忠诚行事,在一定程度上能够防范数据机会主义与其他个人信息风险。另一方面,信义关系下禁止任何对信任或权力的滥用,并非禁止某一种特定行为,事前预防措施将随关系和场景性质的不同而存在弹性变动空间,如宗教信仰信息在某一场景中可能被认定为敏感信息而被禁止进行部分数据处理行为,但在另一场景中可能并不敏感。同时,如前文所述信义关系下个人信息保护领域的事后救济也将得到强化,相较于以高成本完全解决个人信息保护中的"最后百分之十"风险,通过强力事后救济来弥

---

〔79〕 有学者曾指出,信义关系下受信人过于泛化,致使责任主体难以确定,从而信义关系进路形同虚设,但个人信息保护场域中,个人信息控制者与处理者本就存在泛化可能,而信义关系提供了一种连带责任追责进路,一定程度上可以缓解个人信息主体寻求救济之难。反驳观点参见邢会强:《数据控制者的信义义务理论质疑》,载《法制与社会发展》2021年第4期。

〔80〕 See Lina M. Khan & David E. Pozen, *A Skeptical View of Information Fiduciaries*, 133 Harvard Law Review 497 (2019).

〔81〕 参见[美]塔玛·弗兰科:《信义法原理》,肖宇译,法律出版社2021年版,第121页以下。

〔82〕 参见丁晓东:《〈个人信息保护法〉的比较法重思:中国道路与解释原理》,载《华东政法大学学报》2022年第2期;申卫星:《大数据时代个人信息保护的中国路径》,载《探索与争鸣》2020年第11期。

补个人信息主体受到的损害更具效率,总体上信义关系保护进路趋近弹性事前预防和事后强力救济结合。

最后,信义关系性保护进路体现了实用主义原则。如前文所述,信义关系性保护的落实可采取标准和规则结合的框架,在法律解释与适用时存在坚持实践和问题导向的空间。同时有观点认为,宽泛的忠诚义务可能导致法律的不确定性以及"个案个判"情形,会给企业带来不合理负担,〔83〕然而宽泛也意味着适用的灵活性与工具的多样性,一方面可以防止企业设法规避强制性规则,〔84〕另一方面可以通过规则和判例来细化标准,保持实际适用中的稳定性和一致性,如美国联邦贸易委员会通过其执法实践形成实际上的隐私普通法。〔85〕 此外,忠诚义务的存在可以为法律中的原则或标准性规定提供具体解释的方向,〔86〕使其更贴近个人信息保护实践需求,符合保护个人信息权益,促进数据信息合理利用的立法目的。

四、基于关系性保护的个人信息保护规则优化

构建基于信任的个人信息关系性保护,应将上文所述忠诚义务即为个人信息主体最佳利益行为作为一项宽泛的解释标准或解释原则。基于此,本文以此为基准,从四个方面出发对个人信息保护具体规则进行优化与重构。

(一)忠诚义务下的隐私设计

网络法学者劳伦斯·莱斯格(Lawrence Lessig)曾在其著作《代码 2.0:网络空间中的法律》中提出,架构是规制行为的四要素之一,〔87〕而在个人信息保护

---

〔83〕 See Lina M. Khan & David E. Pozen, *A Skeptical View of Information Fiduciaries*, 133 Harvard Law Review 524 (2019).

〔84〕 阿里·沃尔德曼曾对此进行过详细论述,参见 Ari Ezra Waldman, *Privacy, Practice, and Performance*, 110 California Law Review 1221 (2022)。

〔85〕 See Daniel Solove & Woodrow Hartzog, *The FTC and the New Common Law of Privacy*, 114 Columbia Law Review 583(2014).

〔86〕 如可将《个人信息保护法》第 5 条中的必要、诚信、误导、欺诈等以"最佳利益"为基础进行解释,应对数据机会主义与操纵问题;基于忠诚义务进一步明确第 58 条独立机构的权责。

〔87〕 参见[美]劳伦斯·莱斯格:《代码 2.0:网络空间中的法律》,李旭、沈伟伟译,清华大学出版社 2018 年版,第 134 页以下。

领域,选择架构是影响个人信息主体选择、预防个人信息风险的重要方式,如前文所述,图案设计的变化使消费者注册数量至多增长4倍,隐私设计通过对个人信息主体决策过程或决策信息来源进行影响,从而诱导其选择个人信息处理者期待的选项。虽有生效法案对隐私设计作出回应,但忽视了隐私设计的"助推"作用,如欧盟《一般数据保护条例》第25条和第32条侧重于数据泄露和个人识别风险;美国联邦贸易委员会执法例侧重于对界面设计或文字告知中的欺诈信息或不公行为的监管。[88] 在信义关系下,包括隐私选项、界面设计等隐私设计也应当从个人信息主体最佳利益角度出发,考虑相应关系场景中信息的敏感程度、用户的理解能力、数据处理的内外风险程度等,进行善意"助推"或中立设计,避免数据机会主义下的操纵行为以及因不确定性而产生的披露恐惧。事实上,实践中部分立法者已经开始对此作出回应,如《美国数据隐私和保护法》(ADPPA)草案中的"忠诚义务"章节中对隐私设计作出了专节规定;弗吉尼亚州《消费者数据保护法》(CDPA)也试图监管诱导个人信息主体决策的暗黑模式;EDPB也将诱导个人决策的页面设计或暗示视为影响数据主体同意的行为。[89] 具体来说,就信息披露而言,隐私政策等个人信息处理规则披露文件可采取双层设计,即基本规则与相关实质性信息的初次简洁化通知与具体场景类别下其余事项的详尽解释;就交互界面而言,应依据相应场景关系中的用户类别设计隐私友好型界面,避免通过反复提示或心理暗示等途径超出个人信息主体最佳利益范围获取个人信息数据;就用户选择而言,一方面应以明晰选项替代模糊选项,另一方面由个人信息处理者结合具体关系场景确定符合用户最佳利益的默认选择;[90] 就救济渠道而

---

〔88〕 如在FTC v. Vizio案中,FTC认为Vizio通过停留时间较短且无直达链接的隐私政策告知的界面设计为欺诈消费者的行为,参见Federal Trade Commission v. Vizio, Inc. and VIZIO Inscape Servs., LLC, No. 2:17-cv-00758-SRC-CLW (United States District Court, D. N. J. Feb. 14, 2017);而就隐私设计的恶意"助推"或操纵与欺诈和不公并不等同,其"绕过或破坏了"个人信息主体的决策过程,参见Daniel Susser, Beate Roessler & Helen Nissenbaum, *Online Manipulation: Hidden Influences in a Digital World*, 4 Georgetown Law Technology Review 1 (2019)。

〔89〕 See EDPB, *Guidelines 3/2022 on Dark Patterns in Social Media Platform Interfaces: How to Recognise and Avoid Them*, 61 (Mar. 14, 2022), https://edpb.europa.eu/system/files/2022-03/edpb_03-2022_guidelines_on_dark_patterns_in_social_media_platform_interfaces_en.pdf.

〔90〕 就合理性的证成而言,参见Lior Jacob Strahilevitz & Jamie Luguri, *Consumertarian Default Rules*, 82 Law and Contemporary Problems 139 (2019)。

言,一方面应结合关系场景确定个人信息权利行使方式、时间、程度等,另一方面也应通过设计激励个人信息处理者等自主履行数据保护义务,使其符合个人信息主体最佳利益标准。[91]

(二)忠诚传输义务

向第三方传输数据存在数据泄露或个人信息利益损害风险,如 Facebook 向剑桥分析公司传输数据造成操纵选举、数据泄露。强调透明的"告知—同意"框架下的个人信息保护法主要通过目的限制原则、知情权、同意权等来应对信息处理者向第三方传输数据信息所带来的风险。由于第三方的涉入,相关关系场域发生变化,个人信息主体的同意不应推及适用,例如 Facebook 向剑桥分析公司传输用户信息显然不符合信息主体最佳利益,实践中则一般通过"三重授权"方式予以应对。然而,一方面,知情权和同意权面临形式化的风险,[92] 另一方面,在实践中存在个人信息收集者与处理者往往相分离,个人信息数据需流动以发挥其规模效应,个人信息保护合规外包化等情形,[93] 第三方的个人信息传输活动有存在的现实必要。因此在强调信任的信义关系进路下,个人信息处理者受忠诚义务的要求,一方面,应当负有守门人责任,其应承担对向第三方分享信息的决策责任,根据个人信息处理目的、处理行为性质和后续影响等确定个人信息分享对象以及第三方处理行为是否符合相应关系中信息主体的最佳利益,并以此为标准决定是否向第三方传输个人信息,而非仅以企业竞争利益或个人信息主体的知情为参考,同时,若超出个人信息主体的最佳利益范围则需要取得个人信息主体的额外同意,并对其履行解释义务;另一方面,个人信息处理者等作为具备专业知识的受信人,还应承担对第三方处理信息的行为审查责任,以确保后续处理符合相应关系中的个人信息主体最佳利益。

(三)数据储存限制

个人信息数据储存受数据最小化、数据限期储存和目的限制原则的约束,三者也需要结合信义关系进行改造。一方面,无论是企业抑或是个人,均难以

---

〔91〕 如有学者提出可结合问责机制与认证机制实现相应效果,参见张继红:《经设计的个人信息保护机制研究》,载《法律科学(西北政法大学学报)》2022年第3期。

〔92〕 如德国卡特尔办公室曾指出,在欧盟《一般数据保护条例》(GDPR)下,用户对于第三方数据传输不具有选择权,https://www.bundeskartellamt.de/SharedDocs/Meldung/EN/Pressemitteilungen/2023/11_01_2023_Google_Data_Processing_Terms.html。

〔93〕 See Ari Ezra Waldman, *Outsourcing Privacy*, 96 Notre Dame Law Review Reflection 194 (2021).

预料信息数据的后续处理行为，企业为用户提供符合其最佳利益的服务往往也需要大数据积累的支持，此时如果进行个体、孤立的判断，对用户数据信息进行限期删除显然不符合其最佳利益。如移动支付软件将用户消费数据收集后限期删除无法满足用户后续分析需求，患者的医疗数据在其出院后即删除难以满足社会医疗分析需求。因此可将最佳利益标准纳入数据最小化和限期储存原则，允许个人信息处理者在个人信息主体最佳利益范围内合理地大范围收集和长期储存数据，同时结合个人信息模糊化（obfuscation），通过代码替代等方式降低个人信息识别到具体个人的可能性，[94]并通过事后的个人信息主体的个人信息权利以及信义关系下的强力救济预防风险。另一方面，目的限制原则本身易陷入合同法进路困境，因此可从信义关系性保护出发，将实现个人信息主体最佳利益的最小范围与以合同或隐私政策内容而定的目的限制原则相结合，形成以合同或隐私政策目的为主、最佳利益为辅的双层结构，避免因固定合同条款的目的束缚而需反复获取个人信息主体同意或受作为样板条款的隐私政策的不合理限制而损害个人信息主体利益。如《美国数据隐私和保护法》草案中即规定除限于提供或维持产品或服务的目的外，数据处理等活动还应当限于个体在关系场景中的合理预期。[95]

（四）个性化推荐

个性化推荐本身并非“洪水猛兽”，其可为个人信息主体节省信息搜寻成本，提高个人信息处理者数据信息资源利用效率，[96]但当下的个性化推荐存在操纵信息主体、构筑数据茧房、群体歧视等风险。[97] 法律对其回应方式主要为三种，即提供非个性化推荐、拒绝权以及知情权，但如前文所述，其不仅难以解决操纵问题，更可能将个人信息主体与个人信息处理者推向对立面，违背了个

---

〔94〕 关于个人信息模糊化与匿名化不同，是指通过仅由数据处理者所知悉的规则来替代个人信息主体部分信息，以大幅降低其识别具体个人的可能，See Neil Richards & Woodrow Hartzog, *Privacy's Trust Gap*, 126 Yale Law Journal 1207 (2019)；李芊：《从个人控制到产品规制——论个人信息保护模式的转变》，载《中国应用法学》2021 年第 1 期。

〔95〕 See American Data Privacy and Protection Act of 2022, H. R. 8152, 117th Cong., Sec. 101.

〔96〕 See Jack M. Balkin, *The Fiduciary Model of Privacy*, 134 Harvard Law Review Forum 11 (2020).

〔97〕 参见解正山：《算法决策规制——以算法“解释权”为中心》，载《现代法学》2020 年第 1 期。

性化推荐的双赢本质。信义关系下,个人信息处理者利用合法获取的信息进行个性化推荐或用户画像的行为本身不应受到禁止,但行为必须受制于忠诚义务,符合用户最佳利益且不影响集体利益,如个人信息处理者只得根据个人信息主体消费偏好或长期浏览习惯进行推荐,不得利用相关关系中的敏感信息或偶发披露信息进行推荐等。同时,对个性化推荐的规制也应脱离仅以个人信息本身为核心的进路,即从按信息类别进行规制转向以关系场景中个人信息主体最佳利益是否受损作为标准,并与事后强力救济结合。

五、结　语

当下,个人信息权益具有公、私法双重属性已成学界共识,个人信息保护也逐渐走向公私结合的合作治理道路。然而,强调透明的个人信息私法保护框架存在诸多局限之处,亟须改变。综合而言,其难以应对日益凸显的个人信息操纵问题、"告知—同意"形式化问题、企业合规负担等诸多症结,原因在于忽视了个人信息主体的决策能力不足、个人信息主体与个人信息处理者之间的持续性不平等关系以及个人信息的特殊性。与此同时,学界已对信义法的补足进路进行深度探讨,基于此,本文提出个人信息关系性保护,将强调信任的信义关系引入个人信息保护领域,对关系性保护的构建以及优势之处进行了初步探讨,并指出其存在优化更新个人信息保护规则的充足空间。

从个人信息保护体系构建层面来看,基于信任的关系性保护不仅可以激发个人信息私法保护活力,还可以为公法规制提供更多协调空间。同时,该进路并非意味着替代强调透明的"告知—同意"原则,二者存在融合协作的空间,应当共同发挥作用;从宏观层面来看,关系性保护既有利于保护个人信息权益,也具有促进数据信息合理流动和开发利用的潜在作用。总之,个人信息关系性保护仅是个人信息保护领域的冰山一角,但存在重新构建保护进路,更好实现个人信息保护法律宗旨与目标的空间。

《个人信息保护法》第16条的解释论展开

吉心颖*

摘要：

《个人信息保护法》第16条是知情同意机制下新设的具体规则，该条要求信息处理者不得胁迫、不得处理非必需个人信息以及不能在个人拒绝其处理非必需个人信息时拒绝提供服务。在适用该条时，需界定"提供产品或者服务所必需"，同时应明确拒绝或撤回同意处理必需信息具有终止合同的效力。不过，该条并未明确"拒绝提供服务"的法律后果，系不完全法条。联系《个人信息保护法》及《民法典》的相关规范，该条的法律效果为：个人信息处理中的胁迫不能完全适用《民法典》中胁迫的相关规则，以胁迫形式取得的同意无效；对于该种侵害信息主体决定权的胁迫，私法责任上主要适用人格权请求权救济；在隐私政策协议中，胁迫导致与同意相关的格式条款无效；在提供产品或服务的合同中，信息处理者拒绝提供服务应承担合同障碍的法律责任。

关键词：

知情同意规则；胁迫；必要原则；人格权请求权

一、问题的提出

在信息网络时代，知情同意规则是平衡个人信息权益保护和利用流通的一个支点。然而，在信息处理者和信息主体的利益博弈中，知情同意规则的适用面临诸如同意缺乏真实性或自主性、知情范围不当限缩、默认同意的滥用等现实困境。[1] 实践中较为常见的情形是信息处理者采取"不同意处理个人信息

---

* 吉心颖，中央财经大学法学院硕士研究生，研究领域为民商法学。本文的写作得到徐建刚副教授的悉心指导，在此表示衷心感谢。

〔1〕 参见马新彦、张传才：《知情同意规则的现实困境与对策检视》，载《上海政法学院学报（法治论丛）》2021年第5期。

就拒绝提供服务”的经营模式,信息主体只能在同意处理或放弃服务之间做出选择。[2] 在缺乏其他同质的服务提供者时,所谓的同意毋宁说是被迫的无奈之举。在此背景之下,《个人信息保护法》第16条[3]规定信息处理者不得因个人不同意或撤回同意而拒绝提供产品或服务,明确了这种带有胁迫性质的经营模式的违法性,为个人同意的自由、自愿提供法律保障。

不过,《个人信息保护法》第16条是一个不完全法条,对于违反该条将产生怎样的后果并未作规定。因此,有必要明确该条的具体法律效果,以便理解和适用《个人信息保护法》为知情同意机制新设的细化规则。由于该条具有较强的体系辐射效应,在讨论其法律效果时应结合相关规范进行体系解释。这些散落在《个人信息保护法》和《民法典》等法律中的相关规范,通过“信息处理”和“提供产品或者服务”两个行为与第16条产生联系。据此,本文以《个人信息保护法》第16条中“信息处理活动”和“提供产品或者服务”的区分与联系为线索,对该条的规范功能、适用条件以及法律效果进行系统研究。

二、《个人信息保护法》第16条的规范功能

《个人信息保护法》第16条的前半句明确了信息处理者以“拒绝提供服务”干预信息主体自由意志的违法性,同时也明确了信息主体不同意处理非必需个人信息时信息处理者“拒绝提供服务”的违法性;后半句则规定了违法性的阻却条件,即“处理个人信息属于提供产品或者服务所必需的除外”。可见,该条给信息处理者设置了“禁止胁迫”、“禁止处理非必需个人信息”及“不得拒绝提供服务”三重要求。

(一)禁止胁迫行为

《个人信息保护法》第16条中的信息处理活动和提供产品或服务是两个模

---

[2] 实践中多见违规或超范围收集个人信息、欺骗误导强迫用户、强制索取权限等情形均指向《个人信息保护法》第16条。参见工业和信息化部信息通信管理局:《关于侵害用户权益行为的App通报(2022年第3批,总第23批)》,载工业和信息化部网2022年4月20日,https://www.miit.gov.cn/jgsj/xgj/fwjd/art/2022/art_9e8067b629cb487b82cdb3d44b1c722e.html。

[3] 其他相关规定见最高人民法院《关于审理使用人脸识别技术处理个人信息相关民事案件适用法律若干问题的规定》第4条、《常见类型移动互联网应用程序必要个人信息范围规定》第4条。

块，只在处理必需信息时才产生交集。以拒绝提供产品或服务要挟信息主体同意处理非必需个人信息的做法突破了二者界限，干扰了信息主体的自由意志，构成信息处理活动中的胁迫。[4]

1. 个人信息处理中的变相胁迫

在基于个人同意处理信息的情形中，只要信息主体拒绝或者撤回同意处理其个人信息会承受"不利后果"(detriment)，就可以认定同意并非自愿作出。[5]《个人信息保护法》第16条正是为实现自愿同意而新设的细化规定，该条明确要求信息主体的同意不能是为避免无法获得产品或服务的后果而被迫作出的。这表明，个人信息处理者"拒绝提供服务"对于信息主体而言也是一种不利益。庞德认为，利益可以看作人们寻求满足的需求、欲望或期望。[6] 如果这种需求或期望落空，对于主体而言无疑是一种不利。对应到第16条，"不同意处理个人信息就拒绝提供服务"对信息主体施加的心理影响实际上是令其对于获得该产品或服务的期望落空，信息主体在主观上必然会将之评价为不利。问题在于，法律是否有必要对信息主体所遭受的该种不利予以救济，即此时的个人信息处理者"拒绝提供服务"是否具有违法性。

规制"不同意处理个人信息就拒绝提供服务"模式的目的在于矫正被不法侵扰的自由意志。信息网络时代，广泛应用的数字化产品为社会生活提供了便利，信息主体为使生活更加快捷方便通常被迫同意处理个人信息。[7] 典型情况如物业服务企业以人脸识别作为业主出入物业服务区域的唯一验证方式，不同意的业主将无法正常出入小区，给生活造成极大不便。同时，在多数情况下，信息主体无法自由选择交易对象。理论上，信息主体可以选择其他交易对象从而拒绝作出同意，但难以保证在网络服务市场中存在丰富的、可供选择的同质服务主体。[8] 信息主体为获得特定的产品或服务不得不同意授权，所谓"用脚投

[4] 参见黄薇主编：《中华人民共和国民法典合同编解读》，中国法制出版社2020年版，第217页。

[5] See Christopher Kuner et al., *The EU General Data Protection Regulation (GDPR): A Commentary*, Oxford University Press, 2020, p. 345.

[6] See Roscoe Pound, Vol. Ⅲ of *Jurisprudence*, West Publishing Co., 1959, p. 15.

[7] 参见程啸：《个人信息保护法理解与适用》，中国法制出版社2021年版，第168页。

[8] 参见郭锋、陈龙业、贾玉慧：《〈个人信息保护法〉具体适用中的若干问题探讨——基于〈民法典〉与〈个人信息保护法〉关联的视角》，载《法律适用》2022年第1期；刘颖：《数字社会中算法消费者的个人信息保护体系构建》，载《广东社会科学》2022年第1期。

票”的自由实际难以实现。[9] 此外,即使产品或服务与日常生活需要联系并不紧密(如娱乐性质的产品),抑或客观上存在同质服务主体,也不能排除信息处理者拒绝提供产品或服务对信息主体自由意志的侵扰。在黄某与腾讯科技(深圳)有限公司(以下简称腾讯公司)等网络侵权责任纠纷案中,法院认为用户若不同意收集某项信息则无法使用该应用是腾讯公司对微信读书运营模式的选择,用户不使用微信读书不会感到生活明显不便,亦不会被实质上剥夺在市场上选择同类型产品的权利,不违反法律规定。[10] 本文认为,法院的观点有待商榷。因为微信读书作为一款阅读应用,核心功能并不在于交友社交,收集好友列表信息超出了提供阅读服务的基本目的。腾讯公司为收集此类信息采用了“不同意处理个人信息就拒绝提供服务”的方式,用户为使获得阅读服务的期望不落空,只能不自愿地同意信息处理,所以此种模式也是对用户自由意志的干扰。可见,“拒绝提供服务”确实会影响同意的自愿作出。这种影响的不法性在于目的不法:信息处理者拒绝提供服务所追求的目的是强迫信息主体作出同意,进而基于同意处理非必需个人信息。在此情形中,虽然“拒绝提供服务”并未被法律所禁止,但信息处理者也无权要求信息主体必须同意,因此属于目的不法。[11] 基于此,第16条确认了“不同意处理个人信息就拒绝提供服务”模式的违法性。

这种具有违法性的行为样态实际上是个人信息处理中的正当原则[12]及其派生的禁止胁迫要求的具体化。有观点认为此种情形构成经济胁迫[13]或情境

---

〔9〕 如胡某与上海携程商务有限公司侵权责任纠纷案,一审法院认为,上海携程商务有限公司具有市场强势地位,用户对平台依赖度较高,携程App在要求用户在“同意(其隐私政策、服务协议)并继续”和“不同意并退出”中做出选择,正是以拒绝提供服务形成对用户的强制。参见浙江省绍兴市中级人民法院(2021)浙06民终3129号民事判决书。

〔10〕 参见黄某与腾讯科技(深圳)有限公司等网络侵权责任纠纷案,北京互联网法院(2019)京0491民初16142号民事判决书。

〔11〕 对于胁迫中目的不法的论述,参见[德]卡尔·拉伦茨:《德国民法通论(下册)》,王晓晔等译,法律出版社2013年版,第548页。

〔12〕 对于个人信息处理正当原则的规定,还有《民法典》第1035条第1款、《网络安全法》第41条第1款及《消费者权益保护法》第29条第1款等。

〔13〕 经济胁迫(economic duress)是英美法上概念,即以给他人造成经济上的不利益相要挟。参见萧鑫:《个人信息处理的多元同意规则——基于同意阶层体系的理解和阐释》,载《政治与法律》2022年第4期。

胁迫[14]。对于胁迫,最高人民法院《关于适用〈中华人民共和国民法典〉总则编若干问题的解释》将其界定为“以给自然人及其近亲属等的人身权利、财产权利以及其他合法权益造成损害或者以给法人、非法人组织的名誉、荣誉、财产权益等造成损害为要挟,迫使其基于恐惧心理作出意思表示”[15]。依此定义,第16条所规定的信息处理活动中的胁迫似乎难以纳入胁迫的概念范围。因为此种胁迫对于胁迫人所欲施加的危害程度要求较低,即将“拒绝提供服务”也视为一种不利,而且在心理状态上并不要求达到受胁迫人产生恐惧的程度,其关注的毋宁说是受胁迫人对于获得服务的期待落空的负面感受。不过,将其认定为胁迫也并无不妥。一方面,将“拒绝提供服务”认定为胁迫在规范解释上不存在障碍。《个人信息保护法》第5条将适用范围限制在个人信息处理的过程,考虑到信息处理活动的特殊性,该条中的胁迫或许可作为《个人信息保护法》有意作出的特别安排,从而使第16条这种异于传统意义的胁迫也可纳入其中,以更好地维护信息主体的意思自由。另一方面,将其认定为胁迫也不会与胁迫的构成要件有过于严重的冲突。就不利的危害程度而言,通说认为只要胁迫人所欲施加的危害可侵扰被胁迫人的自由意志即已足,不要求危害重大。[16] 只是这种“微小的不利”在胁迫的因果关系认定中可能存在问题,因为即使胁迫中的不利不必达到特别严重的程度,不利的威胁程度至少也要令被胁迫人处于被迫状态,并基于被迫状态作出表示。[17] 因此有观点认为,如果仅以无关紧要的小事相威胁将难以成立胁迫中的因果关系。[18] 本文认为,“拒绝提供服务”足以使信息主体处于被迫状态,并非无关紧要的小事。原因在于,多数情况下,信息处理关

---

〔14〕 情境胁迫(situational duress),即在电子格式合同中,格式条款使用者以不同意格式条款就不提供产品或服务相要挟。See Nancy S. Kim, *Situational Duress and the Aberrance of Electronic Contracts*, Chicago-Kent Law Review 278(2014).

〔15〕 最高人民法院《关于适用〈中华人民共和国民法典〉总则编若干问题的解释》第22条。

〔16〕 通说要求令受胁迫人产生恐惧心理才构成胁迫,此系大陆法系对于受胁迫人主观状态的通常要求,但个人信息处理中的胁迫涉及主观状态的特殊性讨论,故本文仅引用通说对于危害程度的要求的观点。参见朱庆育:《民法总论》(第2版),北京大学出版社2016年版,第284页。

〔17〕 参见[德]维尔纳·弗卢梅:《法律行为论》,迟颖译,法律出版社2013年版,第636页。

〔18〕 Vgl. Ernst A. Kramer, in: Münchener Kommentar BGB, 5. Aufl. 2006, § 123 Rn. 41. 转引自杨代雄:《法律行为论》,北京大学出版社2021年版,第346页。

系都是依托提供产品或服务的关系而产生,信息主体的最终目的并非使自己的信息被处理,而是为了获取产品或服务。只要信息主体想要获得该信息处理者提供的产品或服务,就必然被"拒绝提供服务"要挟而被迫作出同意。换言之,虽然"拒绝提供服务"对信息主体的危害程度较低,但与信息主体同意进入信息处理关系的原因有直接联系,足以证明"拒绝提供服务"与"被迫同意"之间存在符合条件性和相当性的因果关系。就受胁迫人的主观状态而言,受胁迫人产生恐惧心理未必是唯一的、最佳的主观状态标准。对此可参酌比较法上的规定,如意大利民法对于胁迫的主观状态标准仅要求"不安"与"担心",而非恐惧。[19] 因此,以期待落空的负面感受这种程度更低的心理影响作为特殊的胁迫的主观状态标准也未尝不可。

2. 变相胁迫对决定权的侵害

依前所述,以拒绝提供产品或服务相要挟是一种侵害信息主体自由意志的胁迫行为。在信息处理活动的语境中,该行为实际是对信息自决理念的背离。

信息自决理念经德国宪法法院《人口普查法》案的判决发展为信息自决权:原则上,每个人都得自行决定是否向他人告知自己的个人信息,是否允许他人利用自己的信息。[20] 学术上,尽管个人信息自决权的概念及性质存在诸多争议,[21] 但大多观点都认同信息主体享有控制个人信息传播的自主利益,[22] 也即认可信息自决的理念。我国司法实践中也有肯定个人信息自主决定权益

---

〔19〕《意大利民法典》第1435条(胁迫的性质),胁迫应当具有使一个明智的人感到不安并担心其人身或财产受到不法行为严重威胁的性质。其涉及年龄、性别和个人的状况。

〔20〕 Vgl. BVerfG 65,1,41. 转引自杨芳:《个人信息自决权理论及其探讨——兼论个人信息保护法之保护客体》,载《比较法研究》2015年第6期。

〔21〕 有学者认为信息自决权具有支配性的特征。参见王泽鉴:《人格权的具体化及其保护范围·隐私权篇(中)》,载《比较法研究》2009年第1期;张新宝:《〈民法总则〉个人信息保护条文研究》,载《中外法学》2019年第1期。反对观点则认为信息自决权并非无限的决定权,将信息自决权表述为支配权是一种误读。参见程啸:《论大数据时代的个人数据权利》,载《中国社会科学》2018年第3期;谢远扬:《〈民法典人格权编(草案)〉中"个人信息自决"的规范建构及其反思》,载《现代法学》2019年第6期。

〔22〕 参见王利明:《论个人信息权的法律保护——以个人信息权与隐私权的界分为中心》,载《现代法学》2013年第4期;程啸:《民法典编纂视野下的个人信息保护》,载《中国法学》2019年第4期;于柏华:《处理个人信息行为的合法性判准——从〈民法典〉第111条的规范目的出发》,载《华东政法大学学报》2020年第3期。

的观点。[23] 实在法上，对个人信息采取不同保护模式的欧盟法和美国法都设计了一系列符合信息自决价值理念的规则。[24] 我国也发展并建构了反映信息自决理念的规则，[25] 如知情同意规则以及《个人信息保护法》第44条所规定的决定权。此种设立决定权的立法模式系我国独创。[26] 根据第44条文义，决定权指限制或拒绝他人处理个人信息的权利。这似乎将决定权与欧盟《一般数据保护条例》（GDPR）中的拒绝权（right to object）和限制处理权（right to restrict processing）相对应。虽然限制（权）和拒绝（权）都是决定权的一种体现，但这样的理解过于狭窄。因为决定权既是个人信息权利束中的一项被具体规定的权利，[27] 同时也是抽象的信息自决理念的表达载体，[28] 只是我国《个人信息保护法》第44条将知情权、决定权以及限制和拒绝处理个人信息的权能并列表述，模糊了决定权含义的双重层次，致使其内容在文义上被限缩。实际上，凡是基于信息自决理念所产生的权利或权能都应该是决定权的内容，如知情、同意、拒绝、限制、更正、删除等。这些权利或权能可以保障信息主体在信息处理的各个阶段对信息的控制力，都是决定权的行使方式，也是对决定权的保障和强化。[29]

---

〔23〕 刘某博与乐元素科技（北京）股份有限公司隐私权纠纷案中，法院认为乐元素科技（北京）股份有限公司未经用户授权开启应用全项权限的行为，指向的是用户是否知晓并同意网络服务提供者获取己方个人信息以及同意获取信息的具体范围等个人信息的自主决定权益。参见北京市第一中级人民法院（2020）京01民终8911号民事判决书。

〔24〕 由于基本理念的差异，美国隐私法并不像欧盟隐私法一样将信息权利作为基本权利加以保护，但也通过"选择加入"和"选择退出"机制赋予信息主体一定的控制权限，这种权限对于巩固信息自决权具有重要意义。相关论述参见冯恺：《个人信息"选择退出"机制的检视和反思》，载《环球法律评论》2020年第4期；吴亚光：《信息接收视角下个人信息自决的不完备性与效力限度》，载《厦门大学法律评论》2020年第1期；Paul M. Schwartz & Karl-Nikolaus Peifer, *Transatlantic Data Privacy Law*, 106 The Georgetown Law Journal 115(2017)。

〔25〕 参见姚佳：《论个人信息处理者的民事责任》，载《清华法学》2021年第3期。

〔26〕 参见姚佳：《个人信息主体的权利体系——基于数字时代个体权利的多维观察》，载《华东政法大学学报》2022年第2期。

〔27〕 参见付新华：《个人信息权的权利证成》，载《法制与社会发展》2021年第5期；王锡锌：《国家保护视野中的个人信息权利束》，载《中国社会科学》2021年第11期。

〔28〕 参见姚佳：《个人信息主体的权利体系——基于数字时代个体权利的多维观察》，载《华东政法大学学报》2022年第2期。

〔29〕 参见姚佳：《个人信息主体权利的实现困境及其保护救济》，载《中国法律评论》2022年第6期。关于知情同意和决定权的关系的不同观点，参见商希雪：《个人信息民事确权的功能定位与制度适用》，载《浙江社会科学》2022年第7期。

由于决定权的含义存在广阔的解释空间,可以说第44条中的决定权与比较法规范(主要是欧盟法)中隐含的信息自决观念并无不同,将决定权等同于拒绝权及限制处理权的理解忽视了决定权所承载的建构信息自决理念的功能和价值。[30] 在此意义上,若认为违反第16条的行为本质上是对信息自决理念的背离,这种行为就当然侵害了第44条中的决定权。一方面,以胁迫形式取得的同意具有瑕疵,有瑕疵的同意难以成为个人信息处理的合法性根据。因此,此种行为违反了知情同意规则,侵害了决定权。另一方面,将同意信息处理与提供产品或服务捆绑在一起,使信息主体被迫接受信息处理者划定的处理范围,实际上排除了信息主体限制或拒绝处理其个人信息的权利,进而侵害个人信息之上所承载的人格利益,即信息主体对其个人信息享有的自主决定的权益。

综上所述,为保障知情同意规则的有效落实,理应对第16条中的胁迫行为予以否定评价。

(二)回应必要原则

"捆绑"模式限制了信息主体的决定权,追问其目的,不难发现这种模式的实质是以个人信息,尤其是以非必需个人信息换取产品或服务。此种做法同样也突破了信息处理活动与提供产品或服务之间的界限。以同意非必需个人信息的处理作为信息处理者提供产品或服务的前提条件,看似是信息处理者与个人对交易条件的合意一致或各取所需的利益交换,[31] 不具非法性,实则不然。因为即使以信息主体的同意作为信息处理的合法性基础,信息处理活动也应受到正当、必要原则的限制。[32]

必要原则是信息处理活动的基本原则之一。我国《民法典》第1035条及《个人信息保护法》第6条等条文规定了个人信息处理的必要原则,比较法上也有先例,如GDPR第5条[33]。该原则要求处理个人信息的活动应当以实现个

---

〔30〕 不同观点参见孔祥稳:《个人信息自决权的理论批评与实践反思——兼论个人信息保护法第44条决定权之适用》,载《法治现代化研究》2022年第4期。

〔31〕 有观点认为对于个人信息的利用可采取经济激励机制,信息主体的同意可以突破必要原则。参见蔡培如、王锡锌:《论个人信息保护中的人格保护与经济激励机制》,载《比较法研究》2020年第1期。

〔32〕 参见张新宝:《个人信息收集:告知同意原则适用的限制》,载《比较法研究》2019年第6期。

〔33〕 GDPR第5条第1款c项规定,(个人数据应当)充分、相关以及以该个人数据处理目的之必要为限度进行处理。

人信息处理目的之必要为限，不得过度处理信息。[34] 之所以有此限制，是因为人格尊严是限制信息处理的根本标准和底线，也是数字伦理的核心，无论信息处理活动的便利性有多大，都不能突破私法自治的伦理限度。[35] 否则，信息主体和其个人信息乃至隐私都将变成货币和可交易的商品。[36] 同时，个人信息与人格尊严、人身及财产安全等利益密切关联，过度处理可能给这些利益造成难以预测的危险和损害，[37] 这尤其体现在《个人信息保护法》对于处理敏感信息、生物识别信息的规定更为严格上。

在网络服务关系中，信息处理者处理个人信息的根本目的是提供产品或服务，处理的范围应限于为提供服务所必需的个人信息。若认为"不同意处理个人信息就拒绝提供服务"属于双方合意从而不予限制，等同于认可了用非必需个人信息换取产品或服务的正当性，将导致合理范围之外的非必需个人信息被一并处理，无疑是对必要原则的冲击。因此，法律有必要介入信息处理者与信息主体的"浮士德式交易"关系之中，以防无限度地处理个人信息导致人格尊严受损。其实，在必要原则的要求下，第16条指向的是一种梯度性的处理方式以及差异化的服务模式。提供产品或服务这一基本目的对应的只能是必需个人信息。但是，超出这一范围的非必需个人信息并非不能处理，该条限制的是提供产品或服务与非必需个人信息的捆绑，只要信息处理者取得合法性根据，仍可处理提供产品或服务所必需之外的个人信息。[38] 因此，信息处理者应当区分公共利益目的、基本服务目的及扩展服务目的，[39] 使信息处理的范围与处理目的一一对应，并针对不同目的设计不同的隐私政策，以实现信息处理活动中信息主体信息自决自由和信息处理者经营活动自由的平衡。

（三）调整失衡关系

提供产品或服务的法律关系（合同关系）是平等的民事主体之间成立的法

---

〔34〕 参见程啸：《个人信息保护法理解与适用》，中国法制出版社2021年版，第81页。

〔35〕 参见武腾：《最小必要原则在平台处理个人信息实践中的适用》，载《法学研究》2021年第6期；刘忠炫：《个人信息处理的合理限度——基于必要性原则的场景化分析》，载《上海政法学院学报（法治论丛）》2021年第5期。

〔36〕 See Jay P. Kesan et al., *Information privacy and Data Control in Cloud Computing: Consumers, Privacy Preferences, and Market Efficiency*, 70 Wash. & Lee L. Rev. 341 (2013).

〔37〕 参见张新宝：《个人信息处理的基本原则》，载《中国法律评论》2021年第5期。

〔38〕 这涉及"数据换给付"的命题，并非本文主要内容，因此不再展开讨论。

〔39〕 参见项定宜：《个人信息处理必要性原则的规范体系研究》，载《北方法学》2021年第5期。

律关系,但双方实力悬殊,弱势一方难以拒绝不合理的交易条件。因此,除维护信息自决和人格尊严的意图外,第 16 条基于保护法的属性,还承担着调整信息主体和信息处理者之间的失衡关系的任务。

在信息处理活动中个人信息处理者与信息主体之间的法律关系呈现持续性的失衡状态,面对信息处理者的胁迫或超范围收集个人信息的行为,信息主体通常无法拒绝,此时信息主体作出的同意难谓其真实意图的反映。〔40〕因此,为了平衡信息处理者和个人的利益关系,消除权利势差,对于“不同意处理个人信息就拒绝提供服务”模式应当予以规制。这也是《个人信息保护法》作为保护法的基本定位所决定的。该法第 16 条通过设立禁止规范来约束和限制市场交易自由,调整主体之间的不对称权力结构,由国家支援弱势一方,使其免遭强势主体的压迫、伤害与控制。〔41〕

这种给予弱势一方倾斜保护的做法普遍存在于保护法规范中,例如《消费者权益保护法》。值得注意的是,由于信息处理者和信息主体的关系在商业消费领域表现为经营者和消费者的关系,使得同属保护法的《个人信息保护法》与《消费者权益保护法》也产生了体系关联。一方面,《消费者权益保护法》中明确了消费者的个人信息依法受保护的理念,并规定了处理消费者个人信息的一般原则和规则。〔42〕另一方面,《个人信息保护法》第 16 条所规制的胁迫同时也构成《消费者权益保护法》第 16 条第 3 款中的“不公平、不合理的交易条件”的情形。此外,若主体地位失衡的情况进一步发展,可能进入《反垄断法》的规制范围。平台垄断是数字经济时代的普遍现象,处于市场支配地位的平台常利用用户没有选择余地的境况,强迫用户同意其处理非必需个人信息。对此,2021 年 2 月 7 日国务院反垄断委员会发布的《关于平台经济领域的反垄断指南》第 16 条第 1 款规定,具有市场支配地位的平台经济领域经营者“强制收集非必要用户信息”的行为,属于《反垄断法》第 22 条第 1 款第 5 项所规定的“在交易时附加其他不合理的交易条件”。

〔40〕 参见梁泽宇:《个人信息保护中目的限制原则的解释与适用》,载《比较法研究》2018 年第 5 期;丁晓东:《个人信息权利的反思与重塑——论个人信息保护的适用前提与法益基础》,载《中外法学》2020 年第 2 期。程啸:《论个人信息处理中的个人同意》,载《环球法律评论》2021 年第 6 期。

〔41〕 参见王锡锌:《国家保护视野中的个人信息权利束》,载《中国社会科学》2021 年第 11 期;蔡培如:《个人信息保护原理之辨:过程保护和结果保护》,载《行政法学研究》2021 年第 5 期。

〔42〕 参见《消费者权益保护法》第 14 条、第 29 条、第 50 条及第 56 条。

可见,《个人信息保护法》、《消费者权益保护法》以及《反垄断法》相关条文,都有创造公平交易环境的目的,禁止强势一方设置不合理的交易条件。由此,通过多部保护法的互动,个人获得了对抗的力量,失衡的关系也在一定程度上被修正。

《个人信息保护法》第16条规定不得以同意处理非必需个人信息作为交易条件,系出于平衡缔约双方交涉能力不对称结构的考量。据此,第16条中同意信息处理与提供产品或服务的关系可以作此理解:“不同意或者撤回同意处理非必需个人信息”不足以构成拒绝提供产品或服务的合理理由,如果理由仅是信息主体不同意处理非必需个人信息,那么信息处理者就不能拒绝提供产品或者服务。由此就可以解释出第16条系为信息处理者设置的第三重要求,即必须缔约或必须履行的义务。这似乎是《反垄断法》的要求扩张到个人信息保护领域的结果。在反垄断法领域,若用户不同意处理其非必需个人信息,具有市场支配地位的平台拒绝提供产品或服务,将构成《反垄断法》第22条第1款第3项“没有正当理由,拒绝与交易相对人进行交易”的情形,法律禁止这种滥用市场支配地位的行为。但相较于保护市场公平竞争,第16条更加注重维护信息主体一方的利益,并不严格要求信息处理者具有市场支配地位。这意味着第16条中信息处理者负有必须缔约义务的结论不能必然从反垄断法推导得出,只能采用迂回的教义学构造,说明拒绝缔约构成侵权,通过承担停止侵害的民事责任令信息处理者与信息主体缔约。[43] 在“不同意处理个人信息就拒绝提供服务”的情形中,信息处理者拒绝缔约的目的在于胁迫信息主体同意处理非必需个人信息的条件,信息处理者此举意在限制信息主体行使决定权,侵害了信息主体的人格利益,应承担停止侵害的民事责任。因此,将不合理的条件排除之后,若不存在其他双方不能(或不愿)缔约或履行的合理理由,信息处理者就应当提供产品或服务。

三、“提供产品或者服务所必需”的认定及体系协调

虽然信息处理与提供产品或服务是两个独立的模块,但二者并非全无交集,这个交点即是提供产品或服务所必需的个人信息。此时个人信息的处理是合同得以订立或履行的必要前提,并未超出必要原则的范围,所以第16条以但书条款的形式排除了“处理个人信息属于提供产品或者服务所必需”的情形。这主要涉及对必需个人信息的认定以及与该法第13条第1款相关内容的体系协调。

---

〔43〕 关于此种强制缔约义务的导出,参见杨代雄:《法律行为论》,北京大学出版社2021年版,第13页以下。

(一)目的限制原则的适用

理解和适用该条除外规定的核心在于认定“提供产品或者服务所必需”。“必需”分为法律上的必需和事实上的必需,对于前者,法律、行政法规等均有明确规定,但事实上的必需并无明确标准。对此,需要结合必要原则与目的限制原则予以判定,从目的界定、目的关联和处理范围三个方面考量。

就目的界定而言,信息处理活动的目的应当明确、合理,并充分告知信息主体。第16条中“处理个人信息属于提供产品或者服务所必需”,指处理个人信息的目的仅限于提供产品或服务,即基本服务目的。[44] 超出该目的处理个人信息的,即使出于追求其他正当目的,如完善产品功能、[45] 提升服务效率[46] 或业务引流[47] 等,也不能认定为“提供产品或者服务所必需”。信息处理的必要原则及目的限制原则要求信息处理的手段与目的具有关联性。对于关联性的判断,《个人信息保护法》第6条第1款规定,处理个人信息应当与处理目的直接相关。根据该条,关联性的认定标准较为严格,信息处理与初始目的之间具有必然的、密切的联系,[48] 信息处理活动都应当在事前告知的处理目的之内。[49] 有观点认为“直接相关”的标准过于狭窄,也应当包含间接相关但具有合理关联性的活动。[50] 比较法上采取涵摄范围更广的“兼容性”标准,也可作为例证。[51] 对此,本文认为“提供产品或者服务所必需”的认定应当采取严格的直接相关标准,即只有当处理活动与基本服务目的直接相关时,“拒绝提供服务”才是正当

---

[44] 对此种处理目的的限制同样可见于《电信和互联网用户个人信息保护规定》第9条第3款和《网络安全法》第41条第2款。

[45] 参见凌某某与北京微播视界科技有限公司隐私权、个人信息权益网络侵权责任纠纷案,北京互联网法院(2019)京0491民初6694号民事判决书。

[46] 参见劳东燕:《“人脸识别第一案”判决的法理分析》,载《环球法律评论》2022年第1期。

[47] 参见余某彬与浙江天猫网络有限公司等网络侵权责任纠纷案,北京市海淀区人民法院(2018)京0108民初13661号民事判决书。

[48] 参见武腾:《最小必要原则在平台处理个人信息实践中的适用》,载《法学研究》2021年第6期。

[49] 参见程啸:《论我国个人信息保护法的基本原则》,载《国家检察官学院学报》2021年第5期。

[50] 参见刘权:《论个人信息处理的合法、正当、必要原则》,载《法学家》2021年第5期。

[51] 参见朱荣荣:《个人信息保护“目的限制原则”的反思与重构——以〈个人信息保护法〉第6条为中心》,载《财经法学》2022年第1期。

的。一方面,作为违法性排除的事由,"必需"的标准应当明确具体,是否与提供产品或服务直接相关,总体易于判定;[52] 另一方面,采合理关联性或兼容性标准可能将为实现扩展服务目的的处理行为纳入合理范围,使"必需"涵盖的范围过宽,减损第16条的功能。就处理范围而言,依据《个人信息保护法》第6条第2款的规定,收集个人信息应当限于实现处理目的的最小范围,不得过度收集个人信息。该款对收集个人信息的行为作出要求,适用范围相对于第1款的"处理"有所限缩。结合前述目的限制和直接相关两个因素,对处理范围也应严格限制,此时可以适当突破《个人信息保护法》第6条的文义,令"收集"的上位概念"处理"也适用最小范围的要求。[53] 基于此,"提供产品或者服务所必需"意味着信息处理应当采取对信息主体权益影响最小的方式,只能处理与提供产品或服务有直接关系的最小范围的个人信息。

综上所述,只有在最小范围内,处理与基本服务目的直接相关的个人信息才能阻却"不同意处理个人信息就拒绝提供服务"的违法性。

(二)与《个人信息保护法》第13条第1款第2项的冲突

《个人信息保护法》第16条将信息处理活动的范围限于"必需"反映了必要原则及目的限制原则的基本内涵。在适用该条的过程中,须注意与其他条款的关联与协调。如同样体现必要原则的第13条第1款第2项,该项规定,为订立、履行个人作为一方当事人的合同所必需的,信息处理者可以处理个人信息。二者既有联系又有区别。共同点在于,第一,提供产品或服务通常也是订立、履行合同的一种形式,二者均可适用合同法规则。第二,"处理个人信息属于提供产品或者服务所必需"与"为订立、履行个人作为一方当事人的合同所必需"均含有"必需",二者均受正当原则和必要原则的制约。因此,在判断标准上,后者也应符合前述目的限制、直接关联性、最小范围的要求。二者的区别主要在于适用的情形不同。第16条是知情同意机制的细化规则,主要解决信息处理者侵害个人信息自决自由的问题,既包括信息主体不同意处理个人信息,也包括撤回同意的情形,前者可能处于合同订立及履行阶段,后者大多处于合同履行阶段。第13条第1款第2项与第1项规定的"取得个人的同意"同为处理个人信息的合法性基础,因此无须取得信息主体同意也可进行信息处理活动。该项主要考虑合同能否订立及履行,不存在信息主体撤回同意的问题。此外,二者的

---

〔52〕 如《常见类型移动互联网应用程序必要个人信息范围规定》第5条对39种常见类型App的必要个人信息范围进行详细列举。

〔53〕 参见申卫星、杨旭:《论订立合同作为个人信息处理合法性基础的限缩适用》,载《南京社会科学》2022年第4期。

法律效果不同,第16条的效果为,若符合“必需”的要求,则信息处理者可以拒绝提供产品或服务;第13条第1款第2项的效果为,若符合“必需”的要求,信息处理者可在未取得信息主体同意时处理个人信息。此时,由于同意并非个人信息处理的唯一合法性根据,信息处理者拥有选择的空间:他既可以根据第16条的规定,在信息主体不同意或撤回同意时拒绝提供相应的产品或服务,也可以根据第13条第1款第2项,在未取得信息主体同意时径行做出信息处理行为。[54] 两种截然不同的处理方式产生矛盾。

当然,这种局面的出现主要是因为信息主体发出了两项矛盾的意思:一方面,其拒绝做出同意的表示,使得处理者无法完成必要的合同履行行为;另一方面,信息主体又未明确要求信息处理者终止履行合同。理论上,解决上述冲突有两条路径。第一条路径,明确信息主体拒绝同意或撤回同意处理必需个人信息具有终止缔约或解除合同的效果,从而排除第13条第1款第2项的适用。第二条路径,限缩为订立、履行合同处理个人信息的适用范围,参考GDPR第6条第1款b项后半句“应正在订立合同的主体的要求”,增加信息主体主观意志因素的判断,[55] 从而划清第16条和第13条第1款第2项的适用界限。本文认为第一条路径更为可行,原因有二:其一,拒绝或撤回同意有解释为终止缔约或解除权行使的空间。虽然拒绝或撤回同意并不意味着对承诺的撤销或合同的解除,[56] 但拒绝或撤回同意处理必需信息导致的实际结果是无法缔约或合同目的不能实现,信息主体不同意处理必需个人信息应当承担合同无法订立或被解除的后果。作此推定更加符合信息主体的意愿,同时不会加重信息主体和信息处理者的负担,双方也得以从合同拘束力中解放出来。此时因不存在先合同义务或履行义务,不必适用第13条第1款第2项。其二,改造第13条第1款第2项工程量较大。该项存在过于宽泛之嫌,[57] 对信息主体意愿的忽略可能产生规则冲突。因此,第二条路径拟增加主观要件,将信息主体自主意愿纳入考量。但这种做法存在问题:首先,依据第13条第1款第2项处理个人信息无须经过信息主体同意,其实是将

[54] 参见程啸:《个人信息保护法理解与适用》,中国法制出版社2021年版,第168页。

[55] 虽然GDPR第6条第1款b项的主观要件仅适用于合同订立阶段,但本文认为这种做法也可以扩展到合同履行阶段以解决信息主体自主意愿缺失的问题。

[56] 参见马新彦、张传才:《知情同意规则的现实困境与对策检视》,载《上海政法学院学报(法治论丛)》2021年第5期;刘召成:《人格权法上同意撤回权的规范表达》,载《法学》2022年第3期。

[57] 参见申卫星、杨旭:《论订立合同作为个人信息处理合法性基础的限缩适用》,载《南京社会科学》2022年第4期。

信息主体订立合同的意思表示推定为同意处理个人信息。[58] 但此时信息主体已经拒绝或撤回同意,作出了相反的表示,作此推定违背信息主体的意愿。其次,若考虑信息主体的主观因素,其实是要求不同意处理的信息主体再次对信息处理活动作出积极表示,未免反复。同时,信息主体表示自主意愿与同意授权在形式上有时不易区分,规则适用混乱的问题依然存在。最后,增加主观要件属于法律续造,需要基于立法者目的进行充分论证,在方法论上面临更大的困难。

四、"拒绝提供产品或者服务"的法律效果

不同意处理个人信息就拒绝提供产品或者服务是一种胁迫行为,侵害了信息主体的决定权。在不存在前述违法性排除事由的情况下,做出此种行为会产生何种后果,《个人信息保护法》第 16 条并未规定。对此,仍应区分个人信息处理的行为和提供产品或服务的合同两个模块讨论。

(一)同意的效力瑕疵

在个人信息处理过程中,知情同意规则是信息自决最为直观的体现。以胁迫形式取得同意违反知情同意规则,这样的同意具有瑕疵,并非信息主体的真实意愿,是无效的同意。

1. 不适用《民法典》的胁迫规则

以胁迫形式取得信息主体同意的情形,在适用《民法典》相关规则上存在一定的障碍。依前所述,第 16 条中的胁迫与传统民法中的胁迫有所不同。同时,信息主体的同意在性质上和意思表示并不相同。[59] 对于个人信息处理中同意的性质,有双重属性说、[60] 权益处分说、[61] 意思表示说、[62] 法律行为说[63] 等观点。意思表示说认为,同意的性质是意思表示,适用传统民法中意思表示的理

---

〔58〕 参见武腾:《最小必要原则在平台处理个人信息实践中的适用》,载《法学研究》2021 年第 6 期。

〔59〕 参见程啸:《论个人信息处理中的个人同意》,载《环球法律评论》2021 年第 6 期。

〔60〕 参见陆青:《个人信息保护中"同意"规则的规范构造》,载《武汉大学学报(哲学社会科学版)》2019 年第 5 期。

〔61〕 参见万方:《个人信息处理中的"同意"与"同意撤回"》,载《中国法学》2021 年第 1 期。

〔62〕 参见吕炳斌:《个人信息保护"入典":体系功能及其与专门立法的关系》,载《社会科学辑刊》2022 年第 1 期。

〔63〕 参见申卫星、杨旭:《论订立合同作为个人信息处理合法性基础的限缩适用》,载《南京社会科学》2022 年第 4 期。

论框架,因胁迫而作出的意思表示可撤销。[64] 法律行为说也可得出相同结论。但意思表示或法律行为旨在设立、变更、终止民事法律关系,个人信息处理中的同意并不产生这样的效果,只是信息处理活动的合法根据。[65] 鉴于同意具有表达个人意愿、效果法定的特征,本文认为同意作为准法律行为处理更契合概念。[66] 因此,以胁迫形式取得同意未必适用《民法典》所规定的意思表示相关规则。

不过,仅界定同意的性质并非第16条中的胁迫不适用《民法典》第150条的终局性论证,因为依据与法律行为的共同点和利益结构,准法律行为可以准用法律行为制度中的规则。[67] 实际上,以胁迫形式取得同意适用《民法典》第150条的根本原因在于后果不妥当。这具体表现为以下两个方面:第一,第16条中的胁迫影响的是同意的有效性,以胁迫方式取得的同意无效。[68] 若适用《民法典》第150条,以胁迫形式取得的同意可撤销。在撤销前,同意有效,处理者基于信息主体同意进行信息处理活动属于合法行为;同意被撤销,该合法根据溯及既往地消灭,此前的信息处理活动又变为违法处理。这与《个人信息保护法》对有效同意的要求相冲突,也与该法第16条的规范目的相悖。第二,适用该规则将引起撤销权行使的问题。撤销权存在除斥期间,受胁迫的当事人自胁迫行为终止之日起一年内没有行使撤销权的,权利消灭。虽然在个人信息处理活动中"拒绝同意或撤回同意就拒绝提供服务"的胁迫一直未终止,撤销权不会消灭,信息主体可以随时撤销。但是同意的撤销不应受到任何限制,否则将与《个人信息保护法》中信息主体有权自由撤回同意的规则产生矛盾。同时,《民法典》第150条规定受胁迫人须通过人民法院或者仲裁机构行使撤销权。以第16条规定的胁迫取得同意的情形适用该规则不仅徒增信息主体维权成本,也严重浪费司法资源。而依照同意无效的逻辑,并没有撤销权行使的空间,也就不存在上述弊端。因此,以胁迫方式取得同意应当适用信息处理活动的独

---

[64] 参见陈甦、谢鸿飞主编:《民法典评注·人格权编》,中国法制出版社2020年版。

[65] 参见程啸:《论个人信息处理中的个人同意》,载《环球法律评论》2021年第6期。

[66] 相同观点,参见张平华:《人格权行为:基本类型与立法问题》,载《经贸法律评论》2019年第5期;王琳琳:《个人信息处理"同意"行为解析及规则完善》,载《南京社会科学》2022年第2期。

[67] 参见杨代雄:《法律行为论》,北京大学出版社2021年版,第13页以下。

[68] 但这并不影响所订立合同的效力,因为信息处理者实施这种胁迫所欲达成的目的是取得信息主体同意,而非强迫信息主体与其订立合同。因此,合同效力并非可撤销,也不随同意一同无效,只是与同意相关联的部分条款无效。

立规则,不应生硬地适用民法中意思表示的一般规则。这既是作为特别法的《个人信息保护法》应优先于作为一般法的《民法典》适用的要求,也是贯彻《个人信息保护法》保护个人信息权益理念的体现。[69]

2. 不符合有效同意的要件

取得信息主体同意是处理个人信息的合法性根据之一,信息处理者在信息主体同意的范围之内从事个人信息处理行为即不具有非法性,但只有同意有效才能产生这样的效力。除了具备准法律行为的有效要件,根据《个人信息保护法》第 14 条的规定,有效同意还需满足如下条件:充分知情、自愿、明确。该法第 16 条主要涉及有效同意的自愿要件问题。

对于自愿要件的认定,我国《个人信息保护法》第 5 条规定,不得通过误导、欺诈、胁迫等方式处理个人信息,以这些方式取得的同意显然与意思自治原理和正当原则相悖,不应认定为自愿作出。司法实践中,已有法院通过认定信息处理者强迫用户作出同意,否认同意的有效性。在罗某与北京大生知行科技有限公司网络侵权责任纠纷案中,法院认为,涉案软件将提交相关信息成为成功登录、进入到功能使用首页的唯一方式,此时取得的同意是在信息主体不自由或不自愿的情况下,被强迫或变相强迫地作出,不能被认定为有效同意。[70] 比较法上,GDPR 第 7 条第 4 款则以"服务的提供是否基于对不必要的个人数据的同意"为主要判断因素,直指"不同意处理个人信息就拒绝提供服务"模式的不当之处。按照该款,如果以同意为提供服务的前提,应认定为非自愿作出的同意,除非信息处理者能够证明其为不同意处理的信息主体提供了同等且不必支出额外费用的选择。[71] 同时应注意的是,自愿要件的认定与市场中是否存在明显竞争无关,这意味着,即使存在其他同质的交易对象,以胁迫形式取得的同意也并非自愿。如此做法其实并不难理解,设想若情况推至极端,某一领域所有服务提供者都设置"不同意处理个人信息就拒绝提供服务"的交易条件

〔69〕 对胁迫的法律效果作出不同规定的特别法还有同样体现公共政策考量的《劳动合同法》,该法第 26 条第 1 款第 1 项规定,一方以胁迫的手段,使对方在违背真实意思的情况下订立或者变更劳动合同的,劳动合同无效或部分无效。

〔70〕 参见罗某与北京大生知行科技有限公司网络侵权责任纠纷案,北京互联网法院(2021)京 0491 民初 5094 号民事判决书。

〔71〕 See Art 29 Data Protection Working Party: Guidelines on Consent under Regulation 2016/679 (WP259, 28 November 2017), https://www.imperial.ac.uk/admin-services/secretariat/information-governance/data-protection/external-guidance/article-29-working-party/.

并以存在同质交易对象为由抗辩,信息主体仍然无可选择,从而将导致信息主体被迫作出“自愿同意”。这种观点在域外个人信息保护中亦有迹可循,如欧盟数据保护委员会(EDPB)不采纳信息处理者关于市场中存在提供相同服务的主体的抗辩,认为此时信息处理者获得的处理非必需个人信息的同意并非信息主体自由作出。理由在于:第一,这样会导致选择的自由取决于其他市场主体的做法;第二,这使得信息处理者负有实时监控市场发展的义务,以确保同意的持续有效;第三,信息主体未必认为两种服务实质相同。[72]

基于上述判断,以“不同意处理个人信息就拒绝提供服务”模式取得的同意不符合有效同意的自愿要件,同意无效。信息处理者不能以取得信息主体同意为由抗辩,且后续对信息的处理没有合法性根据,属于违法行为。

(二)人格权请求权的救济

个人信息保护法的规范体系中,存在完整的行政执法体系,针对个人信息处理者设定了一系列处罚机制。[73] 因此,胁迫信息主体选择“同意或离开”的信息处理者将被科以较重的公法责任。

“不同意处理个人信息就拒绝提供服务”侵害的是信息主体在信息处理活动中享有的决定权。在《个人信息保护法》施行前,实践中已有认可侵害个人信息自主决定权益应承担侵权责任的案件。如李某前、中国建设银行股份有限公司湛江市分行一般人格权纠纷案,法院认为,中国建设银行股份有限公司湛江市分行未经李某前同意,将其系统中收集的李某前的个人信息提供给人社部门办理社会保障卡,违反了合法、正当、必要原则和告知同意规则,具有过错,侵害了李某前的个人信息权益,构成侵权,应承担相应的侵权责任。最终法院依原告诉讼请求判令被告赔礼道歉。[74] 该案中原告被侵害的个人信息权益,即为信息主体对个人信息享有的自主决定的权益。《个人信息保护法》施行之后,此种侵害抽象的个人信息权益的行为具体化为侵害决定权的行为。

[72] See European Data Protection Board: Guidelines 05/2020 on consent under Regulation 2016/679, https://edpb.europa.eu/our-work-tools/our-documents/guidelines/guidelines-052020-consent-under-regulation-2016679_en.

[73] 参见汪庆华:《个人信息权的体系化解释——兼论〈个人信息保护法〉的公法属性》,载《环球法律评论》2022年第1期。

[74] 参见李某前、中国建设银行股份有限公司湛江市分行一般人格权纠纷案,广东省高级人民法院(2020)粤民再202号民事判决书。

决定权的实现及私法保障的规范基础是《个人信息保护法》第50条。该条规定了信息主体向法院提起诉讼的前置条件，即信息主体应首先向信息处理者主张行使权利，在被拒绝后才能寻求司法救济。[75] 决定权与知情权、更正权等个人信息权利束中的具体权利，在性质上属于人格权请求权，即手段性权利或救济性权利。[76] 在个人信息权益受到妨害时，信息主体可以直接行使个人信息权利束中相应的具体权利，若仍无法消除妨害，可以适用《民法典》第995条所规定的人格权请求权进行救济。[77] 对于侵害决定权的行为适用人格权请求权救济的原因在于：首先，侵害决定权实质侵害的是信息主体的人格权益。[78] 信息主体因此享有人格权请求权，以维护个人信息权益的圆满状态，适用上不必考虑是否有损害或侵权人的过错。[79] "不同意处理个人信息就拒绝提供服务"的模式排除了信息主体拒绝或限制处理非必需个人信息的权利，此种侵害可以通过决定权的行使而消除。其次，侵害信息主体决定权，一般不产生侵权损害赔偿责任。[80] 目前侵害个人信息权益的救济体系采取人格权请求权和侵权损害赔偿请求权分离的模式，二者分别侧重于事前预防和事后救济。欲令信息处

---

〔75〕 参见广州唯品会电子商务有限公司、周某聪个人信息保护纠纷案，广东省广州市中级人民法院(2022)粤01民终3937号民事判决书。

〔76〕 对于删除权、更正权等具体权利属于人格权请求权的观点，参见王利明：《论人格权请求权与侵权损害赔偿请求权的分离》，载《中国法学》2019年第1期；姚佳：《论个人信息处理者的民事责任》，载《清华法学》2021年第3期。也有观点认为，决定权属于基础性权能，不需要个人具体行使，通过个人信息处理规则等保障其实现。参见程啸：《论个人信息权益的行使与救济机制》，载《中国应用法学》2022年第6期。还有观点认为除《个人信息保护法》第44条规定的实体权益外，其他诸如查阅权、更正权等权利为个人信息保护请求权，并非人格权请求权。参见张新宝：《论个人信息保护请求权的行使》，载《政法论坛》2023年第2期。

〔77〕 参见杨显滨、王秉昌：《侵害个人信息权的民事责任——以〈个人信息保护法〉与〈民法典〉的解释为中心》，载《江苏社会科学》2022年第2期。也有观点认为信息主体应直接行使停止侵害、排除妨碍、消除危险这三类人格权请求权。参见程啸：《论个人信息权益》，载《华东政法大学学报》2023年第1期。

〔78〕 参见最高人民法院《关于审理使用人脸识别技术处理个人信息相关民事案件适用法律若干问题的规定》第2条。

〔79〕 参见程啸：《侵权责任法》(第3版)，法律出版社2021年版。

〔80〕 参见姚佳：《个人信息主体的权利体系——基于数字时代个体权利的多维观察》，载《华东政法大学学报》2022年第2期。

理者承担侵权损害赔偿责任需存在损害,个人信息权益侵害中以非物质性损害最为典型,但单纯侵害决定权几乎不会引起明显的精神痛苦,亦不会产生经济损失。[81] 若不存在损害,就难以适用独立的侵权损害赔偿责任。最后,根据传统学理,民事责任本质上是一种补偿责任,主要目的在于对受害人提供补救,民法并不惩罚胁迫者。[82] 因此,原则上信息处理者违反第 16 条不承担民法上的惩罚性责任,现行法对此也未作规定,是否有必要针对该条构建民法上的惩罚性责任还需更进一步的讨论。

综上所述,针对"不同意处理个人信息就拒绝提供服务"的模式,信息主体可以在信息处理者拒绝其行使决定权后提起民事诉讼,信息处理者可以通过举证其拒绝信息主体行使权利系出于正当理由进行抗辩,如处理的信息属于提供产品或服务所必需。

(三)合同法规则的适用

"不同意处理个人信息就拒绝提供服务"模式涉及两个合同。在信息处理活动中,信息处理者通常以隐私政策协议的形式取得信息主体的同意,此类隐私政策协议以格式条款组成,应当受合同法的规制。[83] 此外,提供产品或服务通常以订立、履行合同的形式实现。也就是说,在拒绝提供服务的情形中,信息处理者还有一重身份,即合同中负有提供产品或服务义务的当事人。作为信息主体同意进入信息处理关系的直接原因,此种合同的规则适用问题也值得讨论。

---

〔81〕 参见陈晨、李思頔:《个人信息的司法救济——以 1383 份"App 越界索权"裁判文书为分析样本》,载《财经法学》2018 年第 6 期;杨立新:《个人信息处理者侵害个人信息权益的民事责任》,载《国家检察官学院学报》2021 年第 5 期。

〔82〕 参见张淞纶:《胁迫制度的经济分析:以违法性与制裁为核心》,载《中外法学》2018 年第 3 期。

〔83〕 对于隐私政策的性质,有合同说、企业自律规则说以及区分说等观点,本文认可合同说。比较法上支持合同说的观点,参见 Scott Killingsworth, *Minding Your Own Business: Privacy Policies in Principle and in Practice*, 7 Journal of Intellectual Property Law 57 (1999)。国内支持合同说的观点,参见万方:《隐私政策中的告知同意原则及其异化》,载《法律科学(西北政法大学学报)》2019 年第 2 期。支持企业自律规则说的观点,参见 Daniel J. Solove & Woodrow Hartzog, *The FTC and the New Common Law of Privacy*, 114 Columbia Law Review 583 (2014)。支持区分说的观点,参见王叶刚:《论网络隐私政策的效力——以个人信息保护为中心》,载《比较法研究》2020 年第 1 期。

1. 不合理的格式条款无效

隐私政策区别于网络服务协议,系专门处理用户个人信息及隐私问题的文件。[84]信息主体对信息处理者提供的隐私政策协议作出同意后,二者成立合同关系。该合同条款应适用格式条款的相关规则。根据《民法典》第 496 条第 2 款的规定,采用格式条款订立合同的,提供格式条款的一方负有公平拟约的义务和提示、说明的义务。《个人信息保护法》第 58 条第 2 项也要求个人信息处理者遵循公开、公平、公正的原则制定平台规则,明确平台内产品或者服务提供者处理个人信息的规范和保护个人信息的义务。违反公平拟约义务可能导致格式条款无效,违反提示或说明义务可能导致部分条款不成为合同的内容。由此,可以通过将未经提示的不合理条款排除在合同之外,或控制隐私政策格式条款的公平性来矫正信息处理者和信息主体之间的失衡关系。[85]

在"不同意处理个人信息就拒绝提供服务"的模式中,若信息处理者没有采取合理的方式提示信息主体注意有重大利害关系的条款,这部分条款自然不会订入合同。在格式条款订入合同后,较为突出的是其公平性问题。信息处理者通常会在隐私政策协议中要求信息主体同意处理基本服务目的之外的个人信息,这突破了信息处理的必要原则,构成对信息主体个人信息权益的侵犯。[86]《民法典》第 497 条规定了格式条款无效的情形,包括提供格式条款一方不合理地免除或者减轻其责任、加重对方责任、限制对方主要权利,以及提供格式条款一方排除对方主要权利。因此,超范围索取信息主体同意的格式条款无效,其他条款若不存在效力瑕疵则为有效。

2. 合同障碍的法律责任

在提供产品或服务的合同中,拒绝提供产品或服务是一种合同障碍,或导致合同未能订立,或导致合同不能履行。由于不同意处理非必需个人信息不应影响提供产品或服务的合同的订立及履行,此时存在两个可能的结论:其一,信息主体拒绝同意处理非必需个人信息,信息处理者拒绝提供产品或服务(拒绝缔约)导致合同未能订立,将产生缔约过失责任。其二,合同成立后,信息主体

---

〔84〕 参见洪延青:《网络运营者隐私条款的多角色平衡和创新》,载《中国信息安全》2017 年第 9 期。

〔85〕 参见阳雪雅:《论企业违反网络隐私政策的违约责任适用》,载《法学论坛》2021 年第 5 期。

〔86〕 参见韩旭至:《个人信息保护中告知同意的困境与出路——兼论〈个人信息保护法(草案)〉相关条款》,载《经贸法律评论》2021 年第 1 期。

撤回同意,信息处理者拒绝提供产品或服务将产生违约责任。

合同订立阶段的缔约过失责任,需具备违反先合同义务、相对人受有损失、先合同义务违反与损失之间有因果关系以及过错四个要件。[87] 就缔约过失责任中的义务违反和过错而言,二者是同一的。信息处理者因信息主体拒绝同意而拒绝提供产品或服务,是侵害信息主体决定权的行为,也是无正当理由拒绝缔约的行为,因此属于违背诚信原则的行为,具有过错。对于损失要件,缔约过失责任中相对人所受损失应指财产损失,如为缔约支出的费用。我国网络信息服务领域长期以来采用普遍免费的经营模式,即信息主体与信息处理者之间构成无偿合同,信息主体在缔约过程中几乎没有费用的支出。[88] 不过,若信息主体为购买 App 支出一定费用,理应获得赔偿。合同成立后,信息主体撤回同意处理非必需个人信息并不意味着解除合同,亦不影响合同的履行。若信息处理者能够履行却不履行提供产品或服务的义务,就构成拒绝履行的合同障碍,产生违约责任。另外,即使信息主体撤回同意处理提供产品或服务必需的个人信息导致合同不能履行,信息处理者也只能根据《个人信息保护法》第16条拒绝提供服务,不能要求信息主体承担违约责任。因为在个人信息处理活动中,同意可以随时、无条件撤回。基于信息处理活动和提供产品或服务在必需个人信息之上的牵连性,撤回同意处理必需个人信息将导致信息处理者无法履行合同义务,但此时如果要求信息主体承担违约责任,相当于信息主体撤回同意需承担不利后果,这与同意的自由撤回规则相冲突。所以,信息主体不因撤回同意而承担违约责任。

对于合同不能订立和合同不能履行的障碍,信息主体固然可以就相关损失请求损害赔偿,但信息主体的根本目的是在不同意处理非必需个人信息时仍能获得产品或服务。此种目的可以在合同法规则体系内得到实现。依前所述,第16条为信息处理者设置了必须缔约或必须履行的义务。因此,在合同订立阶段,该条可以作为一般强制缔约的规范基础。信息主体可以依据《民法典》第494条第3款请求信息处理者与其缔约。同时,在合同履行阶段,信息主体可以依《民法典》第577条请求信息处理者继续履行合同。实践中,对于以胁迫手段收集非必需个人信息的行为,法院通常判处信息处理者删除信息主体的个人信息,并要求其变更"不同意处理个人信息就拒绝提供服务"的模式。这既是信息

---

[87] 参见韩世远:《合同法总论》(第4版),法律出版社2018年版。

[88] 参见张新宝:《"普遍免费+个别付费":个人信息保护的一个新思维》,载《比较法研究》2018年第5期。

处理者承担停止侵害的民事责任的表现形式，也是使信息主体获得产品或服务的途径。如在物业公司以人脸识别作为出入小区唯一验证方式的案件中，法院支持信息主体“提供其他合理验证方式”的请求。[89] 此种做法对信息处理者的不当处理行为予以纠偏，使信息主体不必同意处理非必需个人信息也能获得产品或服务，值得赞同。胡某与上海携程商务有限公司侵权责任纠纷案的一审法院持同样的观点，判决要求被告在携程App上增加不同意其服务协议、隐私政策也可使用App的选项，或者为原告修订携程旅行App的服务协议和隐私政策，去除对用户非必要信息采集和使用的相关内容。一审法院判决要求信息处理者改变“不同意处理个人信息就拒绝提供服务”的模式，消除信息处理者对信息主体的强制，值得赞同。但要求被告增加不同意使用信息仍可使用App的选项，似乎矫枉过正，没有考虑到必需个人信息的问题。二审法院对此作出纠正，认为这样的观点实质上全盘否定服务协议、隐私政策内容，超出了权利救济的必要范围。不过，该案二审法院对于被告的不当行为给予否定性评价即为已足的观点也有待商榷。这样的观点并不利于保护信息主体的权益，因为信息主体只是就信息处理者以胁迫方式超范围处理个人信息的行为寻求救济，并不是行使一次性的删除权后终止与信息处理者的合同。多数情况下，信息主体仍希望获得信息处理者提供的产品或服务，仅对胁迫行为作否定性评价，或仅删除被不当处理的个人信息，信息主体将陷入被迫同意—诉讼维权的循环中。相较之下，一审法院判决被告在隐私政策中去除对原告非必要信息处理的相关内容的做法更为合理。

五、结　论

“不同意处理个人信息就拒绝提供服务”经营模式涉及信息处理和提供产品或服务两个行为。围绕二者，《个人信息保护法》第16条与该法其他条文以及《民法典》《消费者权益保护法》等规则产生关联。这两个行为既有区别又有联系，不可忽略其中任一，也不可混淆。

《个人信息保护法》第16条是对信息处理活动中正当原则及其派生的禁止胁迫要求的具体化，具有维护信息主体在信息处理活动中的意志自由的功能；

---

[89] 参见相关新闻报道，胡闲鹤：《天津一起人脸识别案胜诉，小区以刷脸作为唯一通行方式被判违法》，载搜狐网2022年6月5日，https://m.sohu.com/a/554352407_114988?scm=1019.e000a.v1.0&spm=smwp.srpage.SERP-list.1.1654432842953yi690Zm。

对必要原则的回应,体现了我国个人信息领域保护大于利用的价值取向;对失衡关系的调整,使信息主体在不同意处理非必需个人信息的情况下也可获得产品或服务。在理解和适用该条时,应注意规范间的协调与互动,同时也要发挥其他规范对该条的补充作用,使得个人信息自决落到实处。

大数据时代反洗钱监管的信息困境和应对

——兼评美国《2020 年反洗钱法案》

朱 婕*

摘要:

在大数据时代,海量的信息加大了反洗钱监管中有效分析和甄别信息的难度,使反洗钱监管面临的信息困境更加明显,包括信息披露、信息交流和信息保护等。近期,美国通过《2020 年反洗钱法案》对其反洗钱中的信息监管体系进行了完善与更新。这一定程度上反映了国际上的发展趋势。随着我国金融业的进一步对外开放,反洗钱监管也可以借鉴这些趋势和经验,筑牢基层数据治理的基础,提升大数据时代数据的完整性、真实性和可靠性,进一步发展和完善适应我国国情的反洗钱信息监管机制。

关键词:

洗钱;反洗钱;美国《2020 年反洗钱法案》;信息困境

一、引　言

随着信息化进程的加快,信息在金融业中扮演的角色重要性日益凸显。2022 年 3 月,中共中央办公厅、国务院办公厅印发了《关于推进社会信用体系建设高质量发展促进形成新发展格局的意见》,强调要加强公共信用信息同金融信息共享整合,深化环境信息依法披露制度改革,推动相关企事业单位依法披露环境信息等。如何利用好海量的信息对于金融体系的稳健发展尤为重要。作为非传统安全威胁之一的洗钱直接关系到国家经济安全和国际政治战略的稳定。在 2021 年,人民银行全系统一共对 401 家违规机构进行反洗钱的行政处罚,罚款金额共 3.21 亿元,对 759 名违规个人罚款

* 朱婕,中山大学法学院硕士研究生,研究领域为商法学、经济法学。

1936万元。[1] 我国《反洗钱法》的修改工作也正在紧锣密鼓地进行,反洗钱监管制度的完善(如完善受益所有人身份识别制度、强化金融机构的反洗钱义务等)是重点内容。

同时,随着洗钱手段不断更新,洗钱行为越来越难以被监查与追踪。监管机构如何从大量的交易信息中准确获取洗钱活动的踪迹,提高信息利用效率是当前反洗钱体系完善的重点问题,也是金融业面临的时代挑战。反洗钱是一个系统工程,其中数据治理是获取有效信息的关键。作为最早出台反洗钱法案的国家,美国对反洗钱监管有着丰富的经验。在金融行动特别工作组(Financial Action Task Force,FATF)《40条建议》合规评级中,美国在信息保密、法律安排的透明度和受益所有权、反洗钱监管机构的权力、金融情报中心、国际合作等方面评级较高,这些事项与反洗钱监管的信息交流、信息保护事项息息相关。本文拟结合美国颁布的《2020年反洗钱法案》,分析国际上反洗钱信息监管的发展趋势,通过探讨我国反洗钱的数据治理的机制以及面临的信息困境,提出适应我国现状的解决方案,以完善我国反洗钱监管体系,提高金融体系的稳定性。

二、反洗钱监管中的信息困境

(一)信息披露的困境

在反洗钱监管过程中,洗钱者、反洗钱义务机构、反洗钱监管机构各自所掌握的信息程度不同,存在信息不对称问题。并且,目前反洗钱义务机构的反洗钱工作仍以外部驱动为主,与其本身的经营活动并不完全契合,实际的工作成效未能达到监管期望的水平,[2]这会直接影响义务机构提交报告的全面性与有效性。[3] 依赖于反洗钱义务机构提供报告的监管机构在监管过程中将更加被动。随着信息技术的发展,第三方支付、互联网金融、虚拟货币等新技术盛行,

---

[1] 参见中国人民银行反洗钱局:《2021年人民银行反洗钱监督管理工作总体情况》,载中国人民银行官网2020年4月30日,http://www.pbc.gov.cn/fanxiqianju/135153/135163/135169/4562201/index.html。

[2] 参见郑婉庆:《基层商业银行反洗钱工作现状、问题及对策》,载《新金融》2020年第7期。

[3] 参见巴曙松、陈旭、朱元倩:《监管科技在反洗钱领域的应用及展望》,载《江淮论坛》2020年第4期。

依托于互联网的新技术所产生的洗钱行为具备隐蔽性、低成本性、瞬时性等特征。[4] 这一过程中的洗钱活动更强烈地表现出了"信息流"的特点,增加了反洗钱监管机构发现潜在洗钱犯罪的难度。

(二)信息交流的困境

"信息共享是提高金融透明度和保护金融系统完整性的关键。"[5] 金融监管机构与相关主管部门相互提供预防和打击洗钱所需的情报、分析和数据,能更好地监管重点高风险领域并为执法提供更有用的信息。信息的交流既存在横向交流的信息共享机制,也存在纵向的信息反馈机制。

横向交流的信息共享主要是由负有反洗钱监管职责或促进功能的行政机构、国际组织等公共部门的主体之间进行的洗钱相关信息情报、研究成果的交流,从而获得自己职权范围之外的信息或突破地域限制获取相关洗钱信息。信息交流与共享制度可以综合利用各机构的职权,建立一套高效的协作机制,并且能够降低信息获取成本,提升信息获取的完整性。我国行政机关在反洗钱领域建立信息共享高效的合作与协调机制还存在一些的障碍和困境。从信息保存主体的角度来看,与自然人身份、财产、金融交易相关的信息保存在不同的机构,而各个机构之间不存在统一的信息共享机制或平台,对收集和整合信息都带来障碍。[6]

我国与其他国家的洗钱信息交流仍存在不足。我国尚未加入以各国反洗钱金融情报交流为目标与任务的埃格蒙特集团(the Egmont Group)。随着经济全球化的发展,"国内反洗钱效率与反洗钱国际合作效率紧密关联将成为必然的发展趋势"[7],为增强我国国际话语权与洗钱治理的国际参与,全面参与金融情报合作国际体系是全球反洗钱监管体系发展的必然趋势。

纵向交流的信息反馈制度,顾名思义就是洗钱监管机构与反洗钱义务主体之间的信息交流。纵向交流既包括私营主体向行政机构、公益组织等公共部门提供信息,也包括后者根据前者提供的信息向前者发送反馈与分析报告。"对

---

[4] 参见郭德香:《试析电子金融化时代反洗钱措施之变革》,载《中国刑事法杂志》2014 年第 4 期。

[5] 张冬、付莎、黄娟:《信息资源共享视角下加大反洗钱力度防控重大金融风险研究》,载《理论探讨》2019 年第 6 期。

[6] 参见张冬、付莎、黄娟:《信息资源共享视角下加大反洗钱力度防控重大金融风险研究》,载《理论探讨》2019 年第 6 期。

[7] 侯合心、冯乾:《国际反洗钱金融情报集团组织体系进展与启示》,载《上海金融》2014 年第 10 期。

单一洗钱行为的侦查成本高、效益低,而通过情报对整体洗钱犯罪进行战略研判,可以全面准确把握洗钱犯罪规律和方法方式"[8],进而深挖高风险地区与洗钱高发领域,以提升打击洗钱犯罪的效果和精确度,这也是纵向交流的必要性所在。

在我国,根据中国人民银行发布的数据,2020 年人民银行各分支机构共接收重点可疑交易线索 16926 份;筛选后,向侦查、监察机关移送线索 5987 条,占比 35.37%。侦查、监察机关立案 633 起,占比 3.74%,同比增长 33.54%。[9] 可见,报告中只有 3.7%左右是真正有价值的犯罪线索。中国反洗钱监测分析中心应当对这些可疑交易报告进行分析,归纳该类型报告的特征与重点信息并统计洗钱风险趋势、高发领域等情况,并向反洗钱义务主体反馈对侦查、调查犯罪有帮助的要素,以便反洗钱义务主体总结发现重点线索的经验,提高报告的质量与专业性。

(三)信息安全的困境

我国 2021 年实施的《民法典》特别增加了"隐私权和个人信息保护"一章,对信息处理者的信息安全保障义务(第 1038 条)、国家机关、承担行政职能的法定机构及其工作人员的保密义务(第 1039 条)、处理个人信息的原则和条件(第 1035 条)作了总括性的规定。为保护个人信息权益,2021 年我国颁布了《个人信息保护法》,对个人信息处理规则、个人在个人信息处理活动中的权利、个人信息处理者义务等进行了更细致的规定。然而《反洗钱法》因为制定时间较早,其相关规定并没有与《民法典》《个人信息保护法》形成良好衔接。例如,《民法典》要求处理个人信息应当公开处理信息的规则,明示处理信息的目的、方式和范围,但还有待反洗钱领域的相关法律法规对此作出更细致的规定,使得法律之间更加协调。同时,相关机构滥用个人信息用于自身营利或其他事务的新闻屡见不鲜,反映了我国对处理个人信息的行为监管还存在不足,[10] 会导致公民、法人、非法人组织在提供个人信息时更为谨慎,降低客户身份调查配合度,从而导致反洗钱监管机构更难以获取准确、高质量的客户信息。

---

[8] 陈亮:《基于情报主导的洗钱犯罪威胁评估模型研究》,载《信息资源管理学报》2021 年第 5 期。

[9] 参见中国人民银行:《中国反洗钱报告(2020)》,载中国人民银行官网 http://www.pbc.gov.cn/fanxiqianju/resource/cms/2021/12/2021122309125230038.pdf。

[10] 参见侯建强、王喜梅:《反洗钱中的个人信息保护》,载《财经科学》2013 年第 3 期。

三、美国《2020 年反洗钱法案》的数据治理新规

近年来,中国的反洗钱立法和实践取得长足进步,但与发达国家相比还存在完善之处。美国是世界上最早对反洗钱进行立法监管的国家,[11]具有相对完善的反洗钱体系,并在国际反洗钱体系标准的构建中起主导作用。[12] 对比FATF 发布的中国[13]和美国[14]的反洗钱和反恐怖融资后续评估报告,在 FATF《40 条建议》合规评级中,美国领先 10 项,主要集中于泄密与保密、法律安排的透明度和受益所有权、反洗钱监管机构的权力、金融情报中心、国际合作等方面,这些事项与反洗钱监管的信息交流、信息保护事项息息相关。我国可以借鉴美国在这些方面的经验,完善反洗钱监管体系。

2021 年 1 月,美国国会通过了《国防授权法案》(National Defense Authorization Act,NDAA)。[15] 该法案中的 F 部分条款对美国的反洗钱监管体系进行了完善与更新,统称《2020 年反洗钱法案》,即 Anti-Money Laundering Act of 2020。该法案修改的幅度大、内容多、范围广,强化了数据治理的体系,是美国的反洗钱监管体系自 2001 年《爱国者法案》通过以来最显著的一次改动。它增强了财政部获得金融情报、反洗钱和反恐怖融资的能力,更新了反洗钱和反恐怖融资的规则,完善了反洗钱和反恐怖融资的监管手段与程序以及监管组织之间的合作方式,细化了公司透明度规则并对未来反洗钱研究趋势做出了判断,体现了美国多年来对打击洗钱行为的经验总结。

制定《2020 年反洗钱法案》的主要目的之一是改善和促进反洗钱管理机

---

〔11〕 参见贾济东、胡扬:《论我国反洗钱法域外适用的困境与出路》,载《华中科技大学学报(社会科学版)》2021 年第 2 期。

〔12〕 参见伏开宝、王永水、朱平芳:《中美两国反洗钱体系的比较分析》,载《新金融》2018 年第 6 期。

〔13〕 See FATF, *China 2nd Enhanced Follow-up Report & Technical Compliance Re-Rating*, http://www.fatf-gafi.org/publications/mutualevaluations/documents/fur-china-2021.html.

〔14〕 See FATF, *United States 3rd Enhanced Follow-up Report & Technical Compliance Re-Rating*, http://www.fatf-gafi.org/publications/mutualevaluations/documents/fur-united-states-2020.html.

〔15〕 See *National Defense Authorization Act for Fiscal Year* 2021, Congess of the Vniteel States, https://www.congress.gov/116/plaws/publ283/PLAW-116publ283.pdf.

构、金融机构合规性审查部门、联邦执法机构、国家安全机构、情报部门和金融机构之间的协调与信息共享。[16] 通过制定大量的信息报告简化、报告要求细化、国家机构协调、公私部门合作、信息安全保障的条款,提高反洗钱监管系统信息获取和交流的效率,加强信息使用与存储过程的安全保障。《2020年反洗钱法案》力求将贯穿整个立法的"风险为本"原则(risk-based principle)[17] 制度化,[18] 根据金融机构的风险状况,把更多精力和资源分配给高风险的客户和活动。这一定程度上有助于将监管机构从信息的海洋中解放出来,将有限的时间精力投入到重点的防范领域。信息管理制度的优化是本次修法的重点与关注点,主要体现在如下几个方面。

(一)改进信息报告制度

1. 改善金融机构报告制度。面对不断增长的洗钱数额以及日益隐蔽的洗钱手段,为提高获取风险信息的效率,美国将对现有的现金交易报告与可疑交易报告制度进行改革。美国国会要求财政部部长会同相关执法机关、监管机构和其他相关利益方,审查关于金融机构提交现金交易报告和可疑交易报告的要求;审查的对象主要是《银行保密法》(Bank Secrecy Act)、实施《银行保密法》的法规和相关指南规定的提交报告的程序,并且提出修改建议,以减少不必要的烦琐监管要求。[19] 建议包括金融机构提交持续可疑交易报告的流程与条件是否需要简化,不同种类的活动是否需要不同的报告门槛,可疑交易报告或现金交易报告上的重要因素是否需要调整等。[20] 财政部部长还应当会同其他相关部门审查某些货币交易报告和可疑活动报告的初始数值。[21]

洗钱检测系统的搭建和人工成本较高,会影响义务机构报告的积极性,并

---

〔16〕 See Anti-Money Laundering Act of 2020 § 6002(1).

〔17〕 "风险为本"原则是指在风险较高的领域采取强化的措施(enhanced measures),相应地,在风险较低的领域采取简化的措施(simplified measures)。该原则因被FATF《打击洗钱、恐怖融资和扩散融资的国际标准:FATF建议》确定为制定反洗钱和反恐怖融资制度的重要指导原则而广受重视。

〔18〕 See Anti-Money Laundering Act of 2020 § 6002(4).

〔19〕 See Anti-Money Laundering Act of 2020 § 6204(a).

〔20〕 See Anti-Money Laundering Act of 2020 § 6204(b).

〔21〕 See Anti-Money Laundering Act of 2020 § 6205(a).

且对大额交易与可疑交易的界定将会直接影响报告的有效性。[22] 这些规定是为了减轻反洗钱义务机构、反洗钱监管机构和执法部门在可疑交易报告和现金交易报告方面的数量负担，提升报告的有效性和精准度，集中精力应对更大的交易风险。

2. 缩小承担受益人报告义务的主体范围。《2020 年反洗钱法案》第 64 编对 2019 年颁布的《公司透明度法案》进行了完善，其中详细规定了应提交受益人报告的公司类型，以及免除提交报告的主体，包括了大部分的银行、信用合作社、券商、投资公司、保险公司等金融服务性质企业，行使政府管理权力的公司，《国内税收法典》规定的免税组织等。[23]

免于提交报告的公司大多属于已承担反洗钱合规义务或者有义务向美国政府进行类似申报的公司，同时也包括在美国拥有一定运营规模的大公司，以及完全由美国个体持有的闲置公司。《2020 年反洗钱法案》对信息披露程度高、作为洗钱工具可能性低的公司免除了受益人报告义务，缩小了受益人报告提交的主体范围。对受益人报告主体与豁免的规定回应了"风险为本"原则的要求，缩小了义务主体范围，目的是降低信息收集成本，避免无必要的资源浪费。

该法案还首次要求许多美国国内公司和在美国注册的外国公司向美国政府披露其受益人。虽然公司在成立时的成立文件和基本信息就公开了股东信息，但却没有披露公司的实际控制人/拥有者。这导致难以发现空壳公司背后的行为者。[24] 因此，在该法案中，受益人被定义为"就实体而言，指通过任何合同、安排、关系或其他方式直接或间接对该实体行使实质性控制或者拥有或控制该实体至少 25% 的所有权利益"[25]。该法案还要求各公司报告其受益所有人的完整的法定姓名、出生日期、目前的居住或商业地址，以及该平台识别人识别文件中的唯一识别码。[26] 同时，需要创建和维护一个非公开数据库来存储这

---

〔22〕 参见巴曙松、陈旭、朱元倩：《监管科技在反洗钱领域的应用及展望》，载《江淮论坛》2020 年第 4 期。

〔23〕 See Anti-Money Laundering Act of 2020 § 6403(a)(11)(B).

〔24〕 See Jon Rosenthal, *Stopping Domestic Sources of International Terrorist Financing: Amending the Anti-Money Laundering Act of* 2020, 1 Suffolk Transnational Law Review 44, (2021).

〔25〕 Anti-Money Laundering Act of 2020 § 5336.

〔26〕 See Anti-Money Laundering Act of 2020 § 5336.

些信息。

(二)扩大信息交流途径

1. 正式建立信息直接分享的平台。《2020年反洗钱法案》第6103条规定在美国金融犯罪执法局(Department of Treasury's Financial Crimes Enforcement Network, FinCEN)内建立一个信息分享平台(FinCEN Exchange,下文称为美国财政部金融犯罪执法信息平台),以促进执法机构、国家安全机构、金融机构和金融犯罪执法部门之间达成自愿的公私信息共享伙伴关系,以便高效地打击洗钱和其他金融犯罪。[27] 该平台是一项邀请制的计划,它通过与执法机构和其他利益相关者协商,考虑特定事项的相关因素决定参与者。受邀请的金融机构将基于自愿加入这个平台。[28]

在该平台中,信息分享应当符合联邦法律法规,以确保个人信息保密的适当形式进行。[29] 来自金融机构的信息不得用于除识别洗钱、恐怖融资、扩散融资或其他金融犯罪以外的目的。[30] 同时,《2020年反洗钱法案》要求美国财政部金融犯罪执法信息平台根据情况建立该平台与私营部门信息共享与交换的保护程序。[31]

美国财政部金融犯罪执法信息平台是美国反洗钱监管系统的创新方式之一。这个信息分享平台的设立突破了"金融情报中心作为金融机构与其他职能机构的媒介"的间接信息传递方式,直接实现了金融机构、职能机构、金融情报中心的直接信息交流。受邀请的主体可以向其他主体分享自己掌握的信息,金融机构以及其他职能机构也可以直接从中获得需要的信息,降低了交流成本与障碍。

2. 建立可疑交易报告反馈机制。《2020年反洗钱法案》要求美国金融犯罪执法局应在可行的范围内,定期征求相关行业、部门、金融机构中的个人反馈,以审查这些金融机构提交的可疑活动报告,并探讨美国金融犯罪执法局观察到的可疑活动趋势。[32] 该局将每半年发布一次从《银行保密法》报告和类型报告

---

[27] See Anti-Money Laundering Act § 6103(d)(2).

[28] See FinCEN, *Introduction to FinCEN Exchange*, https://www.fincen.gov/resources/financial-crime-enforcement-network-exchange.

[29] See Anti-Money Laundering Act § 6103(d)(4).

[30] See Anti-Money Laundering Act § 6103(d)(5)(B).

[31] See Anti-Money Laundering Act § 6103(d)(5)(A).

[32] See Anti-Money Laundering Act of 2020 § 6203(a).

中总结得到的威胁模式和趋势信息。[33] 美国金融犯罪执法局应当将收到的反馈提供给适当的联邦职能机构、州银行监管部门或者州信用社监管部门，以保障各部门之间的信息交流与合作机制。除了行政部门之间，该局还对金融机构负有定期反馈义务，应当定期以摘要的形式向每个金融机构披露被证明对联邦或州的刑事/民事法律执行机构有帮助的可疑交易报告。[34]

作为美国反洗钱情报的收集、交流、保存中心，美国金融犯罪执法局掌握着最全面的美国洗钱活动信息，有条件也有能力分析美国本土的洗钱犯罪趋势与高风险领域。该局向金融机构披露的有帮助的可疑交易报告，可以归纳出有价值报告的特征，从而帮助金融机构提高可疑交易报告的质量，高效地贯彻“风险为本”的监管原则，增加识别重点可疑报告的经验。

3. 设立金融情报联络人。为保障信息交流效率，《2020 年反洗钱法案》设立了美国金融犯罪执法局国内联络人（FinCEN Domestic Liaisons）与美国金融犯罪执法局涉外金融情报单位联络人（FinCEN Foreign Financial Intelligence Unit Liaisons），增强美国金融犯罪执法局与美国国内相关机构以及国际反洗钱组织与机构的联系。国内联络人的主要职责是与相关联邦职能监管机构协调，与金融机构、非金融机构人员开展外联活动；向相关监管机构反馈进行检查的情况；就信息共享事宜，充当金融机构与监管机构之间的联络人。[35] 涉外金融情报单位联络人则需要充分了解国内外反洗钱/反恐怖融资法律法规，具备相应的技术知识，提升发展和实施反洗钱和反恐怖融资的监管和分析的能力，建立并维护与外国情报中心、管理机构、金融部门、中央银行和法律执行机构的关系等。[36]

由于其他联邦职能机构的人员并非反洗钱专业人员，对反洗钱业务熟悉程度较低，国内联络人能够指导他们进行反洗钱工作，提供更为专业的反洗钱技术支持并协调他们与美国金融犯罪执法局的工作。而涉外金融情报单位联络人不仅可以为国内提供反洗钱监管完善建议，还可以参与反洗钱国际规则制定，由此提高国际地位与反洗钱国际规则领域的话语权。

（三）增强信息安全措施

1. 任命信息安全官。为了在法规制定与机构合作等情况下最大限度保障

[33] See Anti-Money Laundering Act of 2020 § 6206.

[34] See Anti-Money Laundering Act of 2020 § 6203(b).

[35] See Anti-Money Laundering Act of 2020 § 6107.

[36] See Anti-Money Laundering Act of 2020 § 6108.

反洗钱信息的安全,各联邦职能机构、美国金融犯罪执法局、国家税务局应当在熟悉联邦信息安全或披露政策与程序的专业人员中选任银行保密法信息安全官(以下简称信息安全官)。具备信息安全官的机构应当在每次制定或审查关于信息安全、信息披露以及信息共享的规则或政策时,咨询信息安全官。[37] 信息安全官的设立可以保障各机构的行为符合《银行保密法》规定的信息安全或信息披露规则,并且使机构制定的新政策能够对信息安全制度起到补充作用。

2. 强化受益所有人信息的安全保护。为平衡信息披露与隐私权保护的关系,本次更新的《2020 年反洗钱法案》对受益所有人信息的保存和使用安全进行了修订的同时,也对国家工作人员的保密义务、享有数据库查阅权的条件、安全保障要求等作了具体规定,加大了违反信息保护规定的罚款力度。

《2020 年反洗钱法案》第 6402(c)条规定,美国官员或雇员,任何州、地方或地方机构的官员或雇员,接收信息的金融机构或监管机构的职员或雇员都负有保密义务。[38] 同时该法案细化了对财政部雇员和职员因职责需要对数据库进行审查或披露,或财政部雇员和职员依据税收管理目的进行查阅的条件。[39] 义务人向美国财政部金融犯罪执法信息平台报告的信息应当受到安全保护。美国财政部部长应当保证这些信息的保护符合相关法律中关于信息安全的规定,以防止可能产生严重或灾难性不利影响的信息的机密性、完整性或可用性的丢失。[40]

四、我国应对反洗钱信息困境的数据治理路径

我国反洗钱机制中的信息困境,既有与美国类似的信息不对称以及相应的机制(如最终受益人信息的缺失)的原因,也有我国国情的因素。在大数据时代,我国也应该更加充分利用高科技对信息进行分析和利用,尤其是要强化信息产生和收集的基础制度,这样才能提高信息管理水平,完善反洗钱监管体制。

---

[37] See Anti-Money Laundering Act of 2020 § 6303.

[38] See Anti-Money Laundering Act of 2020 § 6402(c)(2).

[39] See Anti-Money Laundering Act of 2020 § 6402(c)(5).

[40] See Anti-Money Laundering Act of 2020 § 6402(c)(8).

（一）以奖惩机制提高可疑交易报告质量

“监管机构获取金融市场的交易数据及交易报告是反洗钱监管的核心步骤。”[41]可疑交易报告作为监管机构获取反洗钱情报的重要来源也并非“以量取胜”，其最终的“效能验证需要由执法机关的调查或侦查得到最终的案件结论来完成整体闭环性的评价，线索质量的优劣决定着案件成案率的高低，决定着反洗钱信息共享的深度和广度”[42]。但是，我国反洗钱监管体系没有专门的数据质量合规检查程序与责任规定。我国相关的法律、规章中只规定了可疑交易报告主体、义务、程序与法律责任，但没有对质量提出要求。因此，制定一系列完整的可疑交易报告数据质量合规检查制度能够提高反洗钱监管机构获取信息的质量，缓解信息不对称困境。

首先，强化中国反洗钱监测分析中心数据质量合规检查的职责。中国反洗钱监测分析中心本就是收集、整理与研究、分析可疑交易报告的部门，具备检查数据质量合规性的基础条件与便利性。作为国家金融情报机构，中国反洗钱监测分析中心属于非常特殊的事业单位法人[43]，不具备直接的处罚或调查的职能，这也意味着中国反洗钱监测分析中心在反洗钱监管中更多处于被动地位，依靠义务机构的报告以及根据其他机关或组织请求配合侦查或调查。这样的功能定位导致中国反洗钱监测分析中心难以保证其所掌握信息的完整性。[44]赋予中国反洗钱监测分析中心数据质量合规检查的职责可以促进和保障其他职权的行使。此外，对报告做实质性审查可以鞭策金融机构等反洗钱义务主体提交高质量的分析报告。美国金融犯罪执法局也设有专门的合规部门来检查与监督报送机构上报的数据质量，并经常授权监管部门开展合规性检查来保证数据的质量。[45]

其次，规定金融机构数据质量不合格的法律义务与责任。可以在《金融机构大额交易和可疑交易报告管理办法》中增加金融机构提交可疑交易报告的完

[41] 巴曙松、陈旭、朱元倩：《监管科技在反洗钱领域的应用及展望》，载《江淮论坛》2020年第4期。

[42] 高婧：《反洗钱信息共享的国际比较与借鉴》，载《国际金融研究》2013年第4期。

[43] 参见欧阳卫民、成景阳、陈捷：《论金融情报机构》，载《金融研究》2005年第9期。

[44] 参见兰立宏：《我国反洗钱与反恐怖融资金融情报信息交换机制优化研究——基于国际标准的视角》，载《金融监管研究》2020年第10期。

[45] 参见张立光、胥凤红、张佳娟：《行政型国家金融情报机构数据分享机制——基于美国经验的借鉴》，载《金融与经济》2019年第10期。

整性与有效性义务。若中国反洗钱监测分析中心认为金融机构提交的报告不够详细,缺乏主要信息或有效分析,可以要求该金融机构提交更详细的报告。金融机构应当在法律规定的合理期间内提交更详细的报告。

最后,可以根据检查结果评定等级,对金融机构进行相应奖惩。一味加重义务者的法律责任也只是带来消极配合,提高其积极性与主动性才是长远发展的更优解。对此,中国反洗钱监测分析中心在对金融机构提交的可疑交易报告审查过程中,可以对报告进行评级,进行年度评估,并将评估结果予以公告,对表现好的金融机构可以给予一定的奖励,比如提升合规登记水平、减少/减轻检查次数/内容等。对表现欠佳的机构不仅需要要求其重新提交报告,而且应告知其如何完善报告制度,配合反洗钱监管工作。正面激励的机制和声誉的惩戒会提高金融机构的积极性和工作质量。

(二)完善受益所有人披露制度

受益所有人的披露是反洗钱工作关注的重点,如何获得企业等法律实体的受益所有人信息是如今反洗钱领域的一大挑战。[46] FATF在中国的第四轮《反洗钱和反恐怖融资互评估报告》中指出,我国反洗钱工作中存在追溯最终受益人信息的障碍。[47] 在我国,获取受益所有人信息的途径有限,我国的官方企业信息查询平台——国家企业信用信息公示系统,对于"受益所有人"这一非法律强制要求公开的事项无法直接查询。虽然通过企查查等非官方网站可以查询到实际受益人信息,但是该功能是通过大数据分析引擎基于公开信息挖掘的成果实现的,不能保证信息的准确性与及时性。

对此,可以参考FATF提出的方法,让企业承担受益所有人披露的义务。国家要求企业自己获取、披露、更新本企业受益所有人的最新消息。美国《2020年反洗钱法案》也要求公司在成立时向政府披露其受益人。同时,可以授权相应国家机关对不履行义务的公司或提供虚假信息的股东做出相应的处罚措施,

---

〔46〕 参见唐朱昌、汤俊:《受益所有人的FATF反洗钱新标准合规解析》,载《西南金融》2014年第4期。

〔47〕 在该报告中,我国的"法人透明度和受益所有权"一项被评为"不合规",理由包括没有收集、维护或保存受益所有权人信息的规定(除了对客户尽职调查的规定外);缺乏对无记名股票、隐名股东的管理制度等。See FATF, *Mutual Evaluation Report of China* – 2019, https://www.fatf-gafi.org/publications/mutualevaluations/documents/mer-china-2019.html.

包括警告、罚款等行政处罚。[48]

除了从企业的角度拓宽信息渠道,还可以加强国家机关之间的合作,建立受益所有人信息共享制度。税收领域也将“受益所有人”的识别作为打击避税的重要方法,但是我国税法对受益所有人的规定与反洗钱领域存在差异。税收领域的学者与官员也注意到了这一问题。经济合作与发展组织秘书长曾在报告中提出,为了解决受益所有人不透明带来的问题,需要确保相关标准的一致性并促进执法机构之间进行有效的合作。[49] 我国也有学者认为“我国税务部门有必要在国内税法中移植 OECD 或‘全球税务论坛’对于‘法人和法律安排的受益所有人’概念的统一界定”[50]。促进税务部门与金融部门的信息共享可以达到共同提高效率、交叉验证信息的效果。

(三)强化信息共享与交流机制

洗钱犯罪涉及的领域众多,且各职能机构/组织之间的情报需求往往是双向的。出于侦查需要,侦查机关需要保存金融机构的交易信息,而反洗钱情报中心需要侦查机关掌握的身份信息与上游犯罪信息识别客户风险。[51] 因此,FATF 建议各国应当确保政策制定部门、金融情报中心、执法部门、监管机构和其他相关主管部门在政策制定和执行层面建立有效机制,以便各部门之间在政策的制定、实施和打击洗钱的行动方面实现合作,并在适当情况下进行协调和共享国内信息。[52]

在中央层面构建统一、准确、及时、安全的金融犯罪情报信息数据库是加强

---

[48] See FATF, *Best Ptactices on Beneficial Ownership for Legal Persons*, https://www.fatf-gafi.org/publications/methodsandtrends/documents/best-practices-beneficial-ownership-legal-persons.html.

[49] See OECD, *Secretary-General Report to the G20 Financial Ministers and Central Bank Governors*, https://www.oecd.org/g20/topics/international-taxation/oecd-secretary-general-tax-report-g20-finance-ministers-april-2016.pdf.

[50] 邱冬梅:《税收情报自动交换的最新发展及我国之应对》,载《法学》2017 年第 6 期。

[51] 参见严立新:《中国反洗钱战略(2013~2018)的升级转型及其实施机制的建立》,载《管理世界》2013 年第 9 期。

[52] 参见金融行动特别工作组:《打击洗钱、恐怖融资和扩散融资的国际标准:FATF 建议》(2019 年 6 月更新)。

反洗钱监管的有效途径。[53] 将中国人民银行、公安部、海关总署等部门职责范围内所获得的金融犯罪情报信息上传至金融犯罪情报信息数据库,汇总可疑交易报告信息、受益所有人信息、上游犯罪线索、个人出入境携带超规现金、无记名有价证券报告等相关金融情报信息,同时授权各部门访问金融犯罪情报信息系统的权利,[54]可以让各职能机构情报信息效用最大化。另外,统一的信息系统可以对金融情报起交叉认证效果。在基层领域,由于基层不存在反洗钱监测分析中心,实践中基层职能部门之间往往通过合作备忘录的形式进行工作联络、信息共享、联合打击、联动宣传等合作。在此实践基础之上,可以参考美国的专门联络人制度,在洗钱犯罪频发,反洗钱工作困难的区域基层机构之间设置具有反洗钱专业知识或技能的专门联络人,进行专门的金融犯罪信息传递工作,强化部门之间的合作关系和协调性,保证信息获取与共享效率。

在内部的不同部门之间,也可以强化交流和反馈制度。可以借鉴美国《2020年反洗钱法案》,要求使用了可疑交易报告的机构提交报告使用反馈,包括质量反馈和意见反馈。有效的反馈机制可以帮助报告主体发现自己的不足和改进方法,并且反馈比评估更为细致,能够提供更具体的改进措施。中国的金融情报中心可以强化向报告主体反馈有帮助的报告信息的工作,细化中国反洗钱监测分析中心的职责,增加可疑交易报告反馈义务,定期向报告主体披露对移送侦查、监察机关并成功定罪有帮助的可疑交易报告。

此外,美国金融犯罪执法局会对使用了可疑交易报告的机构提交的反馈总结出该阶段洗钱的高风险领域和犯罪趋势。研究分析反洗钱犯罪的方式、手段及发展趋势,为制定反洗钱政策提供依据是中国反洗钱监测分析中心的职责之一。中国反洗钱监测分析中心可以加强对洗钱犯罪的风险趋势与类型化研究,在使用金融机构报告信息的年度报告中总结回顾洗钱趋势与新兴洗钱模式和威胁,为金融机构与其他洗钱监管部门提供重点关注方向。

(四)完善金融信息保护规则

"风险为本"不仅是反洗钱制度的原则,个人信息保护亦将"风险为本"的理念贯穿于个人信息处理的过程中。作为两大领域的共通原则,"反洗钱个人信息处理活动应当综合考量客户洗钱风险、个人信息处理风险及其对个人权益

---

[53] 参见张冬、付莎、黄娟:《信息资源共享视角下加大反洗钱力度防控重大金融风险研究》,载《理论探讨》2019年第6期。

[54] 参见兰立宏:《我国反洗钱与反恐怖融资金融情报信息交换机制优化研究——基于国际标准的视角》,载《金融监管研究》2020年第10期。

损害的风险，采取与三者相适应的法律规则”[55]。反洗钱政策制定机构应该进一步完善具体的信息安全保护条例/办法，在《民法典》与《个人信息保护法》的规定基础之上，根据反洗钱领域的特殊性，完善对个人金融信息保护的规定。

反洗钱义务机构与监管机构都应当勤勉尽责地保护公民信息安全，包括但不限于使用更专业、安全的信息处理系统，任命专门信息安全保护工作人员，建立个人信息使用审核与备案制度等保护信息安全的方式。对于有权限接触到敏感个人信息的工作人员，可以参照美国《2020 年反洗钱法案》，详细规定查阅、审查或披露反洗钱信息数据库的条件。敏感个人信息一旦泄露对个人造成的伤害可能是重大且不可挽回的，金融机构、反洗钱监管机构在履行高标准的注意义务时，也应当承担更严格的违法责任。金融机构泄露或非法使用敏感个人信息的，应当属于《个人信息保护法》第 66 条的“情节严重”情形，对其处以更严格的处罚。

五、结　　论

在大数据时代，全球范围内的洗钱和反洗钱活动变得越来越复杂。金融机构和金融监管机构必须通过更先进的分析技术来确保对信息进行有效筛查。我国和美国一样，在洗钱领域都面临不少类似的挑战。近 300 页的美国《2020 年反洗钱法案》体现了其将《美国银行保密法》和反洗钱法体系全面现代化的努力，也反映了美国加强反洗钱监管的方向。虽然该法案许多条款的实际效果还需要实践的进一步检验，但是该法案更加重视通过各种制度建设来更有效收集和处理信息，这种对基础制度的重视传递出了国际上反洗钱监管和信息收集利用的发展趋势。在大数据时代，我国尤其要筑牢基层数据治理的基础，增强数据的完整性、真实性和可靠性，健全反洗钱领域的信息保护体系，“推行风险为本的反洗钱方法，按照洗钱风险优化信息行为模式”[56]，规范个人信息的使用方式、行为，建立安全的反洗钱信息数据库，同时加大对泄露或非法使用个人信息的执法与惩罚力度，加强制度基础建设，才能最大限度发挥信息情报的作用，应对大数据时代洗钱的挑战。

---

〔55〕 许可：《论反洗钱义务履行中的个人信息处理》，载《中国社会科学院大学学报》2022 年第 5 期。

〔56〕 参见侯建强、王喜梅：《反洗钱中的个人信息保护》，载《财经科学》2013 年第 3 期。

电信网络诈骗案中的共犯认定问题研究

杨轩宇*

摘要：

对于电信网络诈骗司法实务中以侵犯公民个人信息、提供信息网络技术支持等行为为主的前端介入型案件，其共犯的判断重心主要在于行为人主观上是否“明知”。对此，在认识程度上宜采“几乎可以肯定”之统一标准，放弃所谓知道或应当知道的并列式理解；在认识对象上，至少要求行为人具体认识到其上家实施相关诈骗活动的事实；在“明知”的证明上，依然可以采用推定的方法，结合被告人的认知能力，获利情况，与相对方的熟识程度，犯罪地电信网络诈骗现象是否集中等因素予以综合判断。对于主要以事后帮助取款、转账行为为主的末端参与型案件，则应当遵循先客观后主观的思路，对发生在诈骗既遂时点之后的取款行为原则上不以共犯论处。但对于反复多次为同一诈骗上家转账取款，或是仅部分行为与电信诈骗结果之间具有因果关系的特定案件，可以通过整体评价的方法，将行为人的数次取款、转账等行为视作一体化的帮助行为。

关键词：

电信网络诈骗；共同犯罪；明知；整体评价

一、电信网络诈骗案的共同犯罪类型

从帮助行为发挥作用的阶段来看，电信网络诈骗中涉及共犯认定的案件大抵有两类，第一类前端介入型，是自诈骗罪因果流程的第一步“虚构事实、隐瞒真相”起便介入其中，为整个诈骗活动的完成提供了因果力。在司法实务中多表现为非法向诈骗行为人提供、贩卖公民个人信息，使得行为人在实施电信网络诈骗时虽然不与被害人进行面对面交谈，却能精准掌握公民的各项个人资

---

* 杨轩宇，清华大学法学院2023级刑法学博士研究生。

料，包括购物记录、身份证号、行踪轨迹等，从而更加容易取得被害人的信任。

案例一：被告人周某平利用自行成立的公司网页为平台，多次搜集、购买他人通话清单、身份资料等信息转卖牟利。其间，周某平以每份信息1200元或1500元不等的价格转卖给林某余。林某余等人利用被告人提供的通话清单，冒充机主进行电话诈骗，骗取机主亲友5万元。被告人周某平最终被判处侵犯公民个人信息罪。[1]

除了向诈骗行为人非法提供、转卖个人信息外，其他常见的帮助类型还包括为行为人实施诈骗活动提供通信转接、网络服务等技术性支持，提供银行卡等。

案例二：被告人冷某某在明知有的租用者从事诈骗等违法犯罪的情况下，仍提供了呼叫转接（固定电话绑定指定手机号码）及充值话费等通讯服务。冷某某出租的40个固定电话号码共涉及全国电信诈骗案件100余起，涉案金额多达1800余万元。被告人冷某某被法院以帮助信息网络犯罪活动罪定罪处刑。[2]

第二类末端参与型，则是直至电信网络诈骗的完成部分，即至“行为人获得财物”阶段才参与其中。这种末端参与的方式主要是指电信网络诈骗案中的帮助取款人为进一步逃避侦查，将自己藏匿于幕后。电信诈骗的主使者往往将取款、转移赃款等行为分散给各地银行的取款人负责。由此，提取诈骗款甚至衍生成了一门“职业”。

案例三：被告人姜某某指使刘某某等人实名办理银行卡用于提取违法犯罪活动赃款。并约定刘某某等可以获得取款额20%的好处费。刘某某等人通过将各自办理的银行卡以“挂失补发”“销卡”等方式支取银行卡内诈骗所得并扣除自己的报酬后，将剩余赃款共计94,000元左右转账给姜某某。被告人姜某某涉案金额达132,000元。法院

[1] 陈超、李华、贺心：《周建平非法获取公民个人信息案［第612号］——非法购买公民电话通话清单后又出售谋利的，如何定罪处罚》，载中华人民共和国最高人民法院刑事审判第一、二、三、四、五庭主办：《刑事审判参考》总第73集，法律出版社2010年版。

[2] 浙江省绍兴市上虞区人民法院（2016）浙0604刑初1032号刑事判决书。

最终认定姜某某构成诈骗罪(共犯)。[3]

由于电信网络诈骗的技术性、复杂性,团伙式、集团式的诈骗行为往往具有精密的职责分工,但行为人相互之间却又尽量减少联系,以至于司法机关难以证明电信诈骗案件中各阶段行为人间的意思联络,在诈骗罪共犯的认定上存在难题。究竟依照怎样的考察顺序和判断标准来界定是否成立共犯并不明确。这一困境在前述三则案例中亦有体现。在案例一中,由于在案证据表明被告人周某平对林某余的诈骗事实并不知情,因而不构成诈骗罪共犯;而在案例二中,法院认为被告人冷某某明知他人利用信息网络实施犯罪,知道租用者可能利用其出租的固定电话号码从事诈骗等违法犯罪活动,仍为了牟利,为租用者提供呼叫转接及充值话费等通讯服务,放任危害结果的发生,符合间接故意的主观心理态度,故成立帮助信息网络犯罪活动罪。从因果共犯论的立场来看,在前端介入型案件中,行为人的帮助行为与诈骗罪构成要件结果的发生,客观上具有明显的因果联系,那么在界定其是否成立共犯时,落脚点必然就放在了对行为人主观上是否明知对方犯罪的考察上。然而在案例二中,法院在已经论证行为人"明知"的情况下,仍然否定了诈骗罪共犯的成立,而是将这一明知归入到了帮助信息网络犯罪活动罪的"明知"要件中。如此说来,如何具体理解诈骗罪共犯的明知内容,以及其与《刑法》第287条之二——帮助信息网络犯罪活动罪中的"明知"之间的关系,值得进一步思考。换言之,明知要件究竟如何担负起在前端介入型案件中划定诈骗罪共犯成立边界的机能,不无疑问。

与前端介入型案件不同的是,末端参与行为与诈骗罪构成要件结果的因果联系未必明了。在难以证明事前意思联络的情况下,必须实质考察行为人的帮助取款行为是否对于诈骗结果的发生形成加功。从因果关系的视角来看,在诈骗行为已经实施终了,危害结果已然发生的场合,由于任何行为都不可能对已经发生的结果提供事后的原因力,因而此时并不存在成立诈骗共犯的余地。[4] 如此,在案例三中当被害人基于认识错误而处分的钱款进入行为人所指定之银行账户时,能否认为诈骗罪之实行已告完成便成为界定有取款行为的被告人姜某某是否成立共犯的重要客观事项。如此说来,在末端参与型案件中应

---

〔3〕 浙江省台州市中级人民法院(2020)浙10刑终78号刑事判决书。

〔4〕 参见董燕晓、宋晓雨:《诈骗罪不存在事后共犯》,载《检察日报》2014年6月22日,第3版。

当遵循怎样的判断逻辑从而妥当界定诈骗罪共犯的适用范围,仍需进一步探讨。

本文试图在区分前端介入与末端参与两种不同的案件类型的基础上,就以上问题展开探究。

二、前端介入型案件的共犯认定——以"明知"为中心

目前司法实践中普遍采用的依照行为人对诈骗事实是否"明知",来决定是否将提供公民个人信息、技术支持等关联行为作为诈骗罪共犯予以处罚的认定方法,主要是依照2016年由最高人民法院、最高人民检察院、公安部联合发布的《关于办理电信网络诈骗等刑事案件适用法律若干问题的意见》(以下简称《电信网络诈骗意见》)。根据该意见第四部分第3条的规定:"明知他人实施电信网络诈骗犯罪,而以《意见》第四部分第三条列举的八种行为方式之一予以外围支持或者帮助的,除法律和司法解释另有规定的以外,以诈骗罪的共同犯罪论处。"[5] 虽然司法解释进一步明确了在处理前端介入型案件时"明知+行为类型"的共犯认定方式,但如何理解"明知"作为行为人之主观心态的具体内容,又该如何通过具体的客观行为对明知进行判断,仍是司法实务中的认定难题。

(一)"明知"要件的比较法考察

关于"明知"在行为人主观方面的司法运用在英美法系,尤其是美国刑法中可谓十分悠久。在一定程度上了解美国刑法在"明知"问题上较为成熟的司法适用,有助于进一步明晰"明知"要件的理论构造及具体认定。

1. 美国刑法中的"明知"要件内容与认定

在美国刑法的双层次犯罪构成体系——犯行(actus reus)与犯意(mens rea)之中,美国《模范刑法典》将表明行为人主观犯罪意图的犯意阶层区分为四种不同的犯意形式,即蓄意(purposely)、明知(knowingly)、轻率(recklessly)、疏忽(negligently)。[6] 在这之中,明知具体是指:行为人意识到犯罪要件所涉及的行为性质或者附随情状,以及行为人意识到该要件所涉及的行为结果几乎肯

[5] 黄河、张庆彬、刘涛:《破解打击电信网络诈骗犯罪的五大难题——〈关于办理电信网络诈骗等刑事案件适用法律若干问题的意见〉解读》,载《人民检察》2017年第11期。

[6] 参见夏勇:《英美刑法——五国刑法论要》,法律出版社2020年版,第104页。

定会发生。[7] 例如,被告人以破坏车窗为目的向汽车射击,并且其知道自己的行为几乎可以肯定会杀死汽车驾驶员,这样的行为便是在"明知"的支配下实施的。[8] 明知并不需要如蓄意一样,对结果发生存在积极的欲望。

由于"明知"要求行为人近乎肯定地认识到实施行为会引起侵害结果的发生,因而在明知的认识程度上,行为人对于行为引起结果发生的可能性的认识必须达到非常高的程度。基于这样的要求,"关于'明知'的判断,美国《模范刑法典》以及大多数司法判例都使用主观标准,即被告人是否实际知道或者确信其行为内容,而不仅仅是假设正常人处于被告人地位时是否知道或者确信"[9]。从美国司法实践对于"明知"的认定来看,只要最终的侵害结果是属于行为的自然的、可能的结果就可以充分地证明行为人的主观心态。[10] 但这种结果与行为间的因果关系概率必须达到很高的程度。如在联邦诉尤茨案中,法院认为被告人尤茨使一辆无人驾驶的火车以56英里/时的速度冲向铁轨的弯道处,这一速度已经远远超出了正常的行驶速度。火车在这样的状况下发生倾覆是其行为的当然结果,从而肯定了被告人的"明知"。[11] 不难看出,美国刑法对于"明知"之"几乎可以肯定"的认识,有严格的要求。因而,其明知的内容基本上等同于对某项事实的确切知道,而所谓"应当知道"或是"可能知道"的情形而言则没有存在的余地。

2. 我国刑法中的"明知"类型

不同于美国将"明知"作为一种基本的主观罪过形态,我国刑法则将"明知"作为故意的构成要素之一。一方面,根据我国《刑法》第14条之规定,"明知自己的行为会发生危害社会的结果,并且希望或者放任这种结果发生,因而构成犯罪的,是故意犯罪"。在此,"明知"系指故意的认识要素,即行为人对于自身所实施之犯罪构成要件的客观事实必须具有认识。另一方面,在《刑法》分则及诸多司法解释中,亦有相当一部分罪名明文规定了"明知"。如在帮助信息网络犯罪活动罪中,该罪的成立以"明知他人利用信息网络实施犯罪"为前提。关于如何理解《刑法》总则与《刑法》分则上"明知"之间的关系,刑法理论一般认

---

〔7〕 See Model Penal Code § 2.02(2)(h) (Proposed Official Draft 1962).

〔8〕 See Laurie L. Levenson, *The Glannon Guide to Criminal Law*, Wolters Kluwer Press, 2018, p. 31.

〔9〕 夏勇:《英美刑法——五国刑法论要》,法律出版社2020年版,第106页。

〔10〕 参见江溯主编:《美国判例刑法》,北京大学出版社2021年版,第110页。

〔11〕 See United States v. Youts, 229 F. 3d 1312 (10th Cir. 2000).

为总则上的明知是故意的一般认识要素，而分则上的明知则是故意的特定认识要素。分则中的明知不过是强调了在特定犯罪中需要对怎样的客观事实具有认识，才能断定行为人对行为的危害性质和危害结果存在明知。[12] 换言之，分则中的明知只是一种提示性规定，具有进一步指明和规制具体各罪故意成立范围的机能。[13]

在"明知"内涵的认定上，学界与实务界主要形成了两种观点。一种观点从文义出发认为，"明知是指行为人已经知道某种事实的存在或者可能存在"[14]，但仅仅只是模糊的、抽象的认识不足以构成"明知"。例如，在盗窃枪支的场合，无论行为人是确切知道箱子内装有枪支，还是只是认识到箱子内可能藏有枪支（对此有一些怀疑），均能肯定"明知"。[15] 另一种观点则认为，明知包括确实知道和应当知道两种类型，这也是部分司法解释所采纳的方法。然而，将应当知道纳入明知的内涵却并不妥当。一方面，虽然许多司法解释对明知采取了知道和应当知道的并列表述，但这并不代表可以形式地将应当知道理解为一种即使不知道也有义务、有可能去认识的状态。应当知道在构造上与过失犯中的应当预见而没有预见的心理特征存在高度相似之处，容易引发将过失责任混入故意犯中处罚的倾向。另一方面，应当知道本质上是一种推定方法，即在证明上并非要确切地了解行为人内心的真实状态，而是可以通过客观证据来推定行为人对于特定犯罪事实具有认识。[16] 将推定方法本身作为明知的内容，显然文不对题。正因为"应当知道"这一表述本身容易引发歧义，不少学者纷纷主张废除这一表述。[17]

---

〔12〕 参见张明楷：《刑法分则的解释原理（下）》（第2版），中国人民大学出版社2011年版，第622页。

〔13〕 对此亦有反对观点，如陈兴良教授认为只有司法解释中的明知才是提示性规定，分则中的明知则具有更为特殊的性质。具体参见陈兴良：《刑法分则规定之明知：以表现犯为解释进路》，载《法学家》2013年第3期。

〔14〕 张明楷：《刑法学（上）》（第6版），法律出版社2021年版，第347页。

〔15〕 不过就第一种观点而言，其"知道可能"的可能性，即认识程度以多高为标准可以成立明知并不明确。

〔16〕 参见皮勇、黄琰：《论刑法中的"应当知道"——兼论刑法边界的扩张》，载《法学评论》2012年第1期；周光权：《明知与刑事推定》，载《现代法学》2009年第2期。

〔17〕 参见张明楷：《犯罪故意中的"明知"》，载《上海政法学院学报（法治论丛）》2023年第1期；王新：《我国刑法中"明知"的含义和认定——基于刑事立法和司法解释的分析》，载《法制与社会发展》2013年第1期。

如前所述,明知作为故意的认识要素,本就是表明行为人对构成要件事实的主观认识,从而为责任谴责提供区别于过失的心理上的依据。如此说来,我国与美国刑法均要求行为人对自身行为的性质或是结果的发生存在现实的认识,只是在认识程度上,美国刑法明确提出了相对更高的要求,即必须达到“几乎可以肯定”的标准。明确上述关于明知在学理上的基本现状,有助于进一步就电信网络诈骗案中的“明知”认定展开探讨。

(二)《电信网络诈骗意见》规定“明知”是对片面共犯的肯定

由于罪刑法定原则的制约,《电信网络诈骗意见》中的“明知”不可能超出《刑法》总则中的故意内涵而另外赋予明知新的含义,实际上仍然是对《刑法》总则第14条的提示性规定。结合前述对于明知的概念的梳理,可以肯定的是,从明知的成立无法直接推导出事前通谋乃至共谋的存在。其一,此处的明知,仅是提示和强调诈骗罪之帮助故意的认识内容。由于我国刑法并不承认过失共犯的存在,因而必须将过失的心态排除出帮助犯的成立范围。因此,要求行为人对正犯所实施的诈骗之实行行为具有认识,乃是帮助犯故意成立的应有之义与必要前提。其二,从构造上看,事前通谋与共谋都是一种主体与主体之间双向的意思交互。因此,仅仅是明知相对方的有关事实这样一种单向的心理态度,而不存在双向的意思联络,与事前通谋乃至共谋之间存在本质不同。其三,如果承认明知与通谋、共谋之间的等价性,势必会导致共犯成立范围的不当扩大。例如,即便是在正犯已经实施终了的情况之下才参与进来,只要事前已经明知正犯的犯罪事实,便仍然可以通过肯定通谋或是共谋来认定(事后)共犯。可是,因果关系是危害行为与危害结果之间引起与被引起的客观联系,[18]对于已经发生的结果没有可能仅仅因为行为人的事前明知而回溯性地产生因果关系。

既然无法将“明知”与事前通谋、共谋等概念视为同一,而只能由此证明行为人之单向的帮助故意,那么《电信网络诈骗意见》采取的“明知型共犯”实际上是囊括了在电信网络诈骗案件中片面共犯的成立。[19] 片面共犯,即一方认识到在故意与他人共同犯罪,而另一方没有认识到他人和自己共同犯罪的情形,与犯罪结果仅具有物理的因果性。[20] 虽说在实际案件中,由于参与者客观上提供了个人信息、技术支持等帮助,诈骗行为人未必对自己受到的帮助完全没有认

---

〔18〕 参见黎宏:《刑法因果关系论考察》,载《清华法学》2022年第3期。

〔19〕 参见邱帅萍:《明知型共犯立法反思——以骗购外汇罪为视角》,载《政治与法律》2017年第5期。

〔20〕 [日]西田典之『刑法総論』(弘文堂,2019年)383頁参照。

识,但由于网络犯罪的跨地域性、隐蔽性、碎片化等特征所带来的取证困难,司法解释采用了“明知+行为类型”的共犯认定方式,从而直接免除司法机关对于主观意思联络的证明任务。因而,从规范意义上讲上述情形实与片面共犯无异。

对于是否承认片面共犯的问题,在中外刑法学界素有争议。〔21〕立足于信息时代的背景之下,由于网络空间的虚拟性,隐藏在虚拟身份之后的帮助者和实行行为人通过网络的资源和信息共享机制,只需要微弱的意思联络甚至不需要意思联络就能在客观上都参与到犯罪当中。〔22〕在电信网络诈骗犯罪中,诈骗行为的实施者甚至通常处于境外,与关联犯罪的行为人以及被害人素未谋面,在基于单纯交易关系而形成的专业化分工的趋势之下,诈骗的预备和帮助行为与正犯之间的关系逐渐疏离。〔23〕如果仍然固守传统共犯理论中,对于意思联络要件的坚持,势必造成处罚漏洞,难以对电信网络诈骗的关联行为形成有效打击。而在实务中,正是因为诸如非法提供个人信息,提供技术支持等关联行为的帮助才使电信网络诈骗具有更高的成功率和更广的辐射面。〔24〕因而,为了严密刑事法网,加大对网络犯罪尤其是电信网络诈骗犯罪的惩治力度,降低对于通谋的证明要求,肯定片面共犯之司法适用是适时且必要的。

(三)电信网络诈骗案中“明知”的具体认定

值得注意的是,为了有效应对诸如电信网络诈骗等信息时代下的新型犯罪,有效打击其关联犯罪行为,我国刑法与司法解释在共犯问题上可谓已然进行了二次扩张。一般认为,所谓共犯本就是对于正犯构成要件的一种修正和扩张,〔25〕而片面共犯更是在此基础之上进一步稀释意思联络要件(心理因果性)之限制的共犯扩张。因此,不宜再进一步弱化对共犯故意中“明知”要件的认识要求。对此,就“明知”要件的认识程度问题,可以参考美国刑法中的“几乎可以

〔21〕 否定观点可参见[日]曽根威彦『刑法総論』(弘文堂,1993年)279頁。肯定观点可参见[日]井田良:《刑法总论的理论构造》,秦一禾译,中国政法大学出版社2021年版,第317页;[日]松原方博『刑法総論』(日本評論社,2022年)436~437頁。

〔22〕 参见朱军彪、郭旨龙:《网络共同犯罪中“明知”推定的规范协调》,载《北京警察学院学报》2020年第4期。

〔23〕 参见陈兴良:《网络犯罪的刑法应对》,载《中国法律评论》2020年第1期。

〔24〕 参见王新:《电信诈骗为何屡禁不止,如何根治》,载《人民论坛》2017年第1期。

〔25〕 参见[德]汉斯·海因里希·耶塞克、[德]托马斯·魏根特:《德国刑法教科书(下)》,徐久生译,中国法制出版社2017年版,第869页;[日]大塚裕史『刑法総論の思考方法』(早稲田経営出版,2012年)487頁。

肯定”之标准,而彻底放弃所谓“知道与应当知道”并列的传统模式。

第一,在认识程度上,仅仅是低程度地知道其服务、交易对象可能在实施诈骗行为,不足以成立《电信网络诈骗意见》所规定的“明知他人实施电信网络诈骗犯罪”。在这个信息交互十分发达的时代,对于这些选择进入上述“黑灰行业”提供前述关联服务行为,谋取不义之财的行为人而言,即使不与相对方进行明确的意思联络,但对于相对方可能实施哪些违法行为,总能猜知一二。因此,如果仅仅要求低程度的认识可能便足以成立帮助故意,这样的做法尽管可以大大减轻司法机关的证明负担,但势必会导致共犯成立范围的过度扩张,进一步稀释责任主义原则在共同犯罪中的作用。对于这种共犯理论的无序扩张应当予以警惕。基于上述理由,对于《电信网络诈骗意见》中“明知”的认识程度,应当坚持“几乎可以肯定”,即十有八九认识到相对方可能利用其提供的便利实施电信网络诈骗行为。并且,这样的解释也符合“明知”本来的字面含义。如在前述案例二中,虽然被告人冷某某对于自己在淘宝网店所出租的号码中可能有人用来实施诈骗有所怀疑,但其所出租的号码数量较大,种类繁多,亦有大量客户将所租号码用于签证、信用卡申请、售后回访等。其虽然知道不少客户租用号码实际是用于违法犯罪活动,但对于其中可能有人用以进行电信诈骗只是具有主观上的怀疑和推测,并不明确。因而法院最终只是在认定行为人对他人利用其号码实施违法犯罪活动具有明知,而对其中存在的电信诈骗行为人只是可能知道,故没有将其认定为诈骗罪的共犯。

第二,在认识对象上,虽不需要对具体的事实细节等具有认识,但必须具体认识到正犯实施的是诈骗行为,仅仅是相对抽象地认识到对方实施违法犯罪行为不足以成立共犯。[26] 这是因为,如果仅要求共犯的“明知”是指概括性地认识到相对方实施的是违法活动的话,会导致诸多不合理的现象出现。其一,“明知”作为故意的认识要素,以构成要件事实作为认识对象,即包括行为的内容、社会意义与危害结果等。例如,在认定杀人故意存在的场合,至少需要行为人认识到自己实施的是具有致人死亡危险的行为且会发生死亡的结果,而不是抽象地认识到自己实施了某种违法活动。与之相同,帮助故意与正犯故意在这一点上本不应存在什么差别。[27] 其二,如果仅要求共犯“明知”认识到抽象的违

---

〔26〕 如有学者主张,电信网络诈骗共犯的“明知”仅需要概括地认识到相对方实施的是违法活动即可,参见张建、俞小海:《电信诈骗犯罪中帮助取款人的刑事责任分析》,载《法学》2016年第6期。本文难以赞同这种观点。

〔27〕 [日]松原芳博『刑法総論』(日本評論社,2022年)491頁参照。

法活动,例如在非法贩卖公民个人信息的场合,行为人总是能知道买家实施的不会是什么好事,因而能够肯定明知。所以,根据各种买家所犯罪名的不同而足以成立各式各样的帮助犯。假使其中还有买家利用所购个人信息实施杀人行为,那么行为人还将成立故意杀人罪的帮助犯。这样来认定共犯“明知”恐怕与严格责任之间也仅仅是一纸之隔了。正是因为在认识对象上做抽象处理会导致共犯责任的无边无际,《电信网络诈骗意见》采用的表述依然为“明知他人实施电信网络诈骗犯罪”,而不是“明知他人实施信息网络犯罪”,更不是“明知他人实施违法犯罪活动”。既然共犯是对于作为诈骗罪之正犯构成要件的一种扩张,那么要想让行为人对诈骗的犯罪事实负责,就必须认识到相对方作为正犯所实施的诈骗行为。只有在对诈骗事实具有认识之基础上所形成的帮助的意思决定,才能成为诈骗罪帮助犯的谴责根据。

如此说来,《电信网络诈骗意见》中所表述的“明知”,与在实务中常常具有关联性之帮助信息网络犯罪活动罪的“明知”的区别在于,后者的“明知”在认识对象上更为宽泛,泛指各类可能涉及的利用信息网络实施的犯罪行为。由于帮助信息网络犯罪活动罪本质上乃系帮助犯之正犯化,是一种对法益保护的前置和对更为严重之法益侵害的预防,[28] 其本身在规范意义上已然成为一个独立的正犯罪名,因而对于故意的认识对象没有必要如一般的帮助犯一样,局限于对应正犯的具体构成要件事实。基于这样的见解,对于在客观上为诈骗分子提供电信、网络技术服务支持的行为人,在明知的认定上可以首先判断,在案证据是否足以证明行为人对相对方实施电信网络诈骗具有认识,若得出肯定结论,便可直接以诈骗罪共犯论处;若不足以证明帮助故意的明知,则退而判断能否证明行为人对于相对方实施某种违法犯罪行为具有抽象的认识,从而考虑适用帮助信息网络犯罪活动罪予以处罚。[29]

---

〔28〕 参见孙运梁:《帮助信息网络犯罪活动罪的核心问题研究》,载《政法论坛》2019 年第 2 期。学界亦有少数观点认为帮助信息网络犯罪活动罪本身不是帮助犯正犯化,而只是帮助犯的量刑规则,具体参见张明楷:《论帮助信息网络犯罪活动罪》,载《政治与法律》2016 年第 2 期。

〔29〕 对此,也有学者主张将网络犯罪的共犯仅限于能证明存在“通谋”的情形,而对仅具有“明知”的场合原则上以帮助信息网络犯罪活动罪论处。参见喻海松:《网络犯罪二十讲》(第 2 版),法律出版社 2022 年版,第 170 页。但是该见解一方面与司法解释的明知型共犯规定存在不符,另一方面过度限缩网络犯罪共犯的成立范围,一概适用帮助信息网络犯罪活动罪的三年以下有期徒刑,可能导致罪刑不均衡。

第三,在认识程度上主张“几乎可以肯定”的标准,在认识对象上坚持对诈骗行为的具体认识,并不意味着否定在“明知”的证明上采用推定的方法。具体而言,根据《电信网络诈骗意见》的规定,可以结合被告人的认知能力,既往经历,行为次数和手段,与他人关系,获利情况,是否曾因电信网络诈骗受过处罚,是否故意规避调查等主客观因素进行综合分析认定。除此之外,还可结合特定地域、场所、相互间熟识程度等进行综合考察。从法院的统计数据来看,“电信网络犯罪更是呈现明显的地域性职业群体特征,地域性职业电信诈骗犯罪重点地区突显”〔30〕。如在张某祥等为他人提供诈骗所需银行卡构成诈骗罪共同犯罪案中,以被告人张某祥为首的团伙共同为诈骗上家提供银行卡、POS 机等帮助。在对于其中一名共犯的“明知”的认定上,该案中存在一个重要的因素,即在事发地区,当地存在许多以诈骗为目的的找人提供大量信用卡、POS 机等服务的现象,这几乎已经成了当地部分特定人群从事相应“黑灰产业”的心照不宣的“常识”。并且,4 名被告人在供述中均表示对此有不同程度的了解。在该案中,以此作为重要推定因素再结合银行转账流水、非法冒领的银行卡数量等证据,便足以证明张某祥等 4 名被告人对上家实施诈骗行为的事实“明知”。〔31〕

总的来说,在网络空间与现实世界逐渐发展为一种双层社会的背景下,对于电信网络诈骗等信息网络犯罪所带来的共同犯罪异化现象,进一步扩大共犯的处罚范围有其现实必要,但在肯定承继共犯、片面共犯的基础上,进一步放宽对于“明知”等主观要件的认定,应当持更为审慎和克制的态度。

三、末端参与型案件的共犯认定——以电信网络诈骗为例

与非法贩卖公民个人信息,提供银行卡、电信网络技术服务等前端介入行为不同,在实务中常见的涉及帮助取款人的电信网络诈骗案件中,存在相当一部分案件直至诈骗行为将完成之时,帮助取款人才为诈骗分子提取、转移赃款提供最后的“服务”。对于这种在诈骗实施进程末端乃至结束后才参与进来且没有事前通谋的帮助取款行为,究竟是认定为诈骗共犯还是仅成立掩饰、隐瞒犯罪所得罪,成为司法实务中裁判的难题。〔32〕

---

〔30〕 喻海松:《网络犯罪二十讲》(第 2 版),法律出版社 2022 年版,第 8 页。

〔31〕 参见江苏省南京市中级人民法院(2016)苏 01 刑终 472 号刑事判决书。

〔32〕 参见施鑫、李鑫:《电信网络诈骗关联行为的刑事司法认定》,载《警学研究》2019 年第 2 期。

(一)帮助取款的参与时点

根据因果共犯论的立场,“让后行为人对已经形成的事态或者结果负责,显然有悖结果只能产生于原因行为之后的常识”[33]。即使按照承继的共犯理论,亦要求行为人参与了犯罪的部分构成要件要素,即至少要与构成要件结果的引起之间存在因果关系。[34] 如此说来,倘若诈骗行为已经既遂,在此之后参与进来的行为人不再存有成立诈骗共犯的余地。因而,如何确定电信网络诈骗案件的既遂时点,便成为界定帮助取款人是否承担共犯责任的首要问题。对此,学界在既遂时间上由早至晚,主要形成了以下观点:

1.“根据‘失控说’的观点,在电信诈骗案件中,如果被害人将财物转至加害人账户,就视为失去了对财物的控制,此时被害人除了向公安司法机关报案救助外,无法将财物取回,而加害人可随时将存款取出,因此应认定为犯罪既遂。”[35]

2.控制说立足于行为人的视角,将行为人是否实际控制、支配被害人财物作为判断财产犯罪既遂与否的标准。并且,依照最高人民法院、最高人民检察院、公安部等《关于防范和打击电信网络诈骗犯罪的通告》(以下简称《电信网络诈骗通告》)第5条之规定,24小时内个人通过银行自助柜员机向非同名账户转账的转账人仍可以取消转账或通过银行止付。若在此区间内认定诈骗罪已经既遂并不妥当。[36]

3.实质终了说认为,帮助行为的参与时点应以犯罪行为是否实行终了作为判断标准。一方面,在所谓“一级卡”的场合,对于被害人的资金虽然已经到达行为人账户,但是行为人在取款途中被抓获的,或者是资金虽然到达行为人账户,但被侦查机关通知银行对该账户采取冻结措施等情形,仍应认定为诈骗罪未遂。另一方面,在涉及“多级卡”[37]的案件中,“被害人的资金仅仅汇入了行

---

[33] 陈洪兵:《以因果共犯论检视承继共犯的中国问题》,载《湖南大学学报(社会科学版)》2020年第6期。

[34] 参见[日]桥爪隆:《论承继的共犯》,王昭武译,载《法律科学(西北政法大学学报)》2018年第2期。

[35] 李会彬:《电信诈骗帮助取款行为的共犯认定》,载《国家检察官学院学报》2017年第1期。

[36] 参见于冲、赵小涵:《电信网络诈骗帮助取款行为刑事责任评价》,载《常州大学学报(社会科学版)》2021年第5期。

[37] 行为人下设多个银行账户,层层转移多次后才由取款人提现取走的情形。

为人提供的指定账户,还不能认定为既遂,因为在此种电信网络诈骗中,犯罪行为并未实行终了,要待职业取款人或者其他人员将资金从指定账户分转到多个下级账户后才能认为犯罪既遂"[38]。如此说来,只要在诈骗行为人的整个犯罪计划完成之前,即顺利将钱款提取到之前,帮助取款人加入进来为其转账、提现提供便利的均可构成诈骗罪的共犯。这种以行为实质性终了为标准认定诈骗既遂的观点,本质上与德国在处理帮助犯最晚参与时间的问题上相同。[39]

本文难以赞同实质终了说。理由在于其一,该说使得诈骗罪的既遂时点过于滞后。倘若完全以赃物安全是否最终得到保障来作为判定财产犯罪是否既遂的重要标准,则我国刑法规定的诸如掩饰、隐瞒犯罪所得罪等所有赃物犯罪几乎都没有独立存在的必要,而全部以共犯论处即可,这使得共犯的成立范围过于扩张,并不可取。其二,如何判定所谓"实质终了"的标准具有极大的不确定性。实质终了说将既遂时点的判断与行为人的主观意志及犯罪计划关联在一起,从而导致在各个具体案件中,只要行为人的犯罪计划或是对犯罪结果的安全确认存在差别,相应的既遂时点也会随之改变,缺乏统一的标准。

实际上,失控说与控制说在电信网络诈骗既遂时点的问题上并不存在根本对立,而主要在于看待问题的视角不同。二者在均坚持法益侵害说的立场上,分别从被害人与行为人的立场出发来理解何为财产法益侵害结果的发生。由于基本立场的一致,失控说与控制说在绝大部分情况下得出的结论是完全相同的。如在应对《电信网络诈骗通告》规定的问题上,即便采用失控说也未必会认为此时诈骗行为已经既遂。由于在转账后24小时内的期间,被害人仍可以通过取消转账或是银行止付等手段来撤回钱款,很难称得上终局性地丧失了对钱款的控制。由此,失控说与控制说的区别仅一纸之隔,只要对任何一方在"控制"的解读上稍作缓和性的理解,二者便几乎形成了重合。因而,带上怎样的观点标签并不重要,重要的是如何实质地理解电信网络诈骗案件的既遂时点。综合失控说与控制说两方的观点来看,当被害人所转资金进入行为人所指定的账户,特殊情况下在经过24小时的所谓"反悔期"之后,便可以认为诈骗行为已告既遂。如此说来,原则上在被害人所转资金进入行为人指定账户之后,诈骗行

---

〔38〕 魏静华、陆旭:《电信网络诈骗共同犯罪疑难问题探析》,载《西华大学学报(哲学社会科学版)》2018年第3期。

〔39〕 参见[德]约翰内斯·韦塞尔斯:《德国刑法总论》,李昌珂译,法律出版社2008年版,第331页;[德]克劳斯·罗克辛:《德国刑法学总论(第2卷):犯罪行为的特别表现形式》,王世洲主译与校订,法律出版社2003年版,第165~166页。

为便已经既遂，此后，方才参与进来帮助取款且与诈骗正犯不具有事前通谋的事后取款人不能认定为诈骗罪的共犯，而只能以掩饰、隐瞒犯罪所得罪论处。这种场合，与传统意义上无事前通谋的单纯事后销赃一样，并不会因为其处于电信网络诈骗案件的背景之下而产生本质区别。不能因为出于从严打击电信网络诈骗案件的需要，而想方设法扩大、延长诈骗罪的既遂时点抑或以牺牲因果共犯论之基本原理为代价，承认所谓“事后共犯”。宽严相济的刑事政策仍应在电信网络诈骗案件的处理中发挥指导作用，一味从严扩张并不可取。〔40〕

（二）反复多次帮助取款行为的整体评价

虽然原则上对于在既遂时点之后才加入的帮助取款人不宜认定为诈骗罪共犯，但在实践中仍有一些较为特殊的帮助取款行为具有以诈骗共犯论处的余地。在电信网络诈骗案件中存在这样一种类型，即某一取款人在帮助某一诈骗上家进行取款得利后，反复为同一对象提供套现、提款服务或是同一诈骗上家多次找同一取款人为其实施帮助取款行为。对于这样类型的案件，尽管第一次取款行为发生在既遂时点之后，无法认为其对当次诈骗后果产生因果贡献，但完全可以将第一次取款行为与其后针对同一对象实施的数次取款行为视作一体性的帮助行为，从而整体对应后来的数个诈骗结果，肯定取款人就全案事实承担诈骗罪共犯的责任。具体而言：

第一，依照《电信网络诈骗意见》的规定，实际上司法解释已然肯定了片面共犯在电信网络诈骗案中的成立余地。司法实践中亦大量运用“明知＋行为类型”的方式来认定共犯。因此，无法证明事前通谋的存在，并不能直接否定共犯的成立。

第二，行为人反复实施的数次取款行为在性质上均属于为诈骗上家提取、转移赃物的违法犯罪行为，具有同质性。虽然形式上是为数个不同的具体诈骗结果提供“事后服务”，但均是指向同一行为对象，该对象亦须为自己实施的数次诈骗结果承担整体性的刑事责任（不是认定为数个诈骗罪而是统一认定数额）。而对于数次反复实施的帮助取款行为，司法实践在通常情况下也是总体认定犯罪数额，整体认定为一个犯罪，而没有认定为同种数罪分别评价的做法，因而，可以肯定由这一诈骗结果所诱发的数次取款行为在规范意义上具有紧密联系性。并且，通常情况下，数次服务于同一对象或团体的取款人大体是依照

〔40〕 参见李艳：《宽严相济刑事政策在惩治电信网络诈骗犯罪中的科学运用——基于“两高一部”〈关于办理电信网络诈骗等刑事案件适用法律若干问题的意见〉的分析》，载《法律适用》2017 年第 9 期。

一定的时间间隔,在同一地点实施提现、转账行为,针对同一对象反复实施之取款行为亦具有时间、空间上的稳定性和连续性。另外,数次反复的帮助取款行为本就是在行为人基于相同动机(谋利动机),在同一行为意思的支配下所实施的不法行为,根本目的均是通过帮助他人提取赃款,来以此谋取不法利益。如此说来,数次取款行为之间当然存在主观意思上的连续性。

第三,从帮助行为对诈骗结果的因果贡献上来看,由于第一次取款行为系发生在第一个诈骗行为既遂时点之后,似乎无法肯定二者之间存在因为帮助而使得既遂结果更为便利之关系。但是,在第一次取款行为之后,正是因为这次事后帮助使诈骗正犯感受到职业取款人的便利之所在,从而进一步加强了实施下一次诈骗行为的决心,[41]即第一次取款行为的成功至少为诈骗正犯的下一次诈骗行为之实施,在心理上提供了某种激励或是感到便利之条件。与之相对,取款人亦从中认为这样的行为有利可图,因而促成了双方之间客观上的相互依赖关系。加之前述两点理由,从整体视角来看取款人实际上就全案犯罪事实具有因果贡献。具体而言,对于针对同一诈骗上家,反复多次实施之帮助取款行为,依照前述整体评价的思路,对经整体评价后的数次帮助行为总体认定为一个诈骗罪帮助犯,累计计算数额。

例如,在巫某帆、林某强等与谢某甘诈骗案中,[42]被告人谢某甘在明知是诈骗资金的情况下,在林某强(并非诈骗罪正犯)的指使下,通过使用林某强提供的银行卡,为了收取好处费,先后5次帮助林某强在海南省儋州市的中国农业银行的ATM机取现,共计取得诈骗资金4.89万元。由于在案证据不足以证明被告人与诈骗上家存在通谋,并且当诈骗钱款进入下级林某强的账户时,诈骗行为早已既遂。因而,法院仅凭存在"明知"就认定被告人谢某甘构成诈骗罪共犯存在说理上的不足。而本文所主张的整体评价方法能够为该案的结论提供支撑,即将被告人的5次取款行为进行一体化评价,从而整体对应4.89万元的诈骗结果,以消解取款行为与既遂时点之间的矛盾。又如,在黄某某帮助诈骗案中,[43]被告人黄某某持涉案的银行卡帮助诈骗分子通过ATM机将8万元赃款提现转移,并从"阿峰"处得到1500元的好处费。被告人黄某某在明知他人实施电信网络诈骗而数次帮助同一对象"阿峰"转移诈骗犯罪所得、提现。对于法院最终对其处以诈骗罪共犯的结论,通过适用整体评价的方法亦能为其提供

---

〔41〕 参见张明楷:《电信诈骗取款人的刑事责任》,载《政治与法律》2019年第3期。

〔42〕 参见山西省晋城市中级人民法院(2021)晋05刑终34号刑事判决书。

〔43〕 参见辽宁省营口市中级人民法院(2018)辽08刑终130号刑事裁定书。

理论上的支持。

除此之外，对于部分行为与电信诈骗结果之间具有因果关系，部分行为与电信诈骗结果之间没有因果关系的案件，司法实践通常作为诈骗罪共犯来处理。对此，通过适用整体评价的方法同样能为共犯结论提供理论上的说明。例如，甲在某诈骗分子乙之下线丙的指使下，将自己的银行卡提供给丙，并在事后将诈骗所得赃款从卡内取出。在该案中倘若无法证明事前通谋的存在，则似乎难以再将甲认定为诈骗共犯。毕竟，在本案中甲实施了两个行为：一是为诈骗分子提供银行卡；二是事后帮助提取赃款的行为。在难以证明事前通谋的情况下，以能将发生于诈骗既遂时点之后的提款行为以共犯论处，是需要说明的。对此，一方面，甲的提供银行卡行为对于其事后进一步的取款行为来说，是使后者更为容易的存在。事后的取款行为可谓是事前提供银行卡行为依照其犯罪意图而自然的、符合逻辑的发展步骤，前者是后者不可缺少的必要环节，因而能够肯定二者之间存在紧密联系性。另一方面，无论是事前提供银行卡还是事后的帮助取款，二者均是在行为人出于谋利目的而产生的相同行为意思支配下的组成部分，在主观上亦不存在意思上的断裂。故而，可以将提供银行卡与帮助取款行为进行一体评价，作为一体性的帮助诈骗的实行行为，从而整体对于该诈骗结果承担共犯责任，而没有必要单独将事后取款行为以掩饰、隐瞒犯罪所得罪论处。

总的来说，在末端参与型电信网络诈骗案件中，对于反复针对同一对象实施的数次取款行为以及部分行为与电信诈骗结果之间具有因果关系，部分行为与电信诈骗结果之间没有因果关系的案件，能够通过适用整体评价方法，在一定程度上消解部分事后取款行为与既遂结果之间的矛盾。在明确了帮助行为与诈骗既遂结果的关系之后，剩下的便是“明知”的认定问题。对此，前文已有介绍在此不再赘述。

四、结　语

值得注意的是，共犯认定不过是电信网络诈骗的冰山一角。随着信息网络的不断发展，电信网络诈骗在全国司法机关的严厉打击下并未偃旗息鼓，而是在不断变换手法、升级模式、扩展区域。[44] 以电信网络诈骗为核心，以各类上

---

〔44〕 参见王洁：《电信网络诈骗犯罪的独特属性与治理路径》，载《中国人民公安大学学报（社会科学版）》2019 年第 4 期。

游、下游关联犯罪行为为辅助,电信网络诈骗已逐渐形成一种成熟的立体式犯罪群组的结构,甚至称其为犯罪产业链亦不过分。要想从根源上治理电信网络诈骗,仅仅依靠刑法的事后惩处与威慑,依靠刑法教义学对刑法知识体系的不断完善以适应当下的新型犯罪模式是远远不够的。必须转向从犯罪学、社会学、心理学等多学科协同合作的角度,〔45〕对个人信息保护、网络环境管控、全民防诈等问题进行综合性治理。如此,方能实现对电信网络诈骗的立体打击,在一定程度上实现事前预防。

---

〔45〕 如谢玲博士尝试从心理学的角度分析电信网络诈骗的防控问题,具体参见谢玲:《电信网络诈骗心理控制的形成及阻断》,载《中国刑警学院学报》2022 年第 1 期。叶良芳教授则立足于犯罪学的视角,以犯罪场理论分析电信网络诈骗的预防对策,具体参见叶良芳:《犯罪场理论视角下电信网络诈骗犯罪的治理对策》,载《犯罪研究》2021 年第 6 期。

理论前沿

论刑事专家辅助人意见：协助质证与证据效力

王瑞聪*

摘要：

专家辅助人意见最初主要被法律赋予了协助质证鉴定意见的功能，但是随着规则的不断生长以及司法需求的多元化，专家辅助人意见逐渐在规范层面及实践层面显现出某些证据特征及证据化表现。通过对相关案例进行分析，能够发现我国刑事专家辅助人意见的质证效果有待加强。协助质证仍然是专家辅助人意见的核心功能，对此需要通过明晰专家辅助人权利义务、明确专家辅助人资格、细化专家辅助人出庭规则等方式稳固、保障其质证功能的实现。但同时不能回避专家辅助人意见的证据效力问题，对此应直面刑事司法需求，探究将刑事专家辅助人意见作为证据使用的可能性并完善相关配套措施。刑事专家辅助人意见和鉴定意见在证据层面具有同等效力能够使专家辅助人意见的质证效果得到更充分的发挥，促进专家辅助人意见功能的发挥与深化。

关键词：

刑事专家辅助人；专家意见；质证；证据效力

一、问题的提出

《刑事诉讼法》在2012年修改时新增了刑事专家辅助人制度，立法机关和理论界对该制度寄予厚望，认为其具有解决鉴定人出庭难问题，保障当事人对鉴定意见的质证权，加强控辩双方平等武装，帮助法官正确审查认证鉴定意见

---

* 王瑞聪，中山大学法学院2021级法学硕士研究生，研究方向为刑事诉讼法学、司法制度。

等功能。但实证研究表明,司法实践中该制度的运转并未真正实现预期效果。[1] 目前针对刑事专家辅助人的研究大多着眼于整体的制度缺陷,指出刑事专家辅助人制度存在诉讼地位混乱、资格模糊、权利义务不明确、出庭规则需要细化等问题并提出相应的完善对策,较少有研究专门着眼于专家辅助人意见本身的属性及效力,虽然部分文献会提及此问题,但相关研究大多一笔带过,直接给出专家辅助人意见仅有质证功能或同样能够成为证据的结论,对背后的原因与机理等未做深入解释。实际上专家辅助人意见在庭审过程中能够产生何种效力是该制度的核心问题,专家辅助人的诉讼地位、权利义务、出庭规则等问题均与其意见效力密切相关。因此,本文拟从法律规则、司法实践等角度针对刑事专家辅助人意见的效力问题进行专门讨论,探究专家辅助人意见在刑事诉讼中所发挥的实际功能及深化的可能性。

二、规则脉络:保障质证权的初衷与功能的延伸

(一)对抗式审查的模式加强对质证权的保障

"有专门知识的人"的相关规定首次在2012年《刑事诉讼法》修改时得到丰富,不仅在侦查阶段的勘验、检查以及鉴定时需要有专门知识的人参与,在庭审过程中也出现了有专门知识的人的身影。按照《刑事诉讼法》第197条第2款、第3款、第4款的相关规定,专家辅助人是指在法庭上出庭并就鉴定人作出的鉴定意见提出意见的有专门知识的人。这一条款是2012年修改《刑事诉讼法》时的新增条款,在2018年再次修订《刑事诉讼法》时未改动。对这一法条的文本进行分析,能够发现专家辅助人的适用范围较为狭窄。首先,在启动模式上,需要公诉人、当事人和辩护人、诉讼代理人向法庭进行申请,由法庭审查是否同意。这意味着控辩双方的申请为专家辅助人出庭的前提,而法官则处于被动审查的角色。其次,在提出意见的方式上,法条仅规定了"出庭"这一种模式,这意味着控辩双方各自聘请的专家辅助人能否以书面形式向法庭提交意见无明确法律依据。最后,在提出意见的对象上,专家辅助人只能针对鉴定人作出的鉴定意见发表意见,对案件所涉及的专业问题本身专家辅助人能否发表意见则无法律明

[1] 参见胡铭:《鉴定人出庭与专家辅助人角色定位之实证研究》,载《法学研究》2014年第4期;涂舜:《刑事专家辅助人制度的实证研究》,载《四川轻化工大学学报(社会科学版)》2020年第1期;刘科学:《刑事诉讼中鉴定人出庭制度的运行现状及其改进——以88份裁判文书为研究样本》,载《中国应用法学》2021年第5期。

确授权。

按照这一制度设立的初衷,专家辅助人所发表意见的属性更像是针对鉴定意见进行的质证或补强,其功能在于推翻鉴定意见,使法官对鉴定意见产生怀疑或强化鉴定意见的可信度。专家辅助人制度的目的在于使控辩之间建立起就鉴定意见的对抗式审查规则,以保障质证权的行使,并由此打破公权力垄断专业问题判断的传统格局,增加法庭对专业问题判断的信息来源,促使法官兼听则明,减少因司法鉴定环节发生错误而导致的冤错案件。〔2〕专家辅助人意见协助质证功能的发挥主要表现为以下两个方面:其一,专家辅助人能够提升控辩双方就专业性问题的质证能力。辩护律师、当事人以及公诉人并不具备某些专业领域的知识背景,对于案件中涉及的专业性问题往往难以发表有力的意见,专家辅助人的参与可以使鉴定意见不再一家独大,帮助控辩双方对鉴定意见的证据能力、证明力等进行论证,改善质证虚化的现状。〔3〕其二,专家辅助人参与庭审在理论上能够为鉴定人出庭提供动力,辩方聘请的专家辅助人一旦对鉴定意见存在异议并提出有力的质疑,鉴定人需要出庭回应及接受质证,由此更有利于对抗格局的形成并保障质证的实质性功效。〔4〕

在2012年最高人民法院《关于适用〈中华人民共和国刑事诉讼法〉的解释》(已失效)出台时,最高人民法院的相关介绍明确提出,有专门知识的人发表的意见不属于证据材料的范畴,不能作为定案的根据。专家辅助人在本质上是代表申请其出庭的一方对于案件中的鉴定意见发表较为专业的质证意见,并且应当将这一意见视为被告人一方的辩护意见或者公诉机关一方的控诉意见的组成部分。〔5〕这一解释对专家辅助人意见与鉴定意见、证人证言等进行明确区分,将专家辅助人意见在庭审中的作用划定为协助控辩双方进行质证。

(二)证据特征体现出对保障质证权功能的超越

但是,从刑事诉讼法司法解释以及近年最高人民法院的其他与专家辅助人相关的规定来看,专家辅助人意见不再仅具备对鉴定意见提出意见的质证功

---

〔2〕 参见吴洪淇:《刑事诉讼中的专家辅助人:制度变革与优化路径》,载《中国刑事法杂志》2018年第5期。

〔3〕 参见李学军、朱梦妮:《专家辅助人制度研析》,载《法学家》2015年第1期。

〔4〕 参见张保生、董帅:《中国刑事专家辅助人向专家证人的角色转变》,载《法学研究》2020年第3期。

〔5〕 参见卞建林、谭世贵主编:《新刑事诉讼法的理解与实施》,中国人民公安大学出版社2013年版。

能,而且逐渐显现出一定的证据特征。

1. 专家辅助人意见的内容延伸至专门性问题

专家辅助人发表意见的对象不再限于鉴定意见,而是可以直接对案件中的专门性问题提出意见。最高人民法院于2017年发布的《人民法院办理刑事案件第一审普通程序法庭调查规程(试行)》第26条明确规定控辩双方所申请的有专门知识的人可以对案件中的专门性问题提出意见。[6] 这使专家辅助人所发表的意见内容将直接与案件的事实认定问题相关,专家辅助人意见与案件事实具有更加直接紧密的关联性,比如在故意杀人案件中,专家辅助人可以直接对被害人的死因进行分析。针对鉴定意见这一证据发表意见的行为更偏向于质证过程,但直接就专门问题发表意见的行为则更偏向于举证过程,此时专家辅助人意见的证明对象是涉及专门性问题的案件事实,专家辅助人意见的职能显然超越了协助质证。

2. 专家辅助人的角色定位向鉴定人偏移

相关规则对专家辅助人角色的塑造使其具备鉴定人的特征。有专门知识的人出庭,适用鉴定人的有关规定;专家辅助人成为被询问的对象,控辩审三方可以询问专家辅助人;对有专门知识的人的询问,参照鉴定人、证人的有关规定等。这些规则的内容表明专家辅助人的意见在庭审的过程中如同鉴定意见一样需要经过相应的调查程序,带来专家辅助人角色的翻转:从对鉴定意见的法庭质证者一方到接受控辩审三方调查询问及审查的被质证者一方。相关司法解释则进一步规定:有专门知识的人不得旁听对案件的审理。[7] 如果仅从专家辅助人有利于协助控辩双方对鉴定意见进行质证的角度来看,似乎专家应该更多地参与到庭审过程中,以便于全面了解案情并帮助质证。刑事诉讼过程中一般禁止证人、鉴定人旁听庭审,以此避免证人、鉴定人受到其他证据或其他证人的影响,保障证人证言和鉴定意见的客观真实性。可能正是出于专家辅助人意见同证人证言、鉴定人意见一样具有类似的特征,才需要对专家辅助人参与庭审进行相应的限制,而不能如辩护律师或公诉人一样全程参与刑事审判。专家

---

〔6〕《人民法院办理刑事案件第一审普通程序法庭调查规程(试行)》第26条第1款规定:“控辩双方可以申请法庭通知有专门知识的人出庭,协助本方就鉴定意见进行质证。有专门知识的人可以向鉴定人发问,或者对案件中的专业性问题提出意见。”

〔7〕最高人民法院《关于适用〈中华人民共和国刑事诉讼法〉的解释》(法释〔2021〕1号)第265条规定:“证人、鉴定人、有专门知识的人、调查人员、侦查人员或者其他人员不得旁听对本案的审理。有关人员作证或者发表意见后,审判长应当告知其退庭。”

辅助人与鉴定人都因其具备与案件事实相关的专门知识而参与诉讼,在我国刑事诉讼证人采狭义范畴的背景下,专家辅助人出庭规则对鉴定人的参照体现出专家辅助人角色向鉴定人的偏移。

3. 符合条件的专家意见被明确赋予证据效力

如果将目光放在更为广义的层面上,2012 年《刑事诉讼法》修改对有专门知识的人的引入不仅限于庭审中控辩双方可以申请有专门的知识的人参与鉴定意见的审查过程这一规则的构建。在 2012 年最高人民法院《关于适用〈中华人民共和国刑事诉讼法〉的解释》中,作为检验人的专家辅助人可以对没有法定司法鉴定机构但是需要鉴定的专门性问题进行检验,检验报告可以作为定罪量刑的参考。[8] 在这一规则的语境下,参与到刑事诉讼过程中的专家辅助人直接对专门性问题进行检验,其作出的检验报告是对案件事实的直接证明,但是彼时的法律规则尚未明确赋予其证据效力,只是将其功能模糊地定位为一种参考。而 2021 年最高人民法院《关于适用〈中华人民共和国刑事诉讼法〉的解释》则明确赋予这类报告证据效力。[9] 需要注意的是,司法解释中构建这一制度的目的在于解决案件中需要处理但无法进行鉴定的专门性问题,此时的专家辅助人发挥的功能与鉴定人一致,属于举证。

三、实践层面:质证效果与证据化表现的实证考察

除了对专家辅助人相关的规定进行分析以把握现行规则对专家辅助人意见效力的态度,还需要对相关司法实践进行观察,探究专家辅助人意见在实际刑事诉讼运作过程中发挥的作用以及司法过程参与者对专家辅助人意见效力的看法。

(一)专家辅助人意见对鉴定意见的质证效果有待加强

本文拟通过考察裁判文书对专家辅助人意见的采纳情况探究专家辅助人

---

[8] 最高人民法院《关于适用〈中华人民共和国刑事诉讼法〉的解释》(法释〔2012〕21 号)(已失效)第 87 条第 1 款规定:“对案件中的专门性问题需要鉴定,但没有法定司法鉴定机构,或者法律、司法解释规定可以进行检验的,可以指派、聘请有专门知识的人进行检验,检验报告可以作为定罪量刑的参考。”

[9] 最高人民法院《关于适用〈中华人民共和国刑事诉讼法〉的解释》(法释〔2021〕1 号)第 100 条第 1 款规定:“因无鉴定机构,或者根据法律、司法解释的规定,指派、聘请有专门知识的人就案件的专门性问题出具的报告,可以作为证据使用。”

意见对鉴定意见的质证情况,司法实践中习惯将鉴定人以外的有专门知识的人称为“专家辅助人”或“专家证人”,以此为关键词在中国裁判文书网可分别检索到131份、265份刑事案由裁判文书。[10] 对裁判文书进行初步阅读,发现司法裁判中的专家证人一般情况下都直接对涉案的专门性问题进行说明与解释,并非对鉴定意见进行质证的功能的体现,因此本文将检索词划定为“专家辅助人”。对相关裁判文书逐份阅读,排除不相关案例后共收集到79份裁判文书。

按照法律规定,控辩双方可以申请专家辅助人出庭,2021年发布的最高人民法院《关于适用〈中华人民共和国刑事诉讼法〉的解释》增加了“法院可以依职权通知有专门知识的人出庭”的情形,由此可以将专家辅助人意见的代表主体主要划分为控、辩、审三方。在上述79份裁判文书中,能够明确专家聘请主体的文书有74份,其中,法院主动聘请的案件有6件,控方委托的案件有19件,辩方委托的案件有49件。以专家辅助人意见是否被法官直接否定或采纳,以及相关鉴定意见是否被推翻不予采纳为标准,不同主体聘请专家辅助人意见的采纳情况具体如表1所示:

表1 刑事案件专家辅助人聘任主体及专家辅助人意见采纳情况

比较项目	专家辅助人案件数量/件	采纳案件数量/件	不予采纳案件数量/件	采纳率/%
法院聘请	6	6	0	100
控方委托	19	17	2	89.5
辩方委托	49	7	42	14.3

出于信任度更高因素的考虑,法院对于主动聘请的专家辅助人意见全部予以采纳。控方聘请的专家辅助人大多数情况下是对鉴定意见进行证实及补强或反驳辩方对鉴定意见的质证,其出具的意见通常与鉴定意见一致并共同被法官采纳。在没有被采纳的案例中,法官给出主要理由为:结合鉴定和专家辅助人意见仍然无法证实鉴定意见的客观性、关联性;相关专家辅助人意见针对专业问题的部分不能得出排他性的确定结论。总体来说,代表控审两方的专家辅助人意见的采纳度较高。

而辩方申请的专家辅助人发表的意见则呈现出低采纳率的情况。总结发现法官不予采纳辩方提供的辩护意见的理由大致可以分为三类:(1)辩方提出的专家辅助人出庭申请没有必要,不予批准,直接否定了专家辅助人进入法庭

---

〔10〕 参见https://wenshu.court.gov.cn/,2022年5月24日最后访问。

的资格。(2)专家辅助人意见本身的真实性、全面性无法保障,不应采信。例如,与法院审理查明的事实不符;专家辅助人没有参与检验过程;专家辅助人意见的依据不足或不可信;专家辅助人不具备相应的资质等。(3)鉴定意见的形式要件完备,鉴定人有鉴定资质,鉴定程序规范合法,鉴定材料、过程和方法等都符合相关专业规范的要求;虽有质疑,但鉴定人出庭进行了回应和解释;已经进行了重新鉴定并且重新鉴定的结果与原鉴定意见一致等。对辩方专家辅助人意见予以采纳的主要情形为:(1)专家辅助人意见动摇了鉴定意见的可信度,鉴定意见确实存在重大瑕疵,对鉴定意见予以排除。(2)根据专家辅助人发表的意见,对相关专业问题进行重新鉴定并获得更有利于被告人的鉴定意见。(3)在针对同一专业问题存在多份鉴定意见的情况下,结合专家辅助人意见采纳了更有利于被告人的鉴定意见。

采纳率一定程度上反映了专家辅助人意见在庭审过程中的质证效果,但实际上辩方专家辅助人意见较难被法官采纳也确实情有可原。司法鉴定有较为系统、严格的制度约束机制,同时侦查机关、公诉机关掌握的专家资源较为丰富。而专家辅助人制度却面临资质条件不明、责任追究不严等缺陷,并且辩护人能够接触到的专家资源有限。这种情况下,由专家辅助人发表的意见动摇法官对鉴定意见的心证并非易事。除此之外,鉴定人参与了专业问题检验的全过程,掌握的信息较为全面,且鉴定意见通常可以得到其他证据的佐证,甚至针对同一专门性问题有多份鉴定意见相互印证;相反,专家辅助人缺少参与检验的机会,对鉴定意见的反驳也常被法官以没有相应证据支持为由予以否定。总之,专家辅助人出庭对鉴定意见进行质证相当于"以短剑对抗长矛"。[11]

(二)专家辅助人意见在裁判文书中的证据化表现

对收集到的裁判文书进行查阅,能够发现专家辅助人意见除了在庭审中发挥着对鉴定意见进行质证的作用,实际也在形式上甚至实质上向证据靠近。专家辅助人意见在裁判文书中被证据化有如下表现。

1. 明确将专家辅助人意见列入证据材料

在刑事诉讼过程中,控方移交以及辩方提交的诉讼证据通常会被列举在裁判文书中并加以分析,对经审理查明的事实和据以定案的证据的表述是判决书的重点内容。[12] 如果专家辅助人意见发挥的是质证功能,将与其相关的内容放

---

〔11〕 参见陈邦达:《专家辅助人制度:面临问题与完善路径》,载《理论探索》2016 年第 1 期。

〔12〕 参见刘彦宁、吴国荣、吴昊编著:《刑事裁判文书写作指南》,人民法院出版社 2012 年版,第 81 页。

在控诉方或辩护方发表的质证意见部分似乎更为合适,但是实践中却出现了将专家辅助人意见列入证据材料部分的做法,并明确将专家意见书界定为证据材料。[13] 在划定专家辅助人意见证据的种类时,有的裁判文书将其划归为书证一类[14],有的裁判文书将专家辅助人视为证人并将其所发表的意见认定为证言。[15] 不过此类做法是否符合相关法律规定有待商榷,通说强调书证的内容形成于案件发生之前或发生过程中而非诉讼过程中[16],那么将案件审理过程中才形成的专家辅助人意见视为书证的合理性会引发质疑。我国刑事诉讼法中的证人指事实证人,即就自己知悉的相关案件情况向法庭作证的人[17],这与专家辅助人根据自己的专业知识就案件涉及的专门性问题提出意见的身份并不相符合。

虽然被作为证据材料列入裁判文书中仅是一个在形式上将专家辅助人意见证据化的表现,但是这一现象能够说明在司法裁判过程中,部分司法工作人员以及律师群体将专家辅助人意见作为证据对待。刑事诉讼中被告人有罪的证明责任由检察机关承担,大多数证据也由检察机关提出,但辩护人也会尽力寻找有利于被告人的证据并提交至法庭。结合法院的工作习惯,专家辅助人意见会被纳入证据材料之列在一定程度上说明部分检察机关工作人员和辩护人向法院提交专家辅助人意见时将其作为证据而非质证意见或辩护意见的一部分。

2. 肯定专家辅助人意见的证明能力并作为定案依据

如果说将专家辅助人意见列入证据材料仅仅是其证据化形式上的表现,司法裁判过程中已经出现肯定专家辅助人意见的证明能力并将其作为定案依据的案例。在(2018)川1302刑初265号案例中,被告人被指控犯交通肇事罪,被

---

〔13〕 参见(2018)浙02刑初123号裁判文书载明,辩护人朱某力还向法庭提供了辩方的专家辅助人意见书等证据材料,并申请法庭通知专家辅助人出庭,就公安机关的相关鉴定意见提出意见。类似的裁判文书还有(2018)京03刑终920号、(2018)赣01刑终7号、(2017)川14刑初16号、(2020)辽0211刑初412号、(2021)赣1130刑初77号、(2019)云0621刑初39号、(2018)苏0102刑初68号、(2015)武侯刑初字第398号、(2014)凤翔刑初字第00121号等。除此之外,在上文提到的用"专家证人"一词检索出的裁判文书中的专家也大部分直接对专门性问题发表意见,其身份被称为证人,其意见被列入证据材料部分。

〔14〕 参见(2018)晋09刑终203号判决书。

〔15〕 参见(2017)川14刑初16号判决书、(2018)赣01刑终7号判决书等。

〔16〕 参见樊崇义主编:《证据法学》(第6版),法律出版社2017年版,第190页。

〔17〕 参见樊崇义主编:《证据法学》(第6版),法律出版社2017年版,第146页。

告人一方申请的专家辅助人以书面形式并出庭对被害人的死亡原因、被告人是否撞上被害人等专门性问题进行了说明。判决将这一说明列入证据材料,并在证据评价时明确表述:“被告人申请的专家出庭,就专业性问题做出说明,具有证明能力,其分析有事实依据,也不违背医学常识,可以作为定案依据。”列入证据材料的做法仅从形式上将专家辅助人意见作证据处理,该案中法官的做法则实质上将专家辅助人意见作证据对待,使其具有证据效力。

但必须强调这一案例中专家辅助人所发表的意见不再针对鉴定意见,而是直接对案件涉及的专门性问题进行说明。正如前文所述,当专家辅助人出庭时的职能不再限于协助鉴定意见进行质证而是延伸至对专门性问题发表意见时,其发挥的作用更类似于举证,对案件的专门性事实进行证明。

3. 使用类似于审查证据的方法审查专家辅助人意见

部分裁判文书对专家辅助人意见的采纳问题进行了较为具体的说理,这些说理的内容反映出法官会通过合法性、关联性、客观性等标准审查专家辅助人意见。比如,(2018)川0411刑初173号案中,对于公诉机关申请的专家辅助人所发表的意见,法院认为其证据合法,真实有效,并且与其他在案证据相互印证的内容证明了案件的相关事实,应当予以采纳;另外,法院会以专家辅助人意见缺乏客观公正性、与案件事实不相关等理由对其进行排除。[18] 实际上对专家意见的审查,仅用合法性、关联性以及客观性等标准审查是不充分的,还需要针对其与专业问题密切相关这一特征设置更为具体的标准,以美国《联邦证据规则》为例,其对于专家证言的采纳还涉及事实或数据是否充分、原理与方法是否可靠、是否将这些原理与方法可靠地用于特定案件事实等条件。[19] 但是由于我国对于专家辅助人意见的证据属性有争议,相关审查判断的标准仍然需要进一步研究。

我国现有立法和司法解释等并没有明确专家辅助人意见的证据属性,在规则设立之初仅将其定位为协助质证的辅助意见。虽然将专家辅助人意见列入证据材料的做法在应然层面上的恰当性存疑,但是在实然层面上,这种现象确实体现出在司法裁判过程中专家辅助人意见会给法官带来某种类似于证据的影响。

---

〔18〕 比如(2018)苏0102刑初68号判决书中,法院否认代表辩方的专家辅助人意见时的说理。

〔19〕 参见王进喜:《美国〈联邦证据规则〉(2011年重塑版)条解》,中国法制出版社2012年版,第216页。

四、刑事专家辅助人意见功能的发挥与深化

综合上述分析,可以感受到目前我国刑事专家辅助人意见的质证效果有待加强,并且法律规范以及刑事司法实践中专家辅助人意见的效力处于模糊状态。刑事诉讼法及司法解释最初的目的是将专家辅助人的出庭及发表意见设置为一种质证方式,协助控辩双方形成对抗格局对鉴定意见这一证据进行质证,但是随着规则的不断补充,专家辅助人意见又逐渐被塑造成为被质证的对象;而同时从司法实践中表现出的对专家辅助人的需求以及实际操作情况来看,参与质证只是专家辅助人意见功能中的一项内容,专家辅助人的规则和实践都一定程度上超越了保障质证权的功能。辅助公诉人、当事人对鉴定意见进行质证确实是专家辅助人意见的重要功能,但将其功能局限于此则没有完全发挥该制度的价值,甚至是一种"理论近视"[20],因此,需要以开放的心态面对专家辅助人意见,根据司法实践的需求,使专家辅助人意见的功能得到充分发挥。除了发挥专家辅助人意见协助质证的功能,赋予刑事专家辅助人意见以证据效力更有利于案件事实的查清。

(一)发挥专家辅助人意见保障质证权的功能

保障质证权依然是专家辅助人意见的核心价值,但正如前文所述,实践中辩方专家辅助人与控方鉴定意见的抗衡力量依然悬殊,这与专家辅助人制度本身不够完善关系密切。要充分发挥质证功能,需要对专家辅助人制度做进一步完善。

1. 明晰专家辅助人的权利义务体系

专家辅助人制度的有效运作离不开权利体系和责任体系的构建。权利保障能够为专家辅助人参与刑事司法提供正面激励并解决后顾之忧,让专家辅助人愿意参与、敢于参与、有效参与专业问题的解决。专家辅助人的具体权利可以包括获得报酬的权利、对鉴定意见的质询权、获得人身安全保护的权利、获得与鉴定相关的资料信息等。明晰的责任机制则可以督促专家辅助人以专业严谨的态度对待案件中的相关科学问题,为专家辅助人意见提供基本的质量保障。专家辅助人的具体义务可以包括遵守法律法规,遵循技术规范,保守参与案件过程中知悉的国家秘密、商业秘密、个人隐私等应当保密的信息,妥善保

---

〔20〕 参见陈如超:《专家参与刑事司法的多元功能及其体系化》,载《法学研究》2020 年第 2 期。

存、使用、归还获得的案件材料等。[21]

2. 明确专家辅助人的资格审查

专家辅助人的资质会对专家辅助人意见的质量产生重要影响。有效发挥专家辅助人意见的质证功能需要尽可能减少低质信息甚至是误导信息进入质证环节，因此有必要通过明确专家辅助人的资格限制提升专家意见的可靠性。专家辅助人参与诉讼可能并不同职业鉴定人一样具有长期性、规律性、固定性的特征，并不必须被要求具备鉴定人资格。对其进行审查，一方面可以从教育经历、相关资质证书、职称等方面对专家辅助人资格进行形式上的规范；另一方面还需要从实质上考察专家辅助人是否具有从事相关专业问题检验、鉴定的知识背景与实践经验、工作经历等。同时也需要设置必要的消极要件，明确不得作为专家辅助人的情形，比如被禁止从事该专业领域工作的人员等。[22] 除此之外，出于便于专家辅助人选任与资格审查的考虑，可以建立专家库，将各行业专业领域具备相关资质的专家纳入专家名单，这样也能够为辩方委托专业能力更强的专家提供便利，有助于平衡控辩双方在专家资源上的悬殊差距。

3. 细化专家辅助人的出庭规则

其一，明确专家辅助人的出庭条件并提供救济措施。法律规定控辩双方可以申请专家辅助人出庭，并由法院决定专家辅助人是否有必要出庭。法官自由裁量权一旦滥用可能会导致专家辅助人根本丧失进入法庭的机会，也可能造成专家辅助人过于随意出庭从而带来庭审混乱、诉讼拖延等。因此，有必要进一步细化启动条件，规定“有必要”的基本标准，从鉴定意见的争议程度等方面评价必要性条件。同时，也需要向申请人提供救济手段，赋予其申请被拒绝时提出异议或复议的权利。其二，细化专家辅助人参与庭审的具体程序，包括告知与申请、与鉴定人出庭的顺序、质证的规则等。对此也有学者专门就专家辅助人的质证模式进行研究，运用图尔敏模式论证工具提升专家辅助人对鉴定意见质证的可操作性。[23]

（二）赋予专家辅助人意见证据效力

不仅本文上述关于实践现状的探析体现出刑事司法对专家辅助人意见证

---

〔21〕 参见李苏林：《提升科学证据在刑事审判中的运用水平——以鉴定意见为例》，载《理论探索》2015 年第 2 期。

〔22〕 参见宫雪：《新刑事诉讼法专家辅助人制度的立法缺陷及其完善》，载《中南大学学报（社会科学版）》2014 年第 2 期。

〔23〕 参见黄金华：《刑事诉讼专家辅助人质证模式初探》，载《理论月刊》2017 年第 6 期。

据化的需求,相关学者的研究也表明专家辅助人意见的证据能力有助于消解司法裁判中存在的诸多难题。例如,受虐妇女综合症理论较为系统且全面地解释了受虐妇女杀夫的合理性,能够为受虐妇女的刑罚减轻甚至免除提供抗辩事由,但是由于这一理论只是一种特殊的心理或行为模式,并不是一种精神疾病,很难将其归入现有的鉴定种类加以鉴定并形成证据,因此受虐妇女综合症的辩护意见面临证明力不足的风险。相关规则规定专家辅助人已可以在法庭上就专门性问题发表意见,这为家庭暴力问题方面的心理学、社会学等专家进入法庭并发表意见提供了通道,但是如果其所发表的意见仍不具备证据能力,实际上仍是一条走不通的道路。[24] 这只是专家辅助人意见就某些无法鉴定的专门性问题无法发挥应有作用的例证之一,类似的还有未成年人社会调查报告、电子数据技术性证据的审查问题等。[25] 刑事司法实践对专家辅助人意见证据能力的呼唤逐渐强烈,2021年最高人民法院《关于适用〈中华人民共和国刑事诉讼法〉的解释》对此作出了一定的回应,明确有专门知识的人就案件的专门性问题出具的报告可以作为证据使用。[26]

学界已有学者提出我国的专家辅助人出现向专家证人的角色转变的趋势,这种转变需要专家辅助人意见和鉴定意见在专家证言意义上的证据效力平等。[27] 实际上,“专家辅助人”或“专家证人”的称呼并不重要,核心是其背后的证据能力问题。本文认为,虽然按照我国目前的法律体系,直接将专家辅助人意见作为证据使用仍然有一定的障碍,但是以证据相关性为核心的证据能力理论能够为其作为证据使用提供支持,面对规则的发展以及司法实践的需要,应该肯定刑事专家辅助人意见的证据能力,对其按照证据规则进行审查并修改、完善相关配套措施。

1. 法定证据种类制度的阻碍及批判性思考

专家辅助人意见与证据的概念及证据的相关性要求具有契合之处,但是在

---

〔24〕 参见贠丹:《对受虐妇女综合症专家证据的理论反思与路径建构》,载《妇女研究论丛》2019年第6期。

〔25〕 参见胡铭:《电子数据在刑事证据体系中的定位与审查判断规则——基于网络假货犯罪案件裁判文书的分析》,载《法学研究》2019年第2期。

〔26〕 最高人民法院《关于适用〈中华人民共和国刑事诉讼法〉的解释》(法释〔2021〕1号)第100条第1款规定:“因无鉴定机构,或者根据法律、司法解释的规定,指派、聘请有专门知识的人就案件的专门性问题出具的报告,可以作为证据使用。”

〔27〕 参见张保生、董帅:《中国刑事专家辅助人向专家证人的角色转变》,载《法学研究》2020年第3期。

目前我国的证据法律体系和制度环境之下,直接将专家辅助人意见作为证据使用仍然存在一定障碍,即法定证据种类制度的限制。虽然专家辅助人意见与书证和证人证言在某些特征上具有相似性,但是如前文所述,由于书证形成在案发前或过程中以及我国采狭义证人说,将专家辅助人意见作为书证或证人证言的做法并不妥当。专家辅助人意见难以归入我国目前的8种法定证据种类当中,这也是目前对专家辅助人意见的证据效力持否定观点的主要理由。

法定证据种类制度构建起了操作手册式的证据收集方法,方便公检法机关工作人员的取证和证据审查工作,但这一制度同时存在一定的弊端。其一,法定证据种类不能完全预见司法实践中以及未来可能出现的证据形式因而具有有限性和滞后性,可能会在一定程度上限制因社会环境变化以及科学技术发展而产生的新类型证据的审查与适用。其二,过分强调对证据进行归类容易导致诉讼过程中事实认定过程的形式化,仅关注证据载体而忽视其中的证据事实这一重要信息。〔28〕 其三,面对纷繁复杂的案件情况以及案件办理的现实需求,司法实践中办案人员可能不会严格按照法定证据种类规则对证据进行审查,上述司法实践中存在的将专家辅助人意见列入证据材料、肯定其证明能力的做法就是具体体现之一。因此虽然法定证据制度难以包容刑事专家辅助人意见直接作为证据使用,但这仅是相关制度的有限性所带来的后果,并不妨碍从理论上论证专家辅助人意见可以作为证据使用,并以此为指导修改及完善相关规则。

2. 刑事专家辅助人意见作为证据使用的理论支持

专家辅助人意见符合证据的概念。证据的概念目前主要分为事实说〔29〕、材料说和信息说,〔30〕我国刑事诉讼法采材料说。〔31〕 如上文所述,专家辅助人意见

---

〔28〕 参见陈瑞华:《证据的概念与法定种类》,载《法律适用》2012年第1期。

〔29〕 "事实说"曾是我国在证据概念问题上的主流观点,1979年《刑事诉讼法》(已失效)第31条规定:"证明案件真实情况的一切事实,都是证据。"但是事实具有绝对真实性,而证据却有真有假,"事实说"由于忽略这一点而被逐渐摒弃。

〔30〕 "信息说"又被称为"综合说",注重证据形式与内容的统一。主张证据是与案件事实有关的任何信息,由证人证言、文字材料、实务对象或者任何可以呈现于感官的东西组成,用于证明一件事实的存在或不存在。参见[美]罗纳德·J.艾伦、[美]理查德·B.库恩斯、[美]埃莉诺·斯威夫特:《证据法:文本、问题和案例》,张保生、王进喜、赵滢译,高等教育出版社2006年版,第79页。

〔31〕 2018年《刑事诉讼法》第50条第1款规定:"可以用于证明案件事实的材料,都是证据。"

的内容已经延伸至专门性问题,可以像鉴定意见一样直接对案件相关的专门性问题进行阐述,成为对涉及专业问题的待证案件事实进行证明的材料,与证据的概念相契合。

专家辅助人意见符合证据相关性的要求。相关性是证据的根本属性,目前我国证据法理论体系正从客观性哲学理念转向相关性逻辑证明;出于对司法具有可错性的规律的尊重,证据法的逻辑主线亦从客观性转向相关性,〔32〕因此本文重点分析专家辅助人意见的相关性。具体而言,某一事物要作为证据使用,就必须与待证案件事实具有相关性。〔33〕按照美国《联邦证据规则》第401条的规定,关联性证据是指具有下属趋向性的证据,即任何一项对诉讼裁判有影响的事实的存在,若有此证据将比缺乏此证据时更有可能或更无可能。〔34〕简言之,有该证据的存在比没有该证据的存在更能有效证明某个案件事实的发生与否。

就案件中所涉及的专业性问题直接论述的专家辅助人意见无论是从正面补强鉴定意见还是从反面反驳鉴定意见,都能够发挥证明与此相关的案件事实是否存在的作用,与案件的定罪事实、量刑事实均存在相关的可能,因此专家辅助人意见具备证据的根本属性即相关性。原则上具有相关性的证据都有可能成为法官采纳的证据,〔35〕刑事专家辅助人意见既与案件事实具有相关性,自然可作为证据使用。

3. 刑事专家辅助人意见作为证据使用的配套措施

首先,需要对法定证据种类进行修改扩充以消除专家辅助人意见适用中的合法性疑虑。对此,有学者提出这一立法变动可以有两种路径:将2018年《刑事诉讼法》规定的第八种证据种类“鉴定意见”扩充为“鉴定意见和专家辅助人意见”,或可以借鉴国外经验,直接将“鉴定意见”修改为“专家意见”或“专家证言”。〔36〕第

---

〔32〕 参见张保生、阳平:《证据客观性批判》,载《清华法学》2019年第6期。

〔33〕 参见张保生:《序言:艾伦教授阐释的证据理念》,载[美]罗纳德·J.艾伦:《艾伦教授论证据法(上)》,张保生、王进喜等译,中国人民大学出版社2014年版,第3~4页。

〔34〕 参见王进喜:《美国〈联邦证据规则〉(2011年重塑版)条解》,中国法制出版社2012年版,第56~61页。

〔35〕 参见张保生主编:《证据法学》(第3版),中国政法大学出版社2018年版,第18页。

〔36〕 参见张保生、董帅:《中国刑事专家辅助人向专家证人的角色转变》,载《法学研究》2020年第3期。

一种做法是较为缓和的过渡性做法，第二种做法则一步到位直接从制度层面解决了刑事诉讼中科学证据的双轨制问题，将鉴定人和专家辅助人统称为专家。鉴于鉴定人制度在我国已存在多年，司法工作人员对这一制度的适用习惯和依赖性短期难以扭转，可以先采取较为缓和的过渡措施，逐步改革刑事诉讼中的专家制度。

其次，需要对专家辅助人意见的审查措施及可采性规则进行完善。如果要将专家辅助人意见作为证据使用，就必须妥善对相关意见进行证据审查。不同于鉴定制度对鉴定种类以及鉴定人资格的严格要求，专家辅助人的聘请没有过多限制，因此对专家辅助人意见的审查不能仅限于形式方面，还应该注意其可靠性。可靠性一方面受专家的资格影响，另一方面由意见本身的得出过程决定。专家辅助人资格的审查可按照上文论述的各方面进行，以身份资格为专家意见的质量提供一层保障。科学证据的审查规则具体包括：意见中采用的实验方法是否具有可重复性、可复制性；能否准确陈述样本之间的似然性；意见据以作出的材料是否充分、真实等方面。〔37〕 对专家辅助人意见内容的审查可以借鉴科学证据的审查方法，验证该证据的可靠性。

（三）刑事专家辅助人意见作为证据使用能够巩固质证功能

质证的含义是从对立的角度对证据资料进行质问、质疑，其本质是通过质疑诉讼对方当事人所提出证据的正当性、可靠性、真实性以及充分性等有效削弱对方的证明活动。〔38〕 除了通过寻找对方证据材料中的矛盾点、从证据的获得合法性及其他本身属性来对证据进行质疑，己方的举证活动也能够为质证提供支持，如果己方能够提出相反证据并经调查为法庭所采信，实际上能够达到质疑甚至是推翻对方证据的效果。从这一层面来看，刑事专家辅助人意见的证据效力与其质证功能并不割裂。刑事诉讼中被告人一方所提出的专家辅助人意见作为证据使用并可能被法官采信，会起到质疑乃至推翻鉴定意见或其他专家意见的作用，也是质证功能的重要体现。刑事专家辅助人意见和鉴定意见在证据层面具有同等效力能够使专家辅助人意见的质证效果得到更充分、更全面的发挥。

---

〔37〕 参见房保国主编：《科学证据研究》，中国政法大学出版社 2012 年版，第 21 ~ 31 页。

〔38〕 参见李文军：《法庭质证的内在结构与理论剖析——兼评“三项规程”的相关规定》，载《北方法学》2018 年第 5 期。

五、结　　语

“伴随着过去 50 年惊人的科学技术进步,新的事实确认方式已经开始在社会各个领域(包括司法领域)挑战传统的事实认定法。越来越多对诉讼程序非常重要的事实现在都能通过高科技手段查明。”[39] 科学技术的进步使许多从前难以查明的事实变得可查,但如果对科学证据过于迷信,鉴定意见全盘采信,那么一旦出现错误,冤错案件难免发生。专家辅助人意见对鉴定意见的质证一定程度上能够防范这类错误的发生,同时专家辅助人意见的功能却可以不仅限于此。诉讼主体对专家制度功能的多元化需求,是刑事司法中专家制度产生和演变的根本驱动力。专家辅助人的多重角色导致其身份定位的模糊,或许只有专家辅助人真正在法律上获得区别于鉴定人、证人、辩护人的独立地位,法律赋予专家辅助人意见证据效力,对于专家辅助人的资质、权利义务等具体问题的讨论才会有更加明确的方向,专家辅助人制度的体系才能够更加清晰明朗,专家辅助人意见的真实功能才能有效发挥。这需要进一步厘清专家辅助人与鉴定人之间的关系与功能分工,使我国的刑事司法专家体系整体更加完善。

---

〔39〕 [美]米尔建·R. 达马斯卡:《漂移的证据法》,李学军、刘晓丹等译,中国政法大学出版社 2003 年版,第 200 页。

司法适用中“进退两难”的原股东知情权

——评《公司法司法解释四》第7条第2款

覃　静*

摘要：

《公司法司法解释四》第7条第2款在我国司法实践已适用近6年时间，实证研究表明法院有向股东身份确认之诉“逃逸”的倾向，法官们在行使自由裁量权时见解不一，原股东知情权在司法实践中陷入“进退两难”的境地。其根本原因在于：该款在诉权理论解释中无法当然推定我国原股东具有知情权，同时保护中小股东的目的与赋予原股东知情权的路径之间发生根本偏差。通过对利益衡量理论的再运用可以发现，不赋予原股东知情权更为妥当。一方面应当从程序路径突围，可以引入检查人选任制度或推进《民事诉讼法》第79条在侵权之诉中的适用；另一方面应当从实体路径出发，在明确原股东查阅的权利根本区别于股东知情权的前提下，从《公司法》层面确认原股东权益或对《公司法司法解释四》第7条第2款的适用范围进行限缩与修改。

关键词：

原股东；知情权；利益衡量；公司法解释

一、问题的提出

原股东知情权是指在股东在转让股权之后仍在一定限度内享有查阅或复制公司特定文件的权利。该权利似乎被认为最早在最高人民法院（以下简称最高法）2017年颁布的《关于适用〈中华人民共和国公司法〉若干问题的规定（四）》（以下简称《公司法司法解释四》）第7条第2款中得到正式肯定。该条款中明确指出“公司有证据证明前款规定的原告在起诉时不具有公司股东资格的，人民法院应当驳回起诉，但原告有初步证据证明在持股期间其合法权益受

* 覃静，中山大学法学院硕士研究生，研究领域为经济法学。

到损害,请求依法查阅或者复制其持股期间的公司特定文件材料的除外”。本次修订相较于2016年最高法在《关于适用〈中华人民共和国公司法〉若干问题的规定(四)》(征求意见稿)第13条第2款“公司提供证据证明原告起诉时或者在诉讼中已经不具有股东身份的,应当驳回起诉”中的否定态度有明显变化。最高法在随后的新闻发布会上,明确“加强股东权利的司法救济,依法保护投资者的积极性”的倾向,承认赋予“有限责任公司原股东有限诉权”。[1] 但最高法基于权衡二者利益的视角,同时在《公司法司法解释四》第7条第2款设定了原股东行使知情权门槛,即通过采用“合法权益”、“初步证据证明损害存在”和“特定材料”三个因素限制,试图减少原股东对公司经营的侵扰。

时值《公司法》第六次修改,《公司法司法解释四》第7条第2款的适用也已有6年之久,在现行部分公司法律制度与现有改革和发展不适应、不协调的背景下,[2]有必要对该条文在司法适用中的实际效果进行总结与分析,探究具体实施过程中面临的难题,并比较设计的初衷与司法实践之间的差异。由此下文拟通过对2017年至2022年司法裁判文书进行整理,归纳法院关于以上三个因素的认定标准,探寻原股东知情权在司法适用中的真意,期以为《公司法》在修订中加强中小股东保护提供思路与借鉴。

二、实证考察:《公司法司法解释四》第7条第2款“进退两难”的适用现状

本文从北大法宝案例数据库中筛选出所有引用了《公司法司法解释四》第7条第2款的相关案件,并将选取的时间设置为2017年8月25日至2022年10月29日,共获得124份案例。经相关度筛选,真正适用《公司法司法解释四》第7条第2款但书对案件进行判决的裁判文书共67份,其中驳回起诉的38份,占比约57%;驳回诉讼请求的3份,占比约4%;支持诉讼请求的26份,占比约39%。(见图1)

---

[1] 参见杜万华:《最高人民法院关于适用〈中华人民共和国公司法〉若干问题的规定(四)的解读》,2017年8月28日在最高人民法院新闻发布会上。

[2] 参见李小健:《公司法大修:打造更具活力的中国市场》,载《中国人大》2022年第3期。

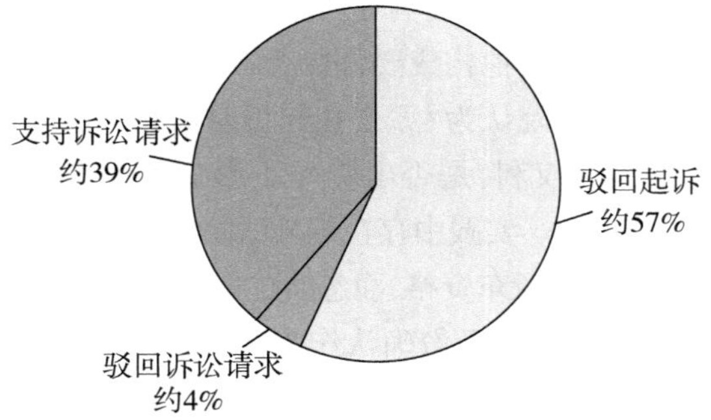

图 1　原股东知情权诉讼案件处理结果

经归纳，目前法院基于《公司法》第 33 条、《公司法司法解释四》第 7 条第 2 款和第 8 条的规定，将处理原股东知情权的诉讼的一般路径分为五步：确认原股东身份→判断是否属于合法权益→初步证据能否说明合法权益受到侵害→是否存在不正当目的等额外考虑因素→诉请查看的范围是否属于特定材料范围。下文将对路径中的标准进行具化，对比不同法院的做法并归纳评析。

（一）原股东身份：法院向股东身份确认之诉"逃逸"

从统计数据可知，涉及《公司法司法解释四》第 7 条第 2 款的诉讼有 124 个，但有 57 个案件并未真正进入但书的判断阶段，其中有近 51 份卡在了原股东身份认定阶段。对于股东身份确认之诉是否可以在原股东知情权之诉中得到解决的问题，法院呈现两种截然不同的态度：其一，一部分法院以确认股东资格需另行处理为由驳回起诉，此时确认股东身份之诉是原股东知情权之诉的前置诉讼。在刘某芳诉常州凯瑞化学科技有限公司案中，常州市钟楼区人民法院认为"……虽然现原告仍显示为凯瑞公司工商登记的股东，但凯瑞公司已于 2017 年 11 月通过股东会决议，以原告抽逃全部出资为由决议解除原告股东资格，故原告仅凭工商登记资料不能达到证明其具备合法股东资格的目的，原告对股东会决议内容不予认可，应先行通过法定程序要求撤销决议或确认该协议无效。故原告现起诉要求行使股东知情权主体不适格"[3]。其二，另一部分法院将确认原股东身份作为原股东知情权之诉的构成要件，原股东身份的具备与否直接影响裁判结果。具体来说，第一种，若原告仍具有股东资格，则直接适用《公司法司法解释四》第 7 条第 1 款的股东知情权，从而规避了该条第 2 款的适用；第二种，若原告自始至终都不具有股东身份，则直接驳回起诉，此时也阻断

[3] 江苏省常州市钟楼区人民法院(2017)苏 0404 民初 6534 号民事裁定书。

了该条第 2 款的适用;第三种,只有肯定原告曾经具有股东身份并已经丧失股东身份,才会继续进行但书其他构成要件的判断。以杨某稳诉曲靖市安居房地产开发有限公司案为例,法院认为"原告在起诉时为被告公司在册股东,股东知情权是其作为股东的固有权利,是否出资并不影响其股东身份,故被告的抗辩不成立,本院不予支持"[4]。实践中存在部分法院仅仅通过股东名册上记载或工商登记记载认定原告仍具有股东资格,而忽略了股东资格取得的实质要件及其他形式要件。以上,无论是将股东身份确认作为前置程序还是构成要件,法院在原股东知情权之诉时都呈现出了向股东身份确认之诉"逃逸"之嫌。

确认股东身份之诉属于确认之诉,应否赋予原告知情权之诉属于给付之诉,部分法院仅以确认股东资格需另行处理为由驳回起诉,是错误处理了确认之诉与给付之诉在原股东知情权诉讼中展现的矛盾。如果原股东知情权之诉审理时同时存在股东确认之诉,则需要认识到两诉间存在事实上的高度重叠和裁判结果上的相互牵连性,[5]可以考虑合并审理。在合并审理时,基于有效节约司法资源和避免矛盾判决的考虑,又因给付之诉的诉讼请求涵盖并超出确认之诉的范围,因此可以将确认之诉合并至给付之诉中共同审理。[6] 此外,在股东知情权之诉中对股东身份作出判决,虽然不会在裁判结果中明确指出,但在"一事不再理"及"确认之诉事后丧失确认利益"[7]原理指导下,法院在说理中对股东身份的判定结果应当自然产生既判力。

(二)合法权益受损与初步证据:自由裁量权行使的难点

股东的合法权益不同于其合法权利,尚未在《公司法》中有具体的规定。而《公司法司法解释四》第 7 条第 2 款中规定了"合法权益"而非"合法权利"一定程度上表明了最高法未意图实际肯定原股东知情权,因此法官在个案分析中判断原股东需要被保护的权益范围时具有一定的自由裁量权。有法院认为,只要在原告持股期间,被告具有不规范的行为就有可能侵犯原告合法权益,而不仅仅局限于知情权受阻,这是从广义层面理解合法权益,如广东省广州市中级人民法院便认为:谭某晖只需对其在持股期间其合法权益受到损害产生合理怀

---

[4] 云南省曲靖市麒麟区人民法院(2018)云 0302 民初 4432 号民事判决书。

[5] 参见宾岳成、傅蕾:《浅议诉的客观合并——以最高人民法院审理的一起侵害技术秘密及专利权权属纠纷案件为例》,载《中国专利与商标》2020 年第 3 期。

[6] 参见杨峥:《确认之诉与给付之诉并行的解决路径》,载《黑龙江工业学院学报(综合版)》2021 年第 4 期。

[7] 赵秀举:《论确认之诉的程序价值》,载《法学家》2017 年第 6 期。

疑……至于珈纳公司称谭某晖对公司经营情况知情，且在持股期间未向珈纳公司请求过行使股东知情权，并不影响谭某晖提起本案诉讼要求行使股东知情权。[8]此时法院认为合法权益是单一的权益，并不以持股期间知情权受损为前提。但有法院对此做出了限缩解释，即"该司法解释中的合法权益受到侵害是指在持股期间其可能行使的知情权受到了侵害，公司相关信息被隐瞒等，导致其根据错误的信息转让了股权(致使其在股权交易中不能获得合理的价格或导致其误判并放弃了股东身份)"[9]。此时合法权益是组合权，判断路径为：持股时知情权受到侵害，并导致转让股权时其他权益受损。以上体现了不同法院在判断什么属于原股东的合法权益时呈现不同的态度，并在一定程度上造成了同案不同判的情况。股东知情权是维护公司和股东利益的重要方式，[10]而非对抗公司的手段。部分法院从广义层面不加区分理解原股东的合法权益，实质上是忽视了公司的稳定经营与商业秘密保护等合法权益，必定对公司的正常经营产生严重影响。

合法权益的损害需要初步证据证明。关于初步证据的含义，我国立法最早规定在《海商法》第77条，除此之外尚未有其他明确的规定。可以将初步证据理解为除非被推翻，否则足以证明某一事实或情况。部分法院也明确指出"初步证据不应当适用实质证据的证明标准加以判断"，采用了该标准"……且中天公司未提供足以反驳该审阅报告的证据……本案中提交的证据可以认定为其持股期间合法权益受到损害的初步证据"[11]。基于对合法权益的理解不同，在司法实践中对初步证据所需证明的内容的要求也不同。有的只需提供持股期间知情权受到侵害的证据即满足初步证据要求；有的只提供其他权益可能受损的证明即满足初步证据要求；有的则要求持股期间知情权受损证明及可能权益

---

〔8〕 参见广州珈纳生物科技有限公司与谭某晖股东知情权纠纷案，广东省广州市中级人民法院(2020)粤01民终16449号民事判决书。

〔9〕 漳浦千悦工贸有限公司与蔡某富等股东知情权纠纷案，福建省漳州市中级人民法院(2021)闽06民终1350号民事裁定书；杨某祥与湖州锦溪房地产开发有限公司股东知情权纠纷案，浙江省湖州市中级人民法院(2020)浙05民终1494号民事裁定书。

〔10〕 参见赵旭东主编：《公司法学》，高等教育出版社2015年版，第230~231页。

〔11〕 王某与呼伦贝尔市中天房地产开发有限责任公司股东知情权案，内蒙古自治区呼伦贝尔市中级人民法院(2019)内07民终532号民事裁定书。

受损的证明方能达到初步证据的要求。[12] 总体而言,第三方出具的证明公司资本可能莫名减损的审阅报告、公司披露的相互矛盾文件及公司内控制度和管理人员的违规证明均有可能被法院认作初步证据,但也存在个案例外:公司未经股东会决议对外提供担保与公司股东合法权益受损之间并无必然因果关系,杨某祥未能提交证据证明锦溪公司未经股东会决议对外提供抵押担保的行为对其合法权益造成实际损失之事实,而仅以锦溪公司违反公司章程对外提供担保为由主张其合法权益受损,依据不足,法院不予采信。[13]

(三)额外的考虑因素:对司法解释适用范围的自主限缩

当然解释中的"举重以明轻"原则要求原股东知情权行使条件不能优于持股股东,因此法院仍需考量被告可能提起的《公司法》第33条及《公司法司法解释四》第8条关于"不正当目的"的抗辩。但除此之外,还有部分法院认为"起诉条件不等于胜诉条件"[14],一定程度上会考虑额外的因素,集中表现为以下三类。

一是考虑原股东丧失股权时的自愿性程度。辽宁省北票市人民法院在说理中认为"……并且2019年股权转让系原告自愿,转让价格经原告申请同意,且经过股东大会讨论……其起诉应被驳回"[15]。法院考虑原股东丧失股权的缘由具有合理性:若为主动转让,原股东在持有股权时有完全的自主性与时间可以行使知情权,但原股东在成本最低、效率最高时放弃行使知情权而选择事后救济,具有一定过错,此时根据利益衡量可以倾向于保护公司利益;若原股东是因法院强制执行或依照章程等强制转让缘由被动丧失股权及股东身份,法院则可以优先考虑原股东利益。

二是考虑原股东持股期间行使知情权的难易程度。相较于一般股东,若原股东在持股期间担任公司法定代表人或就职于财务部门等核心部门,法院倾向

---

[12] 参见王某与江苏欣顺电力工程有限公司股东知情权纠纷案,江苏省常州市钟楼区人民法院(2019)苏0404民初648号民事裁定书。

[13] 参见杨某祥与湖州锦溪房地产开发有限公司股东知情权纠纷案,浙江省湖州市吴兴区人民法院(2020)浙0502民初1115号民事裁定书。

[14] 王某与呼伦贝尔市中天房地产开发有限责任公司股东知情权案,内蒙古自治区呼伦贝尔市中级人民法院(2019)内07民终532号民事裁定书;刘某与北京中教在线科技有限公司股东知情权案,北京市海淀区人民法院(2021)京0108民初23744号民事判决书。

[15] 施某明与北票市宏发食品有限公司股东知情权案,辽宁省北票市人民法院(2020)辽1381民初2816号民事裁定书。

于认为其有条件有能力掌握公司的盈亏情况，不存在实现知情权的障碍与困难，法院会以此倾向于驳回原告诉讼请求。如江苏省常州市中级人民法院在案件中认为“（原股东）作为公司的原法定代表人，（有能力掌握了解公司的盈亏情况）不存在掌握欣顺公司当时经营情况的障碍”[16]，从而驳回了原股东的诉讼请求。

三是考虑 3 年诉讼时效是否适用于原股东知情权。目前司法实践中大部分的法院认为原股东知情权之诉不受诉讼时效限制，原因在于股东知情权不同于债权请求权，是基于股东特定资格身份所产生的固有权利，这是基于物权衍生而来的权利，原则上只要股东身份存续，股东知情权并不因此归于消灭或受限于诉讼时效。[17] 但仍有少数的法院持相反意见。[18] 需要注意的是，法院否定诉讼时效限制的原因在于知情权是股东特定资格身份所产生的固有权利，但原股东本身不具有股东身份，其是由《公司法司法解释四》第 7 条第 2 款但书特别创设而获得的权利，从实体上原股东行使知情权的要求高于股东，那么在程序中的诉讼时效自然也不当然完全等同于股东知情权。

（四）小结

除以上三点外，在司法实践中法院基本将《公司法司法解释四》第 7 条第 2 款中“特定文件材料”确定为原股东持股期间的所有资料。原股东主张知情权之诉同样会就查阅权的范围产生争论，但这属于股东知情权之诉中的共有问题，本文便不再赘述。

总体而言，《公司法司法解释四》第 7 条第 2 款但书部分在适用中呈现的“进退两难”局面，具体表现在司法实践中对其构成要件的具体含义仍存在较大分歧，法院在原股东知情权之诉中呈现向股东身份确认之诉“逃逸”的倾向与对于如何行使自由裁量权见解不一的现象，该款适用存在明显困难。一方面，这

---

〔16〕 王某与江苏欣顺电力工程有限公司股东知情权纠纷案，江苏省常州市钟楼区人民法院（2019）苏 0404 民初 648 号民事裁定书。

〔17〕 参见易某强与宜春市腾达置业有限公司股东知情权案，江西省宜春市中级人民法院（2020）赣 09 民终 886 号民事判决书；谢某斌与湖北碧潭酒业有限公司股东知情权案，湖北省仙桃市人民法院（2018）鄂 9004 民初 2521 号民事判决书；上海中山汽车出租公司与周某联股东知情权案，上海市第二中级人民法院（2019）沪 02 民终 1661 号民事判决书。

〔18〕 参见美国新峰发展有限公司与广州奥鑫通讯设备有限公司股东知情权案，广东省广州市越秀区人民法院（2019）粤 0104 民初 41026 号民事判决书：“在此情况下，原告在丧失股东身份七余年之后提起股东知情权诉讼也已超出了三年诉讼时效。”

说明《公司法司法解释四》第7条第2款但书规定片面、指向模糊,给司法实践造成了困扰;另一方面,《公司法司法解释四》第7条第2款的实践效果并未达到设置预期,从结果上看似乎有效保护原股东的合法权益的作用甚微。这促使本文反思:《公司法司法解释四》第7条第2款但书部分规定的真正目的与含义是什么?其设置意旨真的能通过《公司法司法解释四》第7条第2款但书实现以及未来进路在何方?

三、理论解析:《公司法司法解释四》第7条第2款“进退两难”的原因探究

探寻《公司法司法解释四》第7条第2款在司法实践中效果不佳的原因,需要回到规则设立最初寻找其定位的主要分歧。一方面从诉权理论入手解析《公司法司法解释四》第7条第2款存在逻辑悖论;另一方面比较股东知情权的功能与原股东知情权意图保护的核心利益之间发生的偏差。据此说明《公司法司法解释四》第7条第2款的不周延、不明确、不完善是导致原股东知情权在司法适用中“进退两难”的根本原因。

(一)诉权理论视域下《公司法司法解释四》第7条第2款存在逻辑缺陷

重新审视《公司法司法解释四》第7条第2款“公司有证据证明前款规定的原告在起诉时不具有公司股东资格的,人民法院应当驳回起诉,但原告……的除外”。经文义解释可知“除外”是指“驳回起诉的除外”而非“知情权的除外”。同时最高法在2017年召开的《公司法司法解释四》的新闻发布会上明确指出结合诉的利益,规定有限责任公司原股东享有的是有限诉权。[19] 其中,学者将该条确定为实体权利中的“原股东知情权”与《公司法司法解释四》规则制定意图是否存在偏差?诉的利益如何理解?这里的诉权基于二元论还是一元论进行理解?原股东的诉权与原股东民事权利之间如何自洽?

以上问题本质上涉及我国诉权理论研究,含诉的利益、诉权及其与民事权

[19] 最高人民法院《公司法司法解释四》的新闻发布稿中载明:“……(二)依法强化对股东法定知情权的保护。公司法第三十三条、第九十七条赋予了股东查阅、复制公司章程、决议等文件材料的权利。该权利是公司法赋予股东的固有权,属于法定知情权,是股东权利中的基础性权利,依法应当严格保护。《解释》针对适用该两条规定中遇到的争议较多的问题,作出了如下规定:一是结合诉的利益原则,通过第七条明确了股东就公司法第三十三条、第九十七条规定享有的诉权,并规定了有限责任公司原股东享有的有限诉权……”

利的关系探讨。张卫平教授认为诉的利益是指对于具体的诉讼请求，是否具有进行判决的必要性和实效性（判决所能够实现的实际效果）。[20] 也有学者将诉的利益分为主观的诉的利益和客观的诉的利益，法院通过前者确定原告资格问题，通过后者判断该利益是否有保护的必要性。最高法结合诉的利益判断在《公司法司法解释四》中进行相关安排，一定程度上认可了原股东的利益。相应地，在苏联学者顾尔维奇的《诉权》和阿布拉莫夫的《苏维埃民事诉讼》关于诉权的二元论基础上，我国许多学者提出了程序意义上的诉权和实体意义上的诉权，其共同点为：起诉权属于程序意义诉权，而胜诉权归属于实体意义诉权。但江伟教授等则认为程序意义诉权是指以起诉权为代表的发动诉讼程序的权利，实体意义诉权不是胜诉权而是期待胜诉权。[21]

在二元论上延申诉权（主要是实体意义诉权）与民事权利的关系，江伟教授等认为民事权利不等同于实体意义的诉权，存在类似于发生争议或者遭受损害等为民事实体法所保护的利益，尽管不属于民事权利法院也需要赋予其实体意义诉权。[22] 由此在二元论的视角下，《公司法司法解释四》赋予原股东有限诉权包含程序意义和实体意义诉权，即涵盖原股东的起诉权及胜诉权或胜诉期待权。但需要注意的是，实体意义诉权不等同于民事权利，即原股东在诉讼中的胜诉期待权不等同于原股东具有民事权利性质的知情权。因此在二元论解释体系下，部分学者片面将《公司法司法解释四》第 7 条第 2 款解释为法院对原股东知情权的认可有失偏颇。

除二元论之外，我国也发展出了一元诉权说理论。该理论认为诉权仅仅是程序性的权利，[23] 即使法院以诉不具有合法性为由驳回起诉，仍视为诉权已经实现，即诉权是单一的司法请求权，而不再考察原告主张的实体权能否被法院支持。[24] 目前有法官采用一元论的逻辑去适用《公司法司法解释四》第 7 条第 2 款，提出“该规定中的‘除外’对应的应是前文的‘驳回起诉’，即原股东有初步证据证明在持股期间其合法权益受到损害的，法院不应驳回起诉，应依法予以受理，该条规定解决的是原股东在特殊情况下的‘诉权’问题，而非‘胜诉权’问题，‘初步证据’不等同于‘实质证据’，赋予原股东诉权，并非当然地支持原股

〔20〕 参见张卫平：《诉的利益：内涵、功用与制度设计》，载《法学评论》2017 年第 4 期。

〔21〕 参见江伟、单国军：《关于诉权的若干问题的研究》，载《诉讼法论丛》1998 年第 1 期。

〔22〕 参见江伟、单国军：《关于诉权的若干问题的研究》，载《诉讼法论丛》1998 年第 1 期。

〔23〕 参见江伟、邵明、陈刚：《民事诉权研究》，法律出版社 2002 年版，第 52～57 页。

〔24〕 参见梁君瑜：《诉权概念的历史溯源与现代扩张》，载《西部法学评论》2018 年第 1 期。

东的诉讼请求”[25]。基于此,原股东依照《公司法司法解释四》第 7 条第 2 款仅获得了程序上的起诉权而没有获得胜诉权,在缺乏其他规定的前提下,原股东并不具有民事权利属性的知情权,而原股东的实体权益能依据什么实现又成为了难以解决的问题。

从上述讨论可知,司法实践与学术界对《公司法司法解释四》第 7 条第 2 款的理解存在不同是因为尚未有统一定论的诉权理论产生,一定程度上展现了《公司法司法解释四》第 7 条第 2 款在学理解释和司法适用中的纠结与彷徨。但从诉权理论解释上看,无论是二元论或是一元论,均不能当然地从《公司法司法解释四》第 7 条第 2 款中得出“原股东具有知情权”这一结论。此外,李建伟教授以无锡梁溪冷轧薄板有限公司(以下简称梁溪公司)诉无锡太平洋镀锌薄板有限公司等股东知情权纠纷案[26]中再审法院改判作为原股东享有知情权的正当性的证据。[27] 需要注意的是,再审是通过认定梁溪公司在起诉之日仍为公司股东,从而肯定其知情权。也就是说,起诉时梁溪公司是股东而不是原股东才具有知情权。由此该案仅能表明法院将判定原告是否具有股东资格的时点确定在起诉时,也不能当然证明原股东享有知情权。以上,均不能从《公司法司法解释四》当然推定我国原股东具有知情权。

(二)保护利益与保护路径之间发生根本偏差

尽管在诉权理论视域下“原股东知情权”这一民事权利尚未在《公司法司法解释四》第 7 条第 2 款中得到明确,但不得不承认《公司法司法解释四》第 7 条第 2 款在司法实践结果中产生了有限度地赋予了原股东知情权的同等效果。然而,这并不意味着原股东知情权的根本目的已经实现,也不意味着保护路径科学合理。

1. 厘清需赋予原股东知情权的根本目的

为什么需要在特定情况下赋予原股东知情权?学界讨论主要有以下三点理由:一是保障原股东弥补股权转让损失的权利,允许原股东通过查阅公司资

---

[25] 美国新峰发展有限公司与广州奥鑫通讯设备有限公司股东知情权案,广东省广州市越秀区人民法院(2019)粤 0104 民初 41026 号民事判决书:“在此情况下,原告在丧失股东身份七余年之后提起股东知情权诉讼也已超出了三年诉讼时效。”

[26] 参见江苏省无锡市中级人民法院(2006)锡民再终字第 0028 号民事判决书。

[27] 参见李建伟:《股东知情权边界的利益衡量》,载《暨南学报(哲学社会科学版)》2022 年第 6 期。

料确认股权转让价款损失从而得以撤销转让股权合同。[28] 二是实现股东盈余分配权的保障，赋予原股东特定的知情权有助于在面对公司隐瞒利润、侵犯盈余分配权时，有效确定赔偿数额。[29] 三是司法追求正义的导引作用使然，否定原股东知情权意味着鼓励公司造假隐瞒利润，并通过排挤行动将股东挤出公司从而占有原股东应得的利润。[30] 以上理由说明原股东确实存在需要被保护的利益，但又需要避免公司正常经营受到过多不必要的干扰，由此需要赋予原股东在特定情况下的知情权。

第一点理由不能完全成立。因信息不完全对称是市场的必然，股权转让价格与市场价格有所差异可能也具有一定的商业安排或情感价值。在自愿转让的前提下，股东在转让股权前有权充分行使知情权了解公司经营状况并做出理性的价格判断，原股东理应在行权成本最小时行使知情权，尽到合理的注意义务。如果公司从未阻碍原告行使知情权或故意隐瞒，而是原告持股期间怠于行使知情权导致损害，则不存在需要被例外保护的利益。这既体现司法不保护“躺在权利上睡大觉的人”的应有之义，也能倒逼股东在持股期间积极行使知情权，而非一味等待事后救济。因此，可以将第一点理由限缩为“保障被迫丧失股权或持股期间行使知情权明确受阻的股东弥补股权转让损失的权利”。

第二点理由关于原股东的盈余请求分配权已经在司法实践中丧失了需要被保护的基础。依据《公司法》第 34 条、第 166 条的规定，利润分配请求权的权利主体为股东，只有股东才是利润分配请求权的适格主体。在司法实践中法院对此也基本达成了共识：转让人因股权转让丧失股权后，股东会、股东大会就转让前的公司利润形成分配决议，转让人要求公司给付相应利润的，人民法院不予支持。[31] 在 2017 年至 2022 年原股东知情权之诉中也鲜少出现该诉讼理由，个别案件中法官也表明了否认相关诉请的态度：鉴于公司分红需要以公司盈利

---

〔28〕 参见陈开梓：《股东知情权诉讼若干实务问题探讨》，载《温州职业技术学院学报》2007 年第 3 期。

〔29〕 参见李建伟：《股东知情权诉讼基本程序问题探析》，载《国家检察官学院学报》2010 年第 1 期。

〔30〕 参见蒋大兴：《超越股东知情权诉讼的司法困境》，载《法学》2005 年第 2 期。

〔31〕 参见山东省高级人民法院《关于审理公司纠纷案件若干问题的意见（试行）》第 71 条第 2 款；唐青林、李舒：《前股东是否享有利润分配请求权》，载微信公众号“公司法权威解读”2019 年 1 月 26 日，https://mp.weixin.qq.com/S/YvXsQHS40SI9tIzrVLjSCw。

为前提,以股东会作出分配决议为条件,张某没有充分证据证明爱创公司存在应当分红而不向其进行分配的情形,不足以确认爱创公司在其持股期间损害了其股东权益。[32] 这与目前盈余分配诉讼规则相配套,[33] 即使赋予了原股东知情权,原股东也无法依据相关材料提起利润分配之诉,据此赋予原股东知情权以实现股东盈余分配权的理由实质落空,并无基于此理由例外赋予原股东知情权的必要。

经过对上述理由的纠正与排除后,结合司法实践经验发现:给予原股东知情权的根本目的在于保护被大股东或公司欺压、排挤出公司的中小股东。中小股东在丧失股东身份后,在相关的侵权之诉中容易面临举证难的问题,学者与司法机关企图通过赋予原股东知情权来降低其举证难度。换言之,原股东知情权之诉本质上是为了解决中小股东在另一个诉的举证难问题。那么下文对解决举证难是否属于股东知情权的任务,以及是否符合知情权的本质与目的进行深入探讨。

2. 回归股东知情权本质与目的

探寻股东知情权本质,需要从知情权本质与目的入手。一方面,股东权是知情权的上位概念,由此需要明确股东权的本质。股东享有股权是股东与公司之间的法律关系和股东地位的集中体现,股东权从根本上是股东将自己的财产交由公司经营而对公司享有一定的权利与承担一定的义务的表现。[34] 换言之,享有这些权利前提是有财产交由公司经营。而原股东在转让股份时已经置换出了自己的财产,从而当然地不再享有股权,那么股权束下的知情权也相应地不再享有。上海高级人民法院也明确表示过该观点:"知情权是指公司股东享有的知道和了解公司经营状况的重要信息的权利,为股东权之一种。股东权具有社员权的性质,股东权利不能与其股东身份相分离。"[35] 另一方面,考察股东知情权设定的目的。股东行使知情权的根本目的在于股东参与公司决策管理

[32] 参见张某与北京爱创科技股份有限公司股东知情权纠纷案,北京市海淀区人民法院(2021)京 0108 民初 45460 号民事判决书。

[33] 参见《2020 - 2021 年江苏法院公司审判典型案例》中案例三塑料公司、邱某诉农商行公司盈余分配纠纷案。

[34] 参见赵旭东主编:《公司法学》,高等教育出版社 2015 年版,第 228 页。

[35] 上海市高级人民法院《2005 年上海法院民商事审判问答(之四)——关于审理股东请求对公司行使知情权纠纷若干问题的问答》(沪高法民二〔2005〕11 号 2005 年 11 月 29 日)第 1 条。

和对公司进行监督纠正,而不是对抗公司或直接从公司获得个人经济利益。[36]在原股东无法参与公司决策管理与监督纠正的前提下,赋予其知情权直接违背了知情权设置初衷,是对知情权目的的根本否定。

(三)小结

通过以上分析可以得知,核心问题是解决在遭到大股东或公司欺压和排挤时,中小股东丧失股权后在维护权益时面临的举证难问题。知情权作为一个辅助性的权利并不能从根本上救济原股东的损失,救济能力也相当有限。从诉权理论、目的解释与司法实践中也可得知,目前《公司法司法解释四》第 7 条第 2 款赋予原股东知情权仅仅是迫切解决该核心问题而设想的畸形路径,反而往往会成为原股东违背商业道德,意图出尔反尔从而撤销股权转让合同的利器。突破知情权目的的保护路径与保护中小股东的利益目的间发生了偏差。那么是否赋予原股东知情权是解决原股东举证难的唯一路径呢?突破知情权的边界是否具有必要性呢?下文对此进一步探讨。

四、制度展望:完善《公司法司法解释四》第 7 条第 2 款的进路

那么时值《公司法》修改之际,是否需要从法律上认可"原股东知情权"呢?下文引入利益衡量理论对原股东与公司利益进行衡量,逐步厘清现在《公司法司法解释四》框架下的原股东知情权是否具有必要性与可行性,再在实践的基础上,对规则设立时运用的利益衡量理论的因素进行重新调整,进而得到更符合现实所需的利益选择。最后从程序完善与实体确权入手,另寻路径保护利益衡量选择中落空的实际利益。

(一)利益衡量理论的再运用

其实,关于是否需要赋予原股东知情权的问题早在 2003 年前后就已进入了司法界与学术界的讨论视域。蒋大兴教授在 2005 年已经归纳了"绝对有权说"、"绝对无权说"和"相对无权说"三种观点。[37] 随后学界引入了利益衡量理论对原股东和公司的利益及可能的损害进行衡量与讨论,许多学者在假设原股东持股期间的盈余分配权受损及被迫丧失股权难以救济的基础上呼吁赋予原

---

〔36〕 参见王燕莉:《论权利制衡下股东知情权之行使》,载《四川师范大学学报(社会科学版)》2004 年第 2 期。

〔37〕 参见蒋大兴:《超越股东知情权诉讼的司法困境》,载《法学》2005 年第 2 期。

股东知情权。[38] 直至2017年最高法在加强保护股东权利和投资者积极性的指导思想下,在该问题上将利益衡量天平倾向了原股东。不可否认,在投资者整体专业水平较低和股东权利意识较弱的环境下,当时的利益衡量具有一定的合理性。但必须承认,在《公司法司法解释四》第7条第2款产生赋予原股东知情权实际效果的第6年及《公司法》修订之际,利益衡量的因素已经发生了变化。因此,必须要再次运用利益衡量理论在已有的司法实践基础上,再次考究《公司法司法解释四》第7条第2款语境下的原股东知情权是否具有必要性。这也符合庞德"从经验中兼顾各方利益诉求的最佳方案"的利益衡量方法要求。[39]

从已有案例的原告诉请中看,仅有约5%的原股东是在被迫丧失股权的前提下诉请知情权,其他绝大多数的情况都是基于自愿转让股权的基础上诉请股权转让价格偏离市场正常价格而主张知情权。可以看到,实践结果偏离了保护初衷,反而更多地为自愿转让股权后想出尔反尔的股东提供了借口,给公司造成诉累。

从利益衡量方法的角度上看,第一步需要判断,原股东与公司之间是否存在弱势群体需要被倾斜保护。利益衡量要求在面对不同主体之间的利益位阶时,弱者利益应该获得制度的特别保护,在我国表现为消费者、残疾人、劳动者和病人等。[40] 但原股东和公司间尚难区分孰为弱势群体。需要指出现在的投资者专业化水平不断提高,往往也具备购买专业服务的能力,原股东在持有股权和转让股权时应当被视为一个理性的商业主体,其与公司的强弱并不能从总体上得出统一结论。

第二步,引入利益衡量表对此进行分析。[41] 表1中,原股东的知情权是指《公司法司法解释四》第7条第2款中股东转让股权后能初步证明持股期间利益受损则享有持股期间对公司的知情权;原股东的具体利益是可能受损利益的

---

〔38〕 参见王黛娜:《有限责任公司股东知情权若干争议问题研究——基于〈最高人民法院关于适用《中华人民共和国公司法》若干问题的规定(四)〉(征求意见稿)的理解与思考》,载《时代法学》2017年第2期。

〔39〕 参见[美]罗斯科·庞德:《通过法律的社会控制》,沈宗灵译,商务印书馆2010年版,第65页。转引自梁上上:《利益衡量论》(第3版),北京大学出版社2021年版,第34~35页。

〔40〕 参见梁上上:《利益衡量论》(第3版),北京大学出版社2021年版,第87~89页。

〔41〕 参见梁上上:《利益衡量论》(第3版),北京大学出版社2021年版,第142~158页。

举证;公司的利益是公司正常经营权与公司商业秘密保护;制度利益是指以人合性与资合性为基础的有限责任公司法律制度;社会公共利益包含交易稳定性,涉及股权交易第三人及公司现股东等其他相关者。因此利益衡量表纳入上述部分内容进行新考量。

表1　利益衡量分析

选择保护的对象	当事人具体利益		群体利益		制度利益	社会公共利益
	原股东	公司	原股东群利益	公司群体利益	如股权制度、公司法理论基础等	交易稳定和其他相关者权益
赋予原股东知情权	√	×	√	×	×	×
不赋予原股东知情权	×	√	×	√	○	○

注:“√”表示得到法律保护,“×”表示没有得到法律保护或不能得到法律保护,“○”表示没有影响。

从表1中可以看出,如果赋予原股东知情权,则不仅公司利益得不到保护,还可能会损害制度利益与社会公共利益。这是因为,原股东查看公司文件可以了解其成本利润、交易对象等,甚至其他更重要的商业秘密与商业机会。原股东在持有股权时尚且与公司有利益捆绑,在转让股权后则彻底失去了知情后保护公司的动力,在激励机制的反向作用力和机会主义的推动下极有可能出卖商业机密牟取利益,从而损害公司法制度和现股东利益。即使原股东不具有恶意,仅意图通过知情权证明存在《民法典》第147条至第149条的情况以撤销股权转让合同,也对股权交易方的权益造成了损害。综上利益衡量,不赋予原股东知情权更为妥当。

但必须承认利益衡量本质是一种主观行为,以上说理并不能完全否认原股东知情权在特殊情况下具有适用性,也不意味着本文意将原股东可能被损害的权益置于无法保护的境地。为增强其妥当性和科学性,下文结合问题本质——如何解决遭到大股东或公司欺压和排挤的原股东在维护权益时面临的举证难问题,从外部程序和完善规则体系两方面提供思路。[42]

(二)程序引入与完善:以降低举证难度为目的

原股东权益受损时,如果需要提起知情权之诉以获得证据再提起相关诉

〔42〕 参见梁上上:《利益衡量论》(第3版),北京大学出版社2021年版,第158页。

讼,则会给当事人造成诉累。最直接的方法应当是在相关的诉讼中降低其举证难度。从上文的实证考察发现在股东身份存疑时,中小股东可以提起股东身份确认之诉来否定公司和大股东因排挤其而做出的除权决策,从而获得包括知情权、利润分配请求权在内的权利救济。当原告确实丧失了股东身份时,可以从以下两种方法入手对程序完善以救济其合法权益。

1. 引入检查人选任制度

检查人选任制度是其他法域在公司治理中的重要经验制度,是指当公司发生法定的特殊事由时,可以指定中立的专业第三方对公司调查的特定的制度。[43] 基于检查人选任制度能保障股东监督权有效专业行使,也能最大限度降低股东对公司商业秘密的侵害,我国学者广泛呼吁将其纳入股东知情权体系。将检查人选任制度沿用至原股东权益受损后救济,同样也具有重要意义。原股东向公司提起侵权赔偿或撤销之诉时,有初步证据证明持股期间的合法权益受损,应当允许其申请检查人选任制度适用,由法院指定中立第三方对公司相关材料进行审查并得出诉讼的相关结论,将结论公开至法庭。[44] 在公司诉讼中适用该特别制度,可以减少一般诉讼之限制,既能有效保障中小股东的权益,又能兼顾公司商业秘密等权益,可谓一举两得。

2. 充分发挥《民事诉讼法》第79条[45]在原股东诉讼中的作用

在现有的诉讼制度下,通过灵活适用侵权制度与《民事诉讼法》第79条,同样能有效保护原股东合法权益。上海市高级人民法院在2005年指出原股东被侵权后的两个维权路径:"原股东认为公司隐瞒真实经营状况,导致其股权出让价格明显不公的,可依法通过行使撤销权或对公司提起侵权之诉途径解决。"[46] 在撤销之诉或公司侵权之诉中,面临的举证难问题可以通过《民事诉讼

---

[43] 参见李建伟、茅院生:《制度建构:两大法系公司检查人选任制度及其借鉴》,载《法商研究》2009年第4期。

[44] 参见王燕莉:《论公司股东知情权的法律保护——兼议我国〈公司法〉的修改》,载《四川教育学院学报》2003年第1期。

[45] 《民事诉讼法》第79条规定:当事人可以就查明事实的专门性问题向人民法院申请鉴定。当事人申请鉴定的,由双方当事人协商确定具备资格的鉴定人;协商不成的,由人民法院指定。当事人未申请鉴定,人民法院对专门性问题认为需要鉴定的,应当委托具备资格的鉴定人进行鉴定。

[46] 上海市高级人民法院《2005年上海法院民商事审判问答(之四)——关于审理股东请求对公司行使知情权纠纷若干问题的问答》第1条。

法》第79条的适用解决。在李某与通化矿业有限责任公司及通化矿业(集团)道清选煤有限公司(以下简称道清选煤公司)侵权责任纠纷[47]中,失去股东身份的原告李某以道清选煤公司在大股东受让股权时存在不公平关联交易、掩盖其经营情况以降低股权价值的情况,要求撤销转让并进行赔偿。诉讼中法院根据《民事诉讼法》第79条接受了李某的《司法鉴定(审计)申请书》并委托第三方中立会计师事务所对道清选煤公司的会计报表真实性、合理性和准确性进行审查。随后会计师事务所做出司法鉴定意见书,法院据此认定存在侵权事实并判决道清选煤公司赔偿损失并支付鉴定费。此前李某就同样的案情以损害股东利益责任纠纷起诉,吉林省高级人民法院以李某提起诉讼时已不具有道清选煤公司的股东资格,不再享有《公司法》规定的股东权利,包括股东代表诉讼和股东直接诉讼的权利而驳回诉讼请求。[48] 从本案看出,原股东向公司主张损害赔偿时不一定非要通过股东权利才能得到实现,解决举证难问题不一定非要通过赋予原股东知情权才能解决,结合《民法典》“侵权责任编”和《民事诉讼法》第79条可以得到更好的保护。借鉴本案,在原股东诉公司的侵权诉讼中巧妙应用司法鉴定,既降低了原股东的举证责任,又更好地保护了公司商业秘密,有效替代了原股东知情权之诉的作用。

(三)实体确权与限缩:以保护核心权益为主旨

在现有制度框架下,以上提及的侵权之诉结合《民事诉讼法》第79条已经能保护绝大多数原股东实际受损的合法利益。但原股东仍然面临着可能需要承担高昂的鉴定成本和诉讼费的风险,由此导致只有较大把握胜诉的原股东才会提起诉讼。虽然这样能够最大限度地保护公司正常经营不受侵扰,但不可否认存在一部分利益可能受损但又没有确切把握的原股东,碍于高昂的费用而放弃维护权益。从激励相容机制出发,公司与大股东侵权成本低,原股东维权成本高,不利于双方利益平衡与公司合规发展。因此可以考虑从实体上确认原股东合法利益。

原则上,原股东查阅特定材料的权利应当与股东知情权相区别。经以上分析可以明确,原股东对特定材料的查阅权限归属于司法特别赋予的救济权利,[49] 从根本上不属于股东为监督促进公司发展而享有的知情权的范畴,因此在实体权

---

〔47〕 参见吉林省白山市中级人民法院(2016)吉06民初59号民事判决书。

〔48〕 参见李某与郝某东、通化矿业(集团)有限责任公司损害股东利益责任纠纷案,最高人民法院(2016)最高法民申84号民事裁决书。

〔49〕 参见徐志涵:《股东查阅权法律问题研究》,西南政法大学2006年硕士学位论文,第19页。

利规定中需要明确与股东知情权相区别。

诉权理论下,要求《公司法司法解释四》第 7 条第 2 款具有实体权利依据,可以限缩、明确其适用范围至上述核心保护的权益。实证考察中法院额外考虑因素含原股东丧失股权时的自愿性程度与持股期间行使知情权的难易程度等,呈现司法适用中的自主限缩。

由此,可以在新修订的《公司法》中肯定原股东合法权益。又或者在《公司法司法解释四》再制定时,将主体限缩至被迫丧失股权且持股期间知情权行使明显受阻的原股东,单独设立一条:"当原股东有初步证据证明:一、被迫丧失股权或持股期间知情权明显受阻;二、而造成权益损害的,请求依法查阅或者复制其持股期间的公司特定文件材料的,法院应当予以支持。"

五、结　　语

实证研究结果表明,《公司法司法解释四》第 7 条第 2 款在司法适用中效果不佳,呈现"进退两难"的局面。根本原因在于《公司法司法解释四》第 7 条第 2 款本身在诉权理论视域下存在逻辑缺陷,同时《公司法司法解释四》第 7 条第 2 款意图保护的根本权益是权益受损的中小股东利益,这与股东知情权的本质有根本偏差,保护路径出现实质性错误。由此,从利益衡量理论出发认为赋予原股东知情权并不妥当。可以从程序上引入检查人选任制度,或者在现有制度基础上推动司法鉴定在原股东诉讼中的适用;从实体上明确区分原股东查阅权利与股东知情权分属两种不同的权利,从而在上位法或《公司法司法解释四》的再修改中做出完善。

目前我国现行公司法律制度改革中面临着如何加强中小投资者保护的问题,但这并不意味着可以无限度地突破公司法已有制度的内在含义。在推进《公司法》修订时,不能因噎废食,需寻找正确的路径真正高效地保护中小投资者的切实利益。

劳动合同变更规制之检视

——以《劳动合同法》第 35 条为切入

钟念珈*

摘要：

劳动合同变更制度的构建，涉及用人单位自主用工权益与劳动者基本权益之间的利益取舍。梳理我国劳动合同变更规制的现状可以发现，《劳动合同法》第 35 条的规定较为刚性，以双方"协商一致"为唯一条件的劳动合同变更合法性认定体系不足以应对复杂的现实情况，诸如"经营必要性"等其他变更合法性审查标准的裁判规则不一；此外，劳动合同可变更条款的范围及特殊条款的认定等问题存在较大争议。以平衡劳资利益为规制视角，应当在法律法规或司法解释层面构建多层次的劳动合同变更合法性认定体系，对涉及工作时间等非常见变更条款进行特别规制，统一司法实务对调动性条款等特殊条款的处理方式，以期维护稳定、健康的劳动关系。

关键词：

劳动合同变更；司法实践；审查标准；协商一致

一、问题的提出

合同的变更是一个非常重要而复杂的问题，而目前我国的债法、劳动法都规范得较为简单。在全球经济下行等背景下，许多企业往往需要通过裁员、调整劳动合同内容等方式降低用工成本。我国人力资源和社会保障部发布的《关于妥善处理新型冠状病毒感染的肺炎疫情防控期间劳动关系问题的通知》(人社厅明电〔2020〕5 号)也主张将变更劳动合同作为企业扛过"寒冬"的优选方式。[1] 对于

---

* 钟念珈，四川大学法学院 2021 级硕士研究生，研究领域为劳动法学。

〔1〕 人力资源和社会保障部《关于妥善处理新型冠状病毒感染的肺炎疫情防控期间劳动关系问题的通知》(人社厅明电〔2020〕5 号)规定："……二、企业因受疫情影响导致生产经营困难的，可以通过与职工协商一致采取调整薪酬、轮岗轮休、缩短工时等方式稳定工作岗位，尽量不裁员或者少裁员……"

用人单位而言,相比于有冗长程序和诸多限制的经济性裁员、企业内部结构性调整等方式,变更与劳动者之间的劳动合同是较为简易且经济的选择。

企业自主用工权益和劳动者基本权益在劳动合同变更事宜上往往持对立的立场,尤其是在对岗位、薪资、工作地点等劳动合同核心内容进行变更时,劳动者容易处于不利的地位,由此引发诸多争议。《劳动合同法》第 35 条将"协商一致"作为判断是否构成劳动合同合法变更首要的、唯一的法律要件;[2] 然而,域外立法和我国司法实践发展出更为复杂的综合性评判标准,不同标准的运用和新问题的出现使劳动合同变更制度的适用困境越发突出。长期以来,劳动合同的变更问题并未获得学界较多的关注,虽有部分学者对劳动合同变更制度进行了有关法理基础等方面的检视,[3] 但相关研究的数量和深度尚显不足,仍有一些问题有待解决:我国以"协商一致"为核心的劳动合同变更规制的现状如何?问题体现在何处?用人单位的用工自主权与劳动者权益的矛盾点和平衡点如何把握?为了更好地稳就业、保民生、促发展,有必要考察司法实践与立法、法理之间的差别,本文在现行立法的基础上,分析 2020 年至 2022 年我国劳动合同变更纠纷的司法现状,总结有关劳动合同变更规制的问题并提出完善建议,以期平衡劳动合同变更行为下劳资双方的利益。

二、我国劳动合同变更的理论基础

(一)我国劳动合同变更的基本内涵

劳动合同由传统民法雇佣合同发展形成,在一般的继续性合同中,合同履行的客观情况、当事人的实际能力和需要都可能有所变化,当事人可以采取变更合同的方式及时地对权利义务内容进行调整,以更好地达到合同目的。正如一般民事合同一样,劳动合同的履行条件和内容也可能发生变化,尤其对于用人单位而言,其经营行为需要根据市场情况进行动态调整,无固定期限或较长

---

[2] 《劳动合同法》第 35 条规定:"用人单位与劳动者协商一致,可以变更劳动合同约定的内容。变更劳动合同,应当采用书面形式。变更后的劳动合同文本由用人单位和劳动者各执一份。"

[3] 典型研究成果参见孙国平:《论雇主劳动合同条款变更权之控制》,载《比较法研究》2016 年第 1 期;刘锋、戚垠川:《用人单位单方变更劳动合同法律适用分析——以客观情况变化为视角》,载《上海政法学院学报(法治论丛)》2018 年第 3 期;周国良:《劳动合同变更的法理和实践探讨》,载《中国劳动》2013 年第 11 期;等等。

固定期限劳动合同可能难以涵盖未来发生的变化。比如受办公成本等因素影响下的企业搬迁行为,会导致劳动者的工作地点发生调整等。因此,变更劳动合同是用人单位与劳动者适应环境、优化关系的有效途径。劳动合同的变更有着一般合同变更的特征:变更发生在劳动合同履行期内,合同关系的主体保持不变。学者林嘉将其定义为:“劳动合同生效后,在履行过程中,合同当事人双方依法对劳动合同的内容进行修改或补充的行为。”〔4〕该定义与一般民事合同变更的定义大致相同。

不同于单纯债法中的财产关系,劳动关系还具有浓厚的人与人的结合关系,劳动合同的变更也因而具备其特殊性。比如在变更内容方面,《劳动合同法》第 17 条第 1 款列举了劳动合同的必备条款,〔5〕而变更行为主要围绕工作岗位、工作地点、工资薪酬条款展开,与用人单位经营利益和劳动者生活利益息息相关,问题与争议较为集中。在变更劳动合同的提出主体方面,一般都由用人单位基于生产经营或人力资源管理需要等原因而提出,呈现“一方主动、一方被动”的局面。基于此,有关劳动合同变更的规制主要针对的是用人单位单方做出的变更行为。

(二)劳动合同变更规制背后的利益平衡

在学理上,有关劳动合同变更的主张主要分为“经营权说”和“合意说”。前者强调企业共同利益的实现高于个人利益,因而企业自然地获得了对劳动者的指挥管理权,〔6〕有权单方面地对相关劳动事项进行调整而无须取得劳动者同意;后者则主张用人单位单方变更劳动合同的行为应以劳资双方的合意为依据。〔7〕 在《劳动合同法》颁布实施之前,我国采取的是前者之立场,表现为常运用“企业经营管理自主权”“用人单位自主权”等术语,比如原劳动部在针对

---

〔4〕 林嘉:《劳动法的原理、体系和问题》,法律出版社 2016 年版,第 201 页。

〔5〕 《劳动合同法》第 17 条第 1 款规定:“劳动合同应当具备以下条款:(一)用人单位的名称、住所和法定代表人或者主要负责人;(二)劳动者的姓名、住址和居民身份证或者其他有效身份证件号码;(三)劳动合同期限;(四)工作内容和工作地点;(五)工作时间和休息休假;(六)劳动报酬;(七)社会保险;(八)劳动保护、劳动条件和职业危害防护;(九)法律、法规规定应当纳入劳动合同的其他事项。”

〔6〕 参见孙国平:《论雇主劳动合同条款变更权之控制》,载《比较法研究》2016 年第 1 期。

〔7〕 参见李富成:《用人单位单方变更工作地点的理论重述与规制路径——以调动权的正当性和合理性认定为中心》,载《山东工会论坛》2020 年第 3 期。

职工因岗位变更与用人单位发生争议的复函文件中指出,企业调整职工工作岗位属于用人单位自主权。[8] 有学者认为,1995年施行的《劳动法》(已被修正)将涉劳动者切身利益的工作时间、工作内容等重大事项的决定与修改以及规章制度制定的最终决定权给予用人单位,[9]底层逻辑仍为“先民主,后集中”,也是“企业经营管理自主权”之体现。因此,在特定情况下将单方变更劳动合同认定为用人单位自主经营权的范畴,具有立法渊源。

此外,用人单位单方变更劳动合同的合理性亦与劳动关系在人格和经济方面的从属性有关,劳动者与用人单位签订劳动合同,实则已默许了用人单位对其行使劳动监督权与指挥权,用人单位的调岗等安排为指挥权之体现。实践中,诸多客观因素会影响企业的经济条件,进而影响对用人单位有经济性依赖的劳动者。比如首钢集团通过迁址的方式降低经营成本,于2005年将工厂整体搬迁至唐山市,并采取了转岗分流等多条措施安置受影响的劳动者。[10] 在客观因素影响下,用人单位和劳动者的经济处境处于“荣辱与共”的状态,用人单位盈利业绩直接影响对劳动者进行管理和发放报酬等能力,为实现双方经济利益的最大化,劳动者在实然和应然的层面均需从属于用人单位的管理和决策,因此,用人单位单方变更劳动合同的行为亦是劳动关系从属性的一个方面。从另一角度而言,我国劳动法采取倾斜保护劳动者的立场,虑及劳资之间并无对等的博弈能力,用人单位在对劳动者岗位进行调整时,不能滥用用工自主权,进行导致劳动者收入、地位明显降低的调整或无视劳动者本身能力的调整。已有部分国家和地区就此问题发展出细化的正当性判断标准。比如我国台湾地区总结出用人单位调动劳动者的“五原则”:(1)基于企业经营所必需,且不得有不当动机及目的;(2)对劳动者的工资及其他劳动条件,未作不利变更;(3)调动后之工作为劳动者所可胜任;(4)调动地点过远者,

---

〔8〕 原劳动部办公厅《关于职工因岗位变更与企业发生争议等有关问题的复函》(劳办发〔1996〕100号)(已失效)第1条规定:“关于用人单位能否变更职工岗位问题……因劳动者不能胜任工作而变更、调整职工工作岗位,则属于用人单位的自主权。对于因劳动者岗位变更引起的争议应依据上述规定精神处理。”

〔9〕 《劳动法》(1995年施行,已被修正)第4条规定:“用人单位应当依法建立和完善规章制度,保障劳动者享有劳动权利和履行劳动义务。”

〔10〕 参见孟为、董长青:《首钢11条途径安置2.2万名职工》,载岱山新闻网,http://dsnews.zjol.com.cn/dsnews/system/2011/01/14/013147659.shtml。

应予以必要之协助;(5)考虑劳动者及其家庭之生活利益。[11] 此外,英国、日本等国家也就劳动合同变更问题发展出各式规制模式。总结各国家和地区的规制经验可以发现,"协商一致"为普遍认可的劳动合同变更合法性认定的首要标准,但也强调在"协商一致"以外,以其他标准对用人单位变更劳动合同的行为进行综合评价。

劳动合同变更规制的构建,需在企业用工自主权和劳动者基本权益之间取得平衡。不应以劳动法为原点管窥劳动力市场,而应从市场经济法律体系的角度来反思用工关系的法律协调制度,[12] 相关制度设计亦需考虑劳资关系在此问题上的复杂性。

三、我国劳动合同变更规制的现状和问题

(一)我国劳动合同变更的立法现状

如前所提,在劳动合同变更问题上,我国于 20 世纪更侧重保护用人单位的用工自主权。随着社会主义市场经济的发展和劳动权益保障的完善,对劳资双方意思表示的尊重取代了"家长式"的管理倾向,急转至完全以协商合意为要件的规制模式。我国 1999 年施行的《合同法》第 77 条明确"当事人协商一致,可以变更合同"[13],将当事人协商一致作为变更合同的核心要件;2008 年施行的《劳动合同法》(已被修改)沿袭了对一般民事合同变更的规定,其第 35 条第 1 款表述为"用人单位与劳动者协商一致,可以变更劳动合同约定的内容",该条第 2 款对变更的形式有进一步要求,本质上仍为围绕双方合意进行的保险性规定。据此,双方"协商一致"成为我国劳动合同变更必备的前提条件。虽然我国部分法律对于用人单位可以单方面地变更劳动合同的特殊情形有所提及,但仅

---

[11] 参见邓雪:《用人单位单方劳动合同变更权法律规制研究——从一则调岗案例谈起》,载《山东行政学院学报》2019 年第 6 期。

[12] 参见沈建峰:《去组织体化用工及其当事人确定与责任承担》,载《政治与法律》2022 年第 8 期。

[13] 《合同法》(1999 年 3 月 15 日通过,2021 年 1 月 1 日废止)第 77 条规定:"当事人协商一致,可以变更合同。法律、行政法规规定变更合同应当办理批准、登记等手续的,依照其规定。"

针对怀孕妇女等特殊群体[14]或罹患伤病等特殊情形,且引发的争议并不突出,因此不做重点讨论。

在法律逻辑上,劳动关系下协商变更劳动合同适用的完整链条是:用人单位与劳动者就劳动合同部分内容进行平等的沟通,在双方均充分知情并表达意见的前提下,自愿达成有效的变更合意。在一般民事合同层面,已有学者批评我国有关合同变更的法律规定不敷实用;[15]况且,基于劳动关系的特殊性,劳动立法并不能简单地以民商法原理或自由市场经济理论为依据,若将一般民事合同的规则直接套用于劳动合同变更制度,则合理性有待商榷。一方面,《劳动合同法》中的许多制度体现着民法与劳动法的融合与交叉,对比劳动合同解除、劳动合同服务期等被附加诸多限制和考虑因素的制度设计,有关劳动合同变更的规制则显得过于单薄。以劳动合同单方解除制度为例,各国立法均对此种直接影响劳动关系存续的行为予以严格限制,但仍未完全否定该行为在特定情形下的合理性,我国《劳动合同法》第39条即列举出用人单位可单方解除劳动合同的情形;相比较而言,劳动合同变更行为是在维持劳动关系稳定的前提下进行部分调整,对劳资双方切实利益的影响并不及劳动合同单方解除等行为这般重大,更应当承认用人单位在特定情况下行使用工自主权的正当需求,进行"一般—特殊"的层次性规制,而当前的协商变更规范并未为此留有空间。另一方面,协商变更规范忽略了劳动合同的特殊性,无法应对复杂的劳资关系,我国劳动法学者王全兴曾指出:有关双方合意的规范只能是任意性规范,而且这种规范对于背负就业压力和力图避免劳动合同解除的劳动者而言少有实际意义。[16]尤其是在稳就业、促发展等社会背景下,《劳动合同法》第35条面临越来越多的争议。

(二)我国劳动合同变更的司法实践情况

由于《劳动合同法》第35条的规定较为笼统,各省份发布的地方性法规、最高人民法院发布的典型案例等文件对劳动合同变更事宜进行细化规定,以辅助该条款得到更有效的适用。以2022年12月31日作为裁判文书发布的截止日

---

〔14〕《女职工劳动保护特别规定》(2012年4月18日通过)第6条第1款规定:"女职工在孕期不能适应原劳动的,用人单位应当根据医疗机构的证明,予以减轻劳动量或者安排其他能够适应的劳动。"

〔15〕参见杨立新:《广义合同变更规则研究——〈合同变更案件法律适用指引〉的内容及依据》,载《法治研究》2019年第3期。

〔16〕参见王全兴:《劳动法》(第4版),法律出版社2017年版,第207页。

期，以案件类型“民事案件”，文书类型“判决书”，审级“二审”“再审”，案由“劳动合同纠纷”，全文关键词“变更”“劳动合同”“第三十五条”，年份“2022”“2021”“2020”为检索条件，在中国裁判文书网进行检索，共能检索到 423 份裁判文书。[17] 经筛选，排除重复的、未生效的、案件事实与用人单位变更劳动合同无关的裁判文书，最终得到有效样本为 255 份。在我国现行立法的基础上，分析 2020 年至 2022 年劳动合同变更规制的司法实践情况，有助于把握该制度的实际运行效果与问题。

1. 单一合意性规定的适用

以“协商一致”为核心要件的劳动合同变更制度，遵循的是传统民法中的意思自治原则。按照常理推断，“协商一致”作为法律明文规定的劳动合同变更条件，应当在实务争议中被重点审查，可事实确有出入：在收集到的 255 份案例中，法院在认定变更合法性时审查了劳资双方“是否协商一致”的案例有 169 件，仅占总数的 66.3%；在法院审查了双方“是否协商一致”的案例中，最终被判定为合法变更的案例比例仅为 11.2%，而未审查该标准的案例中，最终被认定为合法变更的案例比例则高达 80.2%。除去法院未对合法性与否进行回应的案件，如表 1 所示，基于 SPSS 的皮尔逊相关性分析可知，法院是否审查“协商一致”与法院是否认可变更具有合法性之间存在显著的负相关性，$r = -0.715$，$p < 0.05$。这说明，法院若对“协商一致”这一标准进行审查，则更可能认为用人单位变更行为不合法；换言之，《劳动合同法》第 35 条关于“协商一致”的规定较为刚性，法院对该要素的考察本身即在很大程度上决定了判决结果，双方“未协商一致”容易成为法院判决变更行为不合法的理由。

---

〔17〕 裁判文书样本筛选的说明：(1) 在案件审理级别方面，将级别限于二审、再审案件，使收集到的裁判文书内容更能代表实务界中较高水平的观点，更好地体现实务中的典型问题。(2) 在关键词的选择方面，“变更”“劳动合同”为劳动合同变更的核心词汇；此外，由于劳动合同的变更在司法实务中往往被附带出现于以非法解除劳动合同等为争议焦点的纠纷中，为尽可能使案件争议聚焦于“劳动合同变更”问题上，以《劳动合同法》第 35 条作为筛选条件进行检索，能得到更有代表性的文书样本。(3) 在时间范围方面，自 2020 年开始，我国企业生产经营面临一定压力，此背景下，劳动合同变更制度的适用问题尤为突出，更加典型地体现出用人单位用工自主权与劳动者基本权益的利益博弈；以 2020 年至 2022 年的裁判文书作为研究对象，也有利于掌握最新的司法实践情况，使研究符合时代发展的需要。

表1 “协商一致”标准的审查与变更合法性认定之间的相关性

项目	是否合法变更	法院是否审查“协商一致”标准
是否合法变更	1	-.715**
法院是否审查“协商一致”标准	-.715**	1

注:**表示在0.01级别(双尾),相关性显著。

由此看出,“协商一致”虽为《劳动合同法》第35条所明文强调,但在实践中并未具备应有的“必备要件”之地位,未经劳动者同意就变更劳动合同的行为仍能得到不小比例的认可,劳动者的表意效果没有得到足够的重视,对劳资双方是否达成“协商一致”的司法审查有待加强。另外,若双方确实达成变更合同的合意,则一般不会引发诉诸公堂的争议,产生争端的往往出自未达成一致意见或对所达成的意见有不同看法的情况,在现有规制下,法院对“协商一致”进行审查更有利于保护劳动者的利益。

2. 用人单位单方变更劳动合同合法性认定的实践

实践中,除“协商一致”以外的其他变更合法性标准已为法院判案时适用,例如广东省规定,用人单位变更劳动合同需满足:基于生产经营需要、未对工资进行不利变更等要件。[18] 此外,人力资源和社会保障部、最高人民法院于2020年发布了第一批劳动人事争议典型案例,其中的第14个案例对用人单位如何行使用工自主权调整劳动者工作岗位和地点进行规范化指导,并列举出6项审查标准:(1)是否基于用人单位生产经营需要;(2)是否属于对劳动合同约定的较大变更;(3)是否对劳动者有歧视性、侮辱性;(4)是否对劳动报酬及其他劳动条件产生较大影响;(5)劳动者是否能够胜任调整的岗位;(6)工作地点作出不便调整后,用人单位是否提供必要协助或补偿措施等。[19] 不过,上述文件的

---

〔18〕 广东省高级人民法院、广东省劳动人事争议仲裁委员会《关于审理劳动人事争议案件若干问题的座谈会纪要的通知》(粤高法〔2012〕284号,2021年1月1日废止)第22条第1款规定:“用人单位调整劳动者工作岗位,同时符合以下情形的,视为用人单位合法行使用工自主权,劳动者以用人单位擅自调整其工作岗位为由要求解除劳动合同并请求用人单位支付经济补偿的,不予支持:(一)调整劳动者工作岗位是用人单位生产经营的需要;(二)调整工作岗位后劳动者的工资水平与原岗位基本相当;(三)不具有侮辱性和惩罚性;(四)无其他违反法律法规的情形。”

〔19〕 参见人力资源和社会保障部、最高人民法院《关于联合发布第一批劳动人事争议典型案例的通知》(人社部函〔2020〕62号)案例14。

效力位阶不高,对司法实践起到的仅是引导作用。如图 1 所示,在所收集到的案件中,“是否协商一致”是法院考察劳动合同变更合法性的首要标准,约有 66.3% 的案件对此进行审查;“是否基于生产经营需要”“是否对劳动者有不利变更”也是审查频率较高的标准,分别约有 35.2%、34.5% 的案件考察了这两个标准。除上述标准外,诸如“是否符合劳动合同的约定”“劳动者是否有胜任工作的能力”“变更行为是否具有针对性”等标准被审查的程度并不高,分别只有 26.7%、13.3%、12.5% 的案件有所涉及。尤其是在法院未审查“是否协商一致”标准的案件中,“经营必要性”“是否为不利变更”这两个标准往往同时为法院的审查重点,“是否具有惩罚性、针对性”等标准未获司法实务的重视。需要说明的是,同一案件可能涉及多个审查标准,统计分析时会将其分别纳入所涉的多个标准。

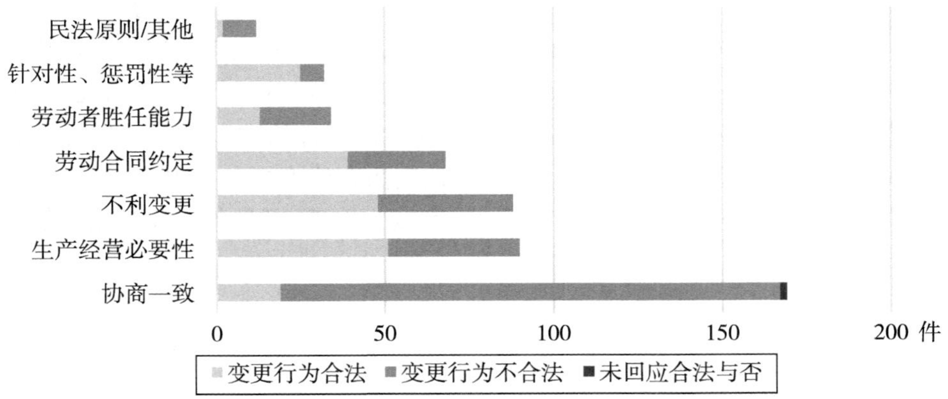

图 1　法院关于劳动合同变更合法性认定标准的分布

一方面,不同合法性判断标准的采纳程度不尽相同。比如,在深圳市某公司与涂某的劳动合同纠纷案中,法院判决“用人单位在调整工作岗位时,应充分考虑调岗的合理性、必要性和程序正当性……调岗位后劳动者的工资水平应与原岗位基本相当……应与劳动者协商一致”[20]。在该案中,法官审查的合法性标准有“是否协商一致”“是否为不利变更”,同时也抽象性地提及了“必要性、合理性和程序正当性”。而在广东某公司与汤某的劳动合同纠纷案中,法院仅审查了“劳动者胜任能力”和“是否基于生产经营需要”这两个标准,对“是否为

[20] 广东省深圳市中级人民法院(2021)粤 03 民终 3668 号民事判决书。

不利变更”等标准并未涉及。[21] 另一方面,统计分析发现,法院审查合法性标准的数量可能影响法院对变更合法性认定的倾向:审查一个及以下标准的案例中,被认定为合法变更的比例仅为 25.2%,倾向性较为明显;审查两个标准的案例中,被认定为合法变更的比例为 32.9%;审查三个及以上标准的案例中,被认定为合法变更的比例为 49.3%,变更行为被认定为合法和不合法的案件数量呈现“五五开”的局面。仅以单一标准作为认定劳动合同变更合法性认定的依据,容易导致非黑即白的、偏向性极强的审判结果;而对多种标准的审查能够帮助法官更好地了解用人单位做出变更行为的成因、全面考察个案中的具体情况、多方面地平衡劳资双方的利益。

此外,具体到个别合法性判断标准上,各法院对同一审查标准的认知理解也存在较大差异。如图 2 所示,在收集到的 255 份案例中,用人单位变更劳动合同的原因以“生产经营需要”为主,占比约为 53.3%;以“劳动者的问题”为由变更劳动合同的案件占比约为 23.5%,此类变更情形大多表现为用人单位认为劳动者的工作能力欠佳或违反单位规章制度,从而对其进行调岗降薪处理,为“惩罚性”变更的多发领域;“未说明具体原因”的案件约占 23.1%。以劳动者的问题为变更原因的案件数量不少,但被认定为合法变更的比例明显较低,仅为 20%,说明虽然实务中对此类变更的态度较为消极,而且各法院对此要素的认定存在偏差。

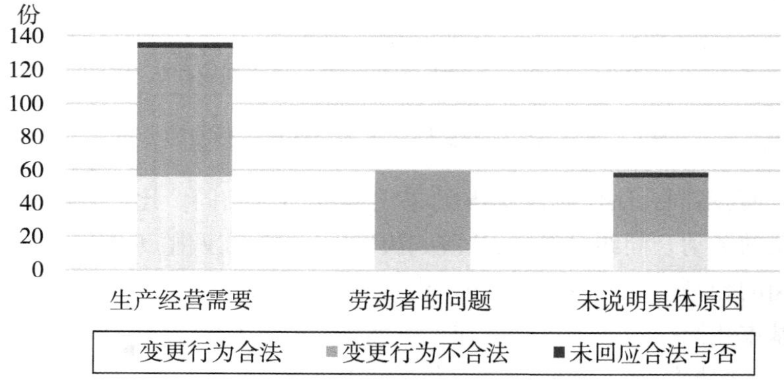

图 2 用人单位变更劳动合同的原因分布

再以“生产经营需要”为例,作为除“协商一致”外最为重要的劳动合同变

[21] 参见广东省佛山市中级人民法院(2021)粤 06 民终 17489 号、(2021)粤 06 民终 17490 号民事判决书。

更合法性审查标准，如图 3 所示，其所涉案件的变更原因可细化为四大类。统计发现，详细说明变更行为出于何种“生产经营需要”理由的案件与仅笼统性以“生产经营需要”为由的案件，在合法性认定方面未见差异，并没有因为“生产经营需要”的情形更具体和明确，而增加认定用人单位变更行为合法的可能性。在惠州市某公司与胡某劳动合同纠纷案中，用人单位受电商平台的冲击而经营困难，基于公司发展需要调整了劳动者工作地点，法院以公平原则为依据判决该变更行为违法；[22] 而在中山市某公司与余某劳动合同纠纷案中，即使用人单位并未详细说明其变更劳动者工作岗位的行为与生产经营之间的关系，法院仍认可其行使用工自主权的合理性，[23] 这都在一定程度上说明，“生产经营需要”这一标准的适用与否和适用方式主要依赖于法院的自由裁量，该标准的内涵梯度构建不足，未能在司法实践中发挥独立功能。

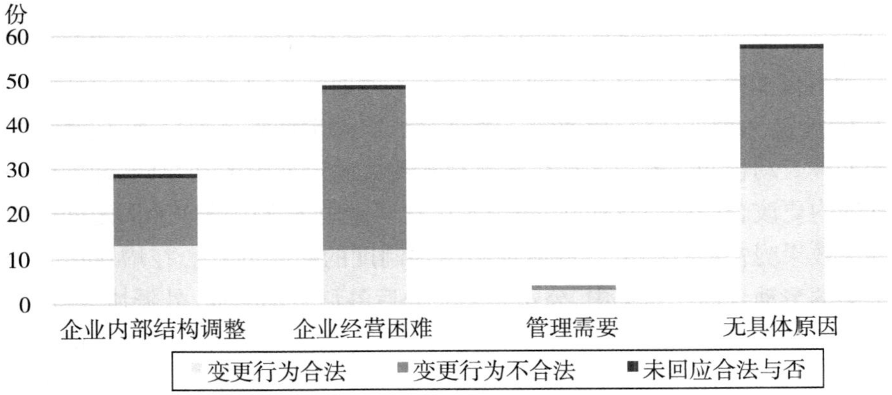

图 3　基于“生产经营需要”变更劳动合同的具体原因分布

3. 劳动合同变更内容的分布

如图 4 所示，在收集到的案例中，涉及工作岗位变更的案件最多，有 141 件；其次是关于劳动报酬变更的案件，有 107 件；工作地点变更的出现频率也较高，有 61 件；还有部分案件涉及劳动关系主体、工作内容、工作时间等内容的变更。需要说明的是，由于同一案件可能涉及多个变更要素，比如在用人单位变更劳动岗位的情形下，劳动报酬和工作地点亦可能随之发生变更，对于此类案件，统计分析时会将其分别纳入所涉多个变更要素。

---

〔22〕 参见广东省惠州市中级人民法院（2021）粤 13 民终 1031 号民事判决书。

〔23〕 参见广东省中山市中级人民法院（2020）粤 20 民终 5146 号民事判决书。

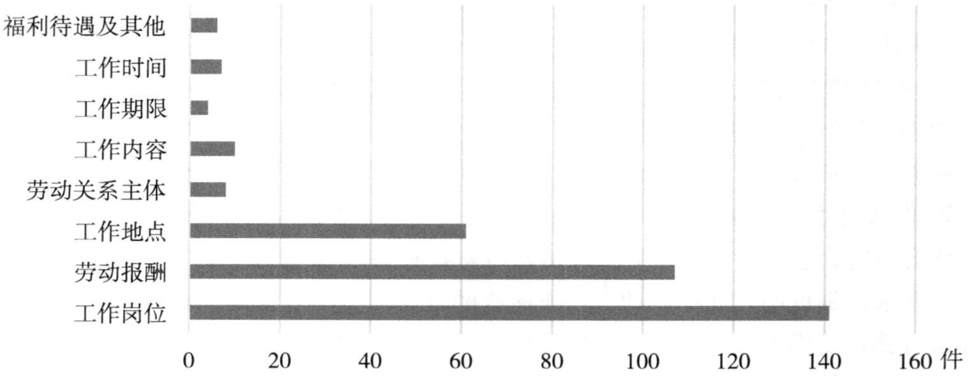

图 4　劳动合同变更内容分布

工作岗位、劳动报酬等属于劳动合同变更范畴,在我国实务中已不存在争议,然而,若将诸如工作期限、劳动关系主体等内容的变更也看作“劳动合同变更”,则有可能引发法律适用上的冲突。以工作期限为例,根据《劳动合同法》第 14 条的规定,用人单位与劳动者连续订立二次固定期限劳动合同,应当订立无固定期限劳动合同。若用人单位与劳动者签订固定期限劳动合同,却不断在履行期间内更改合同的履行期限,是否能达到规避固定期限转向无固定期限劳动合同的效果呢?已有相关案例体现出两种制度的衔接问题。在增城市某公司与王某的劳动合同纠纷案中,公司与王某先后签订劳动合同、外派协议等文件,后者将工作期限自 2020 年延长至 2022 年,用人单位方认为后者是对前者的变更,而劳动者认为这属于另行签订劳动合同而非变更,要求与公司签订无固定期限劳动合同,最终法院支持了用人单位的主张。[24] 上述做法在实务界存在争议,在广东某公司与李某的劳动合同纠纷案中,法院认为,用人单位在劳动者已满足签订无固定期限劳动合同的情形下对劳动合同期限进行变更,损害了劳动者的合法权益,更违反了《劳动合同法》的强制性规定。[25] 从形式上来看,用人单位与劳动者虽然只签订了一次劳动合同,但在合同履行期间多次变更合同期限,与合同续订的本质相同。若认可这种法律规避方式,则《劳动合同法》规定的固定期限劳动合同向无固定期限劳动合同转换的制度将被架空,不利于保护

〔24〕 参见广东省广州市中级人民法院(2022)粤 01 民终 3775 号、(2022)粤 01 民终 3776 号民事判决书。

〔25〕 参见广东省云浮市中级人民法院(2021)粤 53 民终 1329 号民事判决书。

劳动者的合法权益。[26]

此外,我国学界一致认为,主体的变更构成合同的债权债务转移,[27]由于合同变更制度本身是基于持续性的相对关系而产生的,因此不能有新的债务人或债权人加入,劳动合同遵循的法理亦与此保持一致。但在收集到的案件中,仍有8份案件涉及"劳动关系主体的变更",在广东某公司与黄某的劳动合同纠纷案中,法院认可"约定黄某的用人单位由某医院变更为某公司"属于劳动合同的变更。[28] 虽然此类案件数量较少,但一定程度上也体现了我国劳动合同可变更条款的范围尚不清晰。

4. 特殊条款的认定

除"协商一致"合法性标准本身的适用困境以外,单一合意性的规制模式亦引发新的疑虑:是否只要不违背合意,则一切变更均具备正当性?劳动合同变更中的特殊条款即为典型体现,孙国平学者将这类条款分为宽泛性约款和调动条款。[29] 如图5所示,在收集到的相关案件中,共有41份案件明确涉及特殊条款的适用,其中涉及宽泛性约款的案例有28份,涉及调动条款的案例有13份。

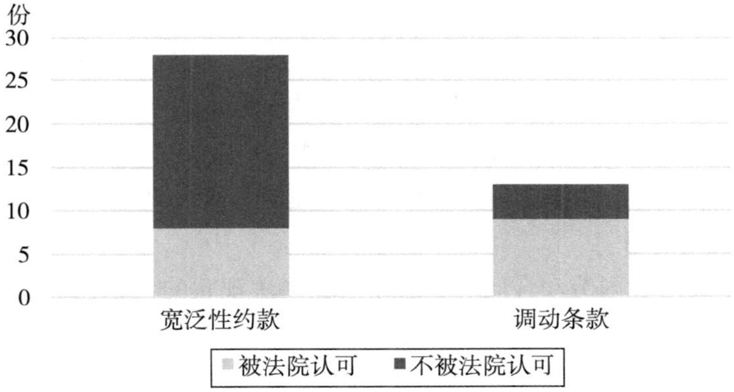

图5 特殊条款的司法认可情况

---

〔26〕 参见刘世芹:《通过变更合同期限来规避连续订立二次固定期限劳动合同的行为无效》,载《山东人力资源和社会保障》2017年第4期。

〔27〕 参见崔建远主编:《合同法》(第6版),法律出版社2016年版,第164页;杨立新:《债与合同法》,法律出版社2012年版,第153页。

〔28〕 参见广东省广州市中级人民法院(2021)粤01民终9号民事判决书。

〔29〕 参见孙国平:《论雇主劳动合同条款变更权之控制》,载《比较法研究》2016年第1期。

宽泛性约款,即用人单位将工作内容或工作地点等约定得非常宽泛,比如仅约定工作岗位的大类职能,而未细化到具体岗位;又或是将工作地点直接约定为某一省级区域内。据此,用人单位可在约定的大范围内,单方面地调整劳动合同内容。在古某与某食品公司的纠纷中,双方在劳动合同中约定工作地点包括但不限于某省行政区内,法院认为该工作地点约定过于宽泛,并根据劳动者的入职地点和近年来的工作地点重新确认了具体工作地点。[30] 此类条款主要针对工作地点、工作岗位等事项,被法院认可的比例较低,仅为28.6%。

调动条款,即用人单位在劳动合同中约定未来可变更的权利,比如"用人单位有权根据生产经营变化以及劳动者工作情况调整其工作岗位、工资"等,也给予了用人单位极大的随意性。在广东某公司与汤某的劳动合同纠纷案中,涉案劳动合同约定,若劳动者不能胜任工作,用人单位有权对其工作岗位和内容进行变更,法院认为这属于"用人单位正当行使用工管理自主权";[31] 而在广西某公司与李某劳动合同纠纷案中,法院认为涉案劳动合同中的调动条款免除了用人单位的法定责任,排除了劳动者的权利,应属无效。[32] 总体而言,调动条款被法院认可的比例较高,达到69.2%,在此方面上,我国司法实务更偏重保护用人单位的用工自主权。目前,我国部分地方性规定已承认调动条款的效力,比如《江苏省高级人民法院劳动争议案件审理指南》就将在劳动合同或规章预先约定有关于调整工作岗位和工资报酬的内容,作为企业单方面调岗调薪的要求之一,[33] 此问题还有待法律或司法解释对此问题进行统一规范。

(三)问题总结

基于上文对我国劳动合同变更的立法和司法现状的讨论,我国劳资关系在当下劳动合同变更事宜上的场景特征和问题逐渐显露,主要问题为以下几点:

第一,"协商一致"已不再是普遍认可的劳动合同变更的唯一条件,《劳动合

[30] 参见四川省宜宾市中级人民法院(2021)川15民终2559号民事判决书。

[31] 参见广东省佛山市中级人民法院(2021)粤06民终17489号、(2021)粤06民终17490号民事判决书。

[32] 参见广西壮族自治区南宁市中级人民法院(2021)桂01民终2518号民事判决书。

[33] 《江苏省高级人民法院劳动争议案件审理指南》(2010年5月17日)第三章第三节第5条规定:"企业实施合法的调岗、调薪应当满足以下两方面要求:第一,在劳动合同或规章制度有关于调整工作岗位和工资报酬的约定或规定;第二,岗位调整应当具有合理性。如果双方为此发生争议,用人单位应当对调整劳动者工作内容和工资报酬的合法性和合理性承担举证责任……"

同法》第35条的相关规制略显滞后，未能为现实中的复杂争端提供标尺。实践中，有关劳动合同变更的行为多由用人单位基于其经营管理需要做出，很多劳动者欠缺个别商议劳动内容的可能，甚至部分企业会采取“要么接受，要么走人”的策略。许多劳动合同的变更行为虽有表面上的缔结合意，但实际上是劳动者的无奈之举，因此，不能仅仅根据合同约定、形式层面的合意判断双方的真实意思。司法实践中对“协商一致”标准审查不足等现象，既体现了立法与司法在劳动合同变更合法性标准上的适配错位，也说明了单一合意性标准的规制难以应对复杂的实践需求。基于过于简单的立法规定和日益复杂的实际需求，过去的10余年里，最高人民法院以及各省份针对用人单位单方变更劳动合同行为出台了各式司法裁判规则。一方面，诸如“是否达成协商合意”“是否出于生产经营必要性”等合法性认定标准在司法实践中已具有广泛适用性，相关裁判规则已处于哈特所称的对初级规则加以确定、引进、废止及变动次级规则历经的阶段。[34] 另一方面，各合法性认定标准的具体内涵和适用均存在争议，相关裁判规则需要得到具备更高效力位阶的法律文件的提炼与承认，从而满足法律规则因应社会经济之需要。

第二，劳动合同可变更条款的范围有待进一步明确。用人单位行使劳动合同变更权，是仅能变更部分内容，还是能变更除当事人信息以外的所有内容，我国《劳动合同法》并没有作出明确规定。若依据法无禁止皆可为的法理，《劳动合同法》第17条所列举的必要条款均属于可以变更的范畴。然而，基于合同法的一般原理和市场运行效率的考虑，并非所有细枝末节的内容均需双方同意才能变更，也不是所有重大事项的改变都属于劳动合同变更的范畴。用人单位单方变更劳动合同的合理性基础是用人单位自主用工和管理的权利，诸如岗位、薪酬、工作地点的变更很大程度基于用人单位应对市场变化进行调整而具有合理性，而期限、劳动关系主体的变更与这一出发点不相贴切，用人单位完全可以通过续签的方式维系劳动关系或以另行订立劳动合同的方式成立新的劳动关系。劳动合同可变更条款的范围不宜无序扩大，构建明晰的边界和明确的构成要件，才是确保权利不被滥用，保持法律精准性和有效性的科学手段。

第三，以协商合意为核心的劳动合同变更规制难以解决调动条款、宽泛性约款等特殊条款带来的困境。特殊条款既能让用人单位在人力资源利用方面有较大自由，灵活地根据未来实际情况调整用工形式，也使劳动者陷入被动地位，不利于劳动者权益的保障。涉及劳动合同变更的特殊条款由用人单位和劳

---

〔34〕 See H. L. A. Hart, *The Concept of Law*, Clarendon Press, 1994, p. 79 - 117.

动者事先在劳动合同中约定,“合意”的背后是利益天平向用人单位的用工自主权倾斜,在何种情形下需对此种“合意”进行干预,以及如何对特殊条款的效力进行合理认定,是完善劳动合同变更规制亟须解决的问题。

四、完善我国劳动合同变更制度的建议

基于前文讨论不难发现,对不同权益交叠的把握失当导致了扁平化的立法规定和复杂不一的司法实践规则,不仅不利于用人单位依据市场变化合理地行使用工自主权,也无法为劳动者的基本权益提供充分保障,有必要在中央层面统一法律规范,对劳动合同变更制度的各项细节予以明确。

(一)重构劳动合同变更合法性认定体系

以尊重劳动者意思自治为目的进行立法转向,并不意味着需对用人单位的经营管理权益进行全盘否定,须承认在特定情形下用人单位单方变更劳动合同的合理性。一方面,在满足特定条件时,赋予用人单位单方调整劳动合同的权益有利于调动企业活力,推动经营效率优化;若在此情况下仍以“协商一致”为变更条件,很可能导致经营决策陷入停滞状态。另一方面,构建合意性效力与正当性效力相结合的劳动合同变更制度,也是为了防范用人单位利用其优势地位迫使劳动者与之达成形式合意的情况。学者王全兴针对劳资双方合意问题指出,应当在强调合意的同时,对权利不得滥用原则的适用加以重视。[35] 用人单位在对劳动者岗位进行调整时,不能滥用用工自主权,进行明显损害劳动者权益的调整。

可以在《劳动合同法》第 35 条的基础上,吸取域外立法及我国司法实践经验,构建多层次的劳动合同变更合法性审查标准。原则上,仍应以劳资双方“协商一致”为主要标准。对于以此为由变更劳动合同并引发争议的案件,法院在裁判时不能只考察形式合意,有必要结合具体案情,对双方实际意思进行综合判断,比如英国法院在此情形下解读当事人意图时,重点关注合同事实的来龙去脉。[36] 此外,应当通过颁布司法解释、完善立法等方式,完善多层次、多样化的劳动合同单方变更合法性认定标准。如前文所述,最高人民法院颁布的典型案例已对用人单位变更行为合法性判断要素予以明确。可以进一步在更高效

---

〔35〕 参见王全兴:《劳动法》(第 4 版),法律出版社 2017 年版,第 207 页。

〔36〕 参见孙国平:《论雇主劳动合同条款变更权之控制》,载《比较法研究》2016 年第 1 期。

力位阶的法律文件层面将相关司法裁判经验进行系统性归纳,比如:(1)是否出于生产经营需要;(2)是否对劳动报酬等劳动条件进行较大程度的不利变更,做出不便于劳动者的调整后,用人单位是否提供协助或补偿措施;(3)是否对劳动者具有歧视性、侮辱性和针对性,是否存在违反法律法规、国家政策及公序良俗之情形;(4)劳动者能否胜任调整后的岗位;等等。

上述合法性审查标准中,“是否出于生产经营需要”“是否构成不利变更”等标准的适用已普遍为司法实践所认可,还需进一步明确部分争议标准的具体内涵。比如何为“生产经营需要”,该要素在突发公共卫生事件中有较为典型的体现,受停工、订单减少等影响,企业迫于经营压力而做出调整生产线、搬迁工厂、缩减开支等行为所导致的劳动合同变更即符合“生产经营需要”。从国外相关实践来看,“生产经营需要”大体可分为涉资方必要性和涉劳方必要性,[37]前者体现为对用人单位生产经营活动的顺利推进起到正面作用,后者体现为对劳动者工作能力提升有所帮助,相关事件有政策影响、灾害疫情、改组重整、人才培养等。关于“不利变更”,目前各省份的做法亦有差异,比如浙江省将劳动报酬和其他劳动条件划入不得进行不利变更的范畴,[38]而广东省仅规定禁止对工资进行不利变更。[39] 对于该问题,劳动报酬为劳动者最为敏感的利益,其降低构成“不利变更”不存在争议,而对工作地点、劳动条件的调整在禁止性层面有待商榷。“不利变更”是具有相对性的概念,需以理性第三人的视角综合考虑变更的程度,变更对劳动者生活和工作的影响等方面。再如,“针对性、惩罚性”的

---

〔37〕 参见田思路、贾秀芬:《日本劳动法研究》,社会科学出版社2013年版,第206~211页。日本实践中即注重衡量变更行为是否有“业务必要性”以及是否造成劳动者在劳动和生活上的“不利”。

〔38〕 浙江省高级人民法院《关于审理劳动争议案件若干问题的意见》(浙法民一〔2009〕3号)第42条规定:“用人单位调整劳动者工作岗位,一般应经劳动者同意。如没有变更劳动合同主要内容,或虽有变更但确属用人单位生产经营所必需,且对劳动者的报酬及其他劳动条件未作不利变更的,劳动者有服从安排的义务。”

〔39〕 参见广东省高级人民法院、广东省劳动人事争议仲裁委员会《关于审理劳动人事争议案件若干问题的座谈会纪要的通知》(粤高法〔2012〕284号,2021年1月1日废止)第22条第1款规定:“用人单位调整劳动者工作岗位,同时符合以下情形的,视为用人单位合法行使用工自主权,劳动者以用人单位擅自调整其工作岗位为由要求解除劳动合同并请求用人单位支付经济补偿的,不予支持:(一)调整劳动者工作岗位是用人单位生产经营的需要;(二)调整工作岗位后劳动者的工资水平与原岗位基本相当;(三)不具有侮辱性和惩罚性;(四)无其他违反法律法规的情形。”

认定也有待明确,有的法官直接以此为由排除所有用人单位基于劳动者能力问题而降低其岗位的合理性,[40]亦不符合按劳分配、能者多得的原则。基于劳动者工作能力进行劳动合同变更时,需有充足的正当性并符合合法程序,可以参考《劳动合同法》第40条第2项中关于"不能胜任工作"的相关认定,即劳动者不能按要求完成劳动合同中约定的任务或者同工种、同岗位人员的工作量,且用人单位不得故意提高工作要求。总体而言,劳动合同变更合法性标准的具体构成,有待有关部门进一步论证和研究。

(二)明确劳动合同可变更条款的范围

合同的变更在传统民法上被划分为债的要素变更与非要素的变更,前者即为一般意义上的合同变更,权利义务内容虽然发生一定变化,但合同关系未丧失同一性;而后者则是合同履行内容发生重要部分、并导致合同关系丧失同一性的变更。[41] 相对于一般民事合同,劳动合同要素的划分显得更为复杂,一般合同关系中的"非要素"可能构成劳资关系中的"要素"。比如"工作期限"在一般民事合同中仅涉及给付的时间问题,而在劳动关系中很可能需要与无固定期限、固定期限劳动合同的转换制度相联系。法国将劳动合同的变更分为内容变更和条件变更,关于两种变更应当如何区分,需要法官在审理案件时根据实际的劳动合同约定、劳动争议点等情况发挥自由裁量权。郑爱青学者总结出法国判例中普遍认为需要经双方同意的变更情形,包括劳动报酬的变更、职务的变更、工作时间的变更、工作地点的变更等。[42] 我国法律虽未对劳动合同的变更进行明确划分,但也需明确不同条款的变更对劳动关系履行产生的影响,并非所有劳动合同条款均为可变更条款。

第一,劳动合同的变更应遵循一般民事合同变更之规则,其变更对象仅为劳动合同的内容,主体保持不变;且劳动合同的变更只是对原合同关系的内容做出某些调整,而不是对原合同的全部更替。由于上述观点已为立法、学术界的共识,因而需要在实务培训中重申和强调"劳动关系当事人"不属于劳动合同

---

[40] 参见广东省中山市中级人民法院(2020)粤20民终2899号民事判决书。该案中,用人单位以劳动者未能完成2018年销售目标为由,将劳动者由华南大区销售经理调整为销售工程师,法院以该调岗行为明显具有惩罚性为由判决变更行为不合法。

[41] 参见杨立新:《广义合同变更规则研究——〈合同变更案件法律适用指引〉的内容及依据》,载《法治研究》2019年第3期。

[42] 参见郑爱青:《法国劳动合同法概要》,光明日报出版社2010年版,第119~120页。

的可变更条款的范畴。

第二，劳动合同的变更情形多针对某几类条款，可以通过分类的方式划定可变更范围。〔43〕实践中，工作内容、工作地点、劳动报酬等几类条款在劳动合同变更纠纷中出现的频率较高，这些条款的履行情况易受外界条件影响，且与用人单位管理经营和自主用工有较大关联，因此具有可变更性；而诸如合同期限、当事人情况、违约责任等内容一般很少发生变化。为更好地维护劳动关系的稳定性，正确遵循劳动合同变更制度的规制原意，应当通过颁布司法解释等方式，明确关于非常见条款的变更合法性审查方式，超出该范围的变更应当被认定为劳动合同重订行为。法院需结合个案情况，考察该变更行为是否出于合理的用工需要，是否导致用人单位与劳动者双方的利益失衡。比如，工作期限条款是确保劳动关系稳定性的基础条款，在签订之时双方就预计了工作持续时间，因此受外界影响的可能较低，法院就需对此种情形的变更进行更为严格的审查，若双方出于客观考虑并基于协商一致，在初次订立固定期限劳动合同时对期限进行调整，也未尝不可；若在劳动者已满足签订无固定期限劳动合同的情况下，用人单位确有需要要求劳动者延长工作期限的，则应通过续订劳动合同的方式进行。在普遍情形下，否认工作期限条款的可变更性，也能有效防止用人单位通过变更劳动合同期限规避订立无固定期限劳动合同。再如，竞业限制条款的变更，其具体内容可在双方协商一致时有所调整，但若涉及竞业年限的变更，则有可能与法律强制性规定产生冲突，〔44〕亦为法院全面审查的重点。

（三）明确对两类特殊条款的处理方式

就合同订立的原理而言，只要双方达成协商一致，约定内容符合法律规定，则有效；对于劳动合同变更情形下的特殊条款，需同时把握对意思自治的尊重和对用人单位滥用权能的防范。虽然特殊性条款长期存在较大争议，但也不宜对其效力做出“一刀切”式认定。比如，英国判例法虽承认合同可以约定一方当事人有权在某种情形下单方变更另一当事人的合同义务，但法院在审理相关争议时持审慎态度，一般会根据劳动合同的内容及工作性质等要素推测当事人的本意，〔45〕并要求合同一方当事人不得武断地、变化无常地、违反诚实信用地单方

---

〔43〕 参见吕琳：《论劳动合同的变更》，载《华东政法大学学报》2008 年第 6 期。

〔44〕 《劳动合同法》第 24 条第 2 款规定：“在解除或者终止劳动合同后，前款规定的人员到与本单位生产或者经营同类产品、从事同类业务的有竞争关系的其他用人单位，或者自己开业生产或者经营同类产品、从事同类业务的竞业限制期限，不得超过二年。”

〔45〕 参见吕琳：《论劳动合同的变更》，载《华东政法大学学报》2008 年第 6 期。

变更合同条款。

关于宽泛性约款,部分职位确实对灵活性有较高要求,宽泛性约款并不一定给劳动者带来损害,甚至在远程办公模式流行的当下,宽泛性的工作地点约定可以为劳动者协调家庭工作提供便利;但是诸如将工作地点泛化为一省行政区内等约定也显然不符合实质公平的要求。在发生争端时,法院可以适用合同解释规则,对于模糊不清的约定,结合相关条款、行为的性质和目的、习惯以及诚信原则予以确定。以外卖骑手为例,基于外卖配送业务在地域上的限制性,若将某外卖骑手的配送范围由A省A市更改至A省B市,即使合同约定工作地点为A省内,且A市与B市确实也未超出A省辖区,也同样不能直接认可该约定的效力;但对于长途运输司机而言,进行跨省份的运输工作属于该行业工作的常态,因此将工作地点做宽泛性约定是合理的。法官在裁判时,要审慎地进行利益衡量,对所涉条款的合理性做出判断。

关于调动条款,可以借鉴法国的判例经验。虽然用人单位可以在劳动合同订立之初对日后劳动合同的变更条件进行约定,但需要满足:(1)条款详细,必须对在什么情况下可以单方变更、变更的区域范围等进行详细说明,过于模糊的约定无效;(2)条款的订立必须遵守善意原则,用人单位必须合理、合法地行使变更权,不得滥用权利,在变更劳动合同之时需考虑劳动者的实际情况;(3)条款需从严解释,不得扩大用人单位的权限;(4)若事先进行惩罚性约定的,在具体履行时需要经法定程序确认;(5)事先约定的内容不包括用人单位单方降低劳动者薪酬的事宜,且该事宜亦不能作为惩罚措施。[46] 实践中,不少调动条款的约定十分简单、粗放,不利于劳动者权益的保障。若用人单位与劳动者在劳动合同签订之时就未来可调整的事由进行详细的、合理的约定,且相关调整事项符合法律明文规定、遵循民法基本原则,则该调动条款可以作为劳动合同变更的依据,这样既能防范用人单位自主用工权能的滥用,也给劳动关系的调整优化留有空间。

五、结　语

用人单位的经营利益和劳动者的劳动权益并非对立的两面,正确处理两者的关系,才能够促进劳资关系向积极的方面发展。面对复杂的现实生活和司法

---

〔46〕 参见郑爱青:《法国劳动合同法概要》,光明日报出版社2010年版,第124～125页。

实践的需求,以“协商一致”为核心的劳动合同变更制度显得不敷实用。应当在以双方“协商一致”为原则的基础上,在效力较高的法律文件层面细化“生产经营需要”“不利变更”等合法性审查标准;明确劳动合同可变更条款的范围,对于工作期限等不常变更的条款进行严格审查;明确对两类特殊条款的处理方式,注重运用价值衡量和一般合同解释方式、限制调动性条款的适用效力。构建多层次、多样化的劳动合同变更规制制度、合理平衡劳资利益,不仅是适应社会经济发展的需要,也是推动劳动合同法在新时代向更为弹性、包容的方向发展的必然要求。

异议人承担逾期举证事实证明责任之质疑

田宏伟*

摘要:

逾期举证事实具有公益属性,系属职权调查事项;对于逾期举证事实诉讼资料的收集与提出方式,应采职权探知主义,故不生证明责任问题。在司法实践中,部分法院将逾期举证事实之“证明责任”分配给对逾期举证提出异议的当事人,这显然是对证明责任制度的误用,且欠缺法律依据。究其原因,乃是部分法官对逾期举证事实的公益属性以及“异议”的行为性质存在误解。而《民诉法解释》第 101 条第 2 款也有违反处分原则以及任意诉讼禁止原则之嫌。因此,应从规范层面对逾期举证事实的调查规则作出正确定位并纠正司法解释之谬误。

关键词:

逾期举证事实;职权调查事项;职权探知主义;举证时限;证据失权

一、问题缘起:异议人承担逾期举证事实之证明责任并非罕事

如何规制实践中频发的逾期举证行为,是困扰我国学术界以及实务界已久的问题。经过法律、司法解释的数次修改,我国逐渐从证据失权肯定模式转向证据失权否定模式(又被学者称为罚款模式)。[1] 应当说,我国关于如何规制逾期举证的讨论是十分丰富的,但遗憾的是,既有的文献往往集中于逾期举证

---

* 田宏伟,武汉大学法学院 2022 级硕士研究生,研究领域为民事诉讼法学。感谢刘学在教授、占善刚教授、刘跃延同学、张磊同学与郭雨姿同学对本文的支持及匿名审稿人提出的宝贵意见。

〔1〕 参见吴泽勇:《民事诉讼证据失权制度的衰落与重建》,载《中国法学》2020 年第 3 期。

规制模式的选择上(主要争议在于是否应当建构证据失权制度),[2]而对我国现行制度——"罚款模式"运行过程中所产生的具体问题缺乏关注;且因"罚款模式"之基础规范过于简略,对司法实践的指导作用有限,也在一定程度上导致了实践乱象加剧。比如,笔者通过实证研究发现,在司法实践中,部分法院存在错误适用逾期举证事实[3]调查规则之问题,兹举三个案例说明。

案例一:桂林某信息技术有限公司、深圳市某创新科技有限公司侵害发明专利权纠纷案。[4] 最高人民法院裁定书载明:依据《民事诉讼法》第65条和最高人民法院《关于适用〈中华人民共和国民事诉讼法〉的解释》的相关规定,对于逾期提交的证据,人民法院应当分情况处理……深圳市某创新科技有限公司是否存在逾期举证,是否存在故意或重大过失逾期举证,需要桂林某信息技术有限公司举证证明。

案例二:伍某某、江某某等租赁合同纠纷案。[5] 广西壮族自治区高级人民法院裁定书载明:本案中,二审法院已审查某陶瓷厂在二审期间提交的情况说明具有真实性、合法性、关联性,且该证据是涉案租赁协议效力判断问题的关键。伍某某、江某某未能提供证据推翻上述情况说明,亦未能举证证明某陶瓷厂存在逾期举证情形,二审法院依法采纳该证据并无不当。

案例三:青岛某装饰工程有限公司、宋某某等建筑设备租赁合同纠纷案。[6] 济南市中级人民法院判决书载明:一审法院经审查认为,

---

[2] 代表性论述参见张卫平:《论民事诉讼中失权的正义性》,载《法学研究》1999年第6期;吴泽勇:《民事诉讼证据失权制度的衰落与重建》,载《中国法学》2020年第3期;杨会新:《集中审理模式下证据失权制度重构》,载《现代法学》2018年第4期;李浩:《举证时限制度的困境与出路——追问证据失权的正义性》,载《中国法学》2005年第3期;田平安、马登科:《举证时限制度的冷思考》,载《河北法学》2006年第2期;李浩:《为什么不应当重建证据失权——为现行司法政策辩护》,载《法治现代化研究》2021年第6期。

[3] 逾期举证事实并非学理概念或约定俗成的概念。为行为方便,本文用"逾期举证事实"代指有关逾期举证的裁量性事实(相关规范参见《民事诉讼法》第68条,最高人民法院《关于适用〈中华人民共和国民事诉讼法〉的解释》第101条、第102条),主要包括:当事人是否存在逾期举证行为;逾期举证当事人的主观过错状态(故意、重大过失以及一般过失);逾期证据与案件基本事实的关联性;逾期举证是否具有正当理由。

[4] 参见最高人民法院(2019)最高法民申3179号民事裁定书。

[5] 参见广西壮族自治区高级人民法院(2020)桂民申6750号民事裁定书。

[6] 参见山东省济南市中级人民法院(2022)鲁01民终2788号民事判决书。

> 依据民事诉讼证据规定……本案中,青岛某装饰工程有限公司未举证证明徐某逾期举证系因故意或重大过失,且与本案基本事实有关,故应予质证、认证,作为认定案件事实的证据;一审法院不存在其他严重违反法定程序依法应发回重审的情形,青岛某装饰工程有限公司、宋某某关于本案应发回重审的主张不能成立。

这三个案例具有一定的共通之处:一方当事人可能存在逾期举证行为,而对方当事人就逾期举证问题向法院提出异议后,法院要求对方当事人承担逾期举证事实的证明责任。而且,在司法实践中,持有类似裁判观点的案件不在少数。〔7〕

实际上,这种做法存在明显问题:第一,错误适用证明责任。如后文所述,逾期举证事实属于强行性较强的职权调查事项,其诉讼资料的收集与提出方式应采职权探知主义而非辩论主义,故不生适用证明责任之问题。第二,欠缺法律依据。即使承认逾期举证事实可以适用证明责任,也很难从《民事诉讼法》第 68 条第 2 款,〔8〕最高人民法院《关于适用〈中华人民共和国民事诉讼法〉的解释》(以下简称《民诉法解释》)第 101 条、〔9〕第 102 条〔10〕这几条有

---

〔7〕 类似的裁判观点,参见广东省高级人民法院(2019)粤民申 9158 号民事裁定书、湖南省衡阳市中级人民法院(2021)湘 04 民终 551 号民事判决书、广西壮族自治区来宾市中级人民法院(2020)桂 13 民终 63 号民事判决书、山东省德州市中级人民法院(2020)鲁 14 民终 873 号民事判决书、山东省青岛市中级人民法院(2019)鲁 02 民终 6156 号民事判决书、福建省三明市中级人民法院(2017)闽 04 民终 126 号民事判决书、山西省朔州市中级人民法院(2017)晋 06 民终 659 号民事判决书等裁判文书。

〔8〕 《民事诉讼法》第 68 条第 2 款规定:"人民法院根据当事人的主张和案件审理情况,确定当事人应当提供的证据及其期限。当事人在该期限内提供证据确有困难的,可以向人民法院申请延长期限,人民法院根据当事人的申请适当延长。当事人逾期提供证据的,人民法院应当责令其说明理由;拒不说明理由或者理由不成立的,人民法院根据不同情形可以不予采纳该证据,或者采纳该证据但予以训诫、罚款。"

〔9〕 《民诉法解释》第 101 条规定:"当事人逾期提供证据的,人民法院应当责令其说明理由,必要时可以要求其提供相应的证据。当事人因客观原因逾期提供证据,或者对方当事人对逾期提供证据未提出异议的,视为未逾期。"

〔10〕 《民诉法解释》第 102 条规定:"当事人因故意或者重大过失逾期提供的证据,人民法院不予采纳。但该证据与案件基本事实有关的,人民法院应当采纳,并依照民事诉讼法第六十八条、第一百一十八条第一款的规定予以训诫、罚款。当事人非因故意或者重大过失逾期提供的证据,人民法院应当采纳,并对当事人予以训诫。当事人一方要求另一方赔偿因逾期提供证据致使其增加的交通、住宿、就餐、误工、证人出庭作证等必要费用的,人民法院可予支持。"

关逾期举证的基础性规范中找到由异议人承担逾期举证事实之证明责任的法律依据。换言之,将逾期举证事实的证明责任分配给异议人,其合法性难以成立。而且,这种做法存在极大的弊端。详言之,在司法实践中,因当事人对逾期举证提出异议促使法院启动调查程序的情形不在少数。然而,就逾期举证事实而言,"证据偏在"的情况是较为严重的。[11] 我们很难苛责异议人提供证据证明对方当事人逾期提交证据没有正当理由,或逾期提交证据系基于故意、重大过失(实践中主要引起争议的正是这两类逾期举证事实)等事实。因此,如果让异议人对逾期举证事实承担证明责任,则无异于驳回其异议,使其异议权流于形式。而在欠缺异议权制约的情况下,当事人则可能更加肆无忌惮地实施逾期举证行为,导致举证时限及逾期举证规制措施的约束力减弱,甚至沦为具文。

综上所述,实践中普遍存在的做法在制度原理与法律规定上均存有疑义,且可能削弱举证时限及逾期举证规制措施的约束力,故有必要予以纠正。鉴于此,本文首先尝试对逾期举证事实之应然调查规则进行探究,其次分析司法实践之乱象的成因,最后从规范层面提出相应完善建议,以期制度臻于完备。

二、法理探微:逾期举证事实不应适用证明责任

承前所述,司法实践的问题主要为对逾期举证事实错误适用证明责任以及错误分配逾期举证事实之"证明责任"。由于前一问题是后一问题的逻辑前提,所以如能澄清"逾期举证事实适用证明责任"之谬误,后一问题自然也就迎刃而解。因此,本部分主要对逾期举证事实的调查规则问题,即逾期举证事实是否应当适用证明责任进行分析。

(一)逾期举证事实系属职权调查事项

民事诉讼中,对于逾期举证事实之类的程序性事项,法院有两种启动调查程序的方式:依职权启动与依当事人申请启动。前者为职权调查,即未经当事人主张、申请,法院也应当依职权予以审酌、提出并调查该事项;[12] 后者为当事

[11] 证据偏在是指事实主张者与证据持有者角色分离的现象:负有举证责任的一方当事人未持有相应证据,而该证据为对方当事人所持有或控制。参见王从光:《电子诉讼中的证据偏在及其破解进路》,载《法律适用》2021 年第 5 期。

[12] 需要说明的是,即使是职权调查事项,当事人的异议也构成(甚至主要是)促使法院启动职权调查的诱因。参见[日]小室直人:《诉讼物与既判力》,东京信山社 1999 年版,第 231 页。转引自闫宾:《民事诉讼要件论》,西南政法大学 2012 年博士学位论文,第 88 页。

人抗辩,即只有当事人提出主张、申请后,法院才得以启动调查程序。二者的主要区别在于程序事项本身有无公益性。[13] 职权调查事项一般包括审判人员是否存在回避事由,审判组织是否合法,部分诉讼要件的有无(如法院对诉讼标的有无审判权,当事人是否具备诉讼行为能力,诉讼代理人的授权是否合法,是否违背专属管辖规定等);[14] 而诸如双方当事人已订立仲裁协议、双方当事人的不起诉合意、原告应提供诉讼费用担保而未提供担保等事项,因公益性之阙如,则归属于当事人抗辩事项。[15]

那么,逾期举证事实的属性应为公益性还是私益性呢?目前鲜有文献讨论,故需对其考证。在笔者看来,由于逾期举证事实与举证时限及逾期举证规制措施(主要是证据失权)的内在联系,欲论证逾期举证事实的属性,则有必要对举证时限及逾期举证规制措施的制度内核与功能定位作一番考察;而正是因为这种内在联系,对举证时限及逾期举证规制措施之属性的认定,也可以直接用于对逾期举证事实属性的解释上。

1. 私益性之驳斥

关于举证时限及逾期举证规制措施的属性,有观点认为二者纯系私法问题。其逻辑如下:民事诉讼的目的在于调整平等民事主体之间的私益,所以规制私法交易的规范也当然可以适用于民事诉讼。民事实体法对很多实体权利的行使时间作了规定,[16] 权利人在规定的期限内未行使实体权利,导致相对人对该权利不再行使产生信赖时,根据诚信原则,该权利即失效。此原理也可适

---

[13] "公益性的标准大致从法的安定、法的平和、国家的威信、法院的信用以及滥诉的防止等方面予以确定。"[日]上田徹一郎:《民事诉讼法》(第5版),法律书院2007年版,第198~199页。转引自闫宾:《民事诉讼要件论》,西南政法大学2012年博士学位论文,第87页。

[14] 此为公益性较强的诉讼要件,故需适用职权调查;但并非所有诉讼要件均适用职权调查,也有适用当事人抗辩的诉讼要件。参见王雪羽:《诉讼要件的审理方式研究》,西南政法大学2020年博士学位论文,第43页。

[15] 参见吕太郎:《民事诉讼法》,台北,元照出版有限公司2018年版,第465页。

[16] 如《民法典》第152条便对撤销权的行使时间作了规定:"有下列情形之一的,撤销权消灭:(一)当事人自知道或者应当知道撤销事由之日起一年内、重大误解的当事人自知道或者应当知道撤销事由之日起九十日内没有行使撤销权;(二)当事人受胁迫,自胁迫行为终止之日起一年内没有行使撤销权;(三)当事人知道撤销事由后明确表示或者以自己的行为表明放弃撤销权。当事人自民事法律行为发生之日起五年内没有行使撤销权的,撤销权消灭。"

用于民事诉讼程序：一方当事人可期待对方当事人在法定期限内提出诉讼上的攻击防御方法，而对方未适时提出的，则其有理由信赖该攻击防御方法将不再提出，故该攻击防御方法发生失权效果。[17] 笔者认为，这种观点是比较片面的：民事诉讼法虽对当事人处分自身权利给予了极大包容，与规制民事交易的私法规范具有一定相似性，且民事实体争议的解决极大地依赖于民事诉讼程序，两种规范具有极强的关联性；但不可忽视的是，民事诉讼法律关系为公法关系，与因民事交易所产生的私法关系并不完全一致，且民事实体权利也与诉讼上的攻击防御方法在性质及适用要求等方面存在显著差异，故将两种迥不相同的法理置于同一层次讨论显然不妥。

2. 公益性之证成

举证时限及逾期举证规制措施的主要目的应为维护公共利益，而非当事人之私益。通说认为，举证时限及逾期举证规制措施的法理依据有二：其一，诉讼促进义务。宪法规定了国家应当通过相关制度保障人民主权及相关基本权利。由于制度的设计工作与运行工作均是由国家承担的，所以国家负有义务保障制度的运作符合所有国民的利益。[18] 而作为国家制度的民事诉讼，如果个别诉讼程序的处理拖延，将导致诉讼程序的整体迟滞，则显然没有“符合所有国民的利益”。因为这样不仅侵害了对方当事人得到迅速、经济裁判的诉讼权利，也侵害了其他正在进行诉讼程序的当事人的利益，甚至还会侵害其他潜在当事人的利益，而为此所产生的额外支出将加重财政负担，并最终转嫁给全体纳税人，从而损害国民之整体利益。因此，为避免程序拖延，当事人有义务适时提出证据，而法院亦有相应的督促义务，这便是诉讼促进义务。[19] 举证时限以及逾期举证规制措施的功能之一便是为程序贴上“封条”，将能够进入诉讼程序的证据固定下

[17] 参见[日]吉村德重：《西德的诉讼促进方案及其问题》，载《法政研究》(1970 年版)第 36 卷第 216 号，第 362 页以下。转引自许士宦：《逾时提出攻击防御方法之失权》，载民事诉讼法研究基金会主编：《民事诉讼法之研讨(十一)》，台北，三民书局股份有限公司 2003 年版，第 205 页。

[18] 参见[日]竹伊藤真、[日]竹下守夫：《注释民事诉讼法(3)》，有斐阁 1993 年版，第 269 页。转引自许士宦：《逾时提出攻击防御方法之失权》，载民事诉讼法研究基金会主编：《民事诉讼法之研讨(十一)》，台北，三民书局股份有限公司 2003 年版，第 206 页。

[19] 参见许士宦：《程序保障与阐明义务》，台北，学林文化事业有限公司 2003 年版，第 304 页。

来,避免一时一事的迟延导致程序的整体迟滞,以落实诉讼促进义务。[20] 其二,诚实信用原则。诚实信用原则贯穿于民事实体法,后来逐渐拓展至其他部门法领域。我国《民事诉讼法》亦将诚实信用原则明确为民事诉讼的基本原则。[21] 基于诚实信用原则,当事人不得滥用自身权利。而在民事诉讼中,如果当事人通过逾期举证拖延诉讼程序进行,致使对方当事人陷入不利益境地,为自身谋取诉讼利益,这显然是违反诚实信用原则的。[22] 由此可见,设置举证时限及逾期举证规制措施,为当事人举证划定合理的期间并对违反该期间者课予相应的违法责任,便有利于在民事诉讼中落实诚实信用原则。由于诚实信用原则的根本价值导向是形成公正合理的法律秩序及社会风尚,所以举证时限及逾期举证规制措施也间接促进了此种秩序与风尚的形成。

综上所述,举证时限以及逾期举证规制措施的法理依据为诉讼促进义务与诚实信用原则,其主要目的在于保障国民接受优质司法服务的宪法性权利及形成公正合理的法律秩序与社会风尚,以维护社会公共利益,所以举证时限及逾期举证规制措施的主要制度属性应为公益性。而由于逾期举证事实与举证时限及逾期举证规制措施的内在联系,逾期举证事实也应归属于公益事项。因此,逾期举证事实应属职权调查事项。

(二)逾期举证事实应采职权探知主义

1. 职权探知主义概述

职权探知主义是与辩论主义相对的概念,即法院裁判不限于当事人主张的事实和提供的证据的范围,可以依职权主动收集事实和调取证据。[23] 容易与职权探知主义混淆的概念是前文已提及的"职权调查",但二者实质上并非同一层次的法理:其一,二者的内涵不同。职权调查是指,法院对于相应程序性事项应主动启动调查程序;而对于职权调查事项诉讼资料的收集与提出,既可能适用职权探知主义,也可能适用辩论主义,故职权调查与职权探知主义之间没有必然的联系。其二,二者的适用范围不同。《民诉法解释》第96条第1款将适用

---

〔20〕 参见吴泽勇:《民事诉讼证据失权制度的衰落与重建》,载《中国法学》2020年第3期。

〔21〕 《民事诉讼法》第13条第1款规定:"民事诉讼应当遵循诚信原则。"

〔22〕 参见王玲:《从法定证据失权到酌定证据失权的嬗变——对新〈民事诉讼法〉第65条的思考》,载《河北法学》2014年第4期。

〔23〕 参见[日]谷口安平:《程序的正义与诉讼》,王亚新、刘荣军译,中国政法大学出版社1996年版,第111页。

职权探知主义的事项限制为五种,"(一)涉及可能损害国家利益、社会公共利益的;(二)涉及身份关系的;(三)涉及民事诉讼法第五十八条规定诉讼的;(四)当事人有恶意串通损害他人合法权益可能的;(五)涉及依职权追加当事人、中止诉讼、终结诉讼、回避等程序性事项的";[24]但这些事项中,属于职权调查事项的只有第五项,而且还不包括其中公益性较弱的部分。[25]

2. 逾期举证事实强行性之证成

邵明教授认为,对于职权调查事项应采用何种诉讼资料收集与提出方式的判断,应依公益性或者强行性的强弱进行。[26] 对于公益性或者强行性较强的事项,应当适用职权探知主义;反之,则应当适用辩论主义。笔者认为,这种标准具有合理性,因为职权调查事项的种类、性质是各异的,如不对其分类而一律适用职权探知主义,则显然不当加重了法院的负担,也不符合职权探知主义的立法目的,有强化职权主义诉讼模式之虞。由于职权调查事项本就具有公益性,故对公益性不再赘述,仅对强行性部分作出分析。

笔者认为,这里的强行性应当理解为,职权调查事项所对应之规范主要为诉讼法上的强制性规定。换言之,若职权调查事项所对应之规范为诉讼法上的强制性规定,则其具有强行性。逾期举证事实所对应的规范为举证时限,而举证时限显然是诉讼法上的强制性规定:首先,举证时限是法律规定或者法院指定的期间,对双方当事人以及法院均具有法定拘束力,各方均不得违背;其次,区别于诉讼主管事项及管辖事项,我国民事诉讼法规范就当事人对举证时限之处分作了极为严格的限制,当事人的自治空间相对有限。[27] 因此,逾期举证事

---

[24] 需要说明的是,根据《民事诉讼法》第67条第2款之规定,"当事人及其诉讼代理人因客观原因不能自行收集的证据"也属于职权探知主义的范畴;但如此一来,职权探知主义的适用范围显然会无限扩张。这样不仅有违当事人主义,且有导致职权探知主义的适用范畴丧失讨论价值之虞。故笔者将我国民事诉讼适用职权探知主义的范围限制为"人民法院认为审理案件需要的证据"。类似的观点参见袁中华:《论民事诉讼中的法官调查取证权》,载《中国法学》2020年第5期。

[25] 参见邵明:《析法院职权探知主义——以民事诉讼为研究范围》,载《政法论坛》2009年第6期。

[26] 参见邵明:《析法院职权探知主义——以民事诉讼为研究范围》,载《政法论坛》2009年第6期。

[27] 根据《民事诉讼法》《民诉法解释》之规定,当事人仅可对举证期限的长短进行约定。而即使是这样微弱的处分权,也是不完整的,因为双方当事人协商约定的举证期限必须得到法院批准方有效,遑论双方当事人合意排除举证期限之适用。

实属于强行性较强的事项,其诉讼资料的收集与提出方式应采职权探知主义,且这也符合比较法之通行做法。[28]

(三)逾期举证事实适用证明责任之否定

辩论主义模式下,当事人应自行负责收集和提出诉讼资料,所以当待证事实陷入真伪不明而法官无法形成心证时,必然有一方当事人需要承担诉讼法上的不利后果,故有证明责任之适用。[29] 换言之,证明责任是建立在辩论主义之上的理论,其本质为当待证事实陷入真伪不明时,如何在双方当事人之间合理分配败诉风险。[30] 对于程序性事项,罗森贝克也承认存在适用证明责任的问题,其指出,“诉讼法的构成要件必须含有证明责任的原则,即当一个对诉讼法的适用有重要意义的事实不能确定时,法官如何裁判的原则”[31]。所以在辩论主义模式下,程序性事项确实存在适用证明责任的问题。那么这是否说明逾期举证事实也应当适用证明责任呢?答案是否定的。如前文所述,逾期举证事实诉讼资料的收集与提出,应当适用职权探知主义;而在职权探知主义模式下,法院需负责收集和提出诉讼资料,当事人并不负担相关义务,法院亦不受当事人主张之限制,所以不应适用证明责任。简言之,职权探知主义与证明责任在适用基础上存在冲突;一旦适用职权探知主义,便无证明责任之适用。[32]

(四)小结

综上所述,逾期举证事实具有较强的公益性,应属职权调查事项。而且,逾期举证事实具有较强的强行性,故对其诉讼资料的收集与提出,应适用职权探知主义而非辩论主义,所以不存在适用证明责任的问题。具体的分析进路如图1所示。

---

[28] 我国台湾地区学者邱联恭指出:“由于此类规定系为贯彻节省或合理分配司法资源之要求,具有强行性、公益维护性,非可任由当事人予以处分,故关于上述新攻击防御方法是否可提出,即失权要件是否该当,系属职权调查事项,且应适用职权探知主义为审理。”邱联恭:《争点整理方法论》,台北,三民书局股份有限公司2001年版,第97页。

[29] 参见[德]莱奥·罗森贝克:《证明责任论》,庄敬华译,中国法制出版社2018年版,第26页。

[30] 参见张海燕:《家事诉讼证据规则的反思与重构》,载《政治与法律》2018年第11期。

[31] [德]莱奥·罗森贝克:《证明责任论》,庄敬华译,中国法制出版社2018年版,第466页。

[32] 参见张海燕:《家事诉讼证据规则的反思与重构》,载《政治与法律》2018年第11期。

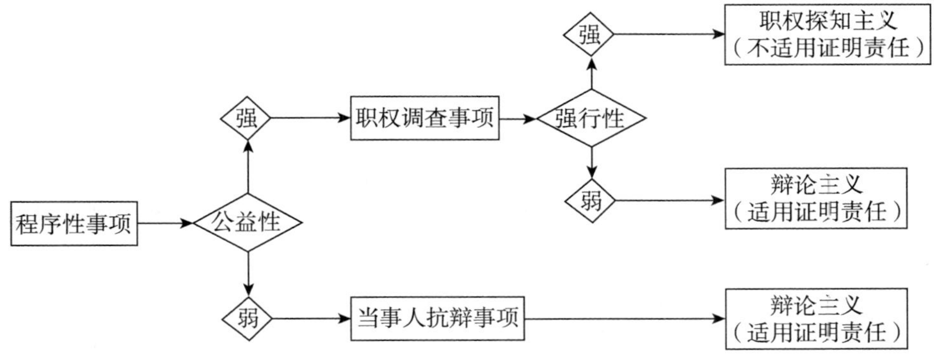

图1　程序性事项之调查规则

三、症结析因：认识错误导致制度适用错误

（一）基于定势思维错误适用证明责任

前文已述，逾期举证事实系属强行性较强的职权调查事项，对于其诉讼资料的收集与提供，应采职权探知主义而非辩论主义，故不生证明责任之适用。在司法实践中，部分法官忽略逾期举证事实的公益属性，认为逾期举证仅关涉当事人之私益而不会对社会公共利益造成影响，从而将逾期举证事实认定为私益事实，并在此错误认识的基础上适用了证明责任。

（二）司法解释有违处分原则及任意诉讼禁止原则之嫌

《民诉法解释》第101条第2款规定，“当事人因客观原因逾期提供证据，或者对方当事人对逾期提供证据未提出异议的，视为未逾期”。这款规定就对方当事人未对逾期举证提出异议的情形作了例外处理，笔者将其概括为“例外条款”。例外条款基本沿袭了2001年最高人民法院《关于民事诉讼证据的若干规定》（已失效）第34条第2款第2句的但书条款，“对于当事人逾期提交的证据材料，人民法院审理时不组织质证。但对方当事人同意质证的除外”，而且在但书条款的基础之上进一步扩大了当事人的处分权限。因但书条款只是规定在对方当事人同意质证的情况下，法院可以对逾期证据组织质证，亦即法院只是在取得对方当事人的同意后免除了逾期举证当事人的法律责任，并未豁免逾期举证行为的违法性；而例外条款的内涵在于，在取得对方当事人同意的情况下，法院不仅可以免除逾期举证当事人的法律责任，还可豁免逾期举证行为的违法性（后文将二者简称为逾期举证事项）。这无疑是扩大了当事人的处分权。但实际上，这种“处分”有违民事诉讼法之处分原则及任意诉讼禁止原则,其合法性尚存疑义,且有悖于比较法之通行做法。[33]

1. 违反处分原则

处分原则,被誉为“最能反映民事诉讼制度特质的基本原则”[34],其主要内容为当事人(尤其是原告)对诉讼程序的开始和审理对象、诉讼标的变更及诉讼的终止等事项享有决定权,法院原则上必须受这些行为的拘束。[35] 但是,“受民事诉讼自由观向社会诉讼观发展的影响”[36],学界也逐渐认识到,处分原则并非没有边界,即当事人并非对所有实体事项或者程序事项均可以自由处分,当事人的处分亦非不受任何规则的限制。大陆法系国家一般认为,对于涉及公益的事件,当事人不得行使处分权。[37]

而如前文所述,举证时限及逾期举证规制措施的主要目的在于保障国民接受优质司法服务的宪法性权利及维护合理的诉讼秩序,具有公益属性。因此,无论是逾期举证行为的违法性,抑或法律责任,因其关涉公益,均应排除处分原则之适用;而《民诉法解释》第 101 条第 2 款规定却将逾期举证事项当作可处分之事项,有违处分原则之嫌。

2. 违反任意诉讼禁止原则

若对方当事人不对逾期举证提出异议,我们可以将其视作双方当事人对逾期举证事项达成了合意,即订立了“诉讼契约”[38]。具言之,逾期举证之当事人明知其行为违反或可能违反举证时限,仍然向法院提交相应证据,故应推定其内心有排除举证时限适用的意思(豁免其行为之违法性及法律责任);而对方当事人不对逾期举证提出异议,则亦可视作其以默示的方式同意了逾期举证当事

---

[33] 参见邱联恭:《争点整理方法论》,台北,三民书局股份有限公司 2001 年版,第 97 页。

[34] 江伟主编:《民事诉讼法专论》,中国人民大学出版社 2005 年版,第 94 页。

[35] 参见[日]谷口安平:《程序的正义与诉讼》,王亚新、刘荣军译,中国政法大学出版社 1996 年版,第 104 页。

[36] 王次宝:《处分原则的限制及其路径》,载《北方法学》2019 年第 1 期。

[37] 参见张陈果:《论公益诉讼中处分原则的限制与修正——兼论〈新民诉法解释〉第 289、290 条的适用》,载《中外法学》2016 年第 4 期;韩香:《论民事诉讼处分原则的限制与纠正——兼论我国民事诉讼处分原则规定的完善》,载《理论界》2011 年第 8 期。

[38] 诉讼契约是指当事人以意思表示为要素,就现在或者将来发生诉讼法上或强制执行法上一定法律效果为目的,所成立的法律行为。参见陈荣宗、林庆苗:《民事诉讼法(下)》(修订 9 版),台北,三民书局股份有限公司 2020 年版,第 12 页。

人关于排除举证时限适用的意思表示。[39] 因此,双方当事人便对逾期举证事项达成了合意,成立了诉讼契约。但有疑问的是,此种诉讼契约是否合法,即是否违反任意诉讼禁止原则?

所谓任意诉讼禁止原则,是指当事人和法院不得通过合意任意确定诉讼程序以裁决具体的争议,必须按照民事诉讼法之规定实施诉讼行为。[40] 早期观点认为,由于诉讼契约破坏了民事诉讼法之规定,有违任意诉讼禁止原则,故不合法。[41] 虽然随着理论发展,任意诉讼禁止原则已得到了较大柔化,不再一律禁止当事人就诉讼事项订立诉讼契约,允许当事人就诉讼法上的非强制性事项自由订立诉讼契约;但是对于诉讼法上的强制性事项,这一点并未改变,双方当事人仍不得自由订立诉讼契约。[42] 结合前文分析,逾期举证事项所对应之规范为举证时限。而举证时限属于诉讼法上之强制性规定,故逾期举证事项亦为诉讼法上之强制性事项。职是之故,基于任意诉讼禁止原则,逾期举证事项不构成诉讼契约之合法内容,而司法解释允许当事人就逾期举证事项订立诉讼契约,有违反了任意诉讼禁止原则之嫌。

(三)未能理解"主张"之真正内涵导致错误分配证明责任

逾期举证事实不适用证明责任,前文业已明确。但有疑问的是,即使对逾期举证事实适用证明责任,也很难找到将证明责任分配给对逾期举证提出异议的当事人之合法依据。那么,是什么原因导致部分法官对证明责任分配产生此般误读呢?笔者认为,这或许应归咎于司法实践对于民事诉讼"主张"概念的错误认识。详言之,虽然我国民事诉讼证明责任规则已摒弃屡遭诟病的"谁主张,谁举证"理论,而选择了大陆法系通说——"规范说"(法律要件分类说),[43] 但司法实践中,部分法官却未形成关于证明责任理论的核心概念——"主张"的正

---

〔39〕 前提是对方当事人知道或者应当知道逾期举证的存在及有关逾期举证的法律后果。

〔40〕 参见[日]林屋礼二、[日]小野寺规夫主编:《民事诉讼法辞典》,东京信山社 2000 年版,第 291 页。转引自张卫平:《在线诉讼:制度建构及法理——以民事诉讼程序为中心的思考》,载《当代法学》2022 年第 3 期。

〔41〕 参见姜世明:《任意诉讼及部分程序争议问题》,台北,元照出版有限公司 2009 年版,第 20~21 页。

〔42〕 参见[日]新堂幸司:《新民事诉讼法》,林剑锋译,法律出版社 2008 年版,第 30 页。

〔43〕 参见最高人民法院修改后民事诉讼法贯彻实施工作领导小组编著:《最高人民法院民事诉讼法司法解释理解与适用》,人民法院出版社 2015 年版,第 312 页。

确认识。从比较法而言,主张一般系指“对要件事实存否的主张”[44],最高人民法院也持此见解。[45] 但实践中部分法官却将当事人的其他诉讼行为也视为了主张,并在此基础上错误地分配了证明责任。例如,本文所列举的三个案例,裁判文书中均有“一方当事人主张另一方当事人存在逾期举证”的类似表述。事实上,这里的“主张”并非诉讼法意义上的“主张”,盖因当事人所提出的事实并非法律要件事实。根据《民诉法解释》第101条第2款之规定,案例中当事人的行为应当理解为程序异议,即“当事人向受诉法院陈述异议,主张受诉法院或对方当事人所实施的诉讼行为违反诉讼程序因而无效”[46]。而鉴于“程序异议”与对要件事实之“主张”的本质区别,异议者无须对逾期举证事实承担证明责任。本文开头所列举的案例显然是误将当事人的“异议”视作“主张”,故而将“证明责任”分配给了提出异议的当事人。

(四)小结

综上所述,司法实践之谬误的根本症结在于部分法官误将逾期举证事实当作私益事项,从而适用了证明责任制度,而司法解释也有违反处分原则及任意诉讼禁止原则之嫌;而在误解“主张”之真正内涵的前提下,部分法官又把《民诉法解释》第101条第2款的“异议”误认为“主张”,将逾期举证事实的“证明责任”分配给了对逾期举证提出异议的当事人。

四、正本清源:逾期举证事实调查规则应回归其本质

逾期举证事实具有公益属性,应当适用职权探知主义而非证明责任,前文业已明确,此处不再赘述。当务之急是,如何从规范层面对逾期举证事实的调查规则作出正确定位与纠正前述司法解释中的谬误?

笔者认为,首先,应在《民诉法解释》第96条中明确逾期举证事实属于人民法院应当依职权调查收集证据的程序性事项,不应适用证明责任,以使逾期举证事实调查规则回归其职权探知主义之本质。这是纠正司法实践错误的直接

[44] 参见[德]汉斯-约阿希姆·穆泽拉克:《德国民事诉讼法基础教程》,周翠译,中国政法大学出版社2005年版,第242页。

[45] 参见最高人民法院修改后民事诉讼法贯彻实施工作领导小组编著:《最高人民法院民事诉讼法司法解释理解与适用》,人民法院出版社2015年版,第317页。

[46] [日]小室直人等:《新民事诉讼法》(1),日本评论社2003年版,第194页。转引自占善刚:《民事诉讼中的程序异议权研究》,载《法学研究》2017年第2期。

途径。具体而言,可将《民诉法解释》第96条第1款第5项修改为"涉及依职权追加当事人、中止诉讼、终结诉讼、回避、逾期举证等程序性事项的",通过例示列举避免司法实践可能产生的误解。

其次,前文已述,《民诉法解释》第101条第2款规定存在较多问题,间接导致了司法实践中的错误,故亦应对其进行修改。具体而言,可将其修改为"当事人因客观原因逾期提供证据,或当事人逾期提供证据未造成诉讼程序迟滞的,视为未逾期。对方当事人有权对逾期提供证据提出异议。对方当事人提出异议的,人民法院应当依照《民事诉讼法》第六十八条第二款规定审查,异议成立的,根据不同情形可以不予采纳该证据,或者采纳该证据但予以训诫、罚款;异议不成立的,应当书面向其告知并将相关事项记入判决书、裁定书"。修改原因在于,其一,如前文所述,当事人对逾期举证事项并无处分权限,原规定之例外条款有违处分原则及任意诉讼禁止原则之嫌,易导致部分法官对逾期举证事实之属性产生误认,建议予以删除。其二,举证时限及逾期举证规制措施的功能定位在于合理促进诉讼,避免司法资源浪费。若逾期举证行为没有产生诉讼迟滞后果,亦即司法资源并未被浪费,则自无适用规制措施之必要;且这也符合比较法之通行做法。因此,应将"逾期提供证据造成诉讼迟滞"作为适用逾期举证规制措施之前提条件。[47] 需要说明的是,这一修改与本文主旨——逾期举证事实之调查规则并无关联,而是为使我国逾期举证规制措施之适用更加合理所作出的附带性修改。其三,我国司法实践客观存在部分法院对当事人所提出的异议不予回应或者仅作简略回应的现象,这显然不利于保障当事人之程序权益。[48] 故应专设条款规定当事人的异议权以及法院的审查与回应义务,以维护当事人的程序权益;法官亦应注意履行释明义务,避免当事人因缺乏法律知识而错失权利行使机会。应当明确的是,程序异议权系当事人之法定诉讼权利,即使不专设此条款,亦不影响当事人对逾期举证提出异议之权利。该条款的性质类似于刑法上的"注意规定",在于提醒司法工作人员应注意保障当事人对逾

---

〔47〕 参见孟醒:《从构成要件看我国证据失权制度的功能错位》,载《烟台大学学报(哲学社会科学版)》2018年第3期。

〔48〕 参见湖北省孝感市中级人民法院(2021)鄂09民终1910号民事判决书;北京市第一中级人民法院(2022)京01民终9683号民事判决书;辽宁省营口市中级人民法院(2022)辽08民终3083号民事判决书;广东省江门市中级人民法院(2022)粤07民终6229号民事判决书等裁判文书。

期举证的程序异议权。[49] 其四,之所以强调人民法院应当依照《民事诉讼法》第68条第2款规定审查当事人提出的异议,是因为《民事诉讼法》第68条第2款明确规定了"当事人逾期提供证据的,人民法院应当责令其说明理由",即应由逾期举证当事人而非异议人承担逾期举证事实的解释义务。[50] 故而,这也类似于刑法上的"注意规定",在于提醒司法工作人员不应将逾期举证事实之解释义务加诸异议人。

在从规范层面明晰逾期举证事实之应然调查规则及纠正司法解释之谬误的基础上,最高人民法院也可以积极发布相关指导案例,对司法实践之错误予以澄清,以期逾期举证规制措施臻于完善,实现提高诉讼效率、维护合理诉讼秩序之立法目的。

五、结　　语

司法实践中,普遍存在的将逾期举证事实之证明责任分配给对逾期举证提出异议的当事人的做法,是对证明责任制度的误用,且欠缺法律依据。实际上,逾期举证事实具有公益性,应属职权调查事项;同时,由于其具有较强的强行性,其诉讼资料的收集与提出应采职权探知主义,故不生证明责任之适用,遑论将证明责任分配给对逾期举证提出异议的当事人。究此乱象之原因,乃是部分法官忽视了逾期举证事实的公益属性并误解了"异议"的行为性质:第一,部分法官未理解逾期举证事实的公益属性,将逾期举证事实这一公益事项当作私益事项处理,从而适用了证明责任制度;而《民诉法解释》第101条第2款之规定有违反处分原则及任意诉讼禁止原则之嫌,更是对实践中有关逾期举证事实属性的错误认识起到了强化作用。第二,部分法官在未能理解"主张"的真正内涵的前提下,又误将《民诉法解释》第101条第2款的"异议"视为"主张",从而将"证明责任"分配给了对逾期举证提出异议的当事人。

鉴于此,正本清源之道应为从规范层面对逾期举证事实的调查规则作出正

---

〔49〕 注意规定系刑法上的概念,是指在刑法已经对某一问题作出基本规定的前提下,为避免司法工作人员忽略或产生误读,对于其中某些容易被混淆或忽略的情形,又专门独立列出,以提醒司法工作人员注意的规定。参见张明楷:《刑法分则的解释原理(下)》(第2版),中国人民大学出版社2011年版,第622页。

〔50〕 区别于证明责任,解释义务只是对受诉法院提问的答复义务。不履行解释义务并不直接导致败诉后果。

确定位及修正司法解释的谬误。就具体进路而言,首先,可以在《民诉法解释》第96条中明确逾期举证事实属于法院应依职权调查收集证据的程序性事项,以使逾期举证事实调查规则回归职权探知主义之本质;其次,可将《民诉法解释》第101条第2款之规定修改为"当事人因客观原因逾期提供证据,或当事人逾期提供证据未造成诉讼程序迟滞的,视为未逾期。对方当事人有权对逾期提供证据提出异议。对方当事人提出异议的,人民法院应当依照《民事诉讼法》第六十八条第二款规定审查,异议成立的,根据不同情形可以不予采纳该证据,或者采纳该证据但予以训诫、罚款;异议不成立的,应当书面向其告知并将相关事项记入判决书、裁定书",以修正原规定之谬误。

"民事责任"的价值基础与内涵重述

——兼论"民事责任承担方式"

杨展硕*

摘要:

将"民事责任"定义为民事主体违反民事义务的法律后果,虽是我国学界"通说",但这不仅与现行立法不符,更因其对概念的过分粗糙解读导致民法体系内部矛盾重重,因而民事责任被立法主观地赋予了多元内涵。从本质上看,民事责任具有双重意义:其一,强制实现债务的手段;其二,以填补损害为目的的损害赔偿(补偿)之债,两者统合于民事责任的根本属性——法律上之强制力,因而民事责任是国家强制参与私法自治的桥梁和通道。所谓"民事责任承担方式",除"继续履行"是"强制实现债务的手段"外,其余均应是"损害赔偿(补偿)之债"的内容。在现行11种承担民事责任的方式中,不仅应限定继续履行的适用范围,还建议剔除不可被终局救济的赔礼道歉。

关键词:

民事责任;损害赔偿;强制执行;民事责任承担方式;赔礼道歉

一、"民事责任"的溯源分析与内涵探究

(一)当前我国民法学界对"民事责任"的理解

1986年《民法通则》将"民事责任"与"民事权利"、"民事义务"在同一位阶上并立,由此首创以"权利—义务—责任"为骨架的民事法律体系。这一模式被后来的《合同法》、《侵权责任法》和《民法总则》承继,一直延续到《民法典》[1]总则编第八章仍旧专章规定"民事责任"。这一立法模式不仅与德国民法不同,

---

* 杨展硕,北京大学法学院硕士研究生,研究领域为法学理论。

〔1〕《民法典》自2021年1月1日起施行,《民法通则》《合同法》《侵权责任法》《民法总则》已失效。

在诸国民法体例中也非常少见,在某种程度上可以算是我国民事立法的一个创举。[2]

由此,"民事责任"已经成为我国民法学大殿的概念基石之一,对如此基础之概念的精准定义和严格解释,是构建严谨的民法体系和沟通法学思想的前提。[3] 凯尔森指出:"对一个概念下定义的任何企图,必须将表示此概念的该词之通常用法作为它的出发点。"[4] 民事责任这一概念,亦可以其通常用法作为理解其内涵的开始。据梁慧星教授总结,法律意义上的"责任"一词通常在三种含义下使用:一是"职责"(responsibility),二是"义务"(obligation),三是"因不履行法律义务而应受某种制裁"(liability)。[5] 不必借助法言法语而仅按通常之表达,亦可清晰理解民法视域下的这三种"责任":第一种含义多用于在行政机构或社会团体中身处某一职位或地位之履行职责上,如"承担校长之责任";第二种含义则常用于常态下的民事法律关系中,如"既然有约在先,便有责任履约",此处之"责任"无非履行合同项下的债务之义务;而第三种含义常出现于某种不正常或被打破的法律关系之中,如"需为违约或侵权承担责任"。但本质上,前两种含义均体现为一种"义务",而第三种含义则具有"违反义务的不利后果或制裁"之意义。"责任"语词的通常适用情境,最直观地解释了我国法理学界基于对"法律责任"的理解而出现的三种学说,即"义务说"、"后果说"和

---

〔2〕 参与《民法通则》制定的学者们都认为,将"民事责任"专列一章规定,既不同于传统民法,也不同于其他社会主义国家民法,乃我国民法之独创。参见王家福、谢怀栻等:《民法基本知识》,人民日报出版社 1987 年版,第 279 页。但同时必须指出,从学说脉络上看,民事责任理论并非我国民法学界之独创,而是受到苏联民法理论的影响。至少在 1984 年,中国社会科学院法学研究所王家福教授领衔翻译了 B. Л. 格里巴诺夫和 C. M. 科尔涅耶夫主编的《苏联民法(上册)》,该书便开始在理论体系上将民事责任单独成章。这在一定程度上影响了我国民法学界如李志敏、魏振瀛、余能斌等老一辈学者认同将民事责任与民事义务分离的学术主张。

〔3〕 "概念乃是解决法律问题所必需和必不可少的工具;没有限定严格的专门概念,我们便不能清楚地和理性地思考法律问题;没有概念,我们便无法将我们对法律的思考转变为语言,也无法以一种可以理解的方式把这些思考传达给他人。"[美]博登海默:《法理学:法律哲学与法律方法》,邓正来译,中国政法大学出版社 1998 年版,第 486 页。

〔4〕 [奥]凯尔森:《法与国家的一般理论》,沈宗灵译,中国大百科全书出版社 1995 年版,第 4 页。

〔5〕 参见梁慧星:《民法总论》(第 5 版),法律出版社 2017 年版,第 82 页。

“制裁说”。[6]

就正常运行的民事关系言之,通常人所负担之义务主要有二:其一,基于法定或意定的债之关系,负有履行债务之义务;其二,在物权等绝对权效力下,负有不得侵害他人权利之注意义务。以义务对应的权利来看,前者一般被称为“对人权”(right in personam),而后者被称为“对物权”(right in rem)或“对世权”(absolute right)。如果将责任之概念与义务等同,在日常用语中确实说得通,比如不侵害他人物权之义务,可以表示为“有责任不侵害他人物权”;履行债务之义务,亦可以表达为“有责任履行债务”。但如此便失去了“民事责任”作为独立法律概念的必要性和实际价值。我国《民法典》第176条规定,“民事主体依照法律规定或者按照当事人约定,履行民事义务,承担民事责任”。可以看出,该条明显将民事义务和民事责任区分开来,放在并列的位置上。故而,我国民法学界对于民事责任的权威理解,通常摒弃了“义务说”——将民事责任理解为一种一般性的职责或义务,而是综合后果说和制裁说,将民事责任定义为民事主体违反民事义务应当承担的民事法律后果。[7] 这一定义也被官方认可,如2017年全国人大常委会发布的《关于〈中华人民共和国民法总则(草案)〉的说明》中即将民事责任定义为“民事主体不履行或者不完全履行民事义务的法律后果”[8]。以责任主体之视角,民事责任是为其错误应当承担的“不利益”;而从公权力主体的视角来看,需要借助国家强制力和惩罚手段之后盾保障责任主体“必须”承担这种“不利益”,以实现受害人之救济和维护法律之尊严,故而需要一种公权力参与的制裁或强制执行机制。因此,民事责任与公法领域的法律责任一样,均以法秩序轨道的非正常运行为启动前提,并以国家公权力的参与为保障,以责任主体承担不利后果为结果。这导致“民事权利—民事义务—民事责任”的三元范式走上了语境上的二分法:在法秩序轨道正常运行的情况下,民事权利与民事义务相对应,权利的实现依赖义务主体的自觉履行;在法秩序

---

〔6〕 参见沈宗灵主编:《法理学》,高等教育出版社1994年版,第404页以下。

〔7〕 参见魏振瀛主编:《民法》(第7版),北京大学出版社、高等教育出版社2017年版,第43页;王利明、杨立新等:《民法学》(第5版),法律出版社2017年版,第231页;梁慧星:《民法总论》(第5版),法律出版社2017年版,第84页;《中华人民共和国民法典》(实用版),中国法制出版社2020年版,第143页。

〔8〕 李建国:《关于〈中华人民共和国民法总则(草案)〉的说明——2017年3月8日在第十二届全国人民代表大会第五次会议上》,载《中华人民共和国全国人民代表大会常务委员会公报》2017年第2期。

轨道非正常运行的情况下,民事义务即转化为民事责任,民事权利与民事责任相对应,权利的实现依赖国家公权力的强制力。如我国台湾地区曾世雄教授所言,“民法除规范正常运作下之法律关系外,更规范法律关系扭曲时之救济。该后一部分属于民事责任之规定”[9]。正是通过语境上的二分,“民事权利—民事义务—民事责任”在民法体系内得以相互贯通。

不得不说,我国学界对于民事责任的这一学理定义有其科学之处。但笔者认为,其仍旧过于宽泛笼统,乃至对民事责任的理解走向简单化和单一化。暂不论其他,这一定义首先就与我国现行民事立法不符,因为在我国民法上,至少还存在不以违反义务为前提的公平责任、物上担保责任和保证责任,以及有限责任、无限责任等已被广泛使用的专业术语。如果将责任简单定义为违反义务的不利后果,势必会和这些术语函矢相攻,从而产生民法体系上之矛盾。更重要的一点是,正是这种理解将民事责任自然地导向了义务本位和过错追究的价值层面,从而湮没了民事责任真正的根本价值基础——权利救济和填补损害,这进一步导致了我国民法对民事责任承担方式设计上的问题。

(二)作为从“债”分离的民事责任

与民事责任这一概念联系最密切的恐怕非民事义务莫属,在日常用语中,二者也往往随意替代而不加区分。但是,在学术理论上,民事责任与民事义务开始走向分离,这首先构成了民事责任这一概念能够获得精神独立性之基础。魏振瀛教授在中国民法学界一直倡导的“民事责任与债的分离”之命题,[10]便发端于此。

魏振瀛教授认为,民事责任与债的融合或分离问题最早可以追溯到罗马法与日耳曼法的分歧。[11] 在这一问题上,“一页历史抵得上一卷逻辑”[12]。罗马古典法和优士丁尼法中的“债”(obligatio),其名称来源于“捆绑、约束”(ligare),[13]因而也被称为“法锁”(juris vinculum)。罗马法上的债之概念同时

[9] 曾世雄:《民法总则之现在与未来》,中国政法大学出版社 2001 年版,第 234 页以下。

[10] 参见魏振瀛:《民事责任与债分离研究》,北京大学出版社 2013 年版。

[11] 参见魏振瀛:《债与民事责任的起源及其相互关系》,载《法学家》2013 年第 1 期。

[12] New York Trust Co. v. Eisner,256 U. S. 345,349(1921)(Opinion for the Court by Holmes,J.).

[13] 参见[德]马克斯·卡泽尔、[德]罗尔夫·克努特尔:《罗马私法》,田士永译,法律出版社 2018 年版,第 331 页。

包含了责任的内涵,“‘债务’这个(含混的)表达方式在包含‘债务’的含义外还包含责任的含义”[14]。罗马法认为,责任的本质是一种法的强制力,其是民事债务不履行的必然结果,为债务的效力所包含,故无区分之必要。[15] 这种理念被德国法所承继,因此我国学者将德国民法理论中债与责任的关系概括为“结合关系”。[16] 与之相似的是,英美合同法中的责任和债务一般也不加区分,liability、duty 等词往往既指责任又指义务。[17] 这种理念的本质是将民事责任归于民事义务的效力范围之内,在义务未能正常履行的不自然状态下,义务即转化为责任,而责任的效力即为可通过强制力促使义务人履行其义务。需要注意的是,在罗马法上这种强制力的发动并不以权利人发动诉权请求国家强制执行为限,罗马法还允许权利人直接对义务人采取强制措施,债本身即含有债务人处于债权人控制之下的意思,[18] 因此义务本身包含强制效力的现象更为明显。比如,对于侵权产生的法定之债,依照罗马古代法,实施私的不法行为(“私犯”)之主体需承担受害人的复仇。受害人基于不法行为对行为人身体享有一项“抓取权”和支配权,从而有权私力实施报复。[19] 据笔者看,这恐怕是罗马法对义务与责任采融合理念而不加区分的重要原因之一。

与罗马法相反,日耳曼民法则开始区分债与责任。日耳曼人发现,在债之关系中,债务与责任分离之情况屡见不鲜。如自然债务(Unvollkommene Schuld),因其欠缺强制性,不得被强制执行,故一般也被称为“无责任之债务”(Schuld ohne Haftung)。同时亦存在无债务之责任,如保证责任和物上担保责任。因而在日耳曼法上债务本身并不包含责任,债务本身的效力并不包含法的强制。如欲强制执行债务,须得在债务之外另有责任之存在。[20] 在这个意义上,债务是道义上的应当,而责任是法律上的必须。冯珏博士称前者为“当为状

[14] 参见[德]马克斯·卡泽尔、[德]罗尔夫·克努特尔:《罗马私法》,田士永译,法律出版社2018年版,第338页。

[15] 参见韩世远:《合同法总论》,法律出版社2018年版,第738页。

[16] 参见魏振瀛:《债与民事责任的起源及其相互关系》,载《法学家》2013年第1期。

[17] 参见韩世远:《合同法总论》,法律出版社2018年版,第738页。

[18] 参见[德]马克斯·卡泽尔、[德]罗尔夫·克努特尔:《罗马私法》,田士永译,法律出版社2018年版,第332页。

[19] 参见[德]马克斯·卡泽尔、[德]罗尔夫·克努特尔:《罗马私法》,田士永译,法律出版社2018年版,第333页。

[20] 参见梁慧星:《民法总论》(第5版),法律出版社2017年版,第83页。

态",而后者为"必为状态",[21]不无道理。

有一问题值得关注,即民事义务与民事责任的分离,为何在学理上被限缩为"债与责任的分离"命题。笔者认为,这是因为民事义务与民事责任的区分往往在相对权关系领域具有典型意义,于绝对权关系之中则不那么明显。将民事责任的效力理解为法的强制,则基于绝对权而产生的义务,无论是义务人原本之不作为义务还是其违反原本义务后所负担的停止侵害、排斥妨害和返还原物等义务,是否本身包含法的强制力,具体表现为权利人是否可以私力救济,是否适用诉讼时效等问题,至今还在民法学界争议不断。[22] 似乎也正因如此,在魏振瀛教授首倡"债与责任分离命题"后,我国民法学界大多数学术著作和论文均将债与责任放在一起对比,而不使用债的上位概念——"义务"。[23]

在债与责任的分离之历史进程中,民事责任逐渐获得了精神上的独立性,并被定义为履行债务的法之强制力,也有学者将其表述为一种对债务人财产的掴取力,而债的效力则排除了这种掴取力,仅包含对债务人的请求力。[24] 责任与债的分离,意味着强制力被国家垄断。从债务效力中分离出的民事责任,其本质目的是保障债务的强制履行,因而也被王泽鉴教授称为"强制实现债务的手段"[25],或曰实现债务的"法律之力"。李宜琛先生曾言,民事责任之功用便在于,"盖谓于债务不履行时,得诉之强制手段,要求债务之满足,损害之赔偿及复仇者也。是以责任为对于债务之羁束状态,得称之为羁束,亦即债务之担保"[26]。这种意义上的责任在德语上被称为"Haftung",崔建远教授称其为"债的一般担保"[27]。中国早期民法学者也有称之为"一般性代位权"。《意大利民法典》第2740条规定,债务人以其现有的和未来的全部财产对债务的履行负有

---

[21] 参见冯珏:《我国民事责任体系定位与功能之理论反思》,载《政法论坛》2022年第4期。

[22] 参见崔建远:《绝对权请求权抑或侵权责任方式》,载《法学》2002年第11期。

[23] 如韩世远:《合同法总论》,法律出版社2018年版,第737页;王泽鉴:《债法原理》,北京大学出版社2013年版,第73页;林诚二:《论债之本质与责任》,载郑玉波主编:《民法债编论文选辑》,台北,五南图书出版股份有限公司1984年版;魏振瀛:《论债与责任的融合和分离——兼论民法典体系之革新》,载《中国法学》1998年第1期。

[24] 参见[日]奥田昌道:《债法总论(增补版)》,悠悠社1992年版,第94页。转引自韩世远:《合同法总论》(第4版),法律出版社2018年版,第737页。

[25] 王泽鉴:《债法原理》(第2版),北京大学出版社2013年版,第74页。

[26] 李宜琛:《日耳曼法概说》,中国政法大学出版社2003年版,第105页。

[27] 参见崔建远:《绝对权请求权抑或侵权责任方式》,载《法学》2002年第11期。

责任,[28]此处的"责任"便是此种内涵。这种意义上的民事责任本质属性有二:一方面,强调国家公权力介入民事关系实现对债务的强制履行,因此民事责任是国家强制参与私法自治的桥梁和通道。当然这是以权利人行使诉权或申请为前提的,故有学者认为民事责任的追究通向"诉",民事责任是联结实体私法和民事诉讼法的桥梁。[29] 另一方面,则指向可以被强制执行的责任范围,也即责任标的问题。[30] 经过民法长期发展,民事责任的承担范围逐步从兼有人身与财产责任演化为纯粹财产责任。而在财产责任之中,现代民法又呈现以无限责任为原则、有限责任为例外的图景。对责任范围的合理限定,恰恰是在平衡债权人之利益与债务人之基本权利,并划定国家强制与私法自治之合理边界。

(三)作为"损害赔偿(补偿)之债"的民事责任

当今社会,正如王泽鉴教授在其著作《侵权行为》中所言:"是一个危机四伏、充满损害的社会。"[31]在正常秩序下,民事主体双方权利义务均已确定且正常运转,便不会产生预料之外的损害。危险亦总是突如其来,民事主体在任何情况下均有可能产生额外之损害。对于这些损害来说,其承受方式无非有三:损害移转(loss shifting)、损害分散化(loss spreading)以及损害内部化(internalization of loss)。[32] 损害分散化由保险制度实现,损害内部化则是让受害人自己内部消化其所受之损害,而损害移转就是以法定标准将损害移转给他人,由他人向受害人承担损害赔偿(补偿)之债,从而填补受害人之损害。在一定程度上,侵权法讲的就是损害如何基于特别干预的理由而移转之问题。然而,损害移转并不仅仅发生在侵权法领域,契约法领域也存在损害移转之问题,主要表现为违约责任和缔约过失责任。

在某一损害发生后,接踵而来的问题便是"应由谁来承担民事责任"。这里所说的"责任"既包含违约责任、侵权责任、缔约过失责任,也包括一些补偿性责任,但其本质就是法律规定特定人负担一定的损害赔偿(补偿)之债。因而此处

---

[28] 参见[意]阿雷西奥·扎卡利亚:《债是法锁——债法要义》,陆青译,法律出版社 2017 年版,第 12 页。

[29] 参见冯珏:《我国民事责任体系定位与功能之理论反思》,载《政法论坛》2022 年第 4 期。

[30] 参见[德]迪特尔·施瓦布:《民法导论》,郑冲译,法律出版社 2006 年版,第 169 页;史尚宽:《债法总论》,中国政法大学出版社 2000 年版,第 3 页。

[31] 王泽鉴:《侵权行为》(第 3 版),北京大学出版社 2016 年版,第 3 页。

[32] 参见王泽鉴:《侵权行为》(第 3 版),北京大学出版社 2016 年版,第 8 页。

的民事责任实质上就是一种损害赔偿(补偿)之债,其所要解决的是损害由谁来承担,也即归责之问题。曾世雄教授发现,各国法学几乎都倾向于在民事责任与损害赔偿间画上等号。[33] 例如,《法国民法典》第1142条直接规定,债务人不履行其作为或者不作为债务,将转变为损害赔偿的责任。[34] 其中所指的“责任”,与损害赔偿之债并无二异。此外,侵权责任法最核心之议题——归责事由,即将某一损害赔偿之债归于某人承担之“特殊理由”,[35]亦是此种意义上的民事责任之彰显。德国著名法学家卡尔·拉伦茨也从这个意义上理解责任,将民事责任解释为某种损害赔偿义务,[36]但其将责任的概念限于损害赔偿而排除损害补偿,与我国情况并不相同。至少在我国民法上,损害补偿责任的存在,恰恰证明了民事责任并不以民事主体违反民事义务为前提条件。早在我国《民法通则》颁布后,沈宗灵教授就指出,《民法通则》第六章的民事责任,是指因违反合同或不履行其他义务,有过错的民事侵权行为以及虽无过错但法律规定应承担责任而产生的不利法律后果。[37]

(四)民事责任两种含义的内在联系

由前所述,民事责任这一概念实际上可以被细分为两种含义,第一种含义是“强制实现债务的手段”,第二种含义则是“损害赔偿(补偿)之债”。正如德国学者施瓦布明确指出:“责任概念在运用时有两个不同的意思:(1)责任指承担损害赔偿义务;(2)责任指必须以人或以财产去‘担当’义务。这一责任概念所指的并不是义务,而是以之为前提,它所涉及的是义务人由于该义务而要受强制执行的财产的范围。”[38]

民事责任的这两种含义最核心的区别就在于其所针对的“义务层级”不同。民法学者往往将债务关系所生之义务群界分为原给付义务(第一次给付义务)和次给付义务(第二次给付义务)。原给付义务是从债务关系中直接产生的,也即债务关系原有的义务,次给付义务则是在原给付义务违反后才产生的。[39] 第

---

[33] 参见曾世雄:《民法总则之现在与未来》,中国政法大学出版社2001年版,第235页。

[34] 参见梁慧星:《民法总论》(第5版),法律出版社2017年版,第84页。

[35] 参见王泽鉴:《侵权行为》(第3版),北京大学出版社2016年版,第11页。

[36] 参见[德]卡尔·拉伦茨:《德国民法通论(上册)》,王晓晔等译,法律出版社2003年版,第51页。

[37] 参见高鸿钧主编:《法理学手册》,商务印书馆2022年版,第185页。

[38] [德]迪特尔·施瓦布:《民法导论》,郑冲译,法律出版社2006年版,第168~169页。

[39] 参见王泽鉴:《债法原理》(第2版),北京大学出版社2013年版,第81页。

一种意义上的责任,所针对的乃是原有权利义务关系,其所强制执行的是债务关系中的原给付义务,目的在于实现原有债权。而第二种意义上的责任所要解决的则是基于原有权利义务关系被打破或其他法定事由导致的一方新生损害的负担转移问题。比如作为“侵权责任”的损害赔偿债务,本质上是一种异于原定义务(包括不作为义务与作为义务)的他种“不利益”。从这个角度上来说,两种意义的责任具有逻辑和层次上的差别。

兹以如下图 1、图 2、图 3,更直观展示民事责任两种含义的区别和联系:

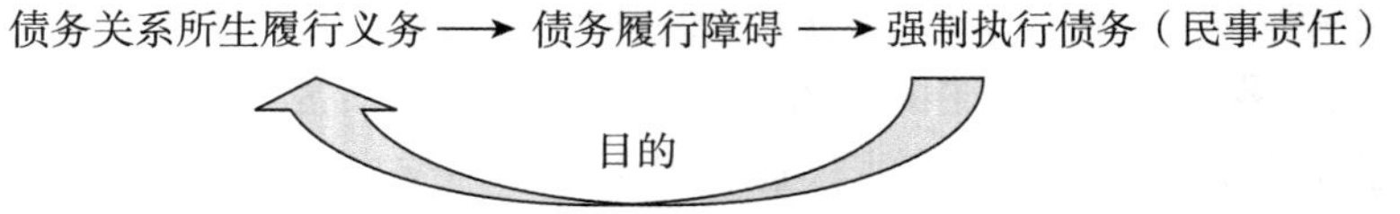

图 1 作为强制执行债务手段的民事责任

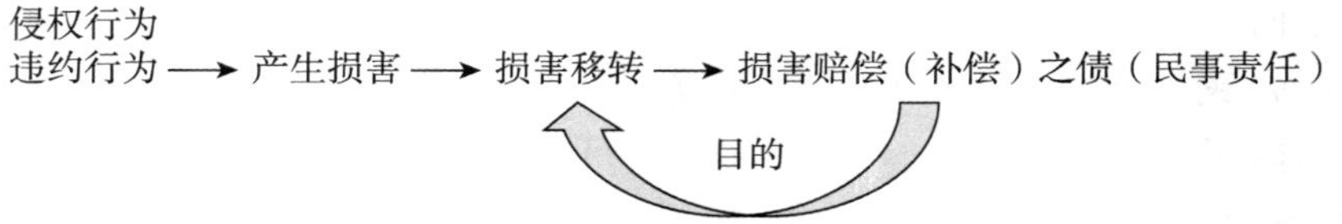

图 2 作为损害赔偿(补偿)之债的民事责任

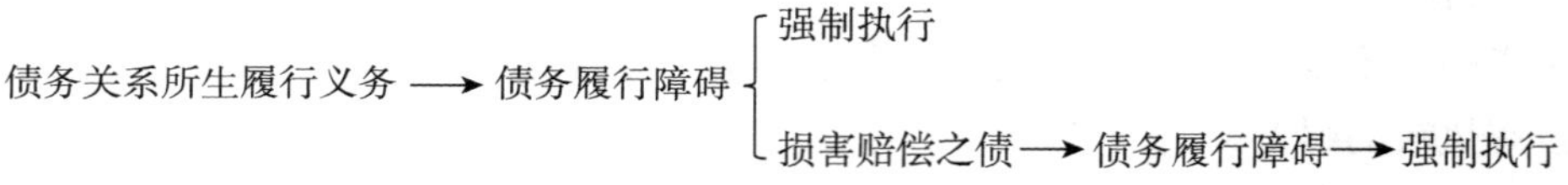

图 3 民事责任的两种含义在同一债务关系中的体现

必须要回应的一个问题,便是如果民事责任确实具有这两种含义,且两者存在层次上的差别,那么为何这两种含义能够被统摄在“民事责任”一个概念之下,其中的关联何在?拉伦茨指出,民事法律制度的“制裁”包括损害赔偿义务和直接强制两种形态。[40] 在此基础上,冯珏博士主张,损害赔偿与对义务的直接强制履行相对应,体现了对义务的间接强制履行。[41] 之所以需要间接强制履行手段,恰恰是因为并非所有义务都可以直接强制履行。民法中的一切义务都

〔40〕 参见[德]卡尔·拉伦茨:《德国民法通论(上册)》,王晓晔等译,法律出版社 2003 年版,第 266 页。

〔41〕 参见冯珏:《我国民事责任体系定位与功能之理论反思》,载《政法论坛》2022 年第 4 期。

是行为义务,而一切行为均不可强制履行。因而我们可以得出一个简单但正确的结论,即一切民事义务均不具有强制力,仅是一种道义上的应当。然而这并不妨害民事法律关系的法律属性,正如博登海默举的例子,在荒岛上鲁滨孙与英国船长达成的契约,即便没有政府保证并强制契约忠实履行,这种情势仍无损于关系的法律性,因为强制的因素对于法律概念并不是主要的。[42] 所谓“义务的直接强制履行”,本质上是由于该义务存在“可替代行为”,可替代行为由第三人具体完成,而义务人承担费用。而对于具有人身属性、无法替代履行的义务,则只能通过创设异于原定义务的、可由财产来担当的损害赔偿之债,一方面救济权利人,另一方面敦促义务人履行其既定义务。

因此,笔者认为,民事责任两种含义统合于其根本属性——法律上之强制力。当民事义务具备直接强制履行之条件,通过法院判决赋予其强制力,民事义务即直接转化为民事责任;反之,当其不具备该条件,实体私法通过创设损害赔偿(补偿)之债,并在逻辑上的下一秒赋予其强制力,从而实现民事义务向民事责任之转化。因此,看似损害赔偿之债重新归于义务的范畴,但其在同一时间即转化为责任。当然,这一转化的前提是此时创设的损害赔偿(补偿)之债必须具备直接强制履行之条件。否则,便会陷于“债—责任—债—责任”循环往复状态。[43]

二、法律责任、公法责任与民事责任

法律体系犹如一棵茂密粗壮的大树,由不同法律部门组成枝干,而不同法律部门所使用的相似法律概念,往往存在密切的联系。不仅私法领域存在民事责任,公法领域也存在行政责任、刑事责任等概念,以至于法理学界非常乐意以“法律责任”之概念,统摄这些存在于不同部门法中的责任。[44] 对此,梁慧星教授认为,在法律发展史上这些法律责任同出一源,起初并无多少区别,只是随着法律体系不断发达才逐步进行分化。[45] 例如,上古社会曾长期存在的赔偿金制

---

〔42〕 参见[美]博登海默:《博登海默法理学》,潘汉典译,法律出版社2015年版,第3页以下。

〔43〕 参见黄茂荣:《债法总论》(第1册),中国政法大学出版社2003年版,第63页;崔建远、韩世远:《债权保障法律制度研究》,清华大学出版社2004年版,第351页。

〔44〕 参见张文显:《法哲学范畴研究》,中国政法大学出版社2001年版,第116页以下。

〔45〕 参见梁慧星:《民法总论》(第5版),法律出版社2017年版,第82页。

度,既是民事上的损害赔偿,也可以视为对犯罪行为的刑事制裁。比较分析民事责任与公法责任、法律责任等概念,有助于进一步深化对民事责任内涵之理解。这种深化表现在两方面:其一,理解民事责任与公法责任的共通或相同之处,这是其二者可以被统摄于法律责任这一概念之下的基础;其二,理解民事责任与公法责任的核心差异,这构成了民事责任取得精神独立性并得以与公法责任分化的前提,更是我们认识公私法之界分的一个重要面向。

(一)霍菲尔德权利分析理论中的"法律责任"概念

法律责任何以成为民事责任、行政责任及刑事责任的上位概念,不同部门法中的法律责任究竟有何共通之处?就这一问题,霍菲尔德的权利分析理论提供了重要参考。作为分析法学派的代表人物,霍菲尔德对广义的"权利—义务"概念进行了非常系统的细分和逻辑分析。在广义"权利—义务"概念之下,就包含"权力—责任"这一对法律概念的"最小公分母"。霍菲尔德认为,法律权力与无权力(disability)相反,而与法律责任(legal liability)相关。[46] 权力的本质是人们通过一定行为或不作为而单方创设、改变或消除某种法律关系的能力。而作为权力关联词的责任,则是指行使权力的影响。责任的本质是"被迫受拘束",即责任人需要承担的法律关系变动并非自愿或与权力人协商一致所造成的,而是由权力人单方行使权力之结果。

由此可见,责任便与权力的概念相联系。英国法学家萨尔蒙德首先将"权力"这一概念从公私法领域抽象提取出来。他指出,权力既可以是公法性质的,也可以是私法性质的。[47] 在公法领域,与国家行政权和刑罚权相对应的,是公民的一般违法责任和严重不法责任(刑事责任)。而在私法领域,责任则与形成权、代理权、撤销权、期待权和承诺权等"私权力"相关联,这些"私权力"主体可依单方意思表示或行为实现民事法律关系之发生、变更或消灭。例如,被代理人将权力授予代理人后,被代理人即承担代理人单方创设被代理人与他人法律关系之责任。[48] 在霍菲尔德看来,将责任等同于债务(obligation)或义务

---

〔46〕 参见[美]霍菲尔德:《基本法律概念》,张书友编译,中国法制出版社 2009 年版,第 52 页。

〔47〕 参见王涌:《寻找法律概念的"最小公分母"——霍菲尔德法律概念分析思想研究》,载《比较法研究》1998 年第 2 期。

〔48〕 参见[美]霍菲尔德:《基本法律概念》,张书友编译,中国法制出版社 2009 年版,第 55 页以下。

(*duty*)并不恰当,在英语中,责任应当被理解为 subjection 或 responsibility。[49]

可以看出,霍菲尔德意义上的"法律责任",其核心本质是法律关系变动的单方性,体现的是他治而非自治,他治的正当性要么源于责任人的事先同意,要么源于法律这一"社会契约"。[50] 然而,吊诡的是,霍菲尔德在民事领域所谓的"责任",很少被包括我国在内的欧陆法系民法以"民事责任"冠之。欧陆法系对"民事责任"概念的限缩理解导致霍菲尔德以"单方性"和"强制力"作为不同部门法上不同责任之共通元素,进而抽象出"法律责任"这一上位概念的思想,在制定法上表现得并不明显。即便如此,大陆法系民法上民事责任的前述两种含义亦符合霍菲尔德权利分析理论中法律责任之本质。因为,要责任人承担民事责任,乃是基于权力的单方行使,首先是权利人行使"私权力",如向法院起诉,然后是法院行使"公权力",表现为作出司法判决。然而,如果遵照萨尔蒙德对"权力"的分解思路,民事责任真正对应的是"私权力"抑或"公权力",尚值得进一步探究。

(二)公法上的"责任"概念

在梳理清楚法律责任概念共性之基础上,进一步探究民事责任的概念内涵,一个可行的办法是以公法领域的责任概念作为参照,通过公私法的对话,避免"盲人摸象"或"一叶障目"。更重要的是,通过对比刑事责任和行政责任,可以发现民事责任与前两者存在价值基础侧重上的根本差异,这决定了民事责任承担方式的独特属性。

1. 刑事责任的内涵和价值基础

刑法意义上的责任,往往包含两种相对独立的含义。第一种含义常被称为"有责性",是指对符合构成要件的不法行为之非难可能性。[51] 有责性属于刑法上最重要的概念之一,学界和实务界一般直接称其为"责任",我国台湾地区的一些学者也将其译为"罪责"。[52] 这种"责任"与民法上的责任一样源于德语"Schuld"。作为犯罪成立的条件之一,有责性与民事责任的第二种含义——损害赔偿(补偿)之债中的"归责事由"具有较大相似性。而责任在刑法中的第二种含义则是指犯罪人因犯罪所必须承担的法律后果,即"刑事责任",主要表现

---

[49] See Wesley Newcomb Hohfeld, *Some Fundamental Legal Conceptions as Applied in Judicial Reasoning*, 23 Yale Law Journal 1, 54(1913).

[50] 参见蔡宏伟:《"法律责任"概念之澄清》,载《法制与社会发展》2020 年第 6 期。

[51] 参见张明楷:《刑法学》(第 5 版),法律出版社 2016 年版,第 240 页。

[52] 参见张明楷:《刑法学》(第 5 版),法律出版社 2016 年版,第 240 页。

为对犯罪人的人身、财产、自由等各方面权利和利益的剥夺与限制,在刑法中体现为针对各种犯罪所规定的法定刑。

刑法学界一般将刑事责任界定为"刑法规定的,因实施犯罪而产生的由司法机关强制犯罪者承受的刑事惩罚或否定性评价的负担"[53]。刑事责任这一概念具有如下几点特征:其一,刑事责任的价值基础在于惩罚犯罪而非填补损害,各种具体法定刑与填补受害人之损害并无直接关联,故刑事责任具有典型的管制性公法特征;其二,刑事责任的承担基于犯罪行为,除少量自诉案件之外,犯罪行为一旦完成,司法机关即负有强制犯罪者承受刑罚的义务,也就是公权力的介入和强制执行需主动发动,并不以受害人之申请为前提;其三,刑事责任的种类只能限于法律规定而不能随意创设,即罪刑法定原则。张明楷教授认为,刑事责任与严重不法行为(犯罪行为)的法律后果这两个概念大体等同,因而刑事责任也可被称作"严重不法责任"。[54]

2. 行政法视域下行政责任和一般违法责任的二元分野

与刑事法律关系类似,典型意义上的行政法律关系也以处于不平等地位的行政机关与行政相对人为主体,在这一行政法律关系中产生的广义上的行政责任,一般根据责任主体的不同而被分为行政机关责任和行政相对人责任。有意思的是,行政责任理论在学界长期存在较大分歧,并时而成为争论焦点。具体言之,可分三说:一说如前所述,将行政责任以主体为标准二分,该说乃 20 世纪 90 年代的学界通说,亦成为很多教科书中的"经典定义"。[55] 二说源于欧陆法系的传统行政责任理论,在近年来逐步兴起并受到广泛认同。该说强调了行政法上的责任因主体不同而存在的本质差异,为了突出这种差异,进而建议直接将行政责任定义为"国家责任",包括国家赔偿责任和国家补偿责任。[56] 而公民在行政法上承担的不利后果被称作公法性质的一般违法责任,可以与公民基于严重违法行为(犯罪行为)所需承担的刑事责任统归于"公民在公法上的法律

[53] 高铭暄、马克昌主编:《刑法学》(第 7 版),北京大学出版社、高等教育出版社 2016 年版,第 201 页。

[54] 参见张明楷:《刑法学》(第 5 版),法律出版社 2016 年版,第 498 页。

[55] 参见王成栋:《政府责任论》,中国政法大学出版社 1999 年版,第 27 页;罗豪才主编:《行政法学》,北京大学出版社 1996 年版,第 318 页;胡建淼主编:《行政违法问题探究》,法律出版社 2000 年版,第 549 页。

[56] 参见朱新力主编:《行政法律责任研究——多元视角下的诠释》,法律出版社 2004 年版,第 7 页;章剑生:《现代行政法总论》(第 2 版),法律出版社 2019 年版,第 298 页。

责任”。三说则源于苏联行政法学，将行政责任单一定义为仅行政相对人基于行政违法行为所需承担的法律责任，排除了行政机关因其违法行政行为所需承担的责任。[57] 持此观点之学者在“行政法律责任”下分两个子概念：其中行政主体的法律责任称为“国家责任”，而行政相对人的法律责任称为“行政责任”。[58]

笔者认为，在三种学说中，二说或许与通常理解不符，但却在贯通各部门法体系上更为有益。由行政机关承担的所谓国家责任更偏向于民事责任的属性，而由行政相对人承担的所谓一般违法责任则更类似于刑事责任或称严重不法责任。这种质的差别主要表现在以下两点：

其一，强制性程度与可处分性不同。行政相对人承担一般违法责任需行政机关做出具体行政行为。对后者而言，查处违法行为及强制相对人承担责任，既是权力，也是必须履行的义务或职责，即便存在自由裁量权，也一般不得自由处分或放弃；而行政机关承担的国家责任则类似于民事责任，需行政相对人进行申请。只有行政相对人主动行使相关权利时，行政责任才得以确定并具有强制力。而行政相对人享有权利的同时，并不负担必须行使权利之义务，该权利可以自由处分甚至放弃。

其二，核心价值取向和出发点不同。一般违法责任以行政相对人存在违法行为为前提，目的在于惩戒和制裁违法者，所维护的是社会公益，一般不具有填补损害之功能。因为相对人对行政机关本身并未造成损害，其所承担的法律责任（如罚金、拘留）更不是对行政机关损害的填补。而国家责任则是为了保护相对人权益并填补其损害，因而不论行政机关所作行政行为是否违法，即使完全合法如征收征用，亦需依法律之规定给予行政相对人行政补偿。看起来，这两种法律责任确实存在兼具填补损害与惩罚制裁之功能，但是不同法律责任的价值基础和出发点却存在本质差异。而这种差异正是行政责任与一般违法责任同属行政法领域，却得以分化的重要原因。

3. 不同法律责任的不同价值基础

由上所述，民法、行政法、刑法三个法律部门，但却包含四种法律责任，即民事责任、行政责任（国家责任）、一般违法责任、严重不法责任（刑事责任）。基于惩罚制裁、维护公益的共同价值基础，一般违法责任和严重不法责任（刑事责任）可被归于一组，两者同属公法，兼具较强的强制性、责任类型法定、责任承担

---

[57] 参见［苏］马诺辛：《苏维埃行政法》，黄道秀译，群众出版社 1983 年版，第 209 页。

[58] 参见沈开举、王钰：《行政责任研究》，郑州大学出版社 2004 年版，第 3 页。

主体均为私人一方等特征。基于救济私权、填补损害的共同价值基础,行政责任(国家责任)和民事责任的概念内涵则更为相近。这两种责任的目的侧重于填补损害,司法权力强制介入的前提应是权益受损者的申请或诉权的发动。早年《民法通则》第121条甚至直接将行政责任等同于民事责任。[59] 当然,这两种责任也兼具制裁和惩戒作用,甚至存在以后者为主要目的的惩罚性赔偿制度。此外,民法上也存在以维护公益为目的的民事责任制度,如《民法典》第185条规定:"侵害英雄烈士等的姓名、肖像、名誉、荣誉,损害社会公共利益的,应当承担民事责任。"但必须看到,这些情况在民事责任中乃是例外性的存在,且需要不同于"全面赔偿原则"的新赔偿规则、民事公益性诉讼制度这些新的"例外"作为辅助,方可运行无虞。

应看到,设计民事责任制度的出发点并非对义务人的震慑或对其违反义务的惩罚,而是强制义务人履行义务或权利人所受损害的移转,其目的在于救济权利人而非惩罚义务人,在于维护私权而非公益。[60] 故而以公法上的"刀把子理念"制定民事责任法规范,不是本末倒置,而是南辕北辙。以救济权利为出发点和最终目的的权利本位视角才是分析民事责任概念和设计民事责任承担方式的唯一可行道路。

三、我国制定法上的"民事责任"和"民事责任承担方式"

(一)我国制定法上"民事责任"的多元含义

如前所述,笔者认为,民事责任这一概念在两种讲法中有其意义:其一,履行债务的法之强制力,或曰强制履行债务的手段。这种责任的意义在于借以国家之公权力实现对债务(第一性义务)的强制履行,以满足债权的顺利实现。其二,一种损害赔偿(补偿)之债,其意义在于解决由于各种原因致某人损害的移转问题,即将他者之损害转化为由责任人承担的异于原定义务的他种"不利

[59] 《民法通则》(1986年)第121条规定:"国家机关或者国家机关工作人员在执行职务中,侵犯公民、法人的合法权益造成损害的,应当承担民事责任。"

[60] 我国《民法通则》第134条曾规定"民事制裁"制度,制裁方式包括训诫、责令具结悔过、罚款、拘留等。于今日看来,这些措施应归公法而非民法规定,故而在《民法总则》乃至《民法典》中便不再规定该制度,从立法者本意来看就是废除了民事制裁制度。从民事制裁制度从建到废的历史过程中,亦可以从侧面佐证民事责任的价值基础。参见王利明等:《民法学》(第5版),法律出版社2017年版,第233页。

益”。责任主体一般是违反民事义务致他人受损之民事主体,如承担侵权责任、违约责任和缔约过失责任的民事主体。但也存在即便民事主体未违反义务,出于法政策考量使其承担一部分损害补偿责任之情况。因此,我国民法学界将民事责任笼统定义为“民事主体违反民事义务的法律后果”,既不准确,也不全面。

正是由于我国民法学界对民事责任笼统和不准确的理解,加之“责任”一词在通常含义上确实存在多种讲得通的语义,导致我国民事立法在“民事责任”一词的使用上较为混乱。笔者认为,民事责任的概念之“陋室”被立法主观塞入了至少四重内涵:

一是指一般性的民事义务或债务。这并不是我国的独有问题,在英美法上,“责任”这一术语也常被不严谨地作为“义务”或“债务”的同义词。[61] 比如“保险责任”,我国《保险法》第 2 条所规定的“给付保险金责任”(保险责任)是指保险人因发生保险事故而应向投保人或受益人支付保险金的义务,这一责任本质上就是保险合同项下的债务。而《民法典》第 177 条、第 178 条规定的“按份责任”和“连带责任”,核心涉及的是在按份之债和连带之债中债务人的债务分配问题。再比如,《民法典》第 74 条第 2 款规定:“分支机构以自己的名义从事民事活动,产生的民事责任由法人承担。”此处的“民事责任”显然并非分支机构违法行为的不利后果,而是与一般性的义务同义。

二是指义务人因其违反义务而需承担的不利后果,对于权利人而言则是其权利的救济方式,这也是我国民法学界对民事责任的通常定义。我国《民法典》总则编第八章专门规定的“民事责任”即是此义。《民法典》第 179 条罗列的 11 种民事责任承担方式,其实就是权利的 11 种救济方式。

三是指强制执行债务的方式和范围。这种意义上的民事责任在“人身责任”、“财产责任”、“有限责任”、“无限责任”及“物上责任”等法律概念中体现得淋漓尽致。债务人原则上以其全部财产承担无限责任,有限责任往往出现于限定继承和公司等少数情况下,物上责任则是指债权人就设立担保的不动产或者动产优先受偿的情形。需要注意的是,有限责任和无限责任强调强制执行范围的问题,财产在未强制执行之前都是非特定化的,而物上责任的执行范围则是特定物品,正因为其特定性,因此物上责任也是一种特殊的有限责任。

四是指损害赔偿(补偿)之债。违约责任、侵权责任、缔约过失责任都是这

---

〔61〕 参见[美]霍菲尔德:《基本法律概念》,张书友编译,中国法制出版社 2009 年版,第 66 页。

种意义上的民事责任。民事责任的这种含义与“义务人因其违反义务而需承担的不利后果”这一含义虽有重合部分,但两者其实本质不同。作为损害赔偿(补偿)之债的民事责任所产生的法律效果单一,即损害移转,而不包括返还原物、排除妨害等其他效果。此外,这种意义上的责任并非全由义务人之违法行为引起,亦包括损害补偿之债。

(二)我国制定法上“民事责任”含义的删减与纠偏

基于以上认识,对我国民事责任概念体系进一步构造,笔者提出以下几点思路:

首先,将民事责任定义为一般性义务或债务不甚合理,因为如此责任与义务渐无二异,责任也就失去了作为独立法律概念的价值所在。虽然责任在通常用语中时时与义务同义,但基于法律之严谨性,在条文中应尽量有所区别。因而,建议将具有一般性义务或债务的“责任”概念变为“义务”或“债务”,如将“保险责任”变为“给付保险金义务”,将“按份责任”和“连带责任”变为“按份债务”和“连带债务”等。

其次,《民法典》总则编继承了《民法通则》以来形成的传统,将民事责任单列一章。对于此处民事责任的理解,可谓重中之重。笔者认为,不应将其简单化理解为“义务人因其违反义务而需承担的不利后果”或者“权利人的权利救济方式”。而应将其统一界定为“损害赔偿(补偿)之债”(“继续履行”除外,详见后述),债务内容即为责任人因未适当履行第一性义务或其他法律事由所需要履行的第二性义务,表现为民事责任的多种承担方式。

将“损害赔偿(补偿)之债”单列一章,而将其发生之原因分散于物权编、合同编、侵权责任编等部分,表明我国民法采与德国民法相一致的“分离模式”,即将责任的成立与责任的承担分开规定。[62] 我国《民法典》总则编规定的“民事责任”,既可能基于物权请求权,也可能基于债权请求权或侵权损害赔偿请求权等。但是与德国法不同之处在于,德国民法采用的“分离模式”是将损害的性质和范围与损害发生的原因分开考虑,并将前者集中规定在《德国民法典》第249条以下的条文之中,其理论依据是恢复原状原则与全面赔偿原则。[63] 由于德国民法统一采纳该原则,因此赔偿的内容和范围原则上都与损害产生的原因无关,自然可以集中加以规定。而对于损害赔偿请求权成立的要件,则可以根据损害产生原因的不同分散规定在民法典各编之中。然而我国民法却在实质上

---

〔62〕 参见李承亮:《损害赔偿与民事责任》,载《法学研究》2009年第3期。

〔63〕 参见李承亮:《损害赔偿与民事责任》,载《法学研究》2009年第3期。

将损害的性质和范围与损害发生的原因联系了起来，这表现在我国侵权责任借鉴大陆法系，以恢复原状和全面赔偿为原则，而违约责任却吸收了普通法系的思想，引入了“可预见规则”来计算损害的范围。这样一来，就导致我国《民法典》“民事责任”一章并不能像德国法那样全面规定损害的性质和范围问题，而只能主要规定关于损害赔偿方式以及免责事由的问题。如此一来，将民事责任单独成章的价值和必要性便越发值得推敲和怀疑了。

（三）我国制定法上的“民事责任承担方式”

所谓民事责任承担方式，是指行为人承担民事责任的具体方法，[64]或者说是民事责任的具体体现。[65] 由前所述，如果将民事责任理解为“损害赔偿（补偿）之债”，那么民事责任承担方式实质上就是“损害赔偿（补偿）之债”的标的或内容。需要注意的是，损害赔偿（补偿）之债的目的固然是填补损害，但该债务却存在多种形态的标的。

根据《民法典》第179条之规定，我国民法上的民事责任包含11种责任承担方式，分别是停止侵害，排除妨碍，消除危险，返还财产，恢复原状，修理、重作、更换，继续履行，赔偿损失，支付违约金，消除影响、恢复名誉和赔礼道歉。而相比之下，德国民事责任承担方式则只有“损害赔偿”（Schadenserastz）一种。[66] 然而，德国法上的损害赔偿并非我国法上的赔偿损失，其内涵和外延基本上能涵盖我国民法列举的11种民事责任承担方式。李承亮教授认为，德国法上损害赔偿的方式主要分为两种：一是价值赔偿，这是一种保障受害人价值利益的赔偿方式，以支付一定的金钱来实现，故也被称为金钱赔偿；二是恢复原状，保障的是受害人的完整利益。《德国民法典》确立了以恢复原状为原则、价值赔偿作为补充的损害赔偿体系。[67] 相比之下，我国《民法典》将民事责任承担方式罗列为11种，具有清晰明白、简单易操作的优点，但11种民事责任承担方式之间的逻辑关系却不够清晰。比如返还财产，修理、重作、更换乃至消除影响、恢复名誉都可以解释为恢复原状的具体表现形态，但我国《民法典》第179条却将其并列。除此之外，恢复原状的方式多种多样，必然也不仅限于所列举之几种。为何将返还财产等明确列举，而不列举诸如“治疗”等方式，也无法得到合理解释。

---

〔64〕 参见张新宝：《侵权责任法》，中国人民大学出版社2006年版，第332页。

〔65〕 参见王利明等：《民法学》（第5版），法律出版社2017年版，第235页。

〔66〕 Vgl. Medicus, Schuldrecht Ⅱ, Besonderer Teil, 14. Auflage, Munchen2007, S. 278.

〔67〕 参见李承亮：《损害赔偿与民事责任》，载《法学研究》2009年第3期。

除责任承担方式逻辑混乱的问题之外,有两种责任承担方式,其本身是否应当被作为民事责任的一种承担方式,在学界存在较大争论,即继续履行和赔礼道歉。就继续履行而言,继续履行的仍然是合同确定的义务,并未转化为损害赔偿,义务人也并未遭受额外的不利益。正因为继续履行并非损害赔偿之债的内容,若要将其作为民事责任的承担方式,必须要有其他原因支撑。韩世远教授认为,“实际履行责任”与“履行合同债务之义务”的区别在于,实际履行比合同原定的履行请求权在时间上靠后,而且增加了一层国家强制。[68] 在这个意义上,作为唯一的例外,继续履行的民事责任并非“损害赔偿(补偿)之债”意义上的责任(民事责任的第二种含义),而是“强制实现债务手段”意义上的责任(民事责任的第一种含义)。必须注意,对于标的是不可替代、具有人身属性之行为的合同,判令债务人承担继续履行之民事责任并不能附加国家强制之力,因而也就背离了民事责任的本质。将继续履行作为一种民事责任承担方式,从性质上排除了债务标的不适于强制履行的合同,这一点也体现在《民法典》第580条之上。[69]

而对于赔礼道歉,其固然看似可以作为损害赔偿(补偿)之债的标的,但正如前述,法院判令责任人承担损害赔偿(补偿)之债逻辑的下一秒便赋予了该债务以国家强制力,从而实现民事义务向民事责任的转化。因此,这一转化的前提便是此时创设的债务关系必须具备直接强制履行之条件。而赔礼道歉作为该债务标的,问题就在于其不具备直接强制履行的条件,因而根本无法被赋予国家强制力。因为赔礼道歉本质上属于人身责任,其需要责任人以某种主动人身作为的方式承担。而在当代民法视域下,公权力强制执行的范围已限于纯粹财产责任,此时以赔礼道歉为内容的债务如何被强制执行?又如何起到终局救济权利之作用?

事实上,赔礼道歉的“执行难”问题在司法实践中已经屡次出现。“钱可以赔,歉绝不道”的案例并不少见,典型的如庄羽诉郭敬明案。在法院判令郭敬明在《中国青年报》上公开道歉之后,其拒不执行。随后庄羽向北京市第一中院递交强制执行申请书,要求法院对郭敬明“拒不道歉”行为采取强制措施。法院最

---

〔68〕 参见韩世远:《合同法总论》,法律出版社2004年版,第703页。

〔69〕 《民法典》第580条规定:当事人一方不履行非金钱债务或者履行非金钱债务不符合约定的,对方可以请求履行,但是有下列情形之一的除外:(1)法律上或者事实上不能履行;(2)债务的标的不适于强制履行或者履行费用过高;(3)债权人在合理期限内未请求履行。

终只能将终审判决结果在《中国青年报》上刊登公告,公告费由郭敬明支付,视为强制执行赔礼道歉之判决。[70] 这一操作办法实际上遵循了最高人民法院出台的相关文件。1993 年 8 月最高人民法院《关于审理名誉权案件若干问题的解答》(已失效)规定,若债务人不主动履行债务,法院可以以公告、登报等方式将判决书内容和相关情况公布于众,从而达到赔礼道歉的实际效果。[71] 这种处理办法也被《民法典》第 1000 条第 2 款采纳,即“行为人拒不承担前款规定的民事责任的,人民法院可以采取在报刊、网络等媒体上发布公告或者公布生效裁判文书等方式执行,产生的费用由行为人负担”。但是笔者认为,这种方式只能算是强制执行以“消除影响、恢复名誉”为内容的债务之方法,何以通过消除影响、恢复名誉来达到赔礼道歉的效果呢?再者,如果通过消除影响、恢复名誉就可以达到赔礼道歉的效果,那么设立赔礼道歉作为独立的民事责任承担方式的意义又何在呢?

赔礼道歉与消除影响、恢复名誉的根本差异在于,后者的主要目的是填补损害,而前者则兼具补偿受害人和惩罚加害人的双重属性。后者本质上是一种可替代行为,可以转化为财产责任,而前者则必须要求加害人亲自实施,具有不可替代的人身属性,不仅关涉加害人之行为,更关涉其思想和良心。为赔礼道歉辩护的学者往往认为,精神损害难以用金钱填补,特别是在中国这样一个具有儒家宗法伦理传统的社会之中,如秋菊打官司,不是为了钱,就是为了讨一个说法。将赔礼道歉作为民事责任承担方式之一,不仅是对革命老区经验的继承,更是在当代市场经济下警惕人被金钱异化及捍卫民法“道德性”的彰显。[72] 但是,将赔礼道歉作为一种民事责任承担方式,在弥补一种恶的同时,有可能创设一种新的恶,即侵犯加害人的行动自由和思想自由。早在 1991 年,在 Women Dong-a 一案中,在同样具有儒家宗法传统的韩国,韩国宪法法院就认定强制被

---

〔70〕 参见《时隔 15 年,郭敬明终于向庄羽道歉》,载百家号“澎湃新闻”2020 年 12 月 31 日,https://baijiahao.baidu.com/s? id=1687524412433493491&wfr=spider&for=pc。

〔71〕 最高人民法院《关于审理名誉权案件若干问题的解答》指出:“十一、问:侵权人不执行生效判决,不为对方恢复名誉、消除影响、赔礼道歉的,应如何处理?答:侵权人拒不执行生效判决,不为对方恢复名誉、消除影响的,人民法院可以采取公告、登报等方式,将判决的主要内容和有关情况公布于众,费用由被执行人负担,并可依照民事诉讼法第一百零二条第六项的规定处理。”

〔72〕 参见黄忠:《认真对待“赔礼道歉”》,载《法律科学(西北政法大学学报)》2008 年第 5 期。

告赔礼道歉应属违宪,法律依据是《韩国宪法》第19条之规定,即"一切国民享有良心的自由"。韩国宪法法院认为,国家命令加害人赔礼道歉是对个人感情的一种强迫,是对其人格的极端不尊重。[73]

综上所述,赔礼道歉无法被赋予国家强制力,因而不符合民事责任的本质属性,以法院公告、加害人负担公告费用的形式强制执行赔礼道歉本质上是在消除影响、恢复名誉。如果强行施加赔礼道歉以法律强制力,则会侵犯加害人基本权利,不符合当代民法核心精神,且存在违宪风险。因此,笔者认为,赔礼道歉不应作为独立的民事责任承担方式,建议删除为宜。

四、结　语

基于本文的分析,笔者认为,对民事责任的精细化理解应当从以下两方面展开:一是强制实现债务的手段,二是以填补损害为目的的损害赔偿(补偿)之债,两者统合于民事责任的根本属性——法律上之强制力。前者是对债务的直接强制履行,故而仅限于具备直接强制履行条件的非人身性债务;而后者是对债务的间接强制履行,因此生成损害赔偿(补偿)之债的同时即在其上附着国家强制力,这本身恰恰决定了可生成的损害赔偿(补偿)之债的范围和内容。我国民法上规定的民事责任承担方式,除继续履行是"强制实现债务的手段"外,其余均应是"损害赔偿(补偿)之债"的内容。在现行11种承担方式中,基于附加国家强制的根本要求,不仅应限定继续履行的适用范围,还应剔除不可被终局救济的赔礼道歉。正是在"强制力"这一层面,民事责任得以与公法上的责任统合于"法律责任"的概念之下。但是,民事责任与公法上的一般违法责任和严重不法责任的区别恰在于,后者的根本目的是维护公益,因而其本身就体现了国家强制;而前者则是为了救济私权,故民事责任仅仅是国家强制通往私法自治的桥梁和通道,是否开启、如何开启国家强制,以及国家强制欲达到的效果,私法主体均享有较大决定权。这就决定了民事责任在原则上不能过分强调惩罚目的,并且在民事责任承担方式的设计上也应当为受害人服务,以更有利于受害人达成救济目标为标准。

本文有所涉及但有待进一步讨论的问题是,我国《民法典》将作为"损害赔

---

[73] 参见韩大元:《韩国宪法法院关于赔礼道歉广告处分违宪的判决》,载中国人民大学民商事法律科学研究中心、最高人民法院《人民司法》编辑部主办:《判解研究》2002年第1辑,人民法院出版社2002年版,第198页以下。

偿(补偿)之债"的民事责任在总则编专章单列,而民事责任的发生原因却分散于各分编。将具有相同属性的规范通过"合并同类项"的方式集中规定,符合潘德克吞式民法体例的要求。然而,还需要考虑是否存在足够多适合集中规定的规范,以及集中规定的实际效果问题。就民事责任而言,由于其发生原因与民事责任本身的内容和范围密切相连,因而集中规定在总则编的相关条款恰恰成为司法裁判的"鸡肋",难以发挥实际作用。笔者理解将民事责任在总则编规定,使之与民事权利和民事义务并立,并进而构建以"权利—义务—责任"为骨架的民法体系的考虑。但是,在民法体系上,民事责任是否可以成为民事权利和民事义务的同位阶概念,也存在疑问。缺少权利和义务概念,民法就将崩塌;而缺少责任概念,民法最多失去"利剑"和"牙齿"。从更深层意义看,民事责任在民法体系中的价值和地位,恰恰预示着国家强制在私法自治中的价值和地位,这不仅是对民法的灵魂拷问,更决定了民法未来的道路和方向。

学术视点

论消费税收入分享制度改革

杨佳颖*

摘要:

自“营改增”全面实施以来,地方财税状况逐年吃紧,央地间税收分配矛盾日益加剧,财税体制改革已然提上日程。从税收收入来看,消费税名列前茅,是本阶段改革的重点税种之一。中央发布的多项文件都表明央地共享消费税将成为近期财税领域的重要改革事项,但是对于“如何共享”,却至今缺乏具体的实施方案。鲜有改革是一帆风顺的,消费税自设立以来,几经改革,仍然在具体方式、利益分配、税收功能等方面存在一些问题。依据相关理论基础,并结合我国国情与域外经验,可以发现当前制度的改革方向是可行的。但将之与1994年的税收返还制度进行对比,却又发现这次改革未实现根本性突破。考虑到财政稳定性等因素,当下的权宜之计是查缺补漏,循序渐进,温和地解决地方财政压力与恶性税收竞争等问题。

关键词:

消费税;收入共享;税收竞争;转移支付

一、引　　言

中央和地方的财政之间存在牵一发而动全身的分配关系。政府间税收分享的变化除了会对地方税收收入产生直接影响,还会对地方征税行为产生间接影响,因此在不同的历史时期,有选择性地划分政府间税收分享比例将是改革的重要问题。[1]

在“营改增”与结构性减税的背景下,消费税能够作为缓解地方财政压力的

---

* 杨佳颖,中国政法大学中欧法学院硕士研究生,研究领域为经济法学。

〔1〕 参见刘怡、刘维刚:《税收分享对地方征税努力的影响——基于全国县级面板数据的研究》,载《财政研究》2015年第3期。

有效手段已基本达成共识。[2] 2019年国务院发布《实施更大规模减税降费后调整中央与地方收入划分改革推进方案》(以下简称《中央与地方收入划分改革方案》),其中核心内容之一就是将消费税收入逐步下划地方,以增加地方收入来源,“改革调整的存量部分核定基数,由地方上解中央,增量部分原则上将归属地方,确保中央与地方既有财力格局稳定”[3]。《国民经济和社会发展第十四个五年规划和2035年远景目标纲要》更是进一步明确指出,推进消费税“征收环节后移并稳步下划地方”[4]。至此,消费税改革进入加速推进阶段,适用中央地方共享的新模式已为趋势所在。

2016年国务院颁布了《关于推进中央与地方财政事权和支出责任划分改革的指导意见》,将重大民生和战略性资源的事权上划为中央,相应地增加了中央财政在该领域的支出,[5] 这一决定同时意味着地方事权和地方支出责任的减少。中央财政支出在全国财政支出的比重的增大,使消费税的收入归属对央地收入格局和分配方式产生关键性影响。[6]

消费税收入分享制度改革是《中央与地方收入划分改革方案》中的纵向改革,采取了“定基数,调增量”的模式,直接改变了消费税在中央与地方之间的分配关系,在一定程度上会缓解地方财政吃紧的状况,但与此同时也会给现存税收体制带来新的挑战。

二、消费税收入分享制度改革的问题所在

(一)具体方式:给有效征管带来挑战

《中央与地方收入划分改革方案》中指出,经核定基数后,征收环节后移的消费税目的收入存量部分上解中央,增量部分原则上归属地方。也就是说,消费税

---

[2] 参见杨晓妹等:《消费税改革与地方财力均衡——基于后移征收环节与调整收入划分的双重视角分析》,载《财政研究》2020年第10期。

[3] 国务院关于印发《实施更大规模减税降费后调整中央与地方收入划分改革推进方案》的通知,国发〔2019〕21号,2019年9月26日发布。

[4] 《国民经济和社会发展第十四个五年规划和2035年远景目标纲要》,2021年3月11日第十三届全国人民代表大会第四次会议表决通过。

[5] 国务院《关于推进中央与地方财政事权和支出责任划分改革的指导意见》,国发〔2016〕49号,2016年8月16日发布。

[6] 参见陈少英:《我国消费税收入归属的立法思考》,载《上海法学研究》集刊(2020年第21卷总第45卷)——上海市法学会财税法学研究会文集。

收入不会全部划归地方,只有部分税目的增量收入可能下划地方。当前制度设计是先从高档手表等收入规模较小的税目入手,[7]因为这些税目条件成熟,征管措施完善。预期未来会对其他符合条件的品目进行试点改革。如此设计的用意是将消费税存量基数保留在中央,从而保障中央收入的稳定,同时将部分税目的增量部分下划地方,以起到扩大地方收入来源、刺激地方税收积极性的作用。

妥善落实这一措施的关键在于如何合理地确定存量基数,这将对改革的均衡效果产生直接影响。若核定的存量过高,不但无法实现缓解地方财政压力的目标,而且难以有效地发挥纵向财力均衡的作用,故上解中央的存量基数不应定得过高。[8] 然而目前,除了《中央与地方收入划分改革方案》等一系列文件中给出的改革的整体方向外,实践中并没有成熟的政府间收入分成方案。因此,实际上,该项改革尚未能够全面推进。

此外,原本消费税自身的收入规模就无法替代营业税,[9]再加上我国消费税的主要来源是烟、酒、小汽车、成品油四大税目,相比较而言,其余税目对于该税种筹集收入的贡献简直微不足道。此次改革在这一基础上,为中央设置了存量保留,只有增量部分原则上会下划至地方。可见,经过层层划分,地方政府最终能够实现的消费税收入并不乐观。

最后,《中央与地方收入划分改革方案》中还预设了未来可能会增加在批发零售环节征税的消费税税目,即未来可能会有一些收入规模较大的税目被纳入其中,但是从征管效率的角度来看,包括能源环保类在内的部分税目的征税对象具有跨域性,这决定了由中央政府统一征管效率会更高,由地方来征收反而会增加征税成本,当成本高于收入时,该项改革将失去意义。此外,同样具有跨域性的出口征退税管理系统受此影响,征税地和退税地可能出现不一的情况,出口退税问题将难以解决。[10]

---

〔7〕 具体调整品目经充分论证,逐项报批后稳步实施。先对高档手表、贵重首饰和珠宝玉石等条件成熟的品目实施改革,再结合消费税立法对其他具备条件的品目实施改革试点。(参见国务院关于印发《实施更大规模减税降费后调整中央与地方收入划分改革推进方案》的通知,国发〔2019〕21 号,2019 年 9 月 26 日发布。)

〔8〕 参见杨晓妹等:《消费税改革与地方财力均衡——基于后移征收环节与调整收入划分的双重视角分析》,载《财政研究》2020 年第 10 期。

〔9〕 参见国家税务总局税收科学研究所课题组等:《消费税征收环节及收入归属的国际比较研究与借鉴》,载《国际税收》2015 年第 5 期。

〔10〕 参见尹音频、张莹:《消费税能够担当地方税主体税种吗?》,载《税务研究》2014 年第 5 期。

(二)利益分配:引发新一轮税收失衡

本轮消费税改革的目标及影响之一是对中央与地方及地方之间的利益关系进行重新调整,具体措施可以归纳为将部分税目“征收环节后移+收入下划地方”。《中央与地方收入划分改革方案》中列举的高档手表等一系列高档奢侈品的税收收入与地方消费水平密切相关。2020 年国家发改委等部门联合发布《关于促进消费扩容提质加快形成强大国内市场的实施意见》,其中明确指出要将这些高档应税消费品的征税环节后置。[11] 征税环节后移后,这些消费品的原生产地不仅会因此而无法获得下划入地方的那部分消费税,还会因此减少增值税、城市维护建设税、教育费附加和地方教育费附加收入。作为价内税的消费税,是增值税收入的计税依据,当其征收环节后置于批发、零售环节时,在生产环节征收的增值税的计税依据会相应地减少,收入会降低。与此同时,“城、教、地”收入以增值税和消费税收入为计税依据,生产地的增值税和消费税的收入降低也会相应导致其“城、教、地”收入减少。[12] 由此可见,对于原消费品生产地,尤其是以某种单一消费品为主要经济支柱型产业的地区来说,这一正一负两项损失将造成一定的减收效应,可能无法弥补缺口。

当前已经纳入调整范围的税目主要集中表现为奢侈消费品。这些消费品的销售范围、规模等深受地区消费水平的限制。各省份之间由于经济发达程度不一,人均可支配收入存在不均现象,[13] 相应地,消费规模也存在显著差异。显然,东部地区由于经济发达程度高,居民普遍消费水平要高于国内其他地区,这里产生的消费税也较高,无形之中又拉大了地方之间的税收差距。再进一步看,大中城市会成为消费税主产区,作为生产基地的农村可能失去税收。[14]

---

[11] 落实好降低日用消费品进口关税的措施,调整优化部分消费税品目征收环节,将高档手表、贵重首饰和珠宝玉石的消费税由进口环节后移至零售环节征收。(参见《关于促进消费扩容提质加快形成强大国内市场的实施意见》,发改就业〔2020〕293 号,2020 年 2 月 28 日发布。)

[12] 参见许文:《消费税立法后的改革展望:功能定位、制度优化与多元协调》,载《地方财政研究》2020 年第 2 期。

[13] 我国东部地区受地理位置、国家政策、人口密度等因素的影响,人均可支配收入长期以来都显著高于我国其他地区。

[14] 参见白景明:《进一步理顺政府间收入划分需要破解三大难题》,载《税务研究》2015 年第 4 期。

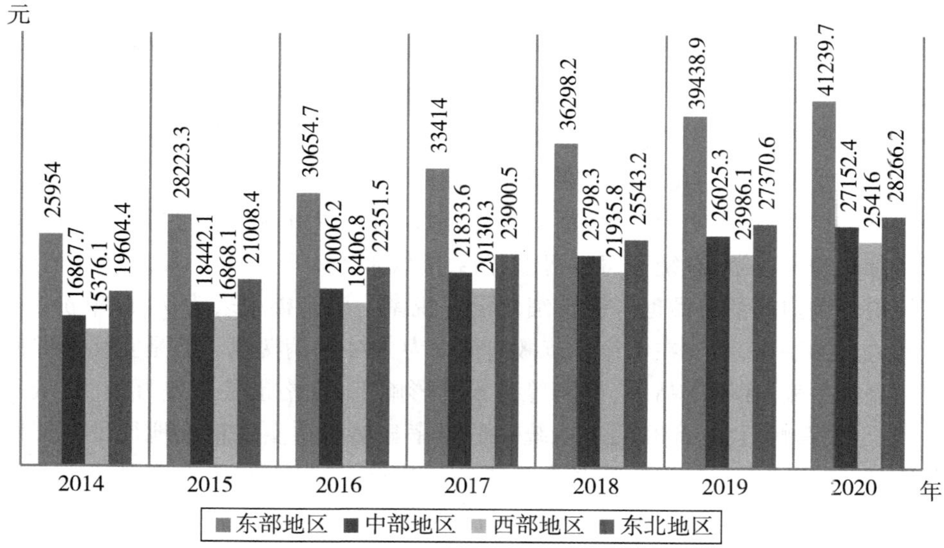

图1　全国居民按东、中、西部及东北地区分组的人均可支配收入

资料来源:《中国统计年鉴2021》。

如果未来扩大税目范围,尤其是将烟、成品油等生产地区域化明显的品目纳入下划范围后,那么这些消费品生产地的消费税、增值税乃至"城、教、地"收入将会大幅下降,这不仅会打破既有的地域间财力分配的相对平衡,还会引发新的不均衡。此时如果不能正确处理生产地的减收问题,日后征收环节后移和收入下划改革将面临巨大的地方阻力。

(三)税收功能:"寓禁于征"发挥不充分

近年来,与消费税相关的政府文件中,"节能减排""资源利用""合理消费"等字眼也被反复提及。消费税本身的职能定位中就包含有"调节功能"这一项,《关于〈中华人民共和国消费税法(征求意见稿)〉的说明》更是直接表示"消费税是调节税种",具有"调节职能"。[15] 但目前,我国消费税虽然在组织收入方面贡献斐然,[16]但在"纠正消费者偏好误差"和"矫正外部不经济"等方面却发

〔15〕 参见财政部、国家税务总局:《关于〈中华人民共和国消费税法(征求意见稿)〉的说明》,载国家税务总局网2019年12月3日,http://www.chinatax.gov.cn/chinatax/n810356/n810961/c5140457/content.html。

〔16〕 参见李成、林颖:《小汽车消费税征收环节后移并下划地方改革研析》,载《税务研究》2021年第9期。

挥不足。

首先,消费税征收范围亟待更新,税率亟待精细化。我国消费税的征税对象集中在“劣值消费品”[17]、高能耗消费品、不可再生和替代资源类消费品、奢侈消费品及其他具有一定财政意义的消费品等五类。[18] 其中奢侈消费品是此次改革的重点品目。我国目前在奢侈消费品领域的征税范围仍是围绕有形商品展开的,然而在现实中,奢侈消费不止于此,还包括价格昂贵的无形服务,如豪华邮轮海上巡游、总统套房住宿、高档会所娱乐休闲等。[19] 除此之外,已包含在征税范围内的消费品也未被精细化设置税率。以高档手表为例,即单价在 1 万元之上的手表,需要在销售环节缴纳税率为 20% 的消费税。但是实际上即使都是高档手表,在不同品牌、性能等要素的影响下,价格也是千差万别的,从几万到千万,跨幅巨大,此时仍采取统一的税率显然很难实现精准地征税。征税范围过窄,税率设置过于粗略都会使税收流失,这不仅不利于地方财政压力的减轻,还有碍于发挥消费税调节收入分配差距的职能。

其次,消费税税基广泛、流动性强、税源分布不均、调控宏观经济功能较强,具有此类特征的税种一般被认为适宜划归中央。如果将它下划地方,则可能影响到其调控职能的实现。如果消费税的征收环节仍设置在生产环节,那么下划地方恐有违“寓禁于征”的初衷,地方政府出于本位利益的考虑,可能会着力发展高能耗高污染产业。[20] 如果后置于销售环节征收,则存在地方政府为了增加消费税收入而盲目鼓励和刺激消费劣值消费品的顾虑,地方经济结构可能变得更加畸形。[21] 这也与消费税征收所秉持的“寓禁于征”的宗旨相悖。

---

〔17〕 劣值消费品是指那些带来的实际效用低于主观评价的产品,如烟、酒、鞭炮焰火等。国家为了防止过度消费,对该类产品一般都征收高额的税收以提高价格,降低人们的需求,甚至采取一定的管制措施。(参见谷彦芳:《后营改增时代消费税改革的再思考》,载《税务研究》2017 年第 5 期。)

〔18〕 参见尹音频、张莹:《消费税能够担当地方税主体税种吗?》,载《税务研究》2014 年第 5 期。

〔19〕 参见郝晓薇、黄登辉:《“营改增”背景下基于中央地方共享税定位的消费税改革探析》,载《当代经济管理》2015 年第 6 期。

〔20〕 参见葛静:《“营改增”后重构我国地方税体系的思路和选择》,载《税务研究》2015 年第 2 期。

〔21〕 参见志勇:《消费税制改革趋势与地方税体系的完善》,载《国际税收》2014 年第 3 期。

三、消费税收入分享制度的理论研究

理论引导实践,实践诠释理论,消费税收入分享改革同样需要理论依据。本文选取了三个与税收收入分享改革相关的理论,主要涉及中央和地方之间的税种及其收入的划分与转移支付,在这一角度下,本文首先了解税收权责的协调配置,其次关注税收分权体制中的税收分配原则,最后参考现代税收竞争理论,以期为制度的改革提供理论依据。

(一)财政分权理论:财权事权协调配置

财政分权理论(fiscal decentralization)是从经济学角度寻求为有效地行使财政职能所需的财政支出和收入在从中央到地方的各级政府之间最优分工的理论。[22] 财政分权的目标在于使政府公共财政管理制度、政策的制定和实施更贴近民众,以提高政府公共财政管理的效率和效益。为了实现该目标,财政分权制度必然要划定地方政府支出责任范围,并赋予其相应的税收权力。[23]

在第一代财政分权理论诞生之前,经济学家们的共识是公共产品只能由公共部门提供,故资源配置很难最优化。然而蒂布特(Tiebout)则认为,在满足一定假设的情况下,[24]居民和企业可以根据自己的偏好,自由选择适宜的地区进行生活或生产,[25]即“用脚投票”,地区政府之间会因为争夺税源,而不断提高该地区的公共产品供给效率,此时赋权于地方政府将有利于实现公共产品供给的优化。在此基础上,马斯格雷夫(Musgrave)提出了“新财政联邦主义”。他认

---

〔22〕 参见蒋洪:《财政学教程》,上海三联书店 1996 年版,第 497 页。

〔23〕 参见卢洪友:《论财政分权与分级财政制度》,载《山东财政学院学报》2001 年第 3 期。

〔24〕 这里,做出如下假设:(1)(具有消费者和投票者的)双重身份者能够充分流动,将流向那些能够最好地满足他们的既定偏好模式的社区;(2)双重身份者对收入—支出模式的差异掌握完全信息,并能够对这些差异作出反应;(3)有许多社区可供双重身份者选择居住;(4)不考虑对就业机会的限制,假定所有的人都靠股息来维持生活;(5)在各个社区之间,所提供的公共服务不存在外部经济或者外部不经济;(6)每一种社区服务模式都是由城市管理者根据该社区原有住户的偏好来设定的。对每一种社区服务模式而言,都存在一个最优的社区规模。(参见[美]查尔斯 · M. 蒂布特、吴欣望:《一个关于地方支出的纯理论》,载《经济社会体制比较》2003 年第 6 期。)

〔25〕 See Tiebout, C. M., *A Pure Theory of Local Expenditures*, 64 The Journal of Political Economy, p. 418 (1956).

为,对于公共产品有相似偏好的居民可以通过自主投票集中于同一辖区,而财政分权允许地方辖区间公共产品供应的差别性,因此能够更好地满足不同居民的需求。分税制以财政分权为基础,联邦政府通过中央税筹集资金以提供全国收益性的公共服务,而地方政府则在其受益辖区内征收地方税来提供地区受益性的公共服务。[26] 特里西(Tresch)"偏好误识"理论认为,信息传递存在距离阻碍,中央政府对于全民偏好的认识可能是不准确的。此时为了回避风险,实现社会福利最大化,公共产品应当由地方政府来提供,即地方自治具有必要性。[27] 可见,此时的财政分权理论已经意识到了中央和地方合理地分享权力可以提高公共产品的供给效率,地方政府应当享有必要的财政权力。

综上,财政分权理论突出了从中央到地方的事权和财权的相互匹配性。我国财政分权理论的实践始于 1994 年,此前全国上下只有一个税收征管系统,中央税收主要依靠地方税务局征收。为改变中央向地方"伸手要钱"的被动局面,1994 年进行了分税制改革,国税和地税正式分开,中央和地方开始"分灶吃饭"。此后,中央的财权总体大于地方的财权,而中央的事权总体小于地方的事权。

(二)税收分配原则:税收收入划分依据

马斯格雷夫是当代美国财政学家,他对于复合税制体系的构建作出了突出的贡献,其中税收分配原则奠定了纵向税收分配理论的基础。[28] 具体而言,中央税应当具备以下特点:(1)宏观调控。一般而言,这类税收主要采取累进税制,在经济低迷时期,国民收入下降,纳税人年均名义税率随之下降,此时"藏富于民"能够促进消费,增长投资。反之则"藏富于国",从而抑制消费,消减投资,整体上起到维护市场经济健康稳定发展的作用。(2)收入再分配。中央政府为

---

[26] 参见[美]理查德·A. 马斯格雷夫、[美]佩吉·B. 马斯格雷夫:《财政理论与实践》,邓子基、邓力平译校,中国财政经济出版社 2003 年版,第 472、479 页。

[27] See Richard W. Tresch, *Public Finance*, Business Publications Inc. Press, 1981, p. 574 – 576. 参见李齐云:《分级财政体制研究》,经济科学出版社 2003 年版,第 82 ~ 83 页。奥茨(Oates)也提出了相似的"财政分权定理",他对比集权制与分权制后发现,分权体制下具备实现公共产品供应帕累托最优的充分条件。地方政府对当地情况的了解更加充分,具备依据公共需求偏好调整公共产品供给的政治能力。(参见[美]华莱士·E. 奥茨:《财政联邦主义》,陆符嘉译,译林出版社 2012 年版,第 2 页。)

[28] 马斯格雷夫认为:"……关系宏观经济稳定、收入再分配、税源分布不均匀、税基流动性强、税负易于转嫁的税种更适合划为中央税;以居住地或生产经营地为课征依据的税收可由州(或省)级政府专享;税源分布均匀、税基流动性差和不易转嫁的税种宜划分为地方税种。"(参见谷彦芳:《后营改增时代消费税改革的再思考》,载《税务研究》2017 年第 5 期。)

行使收入再分配的职能,需要掌握相应的资源。如果将这类税收归于地方,地区间将产生高低不一的税率,这将驱使居民和企业"趋利避害",进而影响该职能的实现。(3)税基分布不平衡、流动性大。造成税基分布不平衡的原因不包括地方政府的工作绩效,因此若归入地方,那么地区间势必会因为收入不均而产生矛盾。进一步来看,为了获得更多收入,地方政府很可能会以低税率吸引税基流入,但是这一做法违背了"资源有效配置原则",具有明显的税负转嫁特征。尽管税负转嫁并不会对税收的总体负担产生明显影响,但会使税负在不同的纳税人之间进行流转,对不同的纳税人产生不同的经济影响。[29] 因此,地方政府之间税收的争夺势必会对居民、企业需求供给曲线造成影响。

如果将这些特点与消费税进行逐一比对可见:首先,消费税是一个关系财政大局的税种,消费税收入的归属关系宏观经济的稳定,即使是《中央与地方收入划分改革方案》中提出要将增量部分下划地方,也是以"确保中央与地方既有财力格局稳定"为前提的。其次,虽然消费税和增值税同为流转税,但是相较于增值税的"普遍开征"而言,消费税是"非中性"[30]的,税率税额也存在差别性,因此其具备双向调节作用,即既能引导居民形成正确的消费理念,又能通过调节消费来影响产品结构,体现产业政策。[31] 再次,受自然条件、经济水平等因素的影响,应税消费品的生产地和消费地分布不均,比如我国成品油、烟等多生产于西部地区,而消费地却集中在东部地区。因此,介于较强的流动性,如果将消费税定为地方税种,难免引发地方政府激烈的税源之争。最后,消费税具有明显的税负转嫁的特征,容易导致税收缴纳地与税收收入归属地的不一致,造成地区间不公平的税收分配现象。[32]

---

[29] 早期学界普遍认为,消费者是流转税的最终承担主体,但随着研究深入,人们开始意识到税负转嫁还有可能发生在企业之间。[See Gentry, W. M. & Ladd, H. F., *State Tax Structure and Multiple Policy Objectives*, National Tax Journal, p. 755 (1994); See Derrick, F. W. & Soott, C. E., *Sales Tax Equity: Who Bears the Burden?*, The Quarterly Review of Economics and Finance, p. 227 (1998).]

[30] "非中性"是指消费税的征收是具有选择性的,具体表现为:一是对征税对象的选择,二是对税负的选择。消费税因此具有引导消费的职能。(参见罗秦:《我国促消费背景下深化消费税改革之探讨——历史回顾、国际经验与现实选择》,载《税务研究》2019 年第 6 期。)

[31] 参见贺璐:《关于选择消费税为地方税主体税种的思考》,载《山西财政税务专科学校学报》2016 年第 3 期。

[32] 参见陈少英:《我国消费税收入归属的立法思考》,载《上海法学研究》集刊(2020 年第 21 卷总第 45 卷)——上海市法学会财税法学研究会文集。

各国在进行税收分权的财政体制实践中几乎都参考了马斯格雷夫的税收分配原则。我国也不例外,在1994年税制改革时,我国消费税被定位为中央税。

(三)税收竞争理论:转移支付抵消冲突

现代税收竞争理论是在财政分权理论的基础上提出的。税收竞争是税收外部性特征的体现,所谓横向税收外部性是指同一层级政府之间进行税收调整所导致的税收收入间的相互影响,即地方与地方之间的竞争。[33] 公共选择的非市场决策理论认为人类社会由两个市场组成,一个是经济市场,另一个是政治市场。该理论把政治活动视为交易过程,在政治市场上,选民是需求者,政治家与政府是供给者。若要提高自身政治支持率,后者需要占有更多的政治资源,而政治资源的获得必须依靠一定的经济资源。[34] 二者之间以公共物品为对象展开交易。当政治家能够提供满足选民偏好的公共物品时,选民自然会给予政治家自己的选票。[35] 同理,当地方政府能够提供给选民更好的公共物品或者更低的税率时,选民"用脚投票",更多税基会自由流动到其辖区,增加其税源。[36] 因此,在这种市场机制下,各级政府必须具备竞争意识。与此同时,中央也可以通过调整地区间的竞争来督促和激励地方政府和官员着力经济发展,维护市场秩序。因为一旦地方政府过度干预市场或者发生权力寻租等乱象,资本要素就可能自由流向其他地区。[37]

相较于横向外部性,纵向外部性的研究是20世纪初才兴起的,具体是指对不同层级政府间进行税收调整所导致的税收收入间的交互作用,即中央与地方

---

〔33〕 参见马恩涛:《国外纵向税收外部性理论研究述评》,载《经济评论》2008年第5期。

〔34〕 参见周克清:《我国政府间税收竞争的理论及实践基础》,载《财政科学》2003年第S1期。

〔35〕 参见周克清:《政府间税收竞争研究——基于中国实践的理论与经验分析》,西南财经大学2004年博士学位论文,第64页。

〔36〕 See Weingast, Barry R. et al., *Federalism, Chinese Style: The Political Basis for Economic Success in China*, World Politics 48, p. 58 (1995). 值得注意的是,早在1956年,蒂布特在《地方支出纯理论》一文中就提出过类似的理论,即个人的"用脚投票"将给予政府很大的约束力,迫使其在税收竞争中不断提高政府效率。(参见杨志勇:《国内税收竞争理论:结合我国现实的分析》,载《税务研究》2003年第6期。)

〔37〕 See Qian Yingyi & G. Roland, *Federalism and the Soft Budget Consraint*, American Economic Review 88, p. 1144 (1998).

之间的竞争的研究。[38] 其中最引人关注的是中央政府的税收和地方政府的税收之间的关系到底是战略互补还是战略替代。[39] 威尔逊(Wilson)认为,如果不同级别政府同时对同一税基征税,当高级别的政府征完税后,可供其他低级别政府征收的税基就会相应缩小,这样,高级别政府的征税就会给其他级别的政府带来负外部性。如果中央政府和地方政府的目标都是居民福利最大化,那么不同级别政府之间的冲突相对较少,反之,就需要通过"矫正性政策"才能解决冲突。[40] 由于纵向税收的外部性是中央政府和地方政府对同一税基进行并发性征收导致的,因此,减少不同层级政府间税基的交迭是解决这一问题的有效措施。但是在财政分级体制下,税基共享是不可避免的,所以目前的解决方法仍是通过增加政府间的转移支付来内部化税收外部性。[41] 政府间的转移支付能在一定程度上实现不同层级政府间的有效激励,因此没有必要将税权完全限制于某一层级政府。[42]

尽管我国在 2018 年再次实现了国税、地税合并,但这并不改变不同税种的收入归属及其分成比例,我国仍然实行分税制管理,各级间和地区间的差别通过转移支付制度进行调节。

---

〔38〕 参见马恩涛:《国外纵向税收外部性理论研究述评》,载《经济评论》2008 年第 5 期。

〔39〕 Brùlhart 和 Jametti 将不同层级政府间一级政府提高税收导致另一级政府税收收入增加称为纵向税收战略性互补(strategic substitues),反之则称为纵向税收战略性替代(strategic complements)[See Brùlhart, Marius & Jametti, Mario, *Vertical versus Horizontal Tax Externalities: An Empirical Test*, Journal of Public Economics 90, p. 2031(2006).]。由于这个问题的实证具有复杂性,因此尚无明朗的定论,但相对较多的学者还是赞同税收外部性是反向的,即二者之间是战略替代的关系,至少在税负最终承受主体一般是消费者的消费税领域,纵向税收外部性必定是反向的。[See Dahlby, B. & Wilson, S., *Vertical Fiscal Externalities in a Federation*, Journal of Public Economics 87, p. 923(2003).]

〔40〕 See Wilson J. D., *Theory of Tax Competition*, National Tax Journal 52, p. 276(1999).

〔41〕 参见马恩涛:《国外纵向税收外部性理论研究述评》,载《经济评论》2008 年第 5 期。

〔42〕 See Arnott, R. & Grieson, R. E., *Optimal Fiscal Policy for a State or Local Government*, Journal of Urban Economics 9, p. 36 – 37(1981).

四、我国消费税收入分享改革的必要性与可行性

健全地方税体系,增加地方税收收入对于完善我国中央和地方财政关系具有重要意义。从消费税层面来看,我们需要从实际情况出发,对将消费税增量下划地方以增加地方税源这一做法予以综合考量。

(一)我国消费税收入分享改革的必要性

1. 弥补税收缺口的需要

近年来,我国地方财政收支缺口日益拉大,地方财政压力逐年攀升,造成这一问题的现实原因如下:

首先,1994 年分税制改革的初衷是将中央财政收入占全国财政收入的比重提高到 60%,支出责任保持在 40%,其中 20% 的支出责任通过财政转移支付及税收返还的方式拨给地方政府。但分税制改革后,中央财政收入的占比快速上升,而财政支出责任却不断下移至地方,事权下移和财权上收导致我国政府间财政纵向不均衡。[43]

其次,地方财政自给能力弱化。以前营业税虽为共享税,却也是地方税体系的主体税种,其为地方带来的税收收入远高于其他小规模的地方税,从 2012 年开始,营业税由于"营改增"而不复存在,营业税所附征的企业所得税收入也将由地税收入变为国税收入,造成了地方税收收入的进一步流失,这给地方财政收支带来了更大的缺口。

最后,为应对经济下行,中央陆续出台多项减税降费政策,然而,随着减税降费力度的不断加大,地方政府财政收支失衡问题也日益加剧。

因此,在这种情况下将我国第三大税种消费税[44]下划地方最直接也是最重要的一点影响就是能够增加地方财政收入来源,填补地方财政收支鸿沟,进而促进央地间财权与事权的合理分配,提高基本公共服务的供给能力与效率。[45]

---

〔43〕 参见张富强:《论消费税立法改革与地方财政自给能力的提升》,载《法学杂志》2021 年第 7 期。

〔44〕 2020 年我国国内消费税收入 12028.10 亿元,是排在增值税、企业所得税之后的第三大税种,占税收收入总额的 7.79%。(参见《中国统计年鉴 2021》,载国家统计局网,http://www.stats.gov.cn/tjsj/ndsj/2021/indexch.htm。)

〔45〕 参见谷成等:《消费税改革再思考》,载《地方财政研究》2020 年第 2 期。

2. 实现税收职能的需要

与我国当前国情相匹配的消费税功能应当是“三位一体”的，即筹集收入、收入分配和纠正外部性。[46] 尽管消费税作为我国第三大税种，在筹集收入方面发挥了不可或缺的作用，但是与普遍开征的增值税等税种相比，消费税的独特之处就在于它的“非中性”，即对特定商品开征，进而具有了独特的调节和纠正功能，这是设置消费税的重要意义所在，如果不加重视，消费税也只会“泯然众税矣”。欧美等发达国家近年来也格外重视消费税的后两项职能，尤其是其在绿色环保、人体健康等方面的作用，比如美国的一些州考虑糖尿病患病率激增的现状，开始对含糖饮料征收“糖税”。[47]

如果仅仅考虑到筹集财政收入和调节收入分配，介于中央政府的最高政治权力，消费税被设置为中央税似乎更合理。但是如果考虑纠正外部性这一职能，就免不了需要中央和地方之间的一些协作配合。尤其是对消费地或生产地当地生态环境、居民健康可能造成显著负面影响的应税消费品，其生产或消费都可能给当地政府造成治理、补偿等额外开支，增加地方政府的财政压力。从事权与财权相匹配的角度出发，如果将补偿外部性归为地方政府的责任，相应地，就应给予地方政府一定的征税权，以体现财权与事权的合理匹配。[48]

3. 优化营商环境的需要

随着全球化和经济化程度的加深，良好的营商环境已经成为国家、地区吸引外部投资，促进产业升级，激励企业创新的重要因素。税收与企业生存息息相关，税收体制是营商环境的重要组成部分，因此政府一定要具备纳税服务意识，不断改善营商环境。[49] 同时，优化营商环境离不开当地政府的财政支持，以消费税为例，其应税对象集中在劣值消费品、高能耗消费品等，诸如成品油和木制一次性筷子，过多的消费、生产必然会造成大气污染、生态破坏和生理疾病等，而治理这些问题都需要地方政府进一步加大财政支出，因此从财权

---

〔46〕 参见贾康：《改革和完善我国消费税的若干建议》，载《注册税务师》2014 年第 1 期。

〔47〕 参见白彦锋、王硕：《“糖税”的国际经验与成本效益分析——基于美国糖尿病形势及其医疗支出状况的思考》，载《财政科学》2021 年第 12 期。

〔48〕 参见贾康、张晓云：《中国消费税的三大功能：效果评价与政策调整》，载《当代财经》2014 年第 4 期。

〔49〕 参见孙玉山、刘新利：《推进纳税服务现代化，营造良好营商环境——基于优化营商环境的纳税服务现代化思考》，载《税务研究》2018 年第 1 期。

与事权相一致的角度来看,消费税下划地方能够弥补地方政府的这部分支出。[50]

消费税对于参与经营的企业有着双重影响,一方面生产环节征收的消费税直接影响着企业税负压力的高低,另一方面消费税具有调节消费的功能,通过消费者的购买力间接影响企业的生产规模和生产方式。消费税如果仅作为中央税,将无法刺激地方通过优化营商环境来吸引企业注资。相反地,如果将消费税的收入与地方财政挂钩,地方政府将有充分的积极性改善当地的基础设施、配套工程、优惠政策等,提高纳税服务意识,从而引聚大量生产企业不断竞争与创新,激发居民消费力。

(二)我国消费税收入分享改革的可行性

1. 他山之石:国际税收分权制度的经验

欧美等发达国家市场经济发展程度较高,消费税制度的设计也较为成熟。本文选取了具有代表性的美、日、德三国的税收分权体制及消费税的归属进行研究,以归纳出它们之间的共性。

美国是一个高度分权的联邦制国家,政府机构分为联邦、州和地方三级。分税彻底、税源共享是美国地方税税制最为显著的特点之一。联邦、州和地方政府基于自身经济发展水平和税收征管水平,均设置有所属于本级的主体税种。联邦政府通常采用转移支付的形式来调控地方政府的经济活动和补助其事权开支需要。[51] 消费税在美国作为一种共享税,主要采取同一税源分税率在联邦、州和地方政府之间共享的方式,补充地方财力需求,因此,尽管消费税不是美国的主体税种,但它是构成各级政府收入来源的重要组成部分。[52]

日本是一个集权制与分税制相结合,但偏重集权制的国家,政府机构分为中央、都道府县、市町村三级。日本的《地方税法》赋予了中央统一集中的立法权和征管权,中央政府对地方政府税收收入进行严格的管控,[53] 但同时也保障

---

[50] 参见厉荣、孙岩岩:《改革完善成品油消费税制度浅议》,载《税务研究》2019年第3期。

[51] 参见白余清:《改进现行分税制中的税收返还办法实行规范化的转移支付制度》,载《中央财政金融学院学报》1995年第2期。

[52] 参见刘仁济等:《消费税作为地方税主体税种的可行性研究》,载《财政科学》2021年第9期。

[53] 参见张钟月、李咏梅:《日本消费税的启示——以日本消费税法为视角》,载《税务研究》2016年第5期。

了地方具有一定的税收权限,[54]消费税作为中央税收的主体税种之一,影响面较广、收入规模及潜力较大、征收范围宽。在征管权方面,烟草税、酒税以及能源产品特别税,依据其相对应的征管范围被分配至央地各级政府。尽管地方的财政收入远低于中央,大部分事业却都要由地方兴办,因此日本通过建立健全地方辅助税种和转移支付的形式,构建了地区财力均衡制度。

德国是联邦制国家,总体来看实行联邦、州与地方三级管理,[55]是相对集权型税制的代表性国家,三级政府之间的财政独立性和自主性是德国财政体制的根本特点。[56] 在财权方面,德国采取三级政府间重要税种共享为主(联邦和州共享),独立专享税种辅助的税收收入划分方式。[57] 在事权方面,联邦政府控制德国的消费税立法权,而征管权和收益权则归州和地方。地方消费税作为德国的一种专项税,由地方政府进行征收,而州政府主要负责共享税的征收。[58]

通过对以上发达国家的税制进行梳理后发现:

首先,大多数发达国家都选择以共享税的方式征收消费税。一方面,强调消费税的财政筹集功能。消费税是中央和地方各级政府税收来源的重要组成部分。另一方面,注重发挥消费税的调节功能。通过提高税率等方式引导人们对生态环境、能源资源以及自身健康的关注。

其次,各级政府之间需要科学的财权与事权划分。财权和事权应当是相互匹配的,“事权下放,财权上收”使得下级政府的税收工作难以开展。因此,在地方税收体系建设之初就应当明确各级政府的财权和事权范围,如果存在像日本那样,财政收入集中于中央,而地方难以维系的问题,则应当配套建立起完善的转移支付等辅助制度予以平衡。

最后,中央政府要稳定适度地配置政府间税权。即使像是美国这样高度分权的国家,中央政府也要掌握主要的财政收入来源和与国家社稷相关的事权,这样

---

[54] 参见赵宁、朱云飞:《西方主要国家的地方税体系与经验借鉴》,载《经济研究参考》2014 年第 16 期。

[55] 参见吴志成:《当代各国政治体制:联邦德国和瑞士》,兰州大学出版社 1998 年版,第 49 页。

[56] 参见崔运政:《财政分权与完善地方财政体制研究》,财政部财政科学研究所 2011 年博士学位论文,第 36 页。

[57] 参见刘仁济等:《消费税作为地方税主体税种的可行性研究》,载《财政科学》2021 年第 9 期。

[58] 参见高铭伟:《关于消费税立法修订的几个问题》,载《税收经济研究》2013 年第 6 期。

才能稳定地发挥税收的宏观调控作用。中央在税收征管权的分配问题上亦处于主导地位,地方在中央的制约下适度分权,这广泛应用于各国的税权配置模式。

综上,我国实施的消费税收入分享制度改革在一定程度上顺应了世界分权制改革的趋势,在当前时代背景下具有可行性,能够为社会带来积极影响。

2. 以史为鉴:我国税收返还制度的教训

尽管在税收领域采取分权制已经普遍为世界各国所接受,但是税收分权制下中央和地方政府的具体权责分配亦存在不同类型。学者吕冰洋将中央政府和地方政府之间的税收分权关系看作是契约关系,认为中央政府可采取的税收分权合同包括表 1 所示的四种:[59]

表 1 税收分权合同的比较

类别	征管权归属	收益权归属	特点	弊端
定额合同	地方政府	定额部分归中央,剩余归地方	地方政府自负盈亏	反复订约,成本较高
分成合同	地方政府或中央政府	按分成比例划归中央政府和地方政府	中央和地方都拥有部分税收“剩余索取权”	可能给地方政府带来税收“偷懒”激励
分税合同	中央政府和地方政府	按税种划归中央政府和地方政府	双方之间不存在上交或返还问题	机构庞杂,成本上升
代征合同	地方政府	中央政府	征管权和收益权分离	地方政府缺乏税收激励

以上契约中,值得探究的是“分税”和“分成”之间的权衡与较量。

如果是以公司法的角度来看待,分税制下中央和地方的关系可类比母公司与子公司的关系,二者之间固然存在联系,但是在进行征税活动时各自独立行动,分别自主掌管中央税或地方税的收入所得。在这种制度下,央地税收之间的关系更贴合“纵向税收战略性替代”,即此消彼长的关系。分成制下中央和地方的关系更贴近母公司与分公司的关系,它们之间的联系较前者更为密切,二者按一定比例共享收益,在一定程度上地方政府的积极性会影响中央政府的财政收入状况,因此二者间属于“纵向税收战略性互补”关系,中央需要督管地方税收“偷懒”行为。一般而言,彻底的分税制被认为比税收分成合同更

---

〔59〕 参见吕冰洋:《政府间税收分权的配置选择和财政影响》,载《经济研究》2009 年第 6 期。

有效率。[60] 因为税收分成合同的税收边际成本小于税收边际收入并且在税收问题上一般不存在土地租佃市场上的风险和成本分担问题，因此其通常被认为是“马歇尔无效率”[61]的。

我国自1992年确立了中国特色社会主义市场经济体制以来，市场在资源配置中的作用不断扩大，既存的“财政包干体制”[62]无法继续发挥积极作用，因此国务院于1993年颁布了《关于实行分税制财政管理体制的决定》[63]，其中最核心的内容是进行分税制改革，分税合同替代了分成合同和定额合同，成为税收分权的主要形式。这种形式降低了地方政府讨价还价的可能性，同时降低了由此产生的税收成本，在20世纪90年代中期以后促成了中国税收的高速增长。

然而1993年的分税制改革并非完美的。以增值税和消费税为例，受制于当时地方既得利益的阻力，改革在分税制的基础上，确立了按“基数+增长”[64]

---

〔60〕 参见吕冰洋：《政府间税收分权的配置选择和财政影响》，载《经济研究》2009年第6期。

〔61〕 “马歇尔无效率”是指学者Marshall沿袭了古典的“税收—对等”思路，利用边际分析方法，得出当分成佃农不得不把每次投入土地的资本和劳动所获得报酬的一半以上交给地主时，如果任何一项此类投资的总收益低于其所获报酬的两倍，那么从其利益的角度出发，他不会从事此项投资。此时，如果任由他自由耕种，他实施精耕细作的程度就会远低于英国定额佃农的程度。因此，分成租佃制是无效率的，造成社会福利的部分损失（地主承担）。（参见陈苏等：《马歇尔分成租佃制真的导致土地资源利用“无效率”——基于20世纪30年代卜凯农家调查资料的检验》，载《农业技术经济》2020年第1期。）

〔62〕 1980～1993年处于社会主义市场经济初创期的“分灶吃饭”阶段。这一阶段采取财政包干体制，地方预算收支核定以后，在确保中央财政收入稳定的前提下，地方“自负盈亏”，自求平衡。此时的税收分权契约是以分成合同和定额合同为主。（参见吕冰洋：《税收分权研究》，中国人民大学出版社2011年版，第13页。）

〔63〕 国务院《关于实行分税制财政管理体制的决定》，国发〔1993〕第85号，1993年12月15日颁布。

〔64〕 “基数+增长”是指中央财政对地方税收返还数额以1993年为基期年核定，按照1993年地方实际收入以及税制改革和中央与地方收入划分情况，核定1993年中央从地方净上划的收入数额（消费税+75%的增值税-中央下划收入）。1993年中央净上划收入，全额返还地方，保证现有地方既得财力，并以此作为以后中央对地方税收返还基数。1994年以后，税收返还额在1993年基数上逐年递增，递增率按全国增值税和消费税的平均增长率的1:0.3系数确定，即上述两税全国平均每增长1%，中央财政对地方的税收返还增长0.3%。如若1994年以后中央净上划收入达不到1993年基数，则相应扣减税收返还数额。（参见国务院《关于实行分税制财政管理体制的决定》，国发〔1993〕第85号，1993年12月15日颁布。）

的方式实施中央对地方的税收返还。也就是说,在增值税和消费税领域,税收分权契约仍是以分成合同和定额合同为主。这一税收返还制度,是中央和地方分享税收的一种方式,实质上是给分税制开了个豁口,尽管暂时平衡了中央和地方之间的财政关系,体现了中央和地方之间的相互依存性,[65]但长此以往终成隐患。首先,分税制带来的益处之一就是降低了中央与地方之间"一对一"讨价还价的可能性,而适用税收返还制就意味着无法享受这一好处,还容易发生权力寻租问题。其次,旧财政体制下财力分配上的失衡现象通过"基数法"延续了下来。在旧体制下,受"先富带动后富"思想的影响,国家给予了东部沿海地区一定的财政倾斜,使得这些地区经济快速发展,而税收返还制度是以上交基数为返还依据,并不按照实际需求情况进行再分配。因此,就会造成"富愈富,贫愈贫"的问题,加剧地区间财力分配上的失衡。[66] 最后,税收返还制度刺激了地方政府过度关注增值税和消费税收入增长,甚至不惜采取一些舞弊行为。[67]

2019年国务院发布《中央与地方收入划分改革方案》,明确了消费税改革的核心内容之一就是将消费税收入逐步下划地方,以增加地方收入来源,"改革调整的存量部分核定基数,由地方上解中央,增量部分原则上将归属地方,确保中央与地方既有财力格局稳定"。对该条进行分析可见,"上解"意味着部分消费税的征管权被下放至地方,而对于收益权的归属则采取了"核定基数,存量上交,增量下放"的方式,这说明,部分品目的消费税收入将由中央和地方共享。

将两次改革进行对比后发现,二者在本质上具有高度的相似性,即都没有采用分税契约,而是继续沿用着分成契约和定额契约,因此都需要在核定基数后,将税收收入在中央与地方之间按比例进行分享。

本次改革还是有一定进步的,比如将部分消费税征管权下划地方的做法实

---

[65] 参见徐博:《关于分税制下税收返还问题的思考》,载《财政研究》2010年第4期。

[66] 参见白余清:《改进现行分税制中的税收返还办法实行规范化的转移支付制度》,载《中央财政金融学院学报》1995年第2期。

[67] 由于税收基数是按照1993年地方的净上划收入核定的,这一时期的财政收入越多,往后的返还数额就越大。一些地方为了扩大基数,不惜采取不正当手段,如清理"死欠"、转移科目、收过头税等办法来虚增财政收入,致使1993年下半年出现了地方财政收入增长速度高于经济增长速度的罕见现象。此外,中央税收管辖权也难逃来自地方政府的行政干预,比如地方政府出于获得更大规模税收返还的财力需要而向国税部门追加增值税、消费税收入计划任务等。(参见《我国税收管理体制的改革研究》课题组等:《我国税收管理体制的改革研究——兼论我国税收成本的体制性因素及其优化》,载《财政研究》2009年第11期。)

质上是在向分税制靠近,放宽了地方政府自主权,更加符合财政分权理论中事权与财权相互匹配的原则要求,从而进一步调动地方政府积极性。未来势必还需要转移支付等其他制度、政策的辅助,才能使这项制度发挥出更好的效用。

五、我国消费税收入分享制度改革的完善建议

基于以上问题和分析,本文针对此次消费税下划地方的改革提出以下建议。

(一)保障收入:优化征管模式,审慎核定基数

1. 发展"以数治税"的征管模式

《中央与地方收入划分改革方案》中除了要求"稳步下划地方"外,还点明了要"后移消费税征收环节",这意味着税务机关在批发或零售环节将面对大量更为分散的纳税人,急需依托商品销售终端建立强大的税收信息及交易监管系统。[68] 2021 年 3 月,中共中央办公厅、国务院办公厅印发的《关于进一步深化税收征管改革的意见》[69] 提出,我国到 2023 年要实现从"以票管税"向"以数治税"分类精准监管转变。这就需要征税主体在征管过程中综合应用大数据、云计算、区块链、人工智能等现代信息技术,通过截取和共享大数据,获悉执法、服务、监管等领域的动态并及时作出反应。[70] 事实证明,近些年来许多起明星、网红偷漏税的案件都是依靠大数据查获的。[71] 可见,互联网技术的发展,大数据库的建立,电子支付的普及,人们包括消费在内的行为可以事无巨细地被

---

〔68〕 参见周波、李玉琦:《中国消费税职能定位及改革策略研究》,载《财经问题研究》2021 年第 9 期。

〔69〕 参见中共中央办公厅、国务院办公厅印发《关于进一步深化税收征管改革的意见》,载中国政府网,http://www.gov.cn/zhengce/2021-03/24/content_5595384.htm。

〔70〕 参见刘和祥:《"以数治税"税收征管模式的基本特征、基础逻辑与实现路径》,载《税务研究》2022 年第 10 期。

〔71〕 与此前被曝光的"雪某""薇某"一样,邓某是又一个在大数据技术下显露原形的偷逃税者。这些"明星""网红"的违法行为相似,通过虚构业务,将个人劳务报酬转换为企业收入进行虚假申报,偷逃税款,同时存在其他少缴税款的行为。这也是较为常见的偷逃税手段,主要发生在文娱、直播电商等新业态领域,因其收入来源多样化,具有跨地区、跨行业、隐密性强等特征,各项数据极为分散,传统税务征管方式不容易查出来。(参见贵州省大数据发展管理局:《大数据让偷税漏税无处遁形》,载贵州省大数据发展管理局网,https://dsj.guizhou.gov.cn/xwzx/gnyw/202203/t20220316_73010412.html。)

记录,[72]利用大数据分析个人异常税收行为,很容易查明其是否存在偷漏税问题。

税收大数据的本质是税收征管的信息化和智能化,[73]税务机关借助大数据平台征税能够大幅提高税收征管效率,之前所担心的应税消费品具有跨地域性,或者在零售环节征收税基过于分散等问题将迎刃而解。[74] 以网络购物为例,买卖双方在参与市场交易前,需要先在平台注册账号,留有包括手机号、住所地、注册登记地等在内的确切信息,甚至要求实名认证,此后所有的支付、退款、评价等信息都会在第三方支付平台、在线交易平台上留有痕迹。税务机关借助信息技术和这些交易相关信息,可以自动计算出网络交易中各地(省)消费者支付的各应税消费品消费税金额,并据此向各地(省)金库分配相应的消费税,大大降低了征税难度。[75]

2. 核定基数宜低不宜高

不同于增值税央地五五比例分成,本次消费税改革采取"核定基数,下划增量"的分配方式,关键在于确定合理的存量基数。本文认为该基数的设定宜低不宜高,一是本次消费税收入分享改革的主要目标之一就是缓解地方收支失衡的矛盾,通过将增量部分划归地方以增加地方财政收入,激励地方优化营商环境和消费环境。二是近几年社会消费观念发生了明显变化,传统的"量入为出,适度消费"、勤俭节约的消费理念重获重视。[76] 三是根据发达国家的税制改革经验,各级政府之间需要科学的财权与事权划分。"事权下放,财权上收"使得下级政府的税收工作难以开展。因此,如果将基数核定过高,那么下划地方的收入对于地方财政缺口来说无疑是杯水车薪,无法解决实际问题。但同时,在核定基数时一定要以平稳过渡中央和地方财力为前提,不能过小以免影响中央

---

〔72〕 参见陈欣儒:《我国消费税征收环节后移的影响及对策探讨》,载《经济师》2020年第8期。

〔73〕 翟继光、付伯颖、李森焱等:《以数治税:税收征管制度再迎新变革》,载《财政监督》2021年第8期。

〔74〕 比如对于跨地域性的成品油,可以通过税控加油机来确定消费金额;对于税基分散的烟草,可以与烟草专卖部门进行数据交换来确定销量,从而将人们繁杂的消费行为抽象为一条条数据进行收集、保管和监督,提高征收效率。

〔75〕 参见李建军、屈丁林:《中国消费税零售环节征收测算、地区分布及收入划分》,载《地方财政研究》2020年第2期。

〔76〕 参见唐军、周忠贤:《消费主义逆行者:网络社群中青年的消费观呈现——以"豆瓣"消费社群为例》,载《中国青年研究》2022年第6期。

财政的稳定。中央政府必须实际掌控主要的财政收入来源和与国家社稷相关的事权,才能保障税收宏观调控职能的稳定发挥。这就需要财政部会同税务总局等部门审慎选择基数年份,并且在基数确定后,建议将之作为各地固定上解中央的数额,并切断其与各地消费税收入增长的关联。[77]

(二)调节分配:后移征收环节,完善转移支付

1. 增加征收环节后移的税目

本次改革将消费税部分下划地方,使得征收环节的设定与地方政府收入直接挂钩,在生产环节征税可能导致税收主要集中于生产地,而真正贡献税收的消费者所在地无法获得税收收入,可能导致消费税收入在地区之间分布的不均衡。如果将消费税后置于零售环节征收,将倒逼当地政府提高对于改善本地区营商、消费环境的关注度,更加重视居民消费和产业结构的升级调整,进而有效刺激公共产品的供给和民生领域的建设。[78] 此次改革中征税环节后移且下划给地方的消费税的征收范围是高档手表、贵重首饰和珠宝玉石这类收入很小的税目,加上存量还要上交,故增收几乎不计。将这些税目纳入试点的重要原因在于它们大多由相对固定的专卖店出售,票据齐全,征管完善。后续为了增加地方收入,势必还需引入其他既有或新增税目。

本文建议,在既有税目中,鞭炮、焰火、摩托车、小汽车、游艇也可以考虑在零售环节课征消费税。因为鞭炮、焰火的零售实行专营或专卖制度,而摩托车、小汽车、游艇等实行机动车、船舶的登记管理制度,因此,这些税目同样可以实现在零售环节进行征税与管控。[79] 此外,我国消费税为混合型消费税,即既有综合的消费税税种,又对特定应税消费品单独设立,[80]现行车辆购置税实际上与零售环节征收的消费税性质相同,只是单设在外,现在自然可以并入其中。

2. 实现区域间税收平衡

目前改革涉及的消费税品目较少且总体税收收入较低,因此,地区间税收

---

〔77〕 参见谢贞发等:《消费税向地方税转型的改革研究》,载《税务研究》2020 年第 6 期。

〔78〕 参见储德银等:《从收入分享视角看我国消费税改革》,载《税务研究》2015 年第 4 期。

〔79〕 参见庞凤喜、王绿荫:《消费税改革的目标定位及制度优化分析》,载《税务研究》2020 年第 1 期。

〔80〕 参见李建军、屈丁林:《中国消费税零售环节征收测算、地区分布及收入划分》,载《地方财政研究》2020 年第 2 期。

收入分布不平衡、不公平的矛盾尚未凸显,日后如将成品油、酒、木制一次性筷子等产地属性明显的品目纳入,则生产地与消费地之间的矛盾更加激化,因为这些应税消费品的产出离不开生产地的自然资源优势,甚至需要当地政府进一步的支出来解决环境污染、资源枯竭等问题。因此,对于改革后消费税收入在东西部地区间、城乡间分布不均衡、不公平的问题,应通过完善均衡性转移支付制度来调节。对此,可以借鉴增值税改革的方法,在确定转移支付的数额时,应充分考虑税负转嫁问题,采用横向的税收调节方法,参考德国财政平衡制度,依据各地最终消费额、居民人口以及资源外部性等因素在各地政府之间进行转移支付的区别化分配。[81]

此外,在确定零售环节消费税部分划归地方政府后,还需要确定具体到哪一级政府。本文赞同将消费税收入划归于省级政府,原因在于当前我国交通、物流极为便捷,跨市(县)进行经济和生活活动的现象很常见。如果划归于更低层级的政府,则可能导致经济相对发达的中心城市对周边欠发达市县的消费群体产生虹吸效应,造成税收横向分配的不公。在全国消费税制相对统一的情况下,将零售环节消费税划归省级政府,可以有效避免或大幅缓解消费税在地区间的输入输出、横向分配不公。[82]

(三)纠正外部性:调整征收范围,规范税源竞争

1. 及时更新消费税征收范围

除了已经在列的税目,为了更好地发挥消费税对消费者行为的引导作用,可以将更多的环境有害型商品或服务纳入试点税目的考量,比如不可降解的一次性塑料用品、高能耗家电、有氟制冷设备(空调和冰箱)等,这些都是近些年随着经济发展才逐渐兴起并广泛应用的,它们产生的负面影响不亚于在列税目,故应当及时纳入消费税征收范围。与此相配合的是对税率的调整,调整资源类、污染性消费税税率,如适度提高小汽车特别是高排量乘用车的消费税率等,增强税收弹性和节能环保导向作用,实现"寓禁于征"的目标。[83]

与此同时,随着经济的高速发展,我国奢侈品消费市场也日益繁荣,对此,

---

〔81〕 参见陈鑫、刘生旺:《跨省、市总分机构企业所得税分配办法对地区间增值税税收分配的适用性分析》,载《开发研究》2008年第4期。

〔82〕 参见李建军、屈丁林:《中国消费税零售环节征收测算、地区分布及收入划分》,载《地方财政研究》2020年第2期。

〔83〕 参见刘元生、李建军:《论推动国家治理现代化的税收职能作用》,载《税务研究》2019年第4期。

可先行将现不属于征税范围的奢侈品,如私人飞机、国际品牌时装、私人会所等纳入征税范围。[84] 这样做不仅能筹集到更多的税收来源,还能在收入分配方面"抽肥补瘦"。同时,对于高档手表、高档会所等价格跨幅巨大、采取统一的税率难以实现精准征税的品目则应当进一步细化税率,防止因税率设置过于粗糙而导致税收流失。对于拟新增的消费税品目,符合条件的,可以尝试直接在销售环节征收并下划地方,以减少转型改革的成本。需要注意的是,为了进一步发挥消费税的职能,在零售环节进行征税时,可以参考国外实行价税分离的价外税形式,让消费者在消费应税消费品时可以直观地感受到自己承担的税负,提高消费税的凸显性,[85]从而影响消费者的消费行为。

2. 中央依法干预地方税收竞争

对于消费税收入分享制度改革,不少人担心"寓禁于征"的目标难以实现,甚至可能会导致地方政府竞相默许、刺激劣值消费品生产消费的乱象重演。本文认为,以目前的法律法规为依托,以行政管理体系为保障,这些乱象很难再重现。一方面,在生产环节,以"烟酒油"为首的高税率消费品都属于国家严格管控的商品,[86]且该类消费品的生产大多受自然资源及品牌文化的影响显著,其他地区难以批量复刻。[87] 另一方面,在消费环节,由于长期存在将生活必需品调出消费税征税范围的理念,故绝大多数应税消费品都是高档耐用品,这些商品富有价格弹性,对居民消费起决定性作用的因素仍是居民的收入水平和消费能力。此外,劣值消费品之所以劣值,是因为对于该类物品的消费具有负外部性,[88]也就是说政府可能要支出更多收入来进行治理,未免得不偿失。

假使"悲剧重演",政府在解决横向税收外部性问题时,可以参考经济学中

---

[84] 参见张富强:《论消费税立法改革与地方财政自给能力的提升》,载《法学杂志》2021 年第 7 期。

[85] 参见陈力朋等:《消费税凸显性对居民消费行为的影响——基于情景模拟的一项实证研究》,载《财贸经济》2016 年第 7 期。

[86] 以烟草为例,《国家烟草专卖局行政许可事项公开目录(2020)》显示,"烟草制品生产企业的设立、分立、合并、撤销的审批"均属于国家烟草专卖局的行政许可,省级烟草专卖行政主管部门只负责"受理设立申请"。

[87] 以名酒五粮液为例,其作为中国国家地理标志产品,是四川省宜宾市的特产,整个酿造过程所处的自然环境特别适宜酿酒微生物的繁衍生息,因此造就了其他地区或品牌难以复刻的优质风味与口感。

[88] 比如地方政府为了拉动鞭炮、烟火的消费而鼓励居民大肆燃放,那么当地的消防安全、空气质量等外部因素都将受到威胁。

的"看不见的手"和"看得见的手"的理念,即除了选民"用脚投票"外,中央也可以对地方间的竞争进行适度干预。正是因为竞争是不可避免的,因此若要打消这一顾虑,最关键的是中央政府要进行正确且及时的干预。一方面,从源头上,中央政府需要通过完善法律法规来约束消费税下划地方后地方政府间恶性竞争、阻碍消费的行为。比如目前规定只有国家烟草专卖局对烟草制品生产企业的设立享有许可权,这样地方政府即便想要"开源"设厂征税,也不得自作主张。另一方面,中央政府要结合当地实际情况,通过优惠政策、转移支付等方式引导地方政府优化地区营商、消费环境,吸引适合落户本地的企业和居民入驻,实现产业优化、消费升级和消费税收入增长的良性循环,这样才能源源不断地获得消费税税收收入。

六、结　　语

我国消费税从 1994 年开征以来,迎合经济的发展、国家的需要不断作出调整,时至今日,多项中央政府文件已经为消费税在新阶段的发展指明了方向,即"推进消费税征收环节后移并稳步下划地方",纵观这一路改革,不难发现这是消费税不断下沉地方的过程,这既是世界分权税制改革的趋势,也是我国当前的现实需要。

税收分权制为世界各国普遍适用,我国亦不例外。但是在分权制下,中央和地方政府对税收征管权和收入归属权的具体分配仍因国情千差万别。我国曾经尝试过采用税收征收返还的形式来调整消费税收入在央地间的分配,然而没有取得长久的结果。尽管本次改革并没有打破分成契约的形式,且还存在一系列问题亟待解决,但也突破性地下放了部分消费税征管权于地方,并确定了央地共享部分消费税收入归属权,这一做法打破了消费税长期以来仅作为中央税的局面,体现了我国消费税的发展与革新。相信在不久的将来,通过转移支付等辅助性措施的配合,我国消费税收入分享改革一定能对央地财政稳定发挥出长足的积极性。

税制改革关系国计民生,朝令夕改是大忌。目前,除了《中央与地方收入划分改革方案》等一系列文件对于改革作出了宏观指示外,实践中并没有成熟的政府间收入分成方案。因此,当前最重要的是在这些文件的基础上,制定出更具有可执行性的消费税征收与分成方案,并以法律形式确定之,使得消费税收入分享改革有法可依,落到实处。

专利联营的反垄断规制

温廷婷*

摘要：

专利联营在降低交易成本，提高许可效率的同时，也存在加速垄断进程、抑制企业创新以及损害消费者福利的可能。事实上，基于创新活力与有序竞争的双重考量，对新反垄断法安全港规则的解读以及参考域外实践，我国具有在反垄断层面规制专利联营行为的必要性与可行性。在规制思路层面，首先，明确专利联营滥用市场支配地位的认定规则；其次，设定适用于专利联营的安全港细则；最后，以必要专利审查、信息披露为重点，多元执法为途径，构建专利联营反垄断的配套机制。

关键词：

专利联营；反垄断；安全港；相关市场

一、问题的提出

"专利丛林"现象增加了实施专利以及创新研发的成本，许多零散和独立的专利权限制了产业发展。为解决这一问题，企业选择专利联营的方式，通过整合行业技术，从而降低交易成本，提高许可效率，促进技术创新。近年来针对特定行业的专利联营数量不断攀升，但引发的垄断纠纷和争议也愈演愈烈。爱立信、高通、中兴通讯等五大通信公司联手创建适用于汽车和物联网领域的专利联营平台——Avanci。2022年7月，该平台在未给出任何理由的情况下，违背此前的不涨价承诺，宣布将4G许可费提高至20美元/车。[1] 由此引发了德国

---

* 温廷婷，暨南大学大学法学/知识产权学院硕士研究生，研究领域为知识产权法、专利法等。

[1] See *Our Auto Royalty Rates Won't Change No Matter How Many Patent Owners Join Us*, Avanci Confirms, https://www.avanci.com/2018/05/25/auto-royalty-rates-wont-change-no-matter-many-patent-owners-join-us-avanci-confirms/.

大陆集团在美国法院提起对Avanci的反垄断诉讼。随着Avanci在美国、德国、日本陆续与头部车企达成许可协议,中国汽车企业将成为该专利联营的下一目标。我国DVD行业同样在"3C""6C"专利战中遭遇惨痛教训,对专利联营的反垄断法规制已经提上日程。2019年我国首部《关于知识产权领域的反垄断指南》将专利联营列为知识产权反垄断特殊规制情形。遗憾的是,我国学界对于专利联营反垄断规制的研究基础薄弱,研究成果主要涉及专利联营的形成、专利联营对竞争和创新的正反效应分析,而较少关注专利联营反垄断规制理念、方式与程序的完善。此外,与欧美等域外国家相比,我国也鲜有专利联营的反垄断规制实践案例,相关机构在准确认定具体行为和竞争损害分析方面存在困难。

基于此,本文拟立足于专利联营的本质特征,分析专利联营反垄断规制的法理逻辑,提出专利联营构成垄断行为的认定规则,探索关于专利联营的安全港规则和相关配套机制的构建,以期对我国专利联营反垄断规制有所裨益。

二、专利联营的竞争隐忧

专利联营成为新经济时代下集合技术、减少交易成本、提高专利许可效率的重要途径。然而,专利权人通过专利联营,形成了拥有更多市场力量的经营者联合体,改变了原有的市场竞争形态。专利联营行为存在限制竞争的可能,应当值得关注。

(一)专利联营的概念与类型

专利联营译自"patent pool"一词,我国采用"专利联营"的表述,也有学者译作"专利池""专利联盟"等。〔2〕笔者倾向于"专利联营"的翻译。从词义看,根据牛津词典释义pool不仅有"池"的含义,也有"汇集、联合"的意思。patent pool包括汇集专利和运营专利两种功能,使用"联营"更能体现聚集专利用于联合经营的特点。1995年美国《知识产权反托拉斯指南》(以下简称美国"95指南")以及2014年欧盟《技术协议转让指南》均把patent pool视作一种面向联营成员或者第三方的一种专利许可协议安排。虽然各方对于patent pool的表述略有差异,但差异只限于形式不关乎实质。聚集专利、共享专利始终是patent

---

〔2〕 参见詹映、朱雪忠:《标准和专利战的主角——专利池解析》,载《研究与发展管理》2007年第1期;李玉剑、宣国良:《专利联盟:战略联盟研究的新领域》,载《中国工业经济》2004年第2期。

pool 的本质。因此,笔者认为专利联营是指多方专利权人组建一个专利技术集合,并将该技术集合统一许可给联营成员或第三方的行为。

事实上,专利联营的类型化特征明显。依据许可模式的不同,专利联营有封闭型专利联营和开放型专利联营之分。〔3〕 封闭型专利联营只对联营成员进行许可;开放型专利联营则可对第三方授予许可。根据专利联营所含专利性质的不同,可以分为竞争性专利联营与非竞争性专利联营、必要专利联营与非必要专利联营。〔4〕

依据专利联营单个专利之间的关系,若 A 专利与 B 专利存在竞争关系,即两者在同一市场中是相互替代的关系,那么同时包含两者的专利联营为竞争性专利联营,反之则为非竞争性专利联营。非竞争性专利联营又可进一步细分为阻却性专利联营和互补性专利联营。阻却性专利往往是企业为了阻止竞争对手的专利策略。〔5〕 若 A 专利与 B 专利存在阻碍关系,例如 B 专利可能是基于 A 专利的改进技术,企业要实施 B 专利则必定需要使用到 A 专利,无许可使用 B 专利将产生侵权后果。联营所含专利之间具有阻却性,则此类联营称为阻却性专利联营。互补性专利是指制造某一产品所需的技术需由多个不同专利共同组成,只有当不同专利结合使用才能实现特定的技术效果。

必要专利联营与非必要专利联营的划分根据是所含单个专利对于整个专利联营的作用和地位。〔6〕 若某类专利是专利联营所处行业特定的技术标准,行业内不存在其他替代专利,则该类专利是必要专利。反之,若某类专利存在可替代专利,可使用其他专利达到同样的技术效果,解决技术问题,则该类专利是非必要专利。不同的专利联营模式对于市场竞争的影响并不相同,既可能促进竞争也可能限制竞争。不同分类标准下联营类型可能存在交叉重叠,这使得专利联营的垄断性分析渐趋复杂。

(二)专利联营的反竞争效应

作为应对“专利丛林”问题产生的专利联营,其在分散研发风险、降低交易

〔3〕 参见徐红菊:《专利许可法律问题研究》,法律出版社 2007 年版,第 187 页。

〔4〕 参见吕明瑜:《专利联营中专利性质的竞争影响审查》,载《当代法学》2013 年第 1 期。

〔5〕 Steven C. Carlson, *Patent Pools and the Antitrust Dilemma*, 16 YALE - J. ON REGULATION 364(1999).

〔6〕 参见吕明瑜:《专利联营中专利性质的竞争影响审查》,载《当代法学》2013 年第 1 期。

成本、减少专利纠纷以及推动产业发展等方面发挥着不可忽视的作用。[7] 然而,专利权人为利益最大化可能不适当地扩充其权利范围,谋取市场支配地位和垄断利润,限制其他竞争主体。此种行为可能导致加速垄断进程,削弱技术创新,间接影响消费者福利。

1. 强化市场支配地位,加速垄断进程

专利联营虽然是一种高效的专利许可方式,但它同时可以作为企业强化市场支配地位的便利途径。在专利联营的运行过程中,由于专利联营集合了特定行业内大量重要专利,并且具有"联合"的特点,联营主体在统一许可专利时拥有巨大的谈判优势,极易形成市场支配地位。现今多数专利联营掌握了行业内的标准必要专利,它们在相关市场上几乎获得了垄断性的市场份额。在市场环境中,联营为了获得高额的利益会利用市场支配地位实施各种不公平的许可行为,如不公平高价、拒绝许可、不合理搭售、禁止被许可人质疑专利有效性、差别许可等,这些行为加速了联营的垄断进程,对其他竞争主体构成威胁,导致其他主体失去公平竞争和自由发展的机会。

2. 抑制科技初创企业创新

美国"95 指南"第 3.2.2 款,首次引入"创新市场"概念,把是否阻碍创新作为许可协议垄断性的认定标准。[8] 这表明美国认为不当的专利许可将妨碍创新。事实上,专利联营抑制创新主要有三方面的体现:第一,在专利联营的运营过程中,专利权人会利用联盟所形成的技术垄断优势,向专利实施者收取高价许可费。这会增加实施者利用现有专利研发新技术的成本。第二,专利联营组织会拒绝难以支付高价许可费的中小企业使用其专利。这可能导致部分企业退出该领域的技术市场,使创新者的数量减少。当少数技术寡头垄断市场时,容易引发对创新的"逆向扼杀",即专利权人在缺乏竞争的环境下,只顾获取高额的许可费与维持垄断地位,自身创新动力大大降低。第三,专利联营组织会通过不合理的回授条款打击企业的创新积极性。具言之,不当回授条款通常包括排他性回授、无偿回授、非互惠性回授三类。[9] 排他性的回授使得被许可人不能许可给其他第三方,难以充分享有技术改进带来的经济回报。无偿性回授使得被许可人不能向专利许可人收取改进技术的使用费。非互惠性的回授使

---

[7] 参见张平:《专利联营之反垄断规制分析》,载《现代法学》2007年第3期。

[8] See Antitrust Guidelines for the Licensing of Intellectual Property § 3.2.2(1995).

[9] 参见韩其峰:《专利池许可的反垄断法规制》,中国政法大学出版社2013年版,第211页。

专利许可人对改进技术享有一定权利,但是被许可人不享有任何权利。上述不合理的回授方式,可能会削弱被许可人的研发动力。

3. 损害消费者福利

各国反垄断法中一般都有关于保护消费者福利的条款。有学者将消费者福利视作反垄断法的最终立法目的。[10] 这是因为反垄断法通过保护市场有序竞争的方式,间接起到保护消费者福利的效果。当市场处于良性竞争状态时,众多经营者会依据消费者对于产品质量和数量的需求提供产品,并且由于竞争的存在,经营者不会采取过高的定价。此时,市场的资源配置作用得以充分发挥,在交易中的经营者和消费者均各取所需,消费者得以享受货比三家和购买到物美价廉产品的福利。然而,当部分不合理的专利联营限制竞争时,消费者福利将受到损害。专利联营是立足于企业利益的联盟,具有追求利润最大化的倾向。一方面,专利联营从生产商处收取的高价专利许可费,最终将这种高价成本转移给消费者。另一方面,专利联营通过设置各种不公平的许可条件,妨碍其他经营者对替代性技术或者新技术进行研究和开发,导致他们无法参与公平竞争,进而扼杀创新活力和市场中产品多样性供应,并由此损害消费者的选择权。

三、专利联营反垄断规制的必要性与可行性

虽然专利联营行为涉及合同关系以及专利权行使问题,但无论是合同法,还是专利法均立足于保护民事主体的法定权利,对保障市场竞争秩序、消费者合法权益等社会公共利益涉及较少,故而难以有效规制专利联营行为。反垄断法以权力为中心,它在承认知识产权合法性的同时,也强调对滥用知识产权限制竞争行为的规制,适宜规制专利联营行为。基于创新活力与有序竞争的合理平衡、安全港规则的解读以及域外国家实践的有益参考,反垄断法规制专利联营行为具有必要性和可行性。

(一)价值层面:基于创新活力与有序竞争的双重考量

在知识经济时代,技术创新是市场竞争的核心要素之一,它作为企业的主要竞争手段影响着相关产业的市场格局。企业需要通过创新技术,降低生产成

---

[10] 参见颜运秋:《反垄断法应以保护消费者权益为终极目的》,载《消费经济》2005年第5期;王晓晔:《王晓晔论反垄断法(2011~2018)》,社会科学文献出版社2019年版,第227页。

本以获得更高利润,推出新颖的产品和服务吸引消费者以占领市场。因此,为了获得竞争优势,企业会自发地推动技术创新。专利联营是一种有助于企业降低技术研发成本和风险,提高研发效率以实现创新目的的机制。然而,现代专利联营与相关产业标准紧密联系,并且利用其联合体的优势可轻易控制市场。专利联营可通过各种不公平的许可方式以及限制创新的特定条款,削弱其他竞争者的创新动力,进而阻碍新的竞争者进入或者排挤其他竞争者,扰乱竞争秩序。由于保护公平竞争和鼓励创新均是反垄断法所追求的价值目标,因此反垄断法应当肩负起引导和规制专利联营的重任,使其有效发挥促进创新的功能。在知识经济时代,创新和竞争之间形成了相互促进的良性互动关系。[11] 创新成为一种竞争方式,竞争激发创新活力。保护企业的创新活力,就是保护市场的竞争秩序。实际上,对于专利联营的反垄断规制是从维护全社会利益的角度追求效率和公平的统一。如果反垄断法不介入经营者的专利联营行为,则权利人为扩张自身利益作出限制竞争的行为无法受到规制,可能致使市场失灵,创新机制失效。如果反垄断法过分限制专利联营行为,则容易打击专利权人的创新积极性,降低市场竞争活力,减损创新带来的社会福利。因此,当前既要重视反垄断法对专利联营的规制作用,又要合理把握反垄断法干涉专利联营的程度。

(二)规范层面:新反垄断法安全港规则的解读

反垄断法上"安全港"规则,是指反垄断规范对于某类行为设置一系列标准,凡是满足标准者,即被视作不构成违法或者其违法风险低,执法机关将不开启调查或处分程序。[12] 从安全港规则效果的"合法推定说"角度理解,[13] 反垄断法通过安全港规则划出了企业实施市场竞争行为的安全区,只要企业行为不超出安全区的范围,原则上属于合法,或认为其产生反竞争效果的可能性小。美国、欧盟等竞争法较为完善的国家和组织最早在规制垄断协议和滥用市场支配地位的过程中适用安全港规则。可见,在反垄断法中增设安全港规则已成为

[11] 参见方翔:《论数字经济时代反垄断法的创新价值目标》,载《法学》2021 年第 12 期。

[12] 参见吴秀明、牛曰正:《竞争法上"安全港条款"之研究》,载《公平交易》2018 年第 27 期。

[13] 关于安全港规则的效果,学界存在争议。合法性推定说认为,行为满足安全港,即合法;豁免推定说认为,行为满足安全港,虽违法但可以不制裁。参见李国海、王伊宁:《我国反垄断法安全港规则的构建》,载《吉首大学学报(社会科学版)》2022 年第 2 期。本文采用的是合法性推定说。

一种全球趋势。我国2022年修订的《反垄断法》首次在垄断协议引入安全港规则，该法第18条第3款规定，“经营者能够证明其在相关市场的市场份额低于国务院反垄断执法机构规定的标准，并符合国务院反垄断执法机构规定的其他条件的，不予禁止”。事实上，我国关于垄断协议的传统违法性分析框架移植欧盟的“一般禁止+例外豁免”模式，存在效果分析的敞口过宽的弊端，从而可能会引发执法工作繁重，执法效率低的问题。〔14〕增设安全港规则可以应对此种分析模式带来的弊端。原因在于，安全港规则以经营者的市场份额和其他条件作为标准，推定出明显不具有的限制竞争效果的经营者，从而有助于节约执法资源，提高执法效率。此外，安全港规则能够增强执法的透明度，为经营者指明合法与违法的边界，降低经营者的合规成本，提升市场经济效率。当然，我国反垄断法只是在基本制度框架中引入了安全港机制，表现出反竞争行为的认定模式有所调整，而不同垄断形态下具体的、可操作性的规则有待相关行政规章的制定。

笔者认为，安全港规则可以作为反垄断法规制专利联营的重要工具。由于反垄断法须平衡促进创新和维护公平竞争的不同立法追求，又由于专利联营对创新和竞争兼具促进和抑制作用，专利联营的反垄断分析显得尤为复杂。一方面，反垄断法应当审慎介入经营者行使专利权的行为，不能抑制企业的创新动力，影响行业的创新发展。另一方面，反垄断法应当及时规制不当地滥用知识产权损害市场竞争的行为，维护竞争秩序。当下有限的反垄断执法资源需应对各领域不断增加的专利联营，反垄断机构难免力不从心。安全港规则将在两个方面有助于专利联营的反垄断规制：对于执法机构而言，安全港规则具备筛选功能，它可以使相关机构的执法范围更具针对性，把执法资源投入安全港范围以外的损害竞争行为中；对于经营者而言，安全港规则可以使其在市场竞争中可以自觉规范行使知识产权，避免产生限制竞争的效果，使经营者合理合规地竞争。因此，构建适用于专利联营的安全港规则，将有助于反垄断机构对专利联营的合规引导和垄断性分析，从行为端和执法端双管齐下以完善对专利联营的规制。

（三）经验层面：域外国家实践的有益参考

目前，我国关于专利联营的执法或司法实践较少，但是在通信、音视频编码等技术密集型行业已经组建了诸多专利联营机制，我国企业作为专利联营的许可人或被许可人参与其中，可以预见的是未来专利联营将对反垄断法带来诸多挑战。欧美国家和组织一直以来高度重视专利联营的反垄断规制，具有关于专

〔14〕 参见吴韬：《我国垄断协议违法性认定框架的改进：评〈反垄断法〉修订案草案相关条款》，载《竞争政策研究》2022年第2期。

利联营的司法经验和执法经验。在我国尚缺乏有关专利联营反垄断规制经验的情况下,欧美国家和组织的域外实践可作为有益参考。

美国在对于专利联营的反垄断规制历程中,经历了任其自由发展到严格规制再到平衡规制的多次态度转变。在专利联营产生的初期,美国法院普遍认为专利联营属于专利权人行使其权利的范围,一般不会限制竞争,不应当受到反垄断调查,典型案例如1902年的贝曼诉国家哈罗公司案。[15] 不过,从1912年的标准卫生设备公司诉美国案起,[16]美国法院开始对专利联营持一种敌对态度,认为专利联营总体上会导致垄断和不正当竞争。美国司法部还提出专利许可的"九不准"规则(Nine No-Nos),[17]具体内容直指专利联营的许可模式。此后,专利联营的数量大幅度减少。然而,20世纪后期,由于美国政府意识到专利保护对企业的创新活力和市场竞争的重要性,反垄断审查机构开始转变之前严厉的规制方式,辩证看待专利联营行为产生的积极效果和消极效果。美国"95指南"表明专利联营具有促进竞争的效果,并逐渐放宽对于专利联营的审查标准。21世纪以来,在美国司法部的商业审查函中,鲜有专利联营会被认定具有垄断性而不被批准。[18] 从美国对于专利联营的反垄断审查经验看,其重点关注的问题包括:专利联营技术的组成、专利联营的开放性、专利联营授权方式、专利联营许可条件等,主要采用合理性原则综合各种因素判断专利联营是否具有损害竞争、抑制创新的负面效果。这些考量因素可作为我国反垄断机构执法的参考标准。

由于欧盟一直致力于建立欧洲统一市场,其高度警惕有可能阻碍统一市场形成的企业行为。在专利联营产生的早期,欧盟对于专利联营持反对态度。例如,1978年欧洲委员会认为由于飞利浦具有市场支配地位,飞利浦欲实施的建立专利联营的协议会构成排他性协议,违反了反垄断法,故委员会否定了该份专利联营协议。[19] 然而,在20世纪末欧盟开始转变之前的严格审查观点,认可

---

〔15〕 See Bement v. National Harrow Co., 186 U.S. 70 (1902).

〔16〕 See Standard Sanitary Mfg. Co. v. United States, 226 U.S. 20 (1912).

〔17〕 See Antitrust Guide for International Operations (1977).

〔18〕 See MPEG-2 Business Review Letter (1997); Business Review Letter from Charles A. James to Ky P. Ewing (2002); 6C DVD Business Review Letter (2009); University Technology Licensing Program Review Letter (2021).

〔19〕 See 78/156/EEC: Commission Decision of 20 December 1977 relating to a proceeding under Article 85 of the EEC Treaty (IV/29.151 – Video cassette recorders), OJ L 47, 18.2.1978, p.42–47.

专利联营对竞争的促进作用,逐步放宽对专利联营的审查,例如批准 DVD 专利联营、MPEG-2 专利联营、3G 平台等联营协议。为了规范专利联营行为,发挥其对市场竞争的正面效应,欧盟陆续在相关规范性文件中设置专利联营的专门规定,并且与美国一样采用合理分析原则判断专利联营的反竞争性。2004 年《欧盟技术转让协议指南》要求具有市场支配地位的专利联营,在收取许可费和制定许可条件时应当是公平和非歧视的。2014 年欧盟修订了前述指南,作出更为细化的规定,对专利联营进行专章规定,明确专利联营的性质、专利联营设立与运营评估时的考量因素。值得注意的是,在该指南中欧盟还构建了不同于普通技术转让协议,而只单独适用于专利联营协议的安全港规则。与美国的判例法习惯不同,欧盟对于专利联营的反垄断规制是依据一系列成文规定,这使得专利联营的垄断判断标准具有较高的确定性与可操作性。

根据前述欧美实践,有两点重要的经验值得我国借鉴。第一,由于专利联营对市场竞争兼具促进和抑制可能性,我国立法应当辩证看待专利联营行为,以宽严相济的方式规制专利联营,运用合理原则分析专利联营的违法性。第二,专利联营反垄断分析较为复杂,而我国相关法律规范规定得较为笼统,执法过程中可操作性不强,我国可参考域外专利联营反垄断审查的考量因素和执法标准,进而逐步完善我国专利联营反垄断规制体系。

四、专利联营的反垄断规制进路

行文至此,至少可以明确专利联营具有反垄断规制的必要性与可行性。在完善专利联营反垄断规制的路径方面,首先需要明确专利联营滥用市场支配地位的认定规则;其次,在适用主体、范围等方面完善安全港规则;最后,构建专利联营反垄断的配套机制以保障规制方案的有效落实。

(一)专利联营滥用市场支配地位的认定规则

我国部门规章明确规定了专利联营主体应当被禁止的垄断协议行为和滥用市场支配地位的行为,[20] 该规定依据《反垄断法》的相关规则判断垄断协议类型,又单独列举 6 项具体的专利联营滥用市场支配地位行为。由于认定专利联营涉及的滥用市场支配地位行为更具难度,加上滥用市场支配地位的危害更大,专利联营反垄断规制应当着重细化滥用市场支配地位行为的认定规则。

---

〔20〕 参见国家市场监督管理总局《关于禁止滥用知识产权排除、限制竞争行为的规定》(2020 年)第 13 条。

1. 界定相关技术市场:替代性分析法结合假定垄断者测试法

相关市场的界定在反垄断规制中扮演着重要的角色,它有助于确定竞争分析的边界。传统上市场界定都是围绕具体有形产品进行的,而专利联营行为与专利技术密切相关,专利技术与使用专利技术制造的产品均可以作为市场交易的对象。因此,联营中专利技术的许可销售和使用专利技术的产品销售分处于不同的上下游市场。专利联营对外许可专利技术的直接目的并不是扩大产品的生产,而是为了占有更多专利技术。此时,反垄断主管机构应当基于独立的技术市场对专利联营的竞争效果进行分析。因而界定相关技术市场对于专利联营反竞争分析至关重要。

虽然反垄断法区分相关产品市场和相关技术市场,但是相关技术市场在本质上仍属于特殊的相关产品市场。[21] 在我国对相关技术市场的规定较为简略的情况下,技术市场分析可以视作产品市场分析的特殊化应用,具体界定方法仍可借鉴相关产品市场的分析思路,即相关技术市场可通过替代性分析法、假定垄断者测试法进行界定。在反垄断执法实践中,产品的可替代程度影响着相关市场范围的大小。一般而言,界定相关市场以需求替代分析为主,供给替代分析为辅。由于专利技术的行业特性,替代性分析法所涉的需求者和供给者需区别于传统相关产品市场中的概念。在需求替代分析中,需求者是指具有专利技术需求的经营者,而非终端产品的消费者。在供给替代分析下,供给者应当是专利技术的持有者,而非向消费者提供终端产品的供应商。此外,为了精准确定特定产品的可替代品,实践中假定垄断者测试法常被作为一种检验工具,这种方法适用的前提是获得足够的产品数据,其中价格数据尤为关键。由于专利技术的价格不能直接等价于许可协议中的使用费,专利技术定价需经过复杂的分析,经营者的研发投入、专利的技术含量和目前的商业价值等可作为考虑因素。因此,在专利联营的反垄断分析中,若可获取充分的相关数据,便可采用假定垄断者测试法确定相关市场范围。

2. 认定市场支配地位:依据联营对必要专利技术的控制力

一般而言,认定经营者市场支配地位的主要方式是在确定相关市场后,根据市场份额认定支配地位。不过,专利联营主体的市场支配地位不能够仅仅依据市场份额作为判断依据,还应当考虑其他因素。由于专利联营围绕专利技术展开经营,专利联营市场势力的认定核心应当立足于专利技术。

首先,专利联营主体不因集合专利、联合许可专利而推定其在相关市场享有

---

〔21〕 参见丁茂中:《反垄断法实施中的相关技术市场问题》,载《电子知识产权》2018年第5期。

市场支配力。原因在于，倘若市场上存在可提供替代性专利技术的主体，或者使用联营专利技术生产的产品只在相关市场中占有较少份额时，则该专利联营并不具备市场实力。例如，美国“95 指南”[22] 和日本《标准化和专利联营安排指南》[23] 在相关条款中规定，若在相关市场中的联合市场份额不超过 20%，或者存在至少四种可使用的替代性技术，则专利联营主体可推定不具有市场支配地位。

其次，专利联营主体的市场支配力是源自对特定市场中必要专利技术的控制。必要专利技术即特定行业实施者无法绕开、必须使用的技术。具体而言，主要存在三种方式以控制必要专利技术：第一，控制替代性技术，当市场上的其他替代性专利被控制之时，联营所持技术便成为了不具替代性的必要技术。第二，在缺乏有效竞争的情况下，若专利联营禁止其含有的专利进行单独许可或单独许可成本极高，则仅含有互补性专利的联营也将具备市场支配力，因他人只能寻求联营的许可。第三，促进专利与标准的融合，若特定产业的产品要符合标准要求，则必须使用联营专利。[24] 在前述方式中，第三种方式是当前各专利联营普遍采用的方式，也是较容易实现的方式。标准会使专利联营内的专利获得超越普通专利的强制力，从而享有市场实力，因为标准本身就是天然的市场门槛。因此，认定专利联营市场支配地位的关键因素是联营对特定市场中必要专利技术的控制力。当然，联营享有市场支配地位并不等于会实施滥用行为，反垄断审查机构还需进一步分析联营的具体行为方式。

3. 考量专利联营反竞争的典型范式

专利联营滥用市场支配地位行为呈现诸多典型表现，如不公平定价、拒绝许可、不合理搭售等，对上述行为的分析有助于细化认定规则，从而为司法实践提供有益指引。

第一，收取不公平高价许可使用费。收取不公平高价许可使用费是专利联营垄断行为的典型，而实践中界定专利联营许可费是否符合公平合理的要求充满挑战，一方面，专利的成本难以确定；另一方面，专利价值的评估缺乏可操作的标准。事实上，参考美国与欧盟的司法实践，[25] 专利许可费的确认过程和对

---

〔22〕 Antitrust Guidelines for the Licensing of Intellectual Property § 4. 3 (1995).

〔23〕 参见日本《标准化和专利联营安排指南》第 3 章第 1 条(2015 年)。

〔24〕 参见饶爱民:《专利联营反垄断规制研究》,安徽大学 2010 年博士学位论文,第 128 ~ 129 页。

〔25〕 See Zenith Radio Corp. v. Hazeltine Research, Inc., 395 U. S. 100 (1969); Windsurfing International Inc. v. Commission of the Europe communities, ECR. 611 (1986).

市场竞争的影响对专利许可费的分析颇具价值。笔者认为,只要权利人和实施者在正常的竞争秩序下,平等自愿地确定出专利许可费,该结果便是公平合理的。因此,对专利联营许可费反竞争分析时,平等自由的协商过程和对相关市场的影响应是关注重点。专利许可费的定价应当遵循市场规律,主要通过经营者正常的市场行为确定,公权力不能过度介入。若专利联营凭借市场控制力强迫让实施者接受"一揽子"专利许可,或许可费的计算基础超出专利权覆盖范围,不仅实施者难以接受,也限制了市场竞争,此时专利联营的行为构成违法。

第二,拒绝许可行为。拒绝许可本身是合同法和专利法赋予权利人的自由,但这种自由不得被权利人滥用。这种自由在什么条件下应当受到限制,是反垄断法规制专利联营滥用市场支配地位行为时必须解决的问题。笔者认为,拒绝许可行为的违法性分析应立足于对市场公平竞争的损害程度,当该行为对竞争秩序造成的损害大于因限制权利人竞争自由的损害,反垄断法方可限制权利人许可自由。在对拒绝许可造成的损害分析方面,基于对社会公共利益的保护,欧盟和美国采用的"新产品原则"〔26〕和"必要设施原则"〔27〕值得借鉴。掌握标准必要专利的专利联营实质上等于拥有了生产新产品不可缺少的原材料,或是拥有了市场必要设施,对相关市场具有支配地位,可以借助技术标准轻易构筑市场进入壁垒。因此,这类专利联营的许可自由应当受到严格限制,即需要承担不得拒绝许可的义务,否则构成滥用市场支配地位。

第三,不合理搭售专利。由于电子通信、物联网等技术密集型产业的产品生产动辄涉及千万计的技术许可,为提高许可效率,专利联营采用打包许可的方式具有一定的合理性。但是,专利联营凭借其在技术市场的优势地位,强制要求被许可人购买他们所不需要的技术以及与专利相关的服务的行为会构成不合理的搭售行为。搭售对经济产生的不良后果并不是源于单纯的两种产品

---

〔26〕 按照新产品原则,如果某一知识产权人垄断一个有着消费需求的新产品所必不可少的原材料,即没有任何现有的或潜在的替代品(替代技术)来生产新产品,该知识产权人若在没有客观、正当理由的情形下,利用该材料阻止新产品的出现,而且新产品是该知识产权人本身所不提供的,那么拒绝提供或许可该原材料的行为构成市场支配地位的滥用。

〔27〕 按照必要设施原则,当一个企业拥有某一市场的必要设施的情况下,该企业就有义务在非歧视基础上允许竞争者进入该必要设施,或向竞争者供应该必要设施,尤其是在电信、能源传输、交通和通信技术领域。

的捆绑,而是源于此种捆绑涉及的强制性。[28] 因此,笔者认为被搭售者的选择权是否受限是分析该类行为反竞争性的重点。一般而言,在进行专利联营的搭售分析时,强制性搭售实施专利技术的设备、搭售专利设备的售后服务以及搭售专利认证服务等行为是容易辨别的,而棘手的问题是对搭售专利技术的辨别。从含有上万件技术的专利组合包中,逐一判断专利联营出售的专利中是否含有非必要专利、无效专利所耗费的成本会远高于权利人的许可报价。部分实施者并不具备筛选专利包中专利的技术及资金。因而,技术集成的行业特点变相限制了被许可人的选择权,他们只能被迫全盘接收专利包内的所有技术。此种强制性使得搭售行为具有遏制竞争的嫌疑,有悖于反垄断法所追求的公平竞争的价值。为了缓解效率与公平之间的矛盾,专利联营须主动披露专利组合的信息,或应被许可人的请求而对相关信息进行说明,否则将被视作有不合理搭售专利的意图。

除了前述三种典型的专利联营限制竞争行为,实践中专利联营还会采用歧视性定价、制定限制性条款等多种方式,获取垄断利益,巩固其市场支配地位。基于平衡保护知识产权和维护市场竞争的要求,认定专利联营的垄断性应当以合理分析原则作为一般分析框架,需在个案中结合市场背景与主体情况,分析行为对市场竞争的正负向效应。

(二)专利联营安全港规则的调适

如前所述,欧盟和美国在专利联营反垄断的规制方面已经进行了诸多有益探索,其中安全港规则是一条重要规制途径。基于对域外经验的分析,我国可以扩宽目前安全港规则的适用范围并且细化其认定标准,从而合理构建适用于专利联营的安全港规则。

1. 安全港规则的适用范围

当前,我国反垄断法仅在纵向协议情形中引入了安全港规则,这不同于域外通行做法,也有异于我国《关于知识产权领域的反垄断指南》相关规定。不论是美国、欧盟竞争法上的安全港规则,还是我国相关指南关于安全港规则的条款[29],横向和纵向协议均应同时适用安全港规则。现行安全港规则的范围有待拓宽,目前其只能适用纵向协议,发挥作用受限,反垄断违法性分析敞口过宽的问

---

〔28〕 参见[美]Jay Dratler. Jr.:《知识产权许可》,王春燕等译,清华大学出版社2003年版,第474页。

〔29〕 国务院反垄断委员会《关于知识产权领域的反垄断指南》(国反垄发〔2019〕2号)第13条。

题不能得到有效缓解。具体到专利联营反垄断规制上,权利人订立横向协议的行为比纵向协议更为普遍,从而反垄断执法应更为关注专利联营的横向协议。除了针对垄断协议的安全港规则,在滥用市场支配地位上,安全港制度也有所体现,比如经营者集中的审查标准。专利联营中不仅会涉及滥用市场支配地位的典型行为,也存在部分处于灰色地带的行为。若专利联营反垄断规制在滥用市场支配地位情形下设置安全港制度,则可以提高执法透明度,从灰色地带划出白色区域,引导权利人合规,同时执法人员也可不对这类明显不构成滥用市场支配地位的行为进行复杂的违法性分析。因此,安全港制度的适用范围应当得到适当拓展,即横向协议、纵向协议以及滥用市场支配地位的情形下均可适用特定的安全港规则。

2. 安全港规则的适用标准

不同国家和地区出台的涉知识产权领域的反垄断指南均设置了安全港规则,主要围绕三种要素构建:相关市场、市场份额、可替代性技术。基本分析思路为,先界定相关市场,再考察可体现竞争影响的市场份额数据,若市场份额达不到某一阈值则认为企业行为处于安全区内。由于知识产权行业相关市场份额比传统行业相关市场份额的界定更为复杂,美国、日本还规定了可替代性技术作为判断标准,当市场份额数据难以确定的情况下,通过考察市场上是否存在一定数量的可替代性技术,或者是否存在一定数量具备研发可替代性技术能力的主体,判断企业行为是否位于安全区内。由此可知,各国的判断标准实际上是一种定量分析,利用了经济学具体方法得出某一标准数值。不过,专利联营似乎游离在这类安全港规则适用标准之外,因为它的技术许可协议并不涉及产品生产或销售,而只针对专利技术本身,无法适用销售额或销售量的市场份额计算标准。鉴于此,欧盟《技术转让协议评估指南》对专利联营单设了安全港规则,[30]舍弃竞争法上的定量分析,而采用定性分析方式,直接以联营客观上是

---

〔30〕 2014年欧盟《技术转让协议评估指南》第261条规定:"只要专利池符合以下7项条件,无论相关方的市场地位如何,该池一般不违反欧盟运作条约关于垄断协议的规定。(1)专利池的创建过程对于所有感兴趣的相关技术权利人都是开放的。(2)为了确保专利池中只包含必要性专利技术(同时也是互补性专利技术)采取了充分的保障措施。(3)为了确保敏感信息(如定价和产量数据)的交换仅限于专利池的创建和运营所必需,采取了充分的保障措施。(4)专利池中的技术是以非排他方式许可进入专利池。(5)专利池中的技术遵循FRAND原则向所有潜在被许可方进行许可。(6)向专利池贡献技术的各方和被许可方都可自由质疑专利池中技术必要性和有效性。(7)向专利池贡献技术的各方和被许可方都可自由研发竞争性的产品和技术。"

否妨碍竞争、抑制创新作为基本依据,设置7条细化判断标准。我国执法机构可参考欧盟经验,把专利联营的开放性、必要专利的评估机制、限制敏感信息交换措施、专利进入专利联营的许可方式等因素,作为专利联营安全港规则的适用标准。

(三)专利联营反垄断的配套机制

1. 专利联营的必要专利审查

在专利联营反垄断审查上,学界和实务界达成的基本共识是,包含必要专利的专利联营一般不会限制竞争,而包含非必要专利的专利联营具有反竞争性。[31] 因而,专利联营所含必要性专利的审查对于专利联营的反竞争性分析显得尤为重要。

首先,有必要在事前程序中启动审查。由于反垄断法的基本宗旨是“预防和制止垄断行为”,必要专利的审查并不限于已经对市场竞争造成损害的联营行为,而可以在事前程序中进行,以减少规制专利联营所需的社会成本。反垄断法领域的事前预防程序主要有两种模式,即事前申报制度与接受咨询制度。[32] 不论采用哪种模式,执法机构都能在专利联营设立之初便开启必要专利的审查,而避免专利联营运行出现限制竞争的严重后果才介入审查。其次,在审查中执法机构不宜直接判断单个专利是否为必要专利,而应注重考察专利联营是否采用有效的评估机制,以保证进入联营的专利都是必要专利。采用此种审查方法的原因在于,执法者并不具备对单个专利进行必要专利的审查所需的相应专业技术背景,且有限的执法资源无法对单个专利包所含的成千上万个专利开展逐一技术审查。具体而言,执法机构首先应考察专利联营评估必要专利的标准,一是相应标准存在与否,二是相应标准是否可以客观地判断必要专利。此外,执法者还需考察评估必要专利主体的专业性和独立性,即该主体需了解专利联营所涉领域的相关技术,并且同专利联盟内的成员不存在利益关系,可客观公正进行判断。若专利联营选用非中立的第三方机构判断必要专利,则不符合要求,存在限制竞争可能。因此,执法者对专利联营的必要专利审查主要是围绕评估过程是否公正展开的。

---

〔31〕 参见吕明瑜:《专利联营反竞争审查的四维模式》,载《河南财经政法大学学报》2015年第1期。

〔32〕 参见王炳:《反垄断非强制性执法制度与实践分析》,法律出版社2011年版,第127页。

2. 专利联营的必要专利披露规则

权利人凭借专利联营的优势,实施各类滥用市场支配地位的行为。拥有市场支配地位不具有违法性,专利联营本身只是权利人行使其权利的一种方式,且联营在一定程度上具有促进竞争的效应,故而反垄断法不能直接禁止专利联营行为。不过,反垄断法可通过许可人披露专利信息,增加专利联营所涉必要专利的透明度,从源头应对不合理许可费、不公平许可条件的问题。当下我国并未在法律层面构建专利信息披露规则,只是在相关规范性文件中有所提及,[33]专利信息披露并不具有强制性,无法起到规范市场竞争、促进行业发展的作用。笔者认为,具体的披露规则体系须明确披露的主体、内容、时间,并且根据各主体承担的披露义务不同,前述三要素的规定应有所区别。专利联营的管理者实际运营着池内所有专利,可作为披露信息的主体。值得注意的是,标准必要专利联营的管理者比一般专利联营的管理者需要披露内容的范围应当更广,披露时间更早,承担的披露义务更多。这是因为标准必要专利联营比一般专利联营对市场准入的控制力更强,且标准必要专利权人普遍存在过度申报、收费标准不透明的问题,严重阻碍被许可人对专利进行有效评估和平等谈判。

3. 反垄断的多元联合执法机制

专利联营具有行业技术性强,随市场和技术变化动态发展的特点,这增大了反垄断执法的难度。依靠单一国家机关的力量尚不足以实现整个专利技术市场的规范化运行,专利联营的反垄断规制需要专利局、工信部相关行业标准制定机构同反垄断执法机构的通力合作。因此,可考虑建立多部门联合执法工作机制。一方面,对于审查专利联营所含专利的效力问题由专利局共享相关信息。另一方面,关于必要专利的审查,工信部可设立专业的独立第三方评估组织。由于必要专利的审查成本较高,全部由权利人承担或被许可人承担会增大专利运营的成本,阻碍专利技术适用于产业化生产。即使他们出资聘请单独机构鉴定,也较难保证鉴定结果的客观公正,双方得出的审查结果通常存在较大差异。由工信部领导设立必要专利评估机构,可同时保证评估结果的专业性和独立性。工信部下设的科技司、信息技术发展司、电子信息司等机构具有规划相关行业发展、制定相应行业标准的职责,因此它们在特定行业技术信息掌握方面拥有得天独厚的优势。此外,在反垄断执法机构对必要专利的审查存在某些技术性问题时,工信部相关机构可以提供咨询意见。

---

〔33〕《国家标准涉及专利的管理规定(暂行)》(国家标准化管理委员会、国家知识产权局公告2013年第1号)第5条。

五、结　　语

专利联营为了提高专利转化效率和创新效率而生,它是一种专利权联合行使行为。行使专利权是权利人的法定自由,应当得到承认和尊重。但是,专利联营滥用知识产权,将损害市场的竞争秩序和创新活力,从而有损社会福利。为了引导专利联营良性运行,反垄断法需介入专利联营的设立和运营过程,从而减少其对市场竞争和创新带来的损害。从域外经验和我国实际情况可知,专利联营的反垄断规制既有赖于法律框架的逐渐完善,又需要相关执法配套机制的有效落实。专利联营同行业发展和技术变革不断变化形态,使得专利联营限制竞争的方式更为多样,究竟如何完善专利联营的反垄断规制仍有待更多的探索。

行政过程视域下交通违法记分行为的分段定性

吴　童*

摘要：

当下理论界和实务界对交通违法记分行为做静态考察、单一行为定性的做法值得商榷。应当以行政过程为管道将交通违法记分行为分段定性为行政确认行为、行政和解行为和行政处罚行为。各阶段性行为存在逻辑关联，一则确认行为是其他阶段性行为的作出基础；二则和解行为与其他阶段性行为之间成立或然性的连续关系；三则处罚行为与确认行为之间成立依据关系，在分值达到 12 分及以上时具有法律上的因果关系。明确记分行为的阶段性行为性质、附随行为的性质及各阶段性行为间的逻辑关联有助于掌握记分行为的行为构造，明确各阶段应适用的实体及程序规则，统一司法审查认定标准。

关键词：

交通违法记分；行政过程；阶段性行为；法律属性；逻辑关联

一、问题的提出

对于交通违法记分行为（以下简称记分行为）的定性问题，当下理论观点和实务做法存在处罚说、[1]许可监督说、[2]管理或教育措施说[3]等多种见解。首先，对同一行为作出不同定性本身就说明记分行为极为复杂，或许不存在单

---

* 吴童，山东大学法学院 2021 级硕士研究生，研究领域为行政法学。

〔1〕 参见梁慧娟：《对交通违法行为记分属于行政处罚》，载《人民法院报》2014 年 8 月 6 日，第 6 版。

〔2〕 参见黄黔川：《对机动车驾驶证给予“记分”行为性质的认定》，载《人民法院报》2013 年 7 月 31 日，第 6 版。

〔3〕 参见四川省自贡市中级人民法院行政裁定书，(2019)川 03 行终第 19 号。

一行为性质。其次,在司法个案裁判中,单一行为定性本身就存在偶然性与随机性。对于同一记 12 分行为,有裁判以“会对驾驶人的驾驶资格产生实际影响”为由认定记分行为属于行政处罚;[4] 但也有裁判以“记分并不属于法定行政处罚种类”为由排除记分行为的处罚属性,认定其性质是许可驾驶后的监管行为。[5] 最后,单一定性的偶然性与随机性又极易导致规制与救济的缺失,如有裁判认为记分行为是管理措施,依法不应按照行政处罚程序予以审查,但也未提出具体审查标准,最终判决维持记分行为。[6] 还有裁判以记分行为属于管理措施而非行政行为为由将其排除行政诉讼受案范围。[7]

为此,厘清记分行为的性质具有重要的理论与实践意义。本文将在行政过程视域下,通过分段分析定性以准确揭示记分行为的法律属性。

二、记分行为单一定性拷问

既有典型观点或截取记分行为的特定阶段定性整个行为,或将记分行为的作用、功能视为其性质,对记分行为的定性具有单一性,以下分述之。

其一,行政处罚说。该说认为记分行为是“累积性的资格罚”[8],因为“每次记分都是对机动车驾驶资格量化的限制,都对驾驶员的驾驶资格产生实质影响,具有行政性和惩戒性”[9]。但以“资格”和“资格量化”作为关涉重点乃资格罚说的两大谬误:一是每次记分是对驾驶人违法驾驶行为的消极评价,指向的是驾驶“行为”而非“资格”,在记分行为中,只有最终的扣留驾驶证或公告停止使用才对驾驶人的驾驶资格产生影响;二是“资格罚”与所有行政处罚一致,“是结果行为,具有封闭性”[10],质言之,“资格罚”所带来的是一种质的变化,无法

---

[4] 参见河南省孟州市人民法院行政判决书,(2019)豫 0883 行初第 122 号。

[5] 参见吉林省高级人民法院行政判决书,(2020)吉行再第 24 号。

[6] 参见山东省聊城市中级人民法院行政判决书,(2019)鲁 15 行终第 200 号。

[7] 参见上海市第二中级人民法院行政判决书,(2020)沪 02 行终第 200 号。

[8] 王学辉、王亚栋:《论作为行政处罚种类的交通违法记分》,载《西部法学评论》2019 年第 3 期。

[9] 王春英:《对驾驶证记分行为属于行政处罚 驾驶人有权提起行政诉讼》,载《人民法院报》2016 年 8 月 17 日,第 6 版。

[10] 胡建淼:《论“行政处罚”概念的法律定位 兼评〈行政处罚法〉关于“行政处罚”的定义》,载《中外法学》2021 年第 4 期。

被量化,而单纯的记分将分数量化为1、3、6、9、12五个基础格次,且每一格次都不会剥夺或限制驾驶人的驾驶资格。实际上,该观点虽已承认了记分行为的“过程性”,却在传统行政行为理论的视角下强加了“累积性”以吸纳记分行为“阶段性”的特点,这种采用最终行为取代过程性行为的观点反而使行政行为界限存在消解的危险。

其二,许可监督说。该说从驾驶资格的取得角度出发,认为核发驾驶证是一种行政许可,记分行为是“对驾驶证这一行政许可的监督检查制度”[11]。诚然记分行为能够发挥监督驾驶员谨慎驾驶的作用,但该定性仍存在几点不足:首先,行政许可监督概念外延广泛,根据标准的不同可以分为对行政机关的监督和对行政相对人的监督、对许可设定的监督和对许可实施的监督……[12]将记分行为定性为对行政许可的监督反而将明确针对相对人实施许可行为的措施复杂化。其次,如果从过程性的视角看,监督检查制度实际上是行政许可的构成要件,[13]那么,将记分行为定位为对行政许可的监督检查制度实际上是将其定性为行政许可,但显然其并非行政许可。最后,即使将行政许可监督限定为对相对人实施许可行为的监督,行政机关可采取的措施也相当丰富,包括行政检查、行政处罚、行政强制等。可以说,对行政许可的监督是一个过程,在这个过程中,行政机关可以采取多种行为手段实现监管目的,换言之,行政监督类行为是一个行为链,不存在单一行为,记分行为是对行政许可的监督,实际上承认了记分行为不存在单一行为性质。

其三,管理或教育措施说。现行《道路交通安全违法行为记分管理办法》(以下简称《记分管理办法》)[14]第1条明确规定管理、教育、引导是记分制度的功能,刨除该具有功能意义的前缀,管理或教育措施说在本质上是行政措施说。何为行政措施?从理论上来看,对于行政措施的认识有五种代表性观点且彼此分歧较大,从实践中看,规定和采取行政措施是行政机关在法律、法规、规章规

---

[11] 广东省佛山市顺德区人民法院行政判决书,(2019)粤0606行初第140号。

[12] 参见廖原:《国家权力法治化与行政许可监督基本理论反思》,载《创新》2014年第2期。

[13] 参见关保英、梁玥:《论行政主体对被许可人的监督》,载《上海行政学院学报》2006年第1期。

[14] 公安部令第163号。

定较为抽象或没有作出规定时创新治理方式的合法化路径。[15] 由此可见,行政措施的概念不清且较为宽泛,通常情况下与行政行为同义,特殊情况下可指法外行为。[16] 即使将记分行为定性为行政措施,该"行政措施"的内涵仍待明确。

由此可见,单一定性会隐匿甚至抹杀记分行为过程中的部分内容,如资格罚说偏重记分行为的最终阶段,许可监督说、管理或教育措施说对记分行为做笼统定性,有意或无意忽略了记分行为内含多个性质不同的阶段性行为。这种定性还将产生一系列问题,例如,单一定性极易导致程序错位甚至滥用,如司法实践普遍围绕处罚讨论记分行为的程序适用问题,[17] 即使对明显不属于处罚行为的"记 2 分"也适用处罚程序进行审查。[18] 又如,一旦涉成诉讼,单一定性极易导致遗漏诉讼审查内容,如有裁判以"记 3 分"行为不属于行政处罚为由将其排出审查范围,[19] 而实质上"记 3 分"等单纯的记分行为对最终的扣留驾驶证和公告停止使用行为具有助成性作用,忽视对其进行审查或将产生违法性继承的恶果。

那么,对记分行为定性究竟应采取何种手段?以行政过程为管道对记分行为分段定性是最适宜的方法。

三、记分行为的阶段性性质剖析

过程性并非空穴来风,我国现行法律规定即是按照过程性脉络来编排记分行为的。根据《道路交通安全法》《道路交通安全法实施条例》《记分管理办法》等相关法律、法规、规章的规定,记分行为在外观上分为四个阶段:一是针对交通违法行为实施的单纯的记分行为(单纯记分行为)阶段;二是在有记分且分值未达到 12 分时,依符合条件的驾驶人的申请实施的扣减其记分的行为(扣减记分行为)阶段;三是在记分达到 12 分及以上时扣留违法驾驶人机动车驾驶证的

---

〔15〕 参见黄学贤、李凌云:《行政措施的性质界定及其法律规制》,载《法治现代化研究》2019 年第 3 期。

〔16〕 柳砚涛:《质疑"规定行政措施"》,载《行政法学研究》2007 年第 3 期。

〔17〕 参见山东省聊城市中级人民法院行政判决书,(2019)鲁 15 行终第 200 号;吉林省松原市中级人民法院行政判决书,(2020)吉 07 行终第 17 号;吉林省高级人民法院行政判决书,(2020)吉行再第 24 号。

〔18〕 参见山东省聊城市中级人民法院行政判决书,(2019)鲁 15 行终第 200 号。

〔19〕 参见广西壮族自治区融安县人民法院行政判决书,(2020)桂 0224 行初第 1 号。

行为(扣留驾驶证行为)阶段;四是在违法驾驶人的机动车驾驶证未被依法扣留或者拒不参加满分学习、考试时公告其机动车驾驶证停止使用的行为(公告停止使用行为)阶段。

尽管记分行为在外观上分为四个阶段,但从理论上来看,实际上只包括行政确认、行政和解、行政处罚三种阶段性行为。其中,单纯记分行为符合确认行为的构造要件,系行政确认行为;扣减记分行为因相对人申请而发动,本质上属于行政机关与行政相对人通过互谅互让达成共识的行政和解行为;扣留驾驶证和公告停止使用行为实则暂扣驾驶证,系行政处罚行为。如图 1 所示。

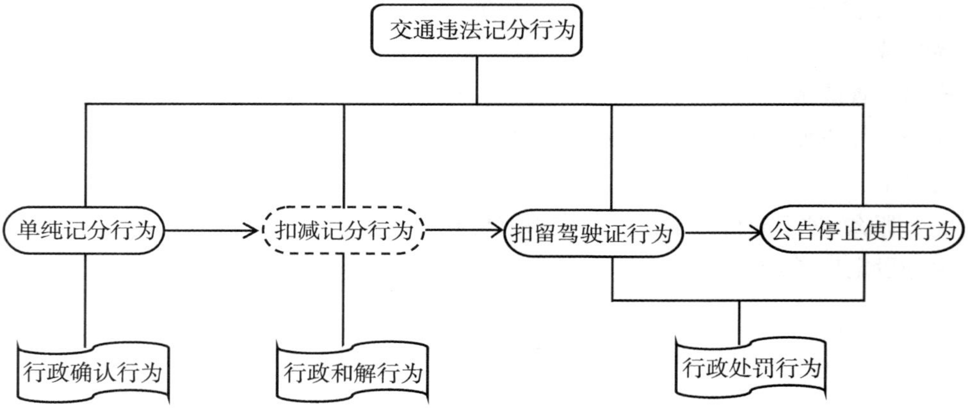

图 1 交通违法记分行为的阶段性构造

(一)单纯记分阶段的行政确认属性

无论分值多少,单纯记分行为仅系记分行为的行政确认阶段。有观点将记分行为分为一次性记满 12 分的记分行为和累积记满 12 分的记分行为,认为一次性记满 12 分的记分行为即为行政处罚,累积记满 12 分的最后一次记分行为为行政处罚,前序记分行为皆为行政事实行为。[20] 按此逻辑,极易陷入"将性质相同的行为给予割裂"[21]的陷阱,实际上,一则一次性记满 12 分的记分行为和累积记满 12 分的记分行为都是单纯记分行为,具有相同的构成要件,同属行政确认,区别仅在于内含行政确认次数的不同。二则无论是一次性记满 12 分

〔20〕 参见丁玮、彭铁文、甘尚钊:《机动车道路交通违法记分行为的法律性质分析》,载《法治论坛》2017 年第 2 期。

〔21〕 王学辉、王亚栋:《论作为行政处罚种类的交通违法记分》,载《西部法学评论》2019 年第 3 期。

还是累积记满 12 分都不当然具有行政处罚效果，使违法驾驶人失去机动车驾驶资格。例如，有裁判称驾驶人在记满 12 分时，如果管理部门未扣留其驾驶证，驾驶人仍持有准驾证明的，不符合保险合同中"驾驶人未取得驾驶资格"的情形。〔22〕又如，有裁判认为"机动车驾驶人在一个记分周期内达到 12 分，并不等同于丧失驾驶资格"〔23〕。因此，至少从实务做法来看，驾驶资格的丧失与单纯记分行为之间并无必然关联性。

申言之，单纯记分行为仅系交通管理部门对机动车驾驶人违法驾驶行为的确认。首先，单纯记分行为满足行政确认的构成要件。且不说主体、对象等应无争议的因素，单就确认的法律效果而言，单纯记分行为以分值记录的形式确认驾驶人违法驾驶的事实，相应的分值在行政机关与行政相对人之间发生法律效力，并拘束其行为。需要注意，作为行政确认的单纯记分行为绝非学者认为的事实行为，〔24〕也并非和事实行为相同，不产生法律效果。〔25〕虽然理论界和实务界关于行政事实行为的判断标准还存有争议，但都倾向于认为行政事实行为"可能产生法律效果也可能不产生法律效果"〔26〕，与此同时，通说认为行政确认是准行政行为，有学者认为"准行政行为一定要产生法律效果，否则无法区别于事实行为"〔27〕，但民法学者通常认为行政确认只不过是在结婚、购买房产等基础行为上的"附加行为"，只会加强原有的法律关系，并不会产生权利义务关系从无到有的变化。〔28〕由此可见，以是否产生法律效果区分事实行为与确认行为没有定论。

事实上，两者的区别不在于是否产生法律效果，而在于是否具有表示意思〔29〕和法律上的约束力。作为行政确认的单纯记分是具有表示意思和法律上的约束力的行为，就前者而言，行政机关作出单纯记分行为就已经认识到该行为具有特定法律意义，相反，行政机关作出行政指导等事实行为时并未意识到这点，不具有表示意思；就后者而言，行政机关作出单纯记分行为虽未直接处分

---

〔22〕参见北京市第三中级人民法院民事判决书，(2021)京 03 民终第 1288 号。

〔23〕江苏省常州市中级人民法院民事判决书，(2020)苏 04 民终第 65 号。

〔24〕参见王贵松：《论行政处罚的制裁性》，载《法商研究》2020 年第 6 期。

〔25〕参见王学辉、王亚栋：《论作为行政处罚种类的交通违法记分》，载《西部法学评论》2019 年第 3 期。

〔26〕杨立宪：《论行政事实行为的界定》，载《行政法学研究》2001 年第 1 期。

〔27〕皮宗泰、王彦：《准行政行为研究》，载《行政法学研究》2004 年第 1 期。

〔28〕参见朱新力、陈无风：《公私法视野中的行政登记》，载《法治研究》2007 年第 4 期。

〔29〕参见王锴：《论行政事实行为的界定》，载《法学家》2018 年第 4 期。

相对人的权利义务关系,但对其违法驾驶的事实作了具有法律约束力的确认,相对人的驾驶行为以及行政机关的后续行为因此受到约束,而"事实行为的实施无需运用国家强制力"〔30〕,不以法律为依据即可产生事实上的约束力。或许是为了区分事实行为与确认行为,德国学者毛雷尔认为所谓法律效果也包括具有法律约束力的确认,〔31〕从这个角度上看,作为行政确认的单纯记分就是具有"法律效果"的行为。

其次,单纯记分行为具备行政确认的特征。一为羁束性,〔32〕交通管理部门实施单纯记分行为以《记分管理办法》列举的记分情形及相应分值为依据,没有自由裁量余地;二为要式性,〔33〕交通管理部门应采取发送短信、交管12123通知等书面方式使相关当事人知悉违法记分情况,在处理违法驾驶行为时一并在处罚决定书上载明单纯记分分值;三为非处分性,〔34〕单纯记分行为不具有对相对人权利义务的直接处分性,不会直接产生相对人既有权利义务的增加或减少,违法驾驶人被记分后所享有的权利和应承担的义务同取得驾驶资格时既有的权利义务毫无二致。

值得注意的是,虽然单纯记分行为不具有对相对人权利义务的直接处分性,但并非不具有权利义务的间接影响性,正如有裁判所言"是否有对当事人的权利义务产生实际影响,主要是指……或者虽未直接增加相对人的义务、剥夺相对人的权利或变更相对人的权利义务,但其存在会给其他行为的作出提供具有法律意义的依据"〔35〕。单纯记分行为即为其他行为的作出提供了具有法律意义的依据,具体有三,一是在分值达到12分及以上时作为扣留驾驶证或公告驾驶证停止使用的依据,二是作为提高或降低机动车交强险保险费率的依据,三是作为换发10年或长期有效驾驶证的依据。其中,扣留驾驶证和公告停止使用行为系作为记分行为组成部分的行政处罚行为,提高或降低机动车交强险保险费率的行为、换发10年或长期有效驾驶证的行为系记分行为的附随行为,

〔30〕 薛刚凌:《论行政行为与事实行为》,载《政法论坛》1993年第4期。

〔31〕 参见[德]哈特穆特·毛雷尔:《行政法学总论》,高家伟译,法律出版社2000年版,第183页。

〔32〕 参见姜明安主编:《行政法与行政诉讼法》,北京大学出版社2019年版,第242页。

〔33〕 参见罗豪才、湛中乐主编:《行政法学》(第4版),北京大学出版社2016年版,第217页。

〔34〕 参见胡建淼:《行政法学》(第3版),法律出版社2010年版,第207页。

〔35〕 参见甘肃省高级人民法院行政判决书,(2019)甘行终第267号。

单纯记分行为通过上述行为影响相对人的权利义务,对这些行为进行定位和定性也是必要的,具体将在下文展开。

(二)扣减记分阶段的行政和解属性

单纯记分行为的行政确认属性并不当然决定确认结果的恒定性,这主要源于记分行为行政和解阶段的可协商性和其分值的可扣减性。然而,在记分制度实行初期,单纯记分分值并无扣减的可能性,驾驶人对此多有怨言,为此,公安部出台扣减记分的规定以化解和预防行政纠纷。扣减记分是符合条件的相对人向交通管理部门申请,并由后者决定是否准予扣减的行为过程,实际上是记分行为的行政和解阶段。

首先,虽然扣减记分行为在形式上表现为行政机关的"单方行政决定",但本质上是通过"情况查明——公示回应——单方决定"[36]的模式与驾驶人就扣减记分的内容达成一致的契约行为。行政和解通常体现为达成和解协议,但达成协议并非实现和解的唯一方法,随着行政法治的转型和现代行政的民主性增强,以"单方行政决定"实现和解的方式得到各国普遍承认。[37] 在单方决定模式下,行政机关与相对人已形成合意,《记分管理办法》中有关扣减记分的规定即为要约,满足条件的驾驶人提出扣减记分申请即为承诺,此时并无协商和订立协议的必要,交通管理部门直接以单方决定认可驾驶人参加学习考试等补救行为,并作出相应的扣减记分处理。

其次,扣减记分的前提是驾驶人在当前记分周期内有记分且分值未达到12分,有记分也就是说驾驶人违法驾驶的事实已经行政确认而确定,交通管理部门实施扣减记分行为满足行政和解的宽松条件;同时,分值未达到12分相对于分值达到12分及以上驾驶证将被扣留或公告停止使用而言,驾驶人的记分情况、驾驶资格等法律状态尚不能确定,此时交通管理部门实施扣减记分行为满足行政和解"以行政执法过程中事实或法律状态不确定、且不确定状态不能查明"[38]作为适用前提的限定条件。

最后,"裁量是和解的前提"[39]也不能成为扣减记分行为作为行政和解的

---

〔36〕 方世荣、白云锋:《行政执法和解的模式及其运用》,载《法学研究》2019年第5期。

〔37〕 参见王由海:《论行政和解制度的规范建构——基于行政过程论视角的分析》,载《河南财经政法大学学报》2021年第4期。

〔38〕 方世荣、白云锋:《行政执法和解的模式及其运用》,载《法学研究》2019年第5期。

〔39〕 参见周佑勇、解瑞卿:《行政和解的理论界定与适用限制》,载《湖北社会科学》2009年第8期。

障碍。虽然《记分管理办法》明确规定了扣减记分的条件与分值,但法律具体规定并不意味着裁量的消失,而是裁量基准的统一。一则从历史上看,扣减记分行为的实施并非始于法律具体规定,而是从法律授权行政机关自由裁量走向法律具体规定。在《记分管理办法》出台前,多地推出学习减分制度,其适用范围及减分分值不尽相同,[40]而记分制度关涉所有驾驶人的利益,扣减记分行为的实施及其条件、分值也不能因为地方规定的差异而有所区别,必须源自法律统一、具体的规定。二则从理论上看,行政裁量分为要件裁量和效果裁量,扣减记分制度的设计只不过把效果裁量转移到相对人手中,由其"代替行政机关主动、自主地选择法律效果,决定是否在积分届满之前采取积极措施,避免不利后果"[41],而审核是否准予扣减记分的要件裁量仍掌握在行政机关手中。

需要注意的是,扣减记分行为虽然在某种程度上能够延迟或防止扣留驾驶证和公告停止使用行为的发生,但记分行为过程的构建仍以后者为终点。因为虽然这两个行为不影响单纯记分分值,但本质上为行政处罚,试想,没有处罚结果、仅有分值变化的记分行为能够使驾驶人产生畏惧心理,达到预防道路交通违法行为、促进道路交通安全的效果吗?然而,现行法律规范均将扣留驾驶证定性为行政强制措施,与此同时,公告停止使用行为也未得到应有重视,几乎不存在分析其性质的研究,由此,扣留驾驶证和公告停止使用行为的行政处罚行为的性质仍需进一步说明。

(三)扣留驾驶证及公告停止使用阶段的行政处罚属性

尽管扣留驾驶证和公告停止使用行为均属于"暂扣许可证件"类资格罚,但公告停止使用行为不具有实体规范对象的形式表象会使人产生误解。就此,需要认识到的一个前提是,行政处罚措施的规定,本身就是采用实质主义的立场,不是以形式用语为规范对象,而是着眼于概念所表现法规范效果的实质方面。[42] 在此意义上,公告停止使用是实质主义立场上的资格罚,

---

[40] 参见《4万湖州驾驶人在用的减分利器,您用了吗?》,载微信公众号"湖州交警"2018年3月23日,https://mp. weixin. qq. com/S/uicaVNINXnTVLtRHhas/CA;《你不够的分都在这里,"学习减分"又有新改变,你不来了解一下?》,载微信公众号"台州交警"2019年3月15日,https://mp. weixin. qq. com/s/jli6e181GSxzddpe7QwGSg。

[41] 余凌云、黄味:《"学法减分"助力道路交通治理能力提升》,载《道路交通管理》2022年第1期。

[42] 参见朱芒:《作为行政处罚一般种类的"通报批评"》,载《中国法学》2021年第2期。

并非以物理上针对许可证的留置为规范对象，而是指向限制或剥夺相对人从事特定活动的资格，并且作为扣留驾驶证的补救措施，以公告之名行扣留之实。

此外，虽然现行法律规范均将扣留驾驶证行为定性为行政强制措施，如《道路交通安全违法行为处理程序规定》第 24 条、《记分管理办法》第 17 条，但无论从行为后果，还是从行为目的上看，作为记分行为组成部分的扣留驾驶证行为、前述公告停止使用行为与作为资格罚的暂扣驾驶证行为并无二致，应是行政处罚行为。

其一，从行为后果上看，一则驾驶证无论是被扣留、被公告停止使用，还是被暂扣，驾驶人的驾驶资格即受到一定限制，继续驾驶都属于无证驾驶。一是《道路交通安全法》第 99 条关于无证驾驶的处罚规定明确涵盖"驾驶证被暂扣期间驾驶机动车的"情形；二是国务院法制办（现为司法部）《关于对〈中华人民共和国道路交通安全法〉及其实施条例有关法律条文的理解适用问题的函》的答复〔43〕中明确指出"驾驶证被公告停止使用的，驾驶人继续驾驶的属于无证驾驶"，又因为"公告停止使用"是扣留驾驶证的补救措施，根据当然解释方法，驾驶证被扣留后继续驾驶的同样构成无证驾驶。二则驾驶证被扣留或公告停止使用的，驾驶人需要通过学习、考试才能重新驾驶，但驾驶证被暂扣的，不需要重新考试，到期后即可领取驾驶证，举轻以明重，扣留驾驶证及公告停止使用行为更应当被视为处罚措施。

其二，从行为目的上看，三行为同是对违反交通管理秩序的驾驶人的惩戒：驾驶证被扣留、公告停止使用或暂扣期间，驾驶资格受到限制实则减损相对人权益；驾驶证被扣留或公告停止使用的，相对人通过学习、考试才能取回驾驶资格实则增加相对人义务。

由此可见，作为记分行为组成部分的扣留驾驶证和公告停止使用行为实则暂扣驾驶证的资格罚，与旨在制止违法行为、避免危害发生、控制危险扩大的行政强制措施大相径庭。因此，有必要将作为记分行为组成部分的"扣留"驾驶证的表述修正为"暂扣"驾驶证。

四、附随行为的定性

研究记分行为的法律属性不能抛开其附随行为。与作为其组成部分的确

---

〔43〕 国法秘函〔2005〕436 号。

认、和解、处罚行为不同的是,附随行为是作为结果行为存在的,其中包括前述提高或降低机动车交强险保险费率的行为、换发10年或长期有效驾驶证的行为,此外还有规制"代扣分""代考试"的行为。

(一)提高或降低机动车交强险保险费率的行为

根据《机动车交通事故责任强制保险条例》第8条的规定,被保险机动车没有发生道路交通安全违法行为的,保险公司应当在下一年度降低其保险费率,反之,保险公司应当提高其保险费率。机动车交强险保险费率的提高或降低以单纯记分行为确认的道路交通安全违法情形与次数为准,本质上属于单纯记分行为产生的私法效果。该私法效果从形式上看是保险公司与当事人订立契约的结果,而实质上,提高或降低交强险保险费率与行政机关实施单纯记分行为之间具有法律上的因果关系,尤其是其标准均取决于行政机关,这就决定了其同样属于行政行为。

至于提高或降低机动车交强险保险费率的行为究竟属于什么类型的行政行为?这要从德国行政法上的双阶理论中寻找答案。在该理论背景下,提高或降低机动车交强险保险费率的行为可以分为两个阶段:行政机关实施单纯记分行为确认被保险机动车的道路交通安全违法行为,此为公法关系阶段。保险公司根据被确认的道路交通安全违法情况修改下一年度的合同条款为私法行为,问题在于即使提高或降低机动车交强险保险费率标准的合同条款是由行政机关决定的,行政机关也未实际采取私法行为。事实上,对于保险公司和相对人之间的私法关系,"学说上认为只有私法的形式,私法要服膺于公法制约,并无私人自治的自由和可能性"[44]。行政机关虽未直接与相对人签订协议,但决定了合同的部分内容,而且相关内容不容许个人意志的表达,即保险公司与相对人之间的合同关系"所适用的私法规范由于公法条款的补充、叠加和修正,而形成了所谓的'行政私法'"[45],两者之间成立的私法关系实际上是行政私法关系。由此,行政机关决定提高或降低机动车交强险保险费率的行为属于行政私法行为。该行政私法行为的双阶构造如图2所示。

---

〔44〕 张青波:《行政主体从事私法活动的公法界限——以德国法为参照》,载《环球法律评论》2014年第3期。

〔45〕 张青波:《行政主体从事私法活动的公法界限——以德国法为参照》,载《环球法律评论》2014年第3期。

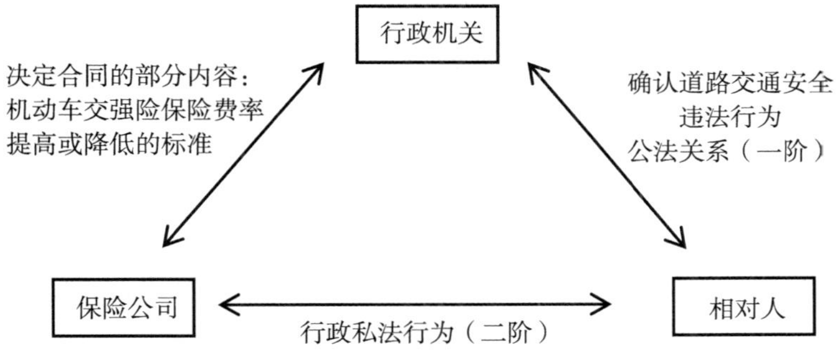

图 2　行政私法行为的双阶构造

（二）换发 10 年或长期有效驾驶证的行为

根据《道路交通安全法实施条例》第 26 条、《机动车驾驶证申领和使用规定》[46]第 62 条的规定，机动车驾驶证在 6 年有效期内，每个记分周期均未记满 12 分的，换发 10 年有效期的机动车驾驶证；在机动车驾驶证的 10 年有效期内，每个记分周期均未记满 12 分的，换发长期有效的机动车驾驶证。由单纯记分行为引发的换发 10 年或长期有效驾驶证的行为本质上是对行政许可的限制。

之所以将其定性为对行政许可的限制，源于其所存附的行政许可行为的本质。在自然状态下，每个人都根据他自己的意志按照在他看来好像是好的和正确的事情去做，[47]天然地具有不受约束从事各种活动的自由；而在社会状态下，个人活动自由受限是“联合的义务”[48]的必然结果。具体到机动车驾驶行为，自然状态下的个人具有无限制的活动自由应然包括机动车驾驶自由，而法律却规定了驾驶机动车必须取得驾驶证，可见，社会状态下的行政许可制度的本质是对自然状态下个人自由的恢复，但“政府可以在给出充分理由之后拒绝恢复个人的自由”[49]，当然也可以出于正当目的限制恢复个人的自由。在此，行政机关出于保障道路交通安全的目的，实行了双重限制，不仅从一开始就设定了为期 6 年的驾驶资格期限，而且以单纯记分行为的结果为依据维持或逐级增加驾驶证的有效期，对一定期限内驾驶表现良好的公民换发 10 年或长期有效驾

[46] 公安部令〔2021〕第 162 号。

[47] 参见［德］康德：《法的形而上学原理》，沈叔平译，商务印书馆 2009 年版，第 144 页。

[48] 参见［德］康德：《法的形而上学原理》，沈叔平译，商务印书馆 2009 年版，第 51 页。

[49] 章剑生：《行政许可的内涵及其展开》，载《浙江学刊》2004 年第 3 期。

驶证,渐进式地恢复其被限制的驾驶资格期限的自由。换发10年或长期有效驾驶证的行为作为对驾驶资格期限的第二重限制,属于对行政许可的限制行为。

(三)规制"代扣分""代考试"的行为

与前两者不同的是,规制"代扣分""代考试"的行为并非源于立法的主动创制,而是立法对于现实的回应。《记分管理办法》第30、31条对"代扣分""代考试"者和"代扣分""代考试"的组织者都规定了高额的罚款,该规制"代扣分""代考试"的行为在行政法上属于行政处罚当无争议。

五、各阶段性行为间的逻辑关联

尽管记分行为存在多个阶段,但各阶段之间并非毫无联系,而是存在一定的关联性。若忽视对各阶段性行为间逻辑关联的分析,就是将其孤立起来,那么,本处于记分行为下讨论其阶段性行为性质的功能便无法发挥,进而也无法发挥记分行为的功能与作用。

(一)作为基础的行政确认

在记分行为内,确认行为是其他阶段性行为的作出基础,一是扣减记分行为的作出以有记分且单纯记分分值未达到12分为前提,二是扣留驾驶证和公告停止使用行为的作出以单纯记分分值达到12分及以上为前提。

(二)相对独立的行政和解

虽然扣减记分行为的作出以有记分且单纯记分分值未达到12分为前提,但该和解行为与其他阶段性行为之间仅成立或然性的连续关系,具有相对独立性。

首先,一方面,或然性体现在和解行为存在的不必然性,一则扣减记分需经相对人的申请发动,《记分管理办法》第25条也仅规定了相对人"可以"申请扣减记分;二则行政机关具有决定是否准予扣减记分的裁量权。另一方面,或然性体现在处罚行为存在的不必然性。若行政机关准予扣减记分,在某种程度上可延迟或防止处罚阶段的到来,由此在一个记分周期内,记分行为可能仅具有确认和和解阶段。

其次,这里的连续关系是不能完全用刑法学上的"连续行为"或"连续犯"的概念来理解的,也无法套用行政法上的"连续违法"进行解释,因为前者认为连续犯必须实施"性质相同的数个行为"[50],后者也认为"连续违法每次实施的

---

[50] 张明楷:《刑法学(上)》(第6版),法律出版社2021年版,第638页。

违法行为必须属于同一违法形态"[51],在此,作为记分行为组成部分的确认、和解、处罚是三种性质不同的行为。但是,无论是连续犯、连续行为,还是连续违法,都强调行为的独立性、时空的连续性和联系的非紧密性:一则记分行为的和解阶段、处罚阶段仅是以确认为前提,但本身为独立行为;二则记分行为的和解阶段介于确认阶段与处罚阶段之间,三阶段存在时间上的连续性;三则如前所述,和解行为与其他阶段性行为间仅具有或然的联系。正因如此,有观点认为"连续犯中的数行为在时间和空间上缺乏紧密联系"[52],连续行为是"中间有间断的行为"[53],"连续关系更具有一般性"[54]。

(三)以确认为依据的行政处罚

处罚行为与确认行为之间成立依据关系,在分值达到 12 分及以上时还具有法律上的因果关系。

首先,确认行为是处罚行为的作出依据,而非证据。有裁判认为公安交警部门所作的扣分系作出行政处罚行为的事实及证据,[55]该认定有待商榷,因为即使认同交通管理部门的行政确认具有准司法性质,单纯记分的结果可以作为客观证据行使,但正如生效的法律文书可以作为证据不是在同案中作为证据,单纯记分的结果可以作为证据,也绝非作为同一记分行为下以之为基础的处罚行为的证据。

事实上,两行为间应属依据关系。[56] 这里的"依据"正如学者所言是指"确认的事实"是后续行为发动的必要条件而非充分条件,[57]由此便回应了分值未达到 12 分时处罚行为与确认行为之间的逻辑关联,因为必要条件意味着后续处罚行为存在,单纯记分行为存在;单纯记分行为存在,后续处罚行

---

[51] 朱新力:《论一事不再罚原则》,载《法学》2001 年第 11 期。

[52] 何立荣、兰晓峰:《刑法中的行为单数判断标准研究》,载《广西民族大学学报(哲学社会科学版)》2020 年第 5 期。

[53] 高文英:《从一起交通处罚案谈"一事不再罚"原则的适用》,载《公安大学学报》2002 年第 3 期。

[54] 参见江利红:《行政过程的阶段性法律构造分析——从行政过程论的视角出发》,载《政治与法律》2013 年第 1 期。

[55] 参见河南省信阳市中级人民法院行政判决书,(2017)豫 15 行终第 45 号。

[56] 参见江利红:《行政过程的阶段性法律构造分析——从行政过程论的视角出发》,载《政治与法律》2013 年第 1 期。

[57] 刘春:《交通累积记分行为法律性质辨析》,载《河北科技师范学院学报(社会科学版)》2014 年第 3 期。

为不一定存在。之所以将二者定位为依据关系,一方面,行政机关作出行政处罚以法律规定分值达到12分及以上为依据,同理,在分值未达到12分时,行政机关欠缺作出行政处罚的条件,因此该有关行政确认的立法是行政机关作出处罚的法律依据,而且,法律规定此时交通管理部门"应当"采取处罚措施,因此此时两行为间还具有法律上的因果关系,但不一定具有事实上的因果关系,一则法律因果关系的不确定性受到行为人主观因素的影响,〔58〕在实务中也并非一旦达到12分就会产生处罚结果;二则如前所述司法实践中也认为分值达到12分及以上不等于未取得或丧失驾驶资格,驾驶资格的存无仍取决于行政机关是否采取了处罚措施。另一方面,处罚行为的作出以单纯记分行为确认的道路交通违法情况为依据,该道路交通违法情况即单纯记分行为确认的法律事实,由此,该确认行为是处罚行为作出的事实依据。

六、结　语

记分行为的性质直接关系着行为的行使、后果及司法审查的内容,学界和司法界多从传统行政行为理论的静态视角出发,截取最终处罚阶段进行定性分析,甚至将记分行为的作用和功能等同于其行为性质。记分行为在外观上包括四个阶段,而从理论上可以分为行政确认、行政和解、行政处罚三种阶段性行为。明确记分行为的阶段性行为性质、附随行为的性质及各阶段性行为间的逻辑关联有助于掌握记分行为的行为构造,明确各阶段应适用的实体及程序规则,统一司法审查认定标准。

---

〔58〕 参见王晓:《法律论证中的因果关系研究——兼论法律论证中的逻辑关系》,载《北方法学》2010年第2期。

"三维土地"视阈下分层建设用地使用权的客体分析与权利取得

——基于《民法典》第 345 条展开

石兴熠*

摘要：

分层建设用地使用权的客体可以根据对地表依附性的强弱分为空间与土地。其中对地表依附性较强部分的应为土地，对地表依附性较弱的应为独立的空间。空间利用权与土地使用权皆由土地所有权派生。由于"三维建设用地"权利范围难以预先确定，在建设用地的取得程序上引入"预供地""预登记"的前置程序保证工程建设的顺利开展，待工程建设完毕后再完善相关土地手续与登记内容。在权利取得的途径上以设立取得为主要途径，让与取得为次要途径。在"分层设立"的安排下，为了避免内部权利冲突，"三维建设用地"的权属范围不得重叠，权利人之间负有相互支撑的义务。从土地开发成本和开发效率的角度考虑，法律应赋予在先权利人优先取得权。

关键词：

分层建设用地使用权；物权客体；空间利用权；权属范围；相邻关系

一、"三维建设用地"规则的局限性

《民法典》第 345 条规定，建设用地使用权可以在土地的地表、地上、地下分别设立。从形式上看，分层建设用地使用权的理念在于提高土地利用的效率，缓解城市化建设以及人口激增的社会压力。在"分别设立"的安排下，地表、地上、地下根据各自的功能特点分别开发，用益物权分别设立。然而，交易成本与土地开发成本将随着权利人数量的上升而上升，甚至会呈现指数级

---

* 石兴熠，山东师范大学法学院 2021 级硕士研究生，研究方向为民商法学。

增长的态势。[1] 分层建设用地使用权对土地开发提出了更高的要求,若没有协调好权利主体之间的法律关系,交易成本与土地开发成本的提高会阻碍土地开发效率。从内容上看,《民法典》第345条的内容较为原则化,无论是在理解上还是适用上尚存不明确之处。依照《民法典》第345条采纳"可以"分别设立而非"应当"分别设立之表述,分层建设用地使用权是一种设立选择。学界将"分层"与"不分层"这两种设立选择称之为"分层建设用地使用权"与"普通建设用地使用权"。在"普通"与"分层"并存的二元模式下,《民法典》并没有对两者作出区分性的规定。建设用地使用权的相关规定是否可以同时调整"横向"与"纵向"的土地利用关系,还有待论证。

《民法典》第345条"地表、地上、地下"是对分层建设用地使用权客体之表述。但是,"地表、地上、地下"具体到物权客体而言,分层建设用地使用权的客体是土地还是空间?不论其客体是土地还是空间,皆需进行法律解释。若承认客体是土地,难免会出现同一土地上存在多个用益物权的情况,可能有违"一物一权"原则。若承认客体是空间,空间能否作为法律意义上的"物"?空间权并未在《民法典》中有直接的体现,第345条是否间接地承认了空间利用权在《民法典》中的地位?"地表、地上、地下"的范围界限难以准确界定。虽然可以通过地表为基准划定空间范围,比如"地上10米—20米"诸如此类的界定方式,但是该方法仅限于土地为平面的情形下。在现实生活中,土地凹凸不平的现象应为常态,若继续采用上述界定方法,恐怕难以准确界定用益物权人的权利范围,进而无法化解用益物权人之间在三维土地利用关系中的矛盾。

分层建设用地使用权的取得程序和取得途径较为复杂。在权利取得程序上,鉴于实践中建设工程项目难以预先明确纵向空间范围,"登记设立制"以及"先办理用地手续,后开展工程建设"的开发模式是否可以满足"三维用地"的建设需要,仍有待考量。在权利取得的途径上,分层建设用地使用权是对地表、地上、地下某一具体部分的利用,通过土地一级市场设立取得自无大碍,但是在土地二级市场中,权利人自行将土地纵向分层,流转分层建设用地使用权的行为是否应有所规制,目前在学界尚存争议。在权利取得的过程中,可能会遇到"普通"与"分层"并存,"分层"与"分层"并存等权利交叉的情形,在土地分层开发处于初步探索的阶段下,为了保证土地开发的秩序和效率,探寻权利冲突的缓解与协调路径、完善纠纷解决机制极为迫切。

---

[1] 参见[美]理查德·波斯纳:《法律的经济分析(上)》,蒋兆康译,法律出版社2012年版,第75页。

除《民法典》第 345 条外,《城乡规划法》第 33 条、《土地管理法》第 18 条、《不动产登记暂行条例实施细则》第 5 条、《城市地下空间开发利用管理规定》以及地方地下空间开发利用管理规定皆对土地分层利用的问题进行了探索。但是从内容上来看,与《民法典》第 345 条的问题大同小异,分层建设用地使用权的规定较为原则化。同时,虽诸多法律法规中可以见到分层建设用地使用权的影子,但是分层建设用地使用权的规则较为分散,并没有形成完整的脉络体系。立法层面的不足会给司法层面带来裁判难题,实践中较为典型的案件类型为住宅小区地下停车场权属纠纷案,鉴于地下空间的归属在登记系统中难以体现,业主主张住宅小区地下部分同地上部分皆属于公摊面积,由小区业主共有。法院在审理此类案件时,以"地下车位按照谁投资、谁所有、谁收益"的法律原则确定归属。[2]

结合上述问题,本文在明确权利客体与权利内容的基础之上,探究分层建设用地使用权的取得程序与取得途径,破解权利交叉与冲突下的取得困局。

二、权利客体的分析与权利证成

学界就分层建设用地使用权客体的争议,目前有"土地说"与"空间说"两种观点。以王泽鉴为代表的学者坚持"土地说"[3],以王利明为代表的学者坚持"空间说"[4]。"土地说"认为"普通建设用地使用权"与"分层建设用地使用权"之间仅有量的差异,而并无质的不同的。土地的利用必然会涉及空间的利用,空间应作为土地的附属部分。"土地说"并不承认"地表、地上、地下"具有独立属性。在土地分层利用的视角下,同一土地上可能包含多个用益物权,多个用益物权的权利客体均指向同一土地。虽看似有违"一物一权"原则,但每个权利的权利范围不同,可以同时以占有为内容存在,实际上并不违反"一物一

[2] 参见湖南省安乡县人民法院民事判决书,(2021)湘 0721 民初 300 号;类似案件参见福建省龙海市法院民事判决书,(2013)龙民初字第 3543 号;山东省枣庄市中级人民法院民事判决书,(2021)鲁 04 民终 3501 号。

[3] 参见王泽鉴:《民法物权 2:用益物权·占有》,中国政法大学出版社 2001 年版,第 58 页。

[4] 参见王利明:《物权法研究》,中国人民大学出版社 2002 年版,第 477 页。学者杨立新认为地表部分属于"普通建设用地使用权",然而地上、地下部分属于"空间建设用地使用权",在本质上也认可了空间的独立属性。参见杨立新:《物权法》,中国人民大学出版社 2021 年版,第 181 页。

权”原则。[5] “空间说”认为,空间在特定情形下可以与土地相分离,空间本身具有独立的利用价值。现如今物已经不局限于有体物的观念,通过今日的测量技术以及登记规范,将一定的空间范围特定化已经成为可能,在特定的空间范围内可以设立物权。

(一)土地与空间并存的客体构造说

《民法典》第345条所言之“地表、地上、地下”,既涉及对土地的利用,又涉及对空间的利用。依照《民法典》第345条的分层设立理念,空间范围实际上应当包括两部分,第一部分是作为地表建设当然的附属空间,对于地表的利用必然会涉及对空间的利用,此时区分土地与空间是没有意义的;第二部分是除地表建设当然附属空间之外的独立空间。[6] 实践中地下空间开发模式,分为结建式与单建式。所谓结建式,是指结合地表建筑开发地下空间。所谓单建式,是指独立开发建设地下空间。在结建式中,对地表的开发必然会涉及对空间的利用,此种情形下土地与空间不可分离,应当将与土地不可分离的空间视为土地的组成部分。在单建式中,对地下空间进行独立开发,或者对地上空间进行独立开发,在对地表的依附性较弱的情形下,应当认定空间具有独立属性。综上,在判断分层建设用地使用权的客体时,应当以“空间对土地依附性的强弱”为标准,若空间与土地具有“一体性”,此时物权客体应为土地;若空间具有独立属性,此时物权客体应为空间。

物理意义上的土地与空间具有相似性,两者皆呈现出绵延不绝的特点。物理意义上土地范围并非特定的,但是在法律意义上,通过人们日益进步的测量技术、建筑技术、登记技术,可以将土地的范围具体化与特定化从而为人所用。物理意义上的“土地”并非等同于法律意义上的“土地”。物理意义上的“物”,并不等同于法律意义上的“物”。[7] 法律意义上的“物”是由人的主观意志而决定的,很大程度上取决人们的认知水平和现实需要。《民法典》第114条对物权客体的表述为“特定的物”,要求人们可以直接支配并为人们所控制。由此可见,物权的客体范围是随着人类的科学技术的发展以及物质文化的不断丰富而

---

〔5〕 参见赵秀梅:《土地空间权与物权法基本原则之关系》,载《北京航空航天大学学报(社会科学版)》2011年第1期。

〔6〕 参见彭诚信、臧彦:《空间权若干问题在物权立法中的体现》,载《吉林大学社会科学学报》2002年第3期。

〔7〕 参见[美]韦斯利·霍菲尔德:《司法推理中应用的基本法律概念(修订译本)》,张书友译,商务印书馆2022年版,第46页。

变化的。学界多有提出不应效仿德国、日本采纳物权的客体应当为“有体物”[8]之学说。德国所言之“有体物”的含义也并非指的是物理意义上的“有体”。其内涵有两个特征:第一,能为人为所感知;第二,能为人为所控制。[9]德国所言之“有体物”与我国《民法典》第114条所言之“特定的物”本质上具有相似性。综上,能否作为物权的客体并非取决于外在的“形体”,而是能否为人们“认知并加以利用”。在认知层面,绵延不绝的土地可以通过登记技术以及测量技术将之特定化,从而作为物权的客体,空间亦可以通过三维立体技术具象化。至于空间特定化的方式,可以基于土地对于其上下范围进行测绘,利用三维地籍管理技术与三维土地核查技术满足空间范围特定化的需要。在利用层面,空中电缆、高架桥、地下管道、地铁建设均是对地上以及地下空间独立利用的体现。独立空间可以被权利主体支配控制并加以利用,作为物权客体似乎并无障碍。《国民经济和社会发展第十四个五年规划和2035年远景目标纲要》第28篇、第29篇指出要“完善城镇化空间布局”“全面提升城市品质”。打造人类宜居的城市环境,对城市土地空间进行合理规划布局,需要正确处理土地与空间的关系。在空间的利用与管理还在不断探索、累积经验的阶段,将空间利用暂时纳入分层建设用地的范畴,既为空间的利用与管理提供了法律依据,又满足了现实社会的建设需求,为空间法律规范的进一步发展营造了良好的氛围。

(二)土地使用权与空间利用权并存的权利构造说

在土地与空间并存的客体构造下,分层建设用地使用权的权利内容可以概括为土地使用权和空间利用权。土地使用权由土地所有权派生,空间利用权由何派生?有的学者主张,空间用益物权是空间所有权派生的权利。[10] 虽“空间公有”已然成为学界共识[11],但“空间公有”是否在《民法典》中有所归依?引入空间所有权的概念是否可以解决“空间公有”的问题?在《民法典》出台前,有的学者主张空间所有权可以通过在法律规范中明确规定,空间依其所在的土

---

[8] 参见孟勤国:《物的定义与〈物权编〉》,载《法学评论(双月刊)》2019年第3期。

[9] 参见孙宪忠:《德国当代物权法》,法律出版社1997年版,第2页。

[10] 参见秦彪、张民安:《〈民法典〉空间所有权制度研究》,载《河南社会科学》2021年第3期。

[11] 参见张莹、刘敏捷:《建立我国空间权制度的法律思考》,载《前沿》2005年第7期;陈少英、王亚丽:《建立我国空间权制度的法律思考》,载《山东法学》1998年第6期;霍彤:《关于建立我国空间权制度的法律思考》,载《社会科学论坛(学术研究卷)》2007年第1期。

地归国家或者集体所有,为空间利用权的界定及取得奠定明确的法理基础。[12] 在《民法典》出台后,本文更偏向通过解释的方式,借鉴学者孟勤国将财产的归属和利用分离的思路,[13] 论证空间利用权由土地所有权派生。

我国《民法典》所有权语境下的“土地”与用益物权语境下的“土地”并非同一含义。所有权表达的是物的归属关系,用益物权表达的是物的利用关系。在土地公有制的背景下,从归属层面的视角来看,土地所有权的权利范围更趋向于“上至碧空、下至黄泉”。土地与空间的界限在归属层面并非泾渭分明。国家或集体皆有权处分土地及其上下空间。在利用层面,土地所有权人将特定范围的土地使用权或者空间利用权授予他人时,空间与土地的一体性在此割裂,空间与土地一体的状态就此打破,特定范围的土地或者空间具有了独立属性。由此看来,在我国土地公有制的大前提下,《民法典》所言之土地所有权的客体应从广义的角度理解为“土地与空间”,但在用益物权的框架下,“土地”与“空间”呈现分离的态势。综上,空间利用权与土地使用权皆为土地所有权派生的结果。

(三)权利客体再构造引发权利取得的制度变革

传统的“二维”用地偏向土地的横向开发,在规划层面也主要以横向规划为主,土地的用途与利用主体较为单一。但实际上,现实生活中对土地的利用多为“三维利用”。在美国,有学者对于地上、地下空间表述采用“landspace”一词,以表示土地的三维理念。[14] 在德国,1986年《德国民法典》第1012条同时规定普通地上权与分层地上权,但由于该规定过于简单,于是在1919年颁布《德国地上权条例》取代民法典中的地上权一章。[15] 《德国地上权条例》第1条第1款规定,所谓地上权,是指“以在——受负担——土地地面上或地面下,拥有建

---

〔12〕 陈本寒、谢媛:《论物权法上的空间权的类型与立法模式》,载《财经法学》2018年第3期。

〔13〕 参见孟勤国:《物权二元结构论——中国物权制度的理论重构(修订版)》,法律出版社2020年版,第58页。所谓二元,首先,指物权制度有两个中心,一是财产归属、二是财产利用。归属在于确立和保障所有权人的利益,利用在于确立和保障利用人的利益。其次,物权制度中存在两个体系,一是财产归属体系,二是财产利用体系。两者各自有自身的特点,但同时应相互尊重、相互配合。

〔14〕 Stuart S. Ball, *The Vertical Extent of Ownership in Land*, University of Pennsylvania Law Review 76, p. 631 (1928).

〔15〕 参见陈祥健:《建立我国空间建设用地使用权制度若干问题探讨》,载《政法论坛》2003年第1期。

筑物为内容之可转让并可继承的权利”。在土地与空间并存的客体构造下,虽更加贴近现实生活,但在权利取得层面将引发如下变化:(1)权利取得范围抽象化。土地与空间并存的客体构造本身就具有复杂性,如何确定土地的纵向权利范围,如何将抽象的空间特定化是分层建设用地使用权取得的基础问题。若管理者对客体范围的界定没有具体的红线标准,将无法确定“三维建设用地”的利用界限以及权属状况,[16]从而会在处理交叉或者重叠的纠纷时,或者在出让、划拨零碎、不规则空间时埋下隐患。(2)权利取得主体多元化。“二维”用地多采纳土地与空间“一体”出让的模式,“普通建设用地使用权人”为主要的土地使用权人。“三维”用地引入了土地与空间“分离”出让的模式,会出现多个“分层建设用地使用权人”本着不同的使用目的在土地的上下进行开发的现象。(3)权利取得的法律关系复杂化。在流转取得的法律关系中,“普通建设用地使用权”是否可以通过部分转让的途径使得“土地”与“空间”分离,进而设立“分层建设用地使用权”?“分层建设用地使用权”是否可以通过部分转让的方式再设立“分层建设用地使用权”?同时,《民法典》第346条规定设立建设用地使用权不得损害已经设立的用益物权。若在设立过程中存在损害他人用益物权或存在损害之可能,可以依据《民法典》第236条请求排除妨害与消除危险。设立建设用地使用权还应当遵守相邻关系的相关规定。在“三维用地”的视阈下,基于土地开发的效用和安全性考虑,利用主体应当尽到一定的注意义务,确保土地综合立体开发的协同。比如,上层空间的利用往往需要下方建筑物提供一定的支撑,支撑关系如属垂直相邻关系的范畴,下方建筑物所有权人有法定的提供支撑义务。[17] (4)权利取得规范趋于具体化,由于“地表、地上、地下”不同空间有各自的功能定位和开发特征,“地表、地上、地下”的取得程序与取得方式也应有各自的特点。例如,地下空间的采光和通风相较“地上、地表”存在较多不足,因此民事和商事价值较低,但就公共交通设施却颇具天然优势[18],地下空间使用权应多通过划拨的方式设立。同时,地下空间的开发改造往往“牵一发而动全身”,在取得程序上应相较于地表、地上更为严格。

---

〔16〕 参见吕翾:《国土空间立体化开发中的权属界定及管理》,载《法学》2020年第6期。

〔17〕 参见陈越鹏:《论土地立体开发的私法构造——从〈物权法〉第136条切入》,载《中山大学法律评论》2015年第2期。

〔18〕 参见史浩明:《我国地下空间开发法制体系的反思与完善》,载《苏州大学学报(哲学社会科学版)》2017年第5期。

三、从“二维”用地到“三维”用地取得的改进与创新

(一)分层设立取得空间范围的表达与“弹性”确定机制

《民法典》第348条规定建设用地使用权的设立应当以书面的形式订立合同,并且在第2款中列明了“一般条款”。其中包括“土地面积”与“建筑物、构筑物及其附属设施所占用的空间”等内容。关于分层建设用地使用权在合同中的空间表达,本文通过对土地出让或者拍卖的相关公告进行观察后发现,“三维用地”的竖向表达在合同内容上有所欠缺。在实践中,用地面积依旧偏向于“横向土地面积”,对于竖向的表达多体现在建筑物的“限制高度”上,少有对空间范围做出精准的表达。无论是限制高度还是地下深度,竖向范围的确定需要测量基准。由于土地的实际状况并非一定是水平状态,实则多为崎岖不平。此时继续采用“地面以上或者地面以下”的描述无法准确地表达空间范围。在日本,水平基准为东京湾平均海平面为测量基准。[19] 在我国,目前尚未形成统一的测量基准。实践中对于合同中产生的表述争议采用“推定”的方式明确空间范围,第一种即“最大空间范围”推定,第二种则为“建筑物所必需的空间范围”推定,见表1。

表1 各地地下空间范围界定路径的相关规定

项目	成都市	广州市	邯郸市	青岛市	深圳市
条文位置	《成都市地下空间开发利用管理条例》第31条	《广州市地下空间开发利用管理办法》第12条	《邯郸市地下空间开发利用管理办法》第32条	《青岛市地下空间开发利用管理条例》第28条	《深圳市地下空间开发利用管理办法》第37条
权属范围界定	最大面积推定	最大面积推定	最大面积推定	最大面积推定	以规划核实确认的地下建(构)筑物外围所及的范围确定

相较日本采纳的统一测量基准的路径,我国当下采纳“推定”模式似乎有利于节约空间范围的界定成本。由于我国幅员辽阔,地势复杂,呈现出“西高东低,南高北低”的特点,统一基准存在地域障碍。此外,各地区的测绘技术以及测绘管理规定存在差异,统一基准是否会符合各地区实际情况,有待考量。但

---

〔19〕 参见陈祥健:《空间地上权研究》,法律出版社2009年版,第27页。

是,"推定模式"自身也有些许不足。"最大范围推定"看似有利于保证利用主体的最大权益,但是在实际施工中还要考虑到土地的用途、容积率、绿化率等涉及土地开发强度的相关公益因素。[20] "推定模式"可能会碍于不够精确,在具体的施工情况与规划情况存在偏差,从而导致验收不合格的结果,抑或造成土地空间的浪费。个人权益最大化可能会触及公共利益。法律对价值尺度的处理方式,应当是寻找某种能在丝毫无损于整个利益方案的条件下使得各种冲突和重叠的利益得到调整。[21] 建设用地使用权人的利益指向即满足自己在特定土地上的建设需求。"建筑物所必需的空间推定"满足了权利人的建设需求,保障了权利人的物权利益,同时也避免了土地空间在权利人手中过剩或闲置,节约了公共土地空间资源。但是,"建筑物所必需的空间推定"客观上难以实现。在建设用地登记设立模式下,《不动产登记暂行条例》第 8 条要求明确不动产的空间界限,但部分地区在登记系统中采纳注明"地下空间"的做法,并未详细记载空间利用的具体范围,见表 2。建筑物的空间确定依赖于事前规划,但是鉴于建设工程的复杂性,尤其是大型的工程建设,对于所需利用的空间以及土地甚至都是未知数,更不用说事先确定建筑物所必需的空间范围。以地铁建设为例,受地质条件、已建构筑物等客观条件的影响,地铁建设工程很难在施工前十分准确地确定其用地范围,需在建设过程中根据实际状况进行适当调整,其实际用地范围需在建成后才能确定。[22] 司法实践中存在依《民法典》第 348 条第 2 款第 3 项"建筑物、构筑物及其附属设施所占用的空间"推定权利范围。[23] 但该推定模式存在一个前提,需要对建筑物所占用的空间准确界定,即工程已竣工验收并投入使用。但是,土地的使用范围在取得阶段就应当已经确定,以竣工后建筑物等空间范围作为界定依据,似乎颠倒了时间顺序。[24]

---

[20] 参见张先贵:《中国语境下土地开发权内容之法理澄清——兼论土地资源上权利群与权力群配置基点的转型》,载《法律科学(西北政法大学学报)》2020 年第 5 期。

[21] [美]罗斯科·庞德:《通过法律的社会控制》,沈丛灵译,商务印书馆 2010 年版,第 66 页。

[22] 参见施建辉:《建设用地分层使用权的实践考察及立法完善——以南京地铁建设为例》,载《法商研究》2016 年第 3 期。

[23] 参见重庆市第一中级人民法院民事判决书,(2014)渝一中法民终字第 02001 号。

[24] 参见陈越鹏:《论土地立体开发的私法构造——从〈物权法〉第 136 条切入》,载《中山大学法律评论》2015 年第 2 期。

表2 各地地下空间权利登记现状相关规定

项目	成都市	广州市	邯郸市	青岛市	深圳市
条文位置	《成都市地下空间开发利用管理条例》第32条	《广州市地下空间开发利用管理办法》第34条	《邯郸市地下空间开发利用管理办法》第32条	《青岛市地下空间开发利用管理条例》第28条	《深圳市地下空间开发利用管理办法》第38条
登记内容	在登记簿及权利证书中注明“地下”	在登记簿及权利证书中注明“地下”	登记簿中应当注明“地下空间”	登记簿及权利证书中注明“地下空间”	地下空间不动产登记时应当在登记簿及权利证书中注明“地下空间”

本文认为,应采纳“事前模糊确定”与“事后弹性确定”相结合的方式确定分层建设用地使用权的权利范围。将以往“先办理用地手续、确定用地面积,再进行工程建设”,变更为“先预办理用地手续、政府预供地,后进行工程建设,最后补齐用地手续、确定用地面积”。增加“预供地、办理用地预备手续”的前置环节,有利于土地的供应紧随工程建设的脚步,防止土地供应与工程建设脱节。诚然,增设“预供地”环节在实践中也有先例。《上海市国有建设用地使用权出让预申请管理办法》第2条指出,国有建设用地使用权出让预申请,是指出让人为充分了解市场需求,科学合理安排供地规模和进度,对相关地块有使用意向的,可向出让人提出预申请。可见,预申请环节旨在促进土地使用人与土地出让人积极磋商,确定工程建设的用地需求和用地面积,保证工程建设的土地供应。从土地分层的视角来看,预供地环节中,在明确土地的横向利用范围基础上,应在磋商中明确约定纵向高度的基准点后,采用“不得高于×米”“深度不得超过×米”的最大纵向范围的表述初步确定纵向范围,并根据合同约定的最大范围缴纳土地出让金,并在登记中“注明”利用的空间部分即可。待工程建设完毕经竣工验收阶段,利用三维技术确定分层建设用地使用权的利用范围,补齐相关用地手续以及登记内容。最终用地范围以《城乡规划法》第45条“县级以上地方人民政府规划主管部门的核实”为准。同时,对未利用的空间部分的相关出让金额予以退还。建设工程的纵向范围不得超过预供地环节中约定的最大范围。

(二)设立取得为主,让与取得为辅

《民法典》第354条规定建设用地使用权可以进行转让。在权利让与的视角下,无论是“普通建设用地使用权”还是“分层建设用地使用权”,整体的让与学界对此并无异议。但分层建设用地使用权是否可以通过“普通建设用地使用权"或"分层建设用地使用权"部分让与的途径取得？有的学者认为，为了避免法律关系之复杂化，分层建设用地使用权不得为部分处分。[25] 也有学者认为，应当采纳"限制国家设立、鼓励使用权人转让的态度"[26]。从我国土地管理的本土视角出发，国务院办公厅《关于完善建设用地使用权转让、出租、抵押二级市场的指导意见》规定，分割、合并后的地块应当具备独立的分宗条件。"独立的分宗条件"涉及多方面衡量因素，如是否违反交通、消防、安全等控制性指标，是否损害其他权利人的合法权益，容积率应如何协调，土地用途是否可以改变等。在涉及诸多公共利益与行政因素的前提下，多地关于建设用地使用权转让、出租、抵押二级市场管理试行办法皆采取"有审批权的自然资源主管部门会同有关部门审查同意后"才可分割转让的模式。[27] 除此之外，为了防止"炒地皮"等投机行为的滋生，《城市房地产管理法》规定，转让房地产时应当支付全部的土地出让金，并取得土地使用权证书。以上可见，分割转让模式严格受到公权力机关的监督和限制。以部分转让的方式取得分层建设用地使用权在我国并非"禁止"抑或"鼓励转让"，而是应当以"以国家设立为主，让与取得为辅"的态度。

让与取得之所以受到层层限制，根本原因在于土地利用中自利性与公共性的矛盾。所谓自利性，是指个人对土地利用最大化的欲望需求。所谓公共性，是指土地所承载的人类生存所必需的公共效用，具体表现在环境公益、社会利益、经济公益等。土地资源作为人类生存所必须的自然资源，相较于阳光、空气、水，土地具有稀缺性的特点。土地的使用必须受到节制，这不是为了少数人的利益，而是为了所有的人的利益与安全。[28] 然而，面对人类社会日益增长的土地利用需求，土地资源的稀缺性决定了其无法同时满足个人与公共利用的需求。个人的利用欲望可能会影响土地的公共效用。人具有相互合作的社会性和自私的个人本性的双重性，个人主义使我们本能地扩张私欲，法律是控制的主要手段。[29] 《民法典》第 143 条规定：民事法律行为不得违背法律、行政法规

---

〔25〕 参见谢在全：《民法物权论》，中国政法大学出版社 2011 年版，第 480 页。

〔26〕 王晓明：《空间建设用地使用权的理论问题研究——以〈物权法〉第 136 条为中心》，载《中州学刊》2011 年第 2 期。

〔27〕 参见《山东省建设用地使用权转让、出租、抵押交易实施细则（试行）》第 14 条；《云南省建设用地使用权转让、出租、抵押二级市场管理办法（试行）》第 15 条；《陕西省人民政府办公厅关于完善建设用地使用权转让、出租、抵押二级市场的实施意见》。

〔28〕 参见［法］蒲鲁东：《什么是所有权》，孙署冰译，商务印书馆 1963 年版，第 116 页。

〔29〕 参见付子堂：《法律功能论》，中国政法大学出版社 1999 年版，第 87 页。

的强制性规定,不得违背公序良俗。法律、行政法规的强制性规定以及土地利用的潜在秩序应当为个人利用土地的欲望“踩下刹车”。

四、权利交叉视阈下权利取得的必要遵从

在司法实践中,不乏地上、地下权属不同导致原、被告出现诸多纠纷进而影响土地开发进程的案件。[30] 司法纠纷的类型多为权属范围纠纷与相邻关系纠纷。《民法典》第 346 条规定设立建设用地使用权不得损害已设立的用益物权。此处“不得损害”,应作何理解?新设立的分层建设用地使用权与土地上其他用益物权人所产生平面或立体之相邻关系,势必会对其他用益物权人有所影响。然而何种影响程度应定性为“损害”?考虑到对在先用益物权人的保护,新设分层建设用地使用权是否需经在先权利人的同意?目前学界对“损害”有两种解释路径,第一种采取了相对宽泛的解释路径,如果两个空间地上权相邻,在利用的过程中可能会相互影响,故后设定的空间地上权须征得先设定的空间地上权人的同意。[31] 第二种采取了相对限缩的解释路径,用益物权人只要不妨碍其他用益物权的行使即可。[32] 我国《民法典》第 346 条之“损害”,可以借鉴日本的做法,[33] 不应作出过于宽泛的解释。在分层建设用地使用权取得环节中,本文认为应以“权属范围是否重合”为依据判断是否损害已设立的用益物权,同时也要充分尊重权利人之间的意思自治。

在法律解释层面,第一,权属范围不得重叠,但是经在先权利人同意的除

---

〔30〕 参见陕西省汉中市中级人民法院民事判决书,(2021)陕 07 民终 1199 号;江西省南昌市红谷滩区人民法院民事判决书,(2021)赣 0113 民初 4174 号;北京市第一中级人民法院民事判决书,(2022)京 01 民终 3010 号。

〔31〕 参见王者洁:《空间地上权:一项新型用益物权的生成》,载《东北师大学报(哲学社会科学版)》2018 年第 6 期。

〔32〕 参见崔文星:《民法典视野下空间物权体系的解释论》,载《江汉论坛》2020 年第 11 期;相同观点参见陈华彬:《空间建设用地使用权探微》,载《法学》2015 年第 7 期。

〔33〕 依《日本民法典》第 269 条之二,区分地上权之设立,即使在第三人有土地使用或收益权利的情形,在得到该权利者或者以该权利为标的权利者全体承诺后,仍可予以设定。据此,有学者认为日本区分地上权之设立所采纳的为“事先同意”模式。但日本所言之“事先同意”并非指的是取得相邻关系人的同意,而是指后来权利人与在先权利人的权利范围发生重叠时,后来权利人需经在先权利人的同意。概言之,《日本民法典》第 269 条之二所调整的法律关系相对限缩,主要调整的是权属范围重叠下的权利冲突关系,而非调整相邻关系。

外。有的学者认为,同一空间范围并非仅可设立一个用益物权,受限制的用益物权系于受限制的范围内处于休眠状态。[34] 首先,从"一物一权"的角度出发,一物之上不能同时并存两个或两个以上内容互不相容的物权。[35] 若同一空间范围存在两个相同的,以土地利用为内容的权利,有碍于土地使用权的行使,也有违"一物一权"原则。若经在先用益物权人的同意,应视为设立地役权,并不违反"一物一权"原则。其次,从"权能分离"的角度考虑,土地所有权人将用益物权授予他人后,在他人用益物权的权利范围内,所有权人无权利。若所有权人再次在该权利范围内设定用益物权,非经用益物权人的同意,应视为无权处分。在我国土地公有制的背景下,土地使用权的范围不应等同于土地所有权的范围。"普通建设用地使用权"的范围并非无限的,而是以满足最稳固的建设需求为限。[36] 因此,"普通"与"分层","分层"与"分层"在权属范围不相重叠的情况下可以并存。

第二,为他人不动产提供必要支撑。面对城市土地资源日渐紧缺,公共交通最大化的TOD城市规划模式在我国备受推崇。地下空间部分主要用于地铁运营通行线路;地上空间又区分为三部分,分别是车辆段用房空间、交通转换层空间以及地铁加盖开发空间。[37] 然而,地上建筑不可能处于"悬浮"的状态,需要地下或者地表支撑维系建筑的稳定性。同理而言,地下空间的开发不得破坏地表建筑物的稳定性。在"三维土地"利用的关系中,权利人之间互负垂直支撑义务。地下空间使用权人负有对地表、地上空间使用权人的支撑义务。地表、地上空间的使用不得破坏地下建筑的稳定性。在大陆法系国家,不动产之间的相互支撑属于相邻关系、近邻妨害的范畴。在英美法系国家,支撑关系在财产法和侵权法上皆有所体现:在财产法上土地支撑权作为一种法定地役权,同时在侵权法上对土地支撑利益的保护进行了集中规定。[38] 我国相邻关系的规定还停留在"二维土地"利用关系下方便生产生活的理念,从中难以寻觅垂直支撑义务的踪迹。虽然垂直支撑义务造成的损害可以通过《民法典》侵权责任编寻

---

〔34〕 参见陈华彬:《空间建设用地使用权探微》,载《法学》2015年第7期。

〔35〕 参见马俊驹、陈本寒主编:《物权法》,复旦大学出版社2014年版,第12页。

〔36〕 参见薄燕娜、刘植:《建设用地分层使用的空间权利探讨》,载《福建论坛(人文社会科学版)》2012年第3期。

〔37〕 参见廖苏宏、梅思思:《建设用地分层确权实证研究——TOD模式引发的竖向空间讨论》,载《商业经济》2021年第8期。

〔38〕 参见杨立新、王竹:《不动产支撑利益及其法律规则》,载《法学研究》2008年第3期。

求救济,但是鉴于地下空间开发的不可逆性,一旦触及地表、地上空间的支撑利益,对不动产造成的损害也是不可逆的,所造成的结果是无法通过恢复原状的救济手段恢复土地的利用效能。对支撑利益的保护不应当是"事后救济",而是"防患于未然"。垂直支撑关系当下可以通过《民法典》第288条、第289条介入。本着"团结互助、公平合理"的原则以及土地纵向开发的习惯,将地上、地表、地下使用权人互负不动产支撑义务纳入相邻关系的范畴。

在立法层面,同一地块上,在同等条件下赋予在先权利人优先取得权。随着土地立体开发的权利主体的增加,权利主体之间的法律关系会变得复杂化,相邻关系、土地侵权等土地利用纠纷随之发生,土地开发成本会随之上升,土地开发的效率会随之降低。赋予在先权利人优先取得权,可以在满足土地立体开发与多功能开发的前提下,通过控制土地立体开发的主体数量,减少权利交叉引发的土地利用纠纷,提高土地开发的效率,发挥地表、地上、地下一体化开发统筹协调的优势。值得注意的是,建设用地优先取得权在我国尚不存在规范基础。我国虽有优先购买权的规范基础,但是优先购买权作为一种法定的先买权,其适用的法律关系局限于共有关系、共同合作关系、出卖标的物的租用关系。[39] 在先权利人仅作为地表、地上、地下特定部分的在先取得人,且地表、地上、地下各具独立属性,并不符合优先购买权适用的法律关系。同时,分层建设用地使用权的设立途径可分为划拨取得和出让取得。通过市场机制"招拍挂"出让的途径取得的分层建设用地使用权,可以视为对分层建设用地使用权的购买。但通过划拨途径所取得分层建设用地使用权,实质上是通过行政命令授予使用人使用土地的权利,难以称之为"购买"。优先购买权无法成为优先取得权的法律基础,其法律地位还需通过立法或是司法解释确立。本文认为,虽然当前优先取得的"法定路径"难以实现,但可以在土地出让合同中以意定的方式明确在先权利人的优先取得地位。土地出让人可以根据土地规划情况决定是否赋予在先土地使用权人优先取得权。不足之处在于,意定优先取得权的保护力度较弱,无法通过行使撤销权保障自己的优先取得权,只能参照《民法典》合同编的相关规定寻求救济。

五、结　　语

霍姆斯在《普通法》中谈道:"法律的生命不在于逻辑而在于经验,对时代需

---

[39] 参见王福祥:《论优先购买权》,载《法制与社会发展》1995年第2期。

求的感知,流行的道德和政治理论对公共政策的直觉……”随着不动产登记技术的进步,将“三维土地”空间纳入不动产登记的范畴日渐成为可能。《不动产登记暂行条例实施细则》第5条规定,所谓不动产单元,是指“权属界限封闭且具有独立使用价值的空间”。在不动产登记层面,土地的“三维利用”理念已然被认可。2019年5月23日发布的中共中央、国务院《关于建立国土空间规划体系并监督实施的若干意见》中指出,要建立全国统一、责权清晰、科学高效的国土空间规划体系。《民法典》的实践特色要求民法典不能脱离本土实践,必须围绕本土实践的需要展开研究。〔40〕然而《民法典》第345条作为“不完整法条”,只认可了土地的“三维利用”价值,却没有具体的调整规范,在“三维土地”利用的立法和司法解释上任重而道远。首先,整合土地分层利用的配套制度,总结地方的实践经验。其次,在民法体系中,可以通过司法解释的方式,将“普通建设用地”与“分层建设用地”在得丧变更和权利协调上进行制度分解,由如今的“一般调整”转变为“具体调整”。最后,在分层建设用地使用权的制度构建上,从对地表依附性强弱的角度,明确“地表、地上、地下”的具体含义,承认空间具有独立的利用价值。在权利取得层面,虽分层建设用地的客体在范围以及规划上具有复杂性,但是也要注意到公共利益以及工程建设的实际需要,不应过分限制分层建设用地的取得,通过“预供地”“预登记”的前置程序以及“事后补充”的后置程序确保工程建设的进展与质量。为了避免权利冲突,在分层建设用地取得时,权属范围不得重叠。权利人之间要互帮互助,相互支撑。从节约开发成本与提高开发效率的角度来看,可以考虑赋予在先权利人优先取得权。

---

〔40〕 参见王利明:《构建〈民法典〉时代的民法学体系——从“照着讲”到“接着讲”》,载《法学》2022年第7期。

农地流转中权利关系的异化及破解路径

——以“三权分置”为背景

张百川*

摘要：

“三权分置”制度是在农村人地分离背景下进一步稳定承包权、放活经营权，推动土地流转以实现规模经营和农业现代化的重要制度创新。但在实施的过程中，出现了主体权利义务关系异化的情况，即所有权主体的义务绝对化，承包权主体的权利绝对化和经营权主体的权利弱化。上述问题的出现当归因于承包者的权利绝对化诉求和土地流转问题的政治性。为解决上述问题，可考虑引入内外部控制法，即在内部构建“三权分置”中主体权利体系，明确各主体的权利性质和内涵；在外部则引入多层次退出制度和风险分担制度对主体责任加以规制。

关键词：

三权分置；权利失衡；权利构建；退出制度；风险分担制度

一、问题的提出

农村土地流转中的“三权分置”政策作为新时代解决农业农村问题的重要抓手，是释放农民和农村土地经济活力的重要途径。其出台标志着十一届三中全会以后形成的土地所有权和承包经营权“两权分离”制度的终结。2016 年中共中央办公厅、国务院办公厅印发了《关于完善农村土地所有权承包权经营权分置办法的意见》（以下简称《三权分置意见》），2018 年《农村土地承包法》的

---

* 张百川，西北政法大学民商法学院本科生，研究领域为土地法学。本文系国家社会科学基金重大项目“深化农村集体产权制度改革的法治保障研究”（20ZDA046）、陕西省教育厅重点基地科研项目“法治陕西建设背景下土地经营权入股法律问题研究”（Z202110014）阶段性成果。

修改则正式将“三权分置”政策上升为法律规范。相关法律法规出台标志着中国农村土地流转市场的出现并为农村土地流转的市场化奠定了基础。[1]

在土地流转的“三权分置”实践中，往往涉及三方主体，即作为土地所有权主体之一的村委会、作为承包权主体的农户以及作为经营权主体的经营者。其实质是集体、农户和经营者之间共享地权。[2] 在既往的“两权分离”制度中，土地流转往往为自发流转，其中所有者的地位往往被弱化；而在“三权分置”制度中，土地流转则发展为组织化流转，所有者的地位更加积极，甚至充当起了承包者和经营者之间土地集中流转的联结点，成为了研究“三权分置”主体关系不容忽视的基础性变量。[3] 由此形成了土地流转中承包者、经营者和所有者三者并立的格局。

值得注意的是，“三权分置”制度在实践中暴露了一定的问题。既往的研究中学者往往聚焦于主体关系中所有者和经营者权利(力)膨胀，以及随之而来的承包者的权利弱势问题。[4] 但笔者经研究发现，目前的土地流转中还有另一种权利失衡现象，即所有权主体的义务绝对化，承包权主体的权利绝对化和经营权主体的权利弱化，主要表现为为承包者过度强调自身的收益权而拒绝降低土地租金，导致经营者缺乏议价空间难以应对土地经营风险，所有者承担了在经营者经营失败跑路后的资金垫补义务。如此则形成了权利主体之间的刚性博弈关系，从而进一步加剧了土地关系的不稳定性，亦不利于土地资源的市场化。

综上所述，为解决上述问题，有待于对“三权分置”中土地关系主体的权利性质和权利内涵进行确认，构建主体权利体系，同时引入多层次退出制度

---

〔1〕 参见陶自祥：《“三权分置”与农村土地流转制度创新——以C县“虚拟地块”制度创新为例》，载《思想战线》2019年第6期。

〔2〕 参见钟晓萍：《承包地调整、农地不平等与农业生产效率——基于有调节中介效应模型的检验》，载《中国土地科学》2021年第5期。

〔3〕 参见凌斌：《土地流转的中国模式：组织基础与运行机制》，载《法学研究》2014年第6期。

〔4〕 社会学方面参见朱冬亮：《农民与土地渐行渐远——土地流转与“三权分置”制度实践》，载《中国社会科学》2020年第7期；李怀：《农地“三权分置”下乡村振兴实现的理论、困境与路径》，载《农业经济问题》2022年第2期；梁瀚元：《农村土地流转与政府引导》，载《山西农业科学》2014年第12期。法学方面参见孙宪忠：《推进农地三权分置经营模式的立法研究》，载《中国社会科学》2016年第7期。

和风险共担机制,从而避免三者之间的权利失衡,更好地发挥“三权分置”制度的活力。

二、“三权分置”制度的发展困境分析

(一)实践困境:“三权分置”中主体权利义务关系的异化

在“三权分置”的背景下,当前我国农村土地流转整体呈现“二次流转”的模式,[5]即承包者将土地整体委托于所有者,由所有者与经营者进行联系,而后将土地统一出租,土地租金的分配方式则为经营者将租金整体支付给所有者,经营者在保留一部分资金用于自用的前提下将剩余资金二次分配给承包者。

受农业自身特性的影响,自然灾害、上下游产业链价格波动等因素对其影响极大。[6]“三权分置”中经营者和承包者的收益源于农地剩余的分配,分别表现为利润和地租。一般而言,土地流转的平均利润和平均地租是由除却经营主体个人能力之外的其他因素共同决定的。[7]主要影响指标为自然因素和市场因素这两类经营风险。此外,农地剩余水平亦受经营者的经营能力影响。

在理想的“权利平衡”制度框架下,若要应对上述风险对收益的影响,确保主体间的权利均衡,就需要对于农地剩余的分配模式进行调整,核心在于确保经营者的盈利权,即建立良性的沟通机制,建构主体间弹性博弈关系,保证经营者的盈利空间。在面对相关经营风险时,经营者和承包者应该共同对抗相关风险,适当调整平均地租水平,从而确保双方的合理盈利空间,实现农业长期稳定发展。同时,所有者应当充分发挥自身“发包、监督、收回、强制和禁止”的权利,确保经营者的正常经营能力,避免因其不当经营而导致相关主体利益受损,同时在流转中获得经营者提供的部分资金用于自身正常运行。

---

[5] 参见朱冬亮:《农民与土地渐行渐远——土地流转与“三权分置”制度实践》,载《中国社会科学》2020年第7期。目前此种流转模式不仅见于东部发达地区,亦逐步在中西部欠发达地区普及。

[6] 参见任天驰、杨汭华:《农业保险、保障水平与农户贫困脆弱性》,载《当代经济科学》2022年第2期。

[7] 参见杜姣:《权利失衡:土地流转中“三权分置”的异化实践及其破解》,载《农业经济问题》2022年第7期。

然而在实践中，权利平衡的理想模型多有被打破，其最直观的表现为经营者盈利空间被过分压缩，导致其经营难以盈利甚至亏损。[8] 近年来，由此产生的经营者弃耕毁约现象层出不穷，而所有者作为土地流转的联结点并受自身类行政主体性质的影响，往往需要垫补地租以满足承包者需求。经营者弃耕毁约导致的土地问题业已成为基层治理中尾大不掉的难题，江苏省泰州市的调查显示，截至2020年规模种植户的亏损程度较一般种植户高出60.7%。江苏省扬州市的调查显示2016年该市种粮大户的亏损率超过50%，相当数量的土地承包者弃耕毁约。安徽省多地亦出现种粮大户弃田毁约的现象，[9] 此类问题的一般解决方法是由所有者出面收拾残局。

上述现象反映了土地流转实践中主体权利义务关系的异化路径，即在承包者权利绝对化的影响下，经营者权利弱化，最终导致流转关系破裂后所有者的义务绝对化。以一起典型的权利失衡纠纷为例，[10] 在该案例中，所有者的义务绝对化有两点表现：第一，在土地经营发生纠纷时，承包者直接将所有者作为求偿对象，所有者的求偿顺位被前置；第二，所有者由于自身性质等因素的影响，在土地流转关系中具有不可退出性，因此被迫承担了垫补等责任。承包者的权利绝对化则表现为其对于地租的刚性化需求，即在土地流转的期限内，不考虑市场因素和自然因素变化的影响，要求其地租收益长期固定化。由此产生的影响则指向了经营者的权利弱化，突出反映为其议价空间的萎缩和盈利权的削弱。在承包者地租刚性化需求的前提下，承包者和经营者之间对农地剩余的分配关系演变为刚性博弈关系，当承包者拒绝下调地租时，受制

---

〔8〕 参见杜姣：《权利失衡：土地流转中"三权分置"的异化实践及其破解》，载《农业经济问题》2022年第7期。

〔9〕 参见王建：《新型经营主体何以"毁约退地"》，载《农村·农业·农民（B版）》2016年第11期；姜刚、吴慧珺：《种粮大户无奈弃租，土地流转还需完善政策》，载《中国食品》2019年第18期。具体分析可参见王金堂：《土地承包经营权制度的困局与解破——兼论土地承包经营权二次物权化》，西南政法大学2012年博士学位论文，第55~109页。

〔10〕 参见王建：《新型经营主体何以"毁约退地"》，载《农村·农业·农民（B版）》2016年第11期。江苏省常州市金坛区薛埠镇罗村的土地流转大户（经营者）与当地村委会（所有者）签订了土地集中流转合同，2016年受粮食价格下跌等因素的影响，维持原有的土地租金则会导致经营者严重亏损，但是与农民（承包者）协商降低租金时农民坚决反对，并由此对村委会产生不满，认为流转时是由村委会牵头组织的，现在出了问题绝不允许降低土地租金。最终流转大户选择跑路，农民上访事后由村委会组织农民对经营者抛弃的土地中的作物进行了抢收从而补贴损失，又从村委会和当地政府的账户中拨款垫补了地租。

于相关因素带来的农地剩余总量减少,经营者不可避免地会面对亏损压力。基于此,经营者为避免长期大量亏损多会选择弃耕毁约,失去地租收益的承包者又会选择向所有者求偿。如此恶性循环构成了权利失衡的基本框架,当面临自然灾害等因素的影响时,上述的权利失衡会进一步加剧,成为困扰基层治理的重要问题。[11]

(二)理论困境:"三权分置"制度中法律关系的异化

上述的困境不仅属于经济学和社会学的研究范畴,同样是法学领域值得考量的问题。"三权分置"制度本质上是符合经济学逻辑的产物,是经济学界为了解决我国土地承包经营制度的困境所提出的制度改革,[12]然而,在满足经济学逻辑的基础上,其对于法学逻辑的考量则显得不够充分。[13] 在本文的语境下,其法学困境主要体现为流转实践中主体权利义务的不平衡和发生经营困境时请求权客体顺位倒挂。

1. 主体权利义务的不平衡

法律关系是因法律之规定而在当事人之间发生的权利义务关系。无论何种法律关系其主体的权利义务都是相对的,主体所享有的权利和承担的义务是相互对应、相互联结的,土地流转中的主体法律关系同样如此。[14]

正如上文所述,目前的土地流转实践中主体权利义务关系呈现异化趋势,权利失衡现象从法理层面来看颇有隐患。第一,就经营者和承包者之间的法律关系而言,法律关系中所称权利本质上是"法力",即由法律赋予力量以支配某标的物。[15] 法律所保护的是法律所规定的特定利益,如果超出法律规定,则不属于法律权利。"三权分置"下承包者的权利基本为对于所流转土地的收益权,其权利的直接指向为地租收益,而地租收益和经营者的收益属于反比例关系,一方的无限扩张自然会侵犯另一方之权益。我国《农村土地承包法》规定承包

---

[11] 参见杜姣:《权利失衡:土地流转中"三权分置"的异化实践及其破解》,载《农业经济问题》2022年第7期。

[12] 参见单平基:《"三权分置"理论反思与土地承包经营权困境的解决路径》,载《法学》2016年第9期。

[13] 参见申始占:《农地"三权分置"改革困境的法理透视》,载《河北法学》2021年第9期。

[14] 参见郭莉:《农村土地流转中的法律要素分析》,载《江西社会科学》2008年第12期。

[15] 参见梁慧星:《民法总论》(第6版),法律出版社2021年版,第73页。

者和经营者的收益分配应当由二者自由协商确定[16],《三权分置意见》亦指出经营权包括“自主从事农业生产经营并获得相应收益”,在法律层面赋予了经营者一定的盈利权。在权利失衡状态下,若承包者的权利(收益权)绝对化,承包者和经营者之间失去自由协商之余地,则经营者即失去议价之空间,那么经营者的盈利权将有沦为具文的风险,在一定程度上有违反《农村土地承包法》和《三权分置意见》规定之嫌。在当前“三权分置”的背景下该问题更加明显,所有者为实现规模化流转多求助于政府,采用行政主导方式,利用行政强制力完成流转,具体措施则为行政规定流转价格,流转价格多高于单位土地生产效益和一般流转价格且采用刚性制度,因而进一步压缩了经营者的盈利空间。

第二,就所有者的责任承担而言,责任的产生必须以义务的违反为前提条件,法律责任其本质是违反“第一性义务”的前提下所产生的“第二性义务”。[17]在土地流转中,所有者的义务主要有二[18]:一是代理义务,代表承包者同经营者进行磋商,确定区域内土地的发包对象;二是监管义务,即监督经营者的经营活动,确保其合法有效利用土地。当经营者弃耕毁约的原因在于其不合理利用土地时,此时可以认为所有者未尽监管义务和忠实义务,加之所有者类行政主体的性质,由所有者代为承担责任确实合情合理;但是如果经营者弃耕毁约出于本文所述情况,即议价空间丧失后的刚性博弈失败,此时由所有者代为承担全部责任似乎不够妥当。从责任分配的角度而言,此时所有者并未违反所应承担的义务,相应地其本不应当承担土地承包经营合同履行不能时“赔偿损失”的义务。

2. 请求权客体顺位的倒挂

当经营者跑路,土地承包经营合同构成履行不能的时候,随之而来的法律

---

[16] 《农村土地承包法》第39条第1句规定:“土地经营权流转的价款,应当由当事人双方协商确定。”

[17] 参见张文显:《法哲学范畴研究》,中国政法大学出版社2001年版,第121页。

[18] 《农村土地承包法》第14条规定:“发包方享有下列权利:(一)发包本集体所有的或者国家所有依法由本集体使用的农村土地;(二)监督承包方依照承包合同约定的用途合理利用和保护土地;(三)制止承包方损害承包地和农业资源的行为;(四)法律、行政法规规定的其他权利。”在具体的实践中所有者的职能又转化为作为联结点同经营者进行联系从而将土地集中流转。参见杜皎:《权利失衡:土地流转中“三权分置”的异化实践及其破解》,载《农业经济问题》2022年第7期;朱冬亮:《农民与土地渐行渐远——土地流转与“三权分置”制度实践》,载《中国社会科学》2020年第7期。

问题是利益受损的承包者应当向谁求偿,即承包者的请求权行使对象问题。受限于承包者拒绝下调土地租金,继续经营必然导致亏损,此时的土地承包经营合同事实上已经构成履行不能,此时承包者的请求权基础指向了《民法典》第577条,[19]基于此,其请求权的客体首先应该指向经营者。值得注意的是,"三权分置"中所有者充当了重要的联结点作用,因而在讨论主体间法律关系时务必需引入对所有者地位的考量,目前学界普遍认为主体的权利性质为"私权",即物权,[20]只是对权利的解释路径有所不同。私权学派一时占据主流,因此主体法律关系可根据私权学派意见界定为"承包者—所有者—经营者"的双重委托代理关系。[21] 在该认识论下所有者应当被界定为代理人,根据代理的一般民法规则,当所代理的民事法律关系发生纠纷、本人利益受到损害时,本人应当向相对人求偿,只有代理人有明显过错的方应承担责任。[22] 另外,由于土地流转的特殊性,所有者还具有监督土地利用等职能,当所有者确有疏忽大意等情节,导致承包者利益受损时,承包者可以向其追偿。但是问题在于哪怕在此种情况下,所有者也不过是导致承包者利益受损的共同责任人,在民事诉讼规则中应当作为共同被告承担部分责任。最后,考虑到其作为市场主体和治理主体的多功能性,[23]如果承包者因为流转纠纷生活极度困苦的时候,所有者可以考虑适当垫补以保障其基本生活需求。

综上,在土地流转纠纷中,所有者的责任至多为违反忠实勤勉义务前提下的部分责任,以及在特定情况下的垫补责任。然而,在土地流转实践中,由于承包者在多数情况下难以履行违约赔偿责任,最终多由所有者承担相应责任,即

---

[19] 《民法典》第577条规定:"当事人一方不履行合同义务或者履行合同义务不符合约定的,应当承担继续履行、采取补救措施或者赔偿损失等违约责任。"

[20] 参见孙宪忠:《推进农地三权分置经营模式的立法研究》,载《中国社会科学》2016年第7期;蔡立东、姜楠:《承包权与经营权分置的法构造》,载《法学研究》2015年第3期;朱广新:《土地承包权与经营权分离的政策意蕴与法制完善》,载《法学》2015年第11期。

[21] 参见董国礼等:《产权代理分析下的土地流转模式及经济绩效》,载《社会学研究》2009年第1期。

[22] 《民法典》第167条规定:"代理人知道或者应当知道代理事项违法仍然实施代理行为,或者被代理人知道或者应当知道代理人的代理行为违法未作反对表示的,被代理人和代理人应当承担连带责任。"

[23] 参见朱冬亮:《农民与土地渐行渐远——土地流转与"三权分置"制度实践》,载《中国社会科学》2020年第7期。

最终的请求权客体指向了“本不应当”担责的所有者。[24]

三、权利失衡状态的形成机理分析

上述的权利失衡状态产生的核心原因在于承包者的权利绝对化。在权利绝对化的诉求下经营者的权利被弱化，由于丧失盈利空间其频频选择弃耕毁约，由此导致所有者不得不一次次收拾残局成为了义务绝对化的主体。因此，在分析权利失衡状态形成机理时，核心应当聚焦于承包者权利绝对化诉求产生的原因以及其诉求在实践中为何能够实现。

(一)权利绝对化诉求产生原因分析

1. 承包者土地权利的弱化

(1)土地权能的单一化：多元权利转向单一的收益权

根据我国现行法律规定，[25]土地承包者的权利主要有二：一是自己经营土地并获得报酬的经营权；二是对土地向外流转的流转权，以及由此产生的享有地租的收益权。在之前“两权分离”的制度下，承包者和土地之间的联系较为紧密，土地是其赖以生存的重要生产资料，然而由于我国地少人多的基本国情，承包者平均只能分到不足 10 亩的土地，且分配的方式较为细碎，难以集中规模化经营，因此其土地收益一般只能维持基本温饱水平。[26] 同时受市场供求关系等因素的影响，承包者种粮的收益亦逐渐下降。[27] 收益的持续下降带来了承包者经营意愿的下降。此外，受工业化、城镇化因素影响，大量农民离开土地进城工

---

〔24〕 参见杜皎：《权利失衡：土地流转中“三权分置”的异化实践及其破解》，载《农业经济问题》2022 年第 7 期；姜刚、吴慧珺：《种粮大户无奈弃租，土地流转还需完善政策》，载《中国食品》2019 年第 18 期；《河北多地土地流转现“毁约弃耕”所涉面积上千亩》，载环球网 2015 年 4 月 20 日，https://china.huanqiu.com/article/9CaKrnJK8Lr；同时在未来的农村所有权流转中，所有者理应弱化民事主体的地位，以其作为求偿主体有违农业发展需要，参见贺林波、李甜：《农地流转中村委会的角色冲突及整合》，载《农业经济》2021 年第 8 期。

〔25〕 《农村土地承包法》第 9 条规定：“承包方承包土地后，享有土地承包经营权，可以自己经营，也可以保留土地承包权，流转其承包地的土地经营权，由他人经营。”

〔26〕 我国共有 2.3 亿农户，户均耕地面积 7.8 亩。参见《关于促进小农户和现代农业发展有机衔接的意见》，载中国政府网，http://www.gov.cn/xinwen/2019-02/21/content_5367487.htm。

〔27〕 至 2017 年种粮平均每亩净亏损 12.5 元，较 1995 年下降 234.9 元。参见国家粮食和物资储备局主编：《2018 年中国粮食年鉴》，经济管理出版社 2018 年版，第 554 页。

作,至2022年全国外出务工农民工人数已达到2.95亿人。[28]

受上述因素影响,承包者和土地之间的联系日渐薄弱,承包者的经营权利已经基本式微,其权利被锁定为基于土地流转而享有的收益权,属于财产性权利。[29] 承包者的权利由原先的多元权利实际转化为单一的收益权。当权利聚焦于唯一的收益权时,承包者对其重视也就不足为奇。至此解释了承包者权利绝对化诉求产生的原因之一,即经营者权利的单一化。在当前的土地关系中,承包者实际享有的权利有且只有收益权一种,那么在此关系维持的过程中收益与否和收益的程度也就成为了承包者衡量是否愿意维持"三权分置"体系的首要因素,从而产生了承包者将自身权利诉求聚焦于收益权的现象。

(2)收益权的弱化:土地流转收益的持续走低

在人地分离的背景下,承包者的收益权实际表现为土地流转后的收益,即土地租金。然而,我国农作物价格整体较低,土地租金的市场价格也随之走低,加之大量承包者进城务工,土地流转收益占承包者收入的比重较低。[30] 此外,"三权分置"的背景下土地流转一般为长期流转模式,一些承包者在综合考虑相对微薄的土地收益和长期丧失土地控制权(经营权)的损益比后,宁肯抛荒也不愿意流转。[31] 换言之,承包者对于在正常市场价格下进行的土地流转意愿并不强烈。为解决此问题,加速土地流转,当地政府一般会介入流转过程,借助行政力量加速流转(如黑龙江省克山县作为全国实行土地流转的试点单位,就通过提供贴息贷款,发放流转补贴等方式加速流转[32]),即通过补贴经营者和承包者从而提高流转价格的方式加速流转效率。在此背景下,"三权分置"中承包者进行土地流转的逻辑表现如下:在政府(具体在土地流

---

[28] 参见《2022年农民工监测调查报告》,载中国政府网,http://www.gov.cn/lianbo/2023-04/28/content_5753682.htm。

[29] 参见朱冬亮:《农民与土地渐行渐远——土地流转与"三权分置"制度实践》,载《中国社会科学》2020年第7期。

[30] 大部分农民即使将土地全部出租,所获得的收益仍不足家庭总收入的10%,且在东部经济发达地区土地租金占家庭总收入比重更低。参见朱冬亮:《农民与土地渐行渐远——土地流转与"三权分置"制度实践》,载《中国社会科学》2020年第7期。

[31] 参见朱冬亮:《农民与土地渐行渐远——土地流转与"三权分置"制度实践》,载《中国社会科学》2020年第7期。

[32] 参见《西河镇多措并举做好土地使用权流转工作》,载克山县人民政府网2022年6月23日,http://www.keshan.gov.cn/pages/62b419751d41c85f52c0d589。

转中则体现为村委会,即所有者)的干预下,给予经营者和承包者一定补贴从而提高土地租金,刺激承包者的土地流转意愿进而推动土地集中规模化流转。问题在于承包者进行的是其本身“并不情愿”,甚至宁可抛荒也不愿意的流转,促使其流转的首要因素即收益的提高,那么在“三权分置”的土地关系中,收益的多少成为了维持承包者流转意愿的因素,进而外化为其对协议地租的刚性化需求。

但上述的流转毕竟并非完全意义上的市场价格机制作用的结果,通过行政手段干预虽然提高了流转效率,但是产生了相当程度的改革成本,需要市场主体和政府等共同承担。〔33〕换言之,上述流转进一步加大了经营者的经营成本,削弱了农地剩余的总量。同时,流转的过程中“看得见的手”如影随形,承包者的流转行为相当程度上取决于行政行为的干预,如此政府(具体表现为所有者)不免有过度干预市场活动之嫌疑,亦成为后文所述推动权利失衡格局形成的原因。

2. 承包者对其他主体的不信任态度

既往的研究表明,土地流转中承包者对于租金的重视程度与其对流转主体的信任程度呈正相关关系,〔34〕一般而言,农户信任程度越高,土地流转价格相对越低,反之则价格越高。若在流转中承包者对经营者和作为联结点的所有者较为信任,则土地租金将有较大的调整空间。但是在实然中,承包者对于经营者和所有者的社会信任程度普遍较低。〔35〕其原因主要有二:

(1)所有者的角色错位

在“三权分置”制度的预设框架下,所有者的定位应当贯彻“政经分离”原则,即作为土地所有者的村集体经济组织在组织架构上应当同“村两委”保持距离,从而避免所有者的权力膨胀。但是在实践发展中,青壮年劳动力日渐流失的农村弱社会并没有足够的资源来支撑三套班子的建设,村集体经济组织多呈现为依附于“村两委”尤其是村委会的态势;导致的结果是所有者多以村委会的形式出现,其性质则为集社会治理主体和市场主体为一身的多功能组织,即所

---

〔33〕参见朱冬亮:《农民与土地渐行渐远——土地流转与“三权分置”制度实践》,载《中国社会科学》2020 年第 7 期。

〔34〕参见蒲丽娟:《农户信任对土地流转及其价格影响研究》,载《价格理论与实践》2020 年第 3 期。

〔35〕参见吉星、张红霄:《社会信任如何影响农户土地转出行为?》,载《中国土地科学》2021 年第 10 期。

谓的类行政主体。[36]

所有者的地位发生了一定的异化。在土地流转中其具有相当强势的地位，随着市场力量的扩张，一些村干部会利用其村委会成员的身份，借助从所有者的强势地位中所获取的社会资本在土地流转中充当新的角色，并借此保持甚至扩大自身的利益诉求。[37] 如此承包者的利益不可避免地会受到损害。在我国的既往法律规范中，对于承包者作为集体组织成员的权利保护重视较为不足，承包者的权利受到损害时，需要由农村集体的法定代表人向法院提起诉讼，而法定代表人即村干部本身就是侵权人，对承包者利益的保护自然无从谈起。[38] 三权分置的改革虽然一定程度上修正了上述问题，但是对于承包者的权利保护仍有进步空间，就承包权的具体内涵、期限等缺乏明确说明，司法实践中法律适用难的问题仍然存在，[39] 同时在既往司法实践的影响下，承包者对于所有者持不信任态度也不足为奇。最终的导向则为一方面其在土地流转中极度看重收益，将其视为自身权利的具象化体现，视价格固定化为保护自身权益的完美良策；另一方面在发生法律纠纷，收益权利益受损时，选择直接向所有者求偿而非采用法律方法。

(2)经营者的不当经营

前文已述承包者在市场价格上进行土地流转的意愿其实并不强烈，通过政府贴补和提供贷款等方式虽有利于推动土地的规模化流转，但是受限于市场价格规律，提高后的土地租金实际上已经超过了一般流转时的平均土地价格，加之"三权分置"下经营者多为土地流转大户，其在流转中所付出的租金成本颇为高昂，其经营亏损的概率和比例也相对较高。为解决经营亏损问题，在下调土地价格会引起承包者强烈反应的前提下，经营者多会选择种植经济作物，以及进行掠夺式开发等方式来尽可能榨取土地的剩余潜力。[40] 然而这种"竭泽而

---

[36] 参见朱冬亮:《农民与土地渐行渐远——土地流转与"三权分置"制度实践》，载《中国社会科学》2020 年第 7 期。

[37] 参见[美]魏昂德:《经济转轨中的市场与不平等:走向可检验的理论》，边燕杰主编:《市场转型与社会分层:美国社会学者分析中国》，三联书店 2002 年版，第 539 页。

[38] 参见孙宪忠:《推进农地三权分置经营模式的立法研究》，载《中国社会科学》2016 年第 7 期。

[39] 参见刘守英等:《农地三权分置下的土地权利体系重构》，载《北京大学学报(哲学社会科学版)》2017 年第 5 期。

[40] 参见俞海等:《中国东部地区耕地土壤肥力变化趋势研究》，载《地理研究》2003 年第 3 期。

渔”的方式终究不能长久，归根结底是经营者在土地流转刚性博弈下“刀尖上的舞蹈”，一旦崩盘，承包者弃耕毁约也不稀奇。此外，还有一些承包者在经营过程中存在不法现象，如拟定阴阳合同、违规违约利用土地等，〔41〕进一步加深了承包者对经营者的不信任。

（二）政治利益同经济利益的衡平矛盾

1. 耕地红线制度作用下的抛荒压力

在我国农村土地本身带有极强的政治属性，“恪守十八亿亩耕地红线”，保障国家粮食安全是各级地方政府必须履行的政治责任。〔42〕 在“三权分置”的背景下，农村土地流转问题的政治性进一步受到重视。因此，在土地经营不善，承包者权利诉求难以满足的时候，利用土地抛荒迫使所有者满足诉求成为了承包者的有效手段。原因有二：

第一，在“三权分置”背景下所有者对土地流转的过度介入。前文已述在当前的土地流转实践中所有者实际扮演了类行政主体的角色，也就相应承担了维护耕地红线，避免土地抛荒的行政责任。所有者在土地流转过程中的过度介入造成了土地政治性的叠加，使得土地的使用问题直接与“三权分置”中的土地关系主体挂钩，将原本的纯粹私法关系或者是带有一定公法性质的私法关系异化为了公私法混合关系，〔43〕使得所有者在处理土地问题时不得不进行更多的政治上的考量，因而被迫承担“本不应该”的责任。此外，也正基于所有者的类行政主体性质和其在土地流转问题中的积极介入，使得相当部分承包者将土地的规模化流转视为政府的行政命令，如江苏某地的农户就表示，土地流转“是你们（村委会）让我们这么做的”〔44〕。加之传统“有困难，找政府”的思维的影响，土地关系发生问题时承包者多会直接向所有者寻求解决方法，而所有者也正基于自身性质，为了维护基层公信力，多会选择承担责任。

〔41〕 参见解某根、获嘉县照镜镇东仓村村民委员会农村土地承包合同纠纷案，河南省新乡市中级人民法院豫07民终4931号民事判决书；屈某乐、屈某平等与张某平土地承包经营权转包合同纠纷案，山西省晋城市中级人民法院晋08民终381号民事判决书。

〔42〕 参见金丽馥、刘晶：《基于世界粮食危机的我国粮食安全问题的新思考》，载《北京行政学院学报》2011年第1期。

〔43〕 参见刘守英等：《农地三权分置下的土地权利体系重构》，载《北京大学学报（哲学社会科学版）》2017年第5期。

〔44〕 参见王建：《新型经营主体何以“毁约退地”》，载《农村·农业·农民（B版）》2016年第11期。

第二,土地承包者的利益集团化。在既往的"两权分离"制度下,土地流转多为自发性流转,牵扯的主体仅为个体小农和土地经营者,土地所有者一般不参与流转过程,承包者的体量较小,土地不存在大规模抛荒的风险,因此并不存在抛荒绑架的风险。但是在"三权分置"的框架下,承包者的土地被集中发包给经营者,实际上将原来松散的、以自愿流转为基础的流转模式转化为了行政力量参与的,由所有者主导的集中流转模式,在此模式下土地关系中的承包者不再是既往的单独个体,而是有若干个体小农组成的承包者集体。如此流转所涉及的土地体量也发生了质的改变,一旦承包者诉求无法满足将产生单位地区土地的大比例抛荒,[45]所产生的后果是该地区的所有者不愿看到的,从而为利用土地抛荒倒逼所有者承担责任提供了物质基础。

2. 类行政主体的稳定考量

所有者被迫承担责任的另一重因素来源于对社会稳定的考量。保持地方稳定是基层政府乃至村委会(所有者)的一条政治高压线。[46] 由此形成了承包者对抗所有者的另一途径,利用上级对所有者的维稳考核来迫使所有者按照合同约定支付租金。在支付租金的额度方面,所有者同样不具有议价空间,原因亦在于其作为社会治理主体的不可退出性。[47]

综上所述,"三权分置"中权利失衡的状态产生的逻辑表达主要有两个层面,一是基于土地权利弱化和对其他主体的不信任而导致的承包者对于土地租金收益,即收益权的刚性化诉求,概括为对自身权利的绝对化诉求;二是基于土地问题的政治性所带来的所有者在土地流转关系中的不可退出性,进而赋予了承包者实现自身权利绝对化诉求的现实可能性。

值得注意的是,虽然权利失衡的外观呈现为承包者的权利绝对化、经营者的义务绝对化以及经营者的权利弱化。但问题的根源在于目前我国对于"三权分置"土地关系中权利主体,尤其是承包者的权利保护不到位。

---

〔45〕 2017年全国流转到合作社和农业企业的耕地面积约占同年全国流转家庭承包耕地总面积的32.53%,一些农村地区规模流转的土地面积达到该地区耕地总面积的50%以上。参见朱冬亮:《农民与土地渐行渐远——土地流转与"三权分置"制度实践》,载《中国社会科学》2020年第7期。

〔46〕 参见杜皎:《农民上访的阶层对抗解释》,载《华南农业大学学报(社会科学版)》2015年第4期。

〔47〕 参见杜皎:《权利失衡:土地流转中"三权分置"的异化实践及其破解》,载《农业经济问题》2022年第7期。

四、破解路径：内外部控制法

至此已基本完成了对“三权分置”下权利失衡现象出现原因的分析，欲解决此问题，核心在于“将土地流转去政治化，构建土地流转的市场化秩序”[48]。在法学的语境下展开，其核心则为明确“三权分置”制度下主体的权利边界，实现主体间权利义务关系的动态平衡，即“在‘三权分置’实践基础上建构一种可持续的土地经营收益的博弈和共享机制”[49]。

如前所述，“三权分置”中权利义务的异化实际上是主体权利义务不明晰导致缺乏有效的法律解决路径进而演化为主体间的刚性对抗。鉴于此，需要明确的就是“三权分置”中各主体的权利内涵，从而确定法律保护的对象。同时，基于现实情况的考量，目前急需建立合理的土地经营权退出机制，进而保护流转中各方主体的利益。[50] 鉴于此，在具体的制度架构上有两方面的考量，一是在内部构建“三权分置”中主体的权利体系，明确各主体具体的权利内涵，从而明定各主体的权利义务范畴，避免权利失衡；二是在外部构建合理的退出机制和风险分担机制，对主体权利义务进行动态再平衡。

（一）内部控制法：主体权利体系的构建

诚如上文所述，权利失衡状态出现的根本原因在于在土地关系中的主体权利不明晰，为解决此问题，有待于构建主体间的权利体系，明确各主体的权利边界。同时，在权利体系构建时亦应当考虑我国农村由乡土中国向城乡中国转变的背景，[51] 并且注重落实集体土地所有权，稳定土地承包权以及放活土地经营权，做到权利落实，权利公平和经营效率的有机统一。[52] 具体的方法有二，一是明确各主体所享有的权利性质，二是进一步确定各主体权利的具体内涵。

---

〔48〕 杜皎：《权利失衡：土地流转中“三权分置”的异化实践及其破解》，载《农业经济问题》2022 年第 7 期。

〔49〕 程雪阳：《土地发展权与土地增值收益的分配》，载《法学研究》2014 年第 5 期。

〔50〕 参见武锐、高阳：《从等价交换到功能替代——关于农民土地承包经营权退出补偿原则的政策讨论》，载《山东社会科学》2022 年第 7 期。

〔51〕 参见刘守英等：《农地三权分置下的土地权利体系重构》，载《北京大学学报（哲学社会科学版）》2017 年第 5 期。

〔52〕 参见伊庆山：《“三权分置”背景下农地权利体系的重构、制度优势及风险规避》，载《西北农林科技大学学报（哲学社会科学版）》2017 年第 4 期。

1. 所有者的权利性质及内涵

针对土地流转中所有者权利扩张、过度介入的状态,在权利体系构建中应当以限制权利、加强监督为核心要务。

所有者所享有的权利为对土地的集体所有权。该权利在《三权分置意见》中被表述为“土地集体所有权人对集体土地依法享有占有、使用、收益和处分的权利”。就权利主体而言,所有者的身份即所谓的“土地集体所有权人”应当为农民集体,这一定义得到了《三权分置意见》的支持,[53]同时与1982年《宪法》和2007年《物权法》一脉相承。不过,正如前文所述,目前在实践中村集体经济组织以及村委会、村党委等相融合,权利主体的现实外观多表现为村委会。如此至少造成了两个问题,第一,农民集体作为土地所有权人,却并没有相应的民事主体资格,我国《民法典》中将集体经济组织和村委会作为特殊法人进行了规定,[54]却忽视了农民集体的民事主体身份问题,在实践中往往以村委会等代理行使所有权,导致了村委会权利的过度扩张。第二,基于村委会权利扩张的基础,其往往会过度介入土地流转关系,导致本应是平等主体参与的土地关系异化为非平等主体关系,加剧了承包者对于所有者的不信任,进一步激化了权利失衡状态。

因此,在权利体系构建中,应当进一步明确集体所有权的主体为农民集体,将村委会的法律地位界定为代为行使权利。根据代理的一般规则,村委会参与土地流转时,首先应当征得农民集体的同意。在具体的组织形式中,应当进一步确立村民会议为农民集体的权力机关,遵循比例原则由集体表决的方式决定土地流转相关事项,如此有助于更加充分考虑土地流转中承包者的意愿,缓解土地流转中所有者权利行使的宗族化和行政化;[55]法律上的依据为《村民委员会组织法》第24条。[56] 同时,这种方式有助于充分调动承包者

---

[53] 《三权分置意见》中规定:“农民集体是土地集体所有权的权利主体。”

[54] 《民法典》第96条规定:“本节规定的机关法人、农村集体经济组织法人、城镇农村的合作经济组织法人、基层群众性自治组织法人,为特别法人。”

[55] 参见杨雅婷、汪思敏:《三权分置下“落实宅基地集体所有权”的法治路径》,载《云南农业大学学报(社会科学)》2021年第3期。

[56] 《村民委员会组织法》第24条规定:“涉及村民利益的下列事项,经村民会议讨论决定方可办理:……(四)土地承包经营方案……”

的流转意愿，推动农业的规模化经营，对促进农村经济发展帮助很大，[57]也为承包者在土地流转中的权利救济提供了可能方案。[58] 此外，考虑我国不同地区经济发展水平、土地财产属性强弱的不同，不宜对具体的组织形式作过度细致的规范，[59]可考虑参考公司股东会的组织方式，以农民集体中承包者的数量为标准对权力机关的组成方式加以类型化规制；同时设置专业性的监事会和理事会等，推动农业的现代化进程，这一设置契合当前承包者权利股份化的发展趋势，[60]现行法上的依据有《村民委员会组织法》第21条的相关规定[61]。

就所有者的权利内涵问题，《三权分置意见》中进一步明确了所有者的权利内涵，[62]在当前的土地流转实践中，应当着重强调对经营权流转的监督权，这是基于目前人地分离，承包者权利收益权化趋势明显的考虑。[63] 在具体的操作方法中，可考虑以集体财产的数量决定监督机构的设置，[64]对于集体财产数量相

---

[57] 上海松江地区农户通过此方式进行集体流转，有效推动了当地农业经济发展，且经营者、承包者都对利益分配相当满意。参见孙宪忠：《推进农地三权分置经营模式的立法研究》，载《中国社会科学》2016年第7期。同时该方案在中西部经济欠发达地区同样取得了较为显著的效果，有效推动了当地经济发展。参见郭忠华、王榕：《集体经济与村庄有效治理：基于河北省X村的分析》，载《江苏社会科学》2020年第1期。

[58] 承包者可以通过集体表决方式否决承包者滥用权利、可能有损自身利益的行为。参见文宏、戚晓雪：《政治机会结构与民众抗争行为的策略选择——基于兰州市宋村集体土地纠纷的案例研究》，载《南京农业大学学报（社会科学版）》2016年第5期。

[59] 参见马俊驹：《中国城市化与农村土地财产权结构的变革》，载《私法研究》2014年第1期。

[60] 参见杨雅婷、汪思敏：《三权分置下"落实宅基地集体所有权"的法治路径》，载《云南农业大学学报（社会科学）》2021年第3期。

[61] 《村民委员会组织法》第22条规定："召开村民会议，应当有本村十八周岁以上村民的过半数，或者本村三分之二以上的户的代表参加，村民会议所作决定应当经到会人员的过半数通过。法律对召开村民会议及作出决定另有规定的，依照其规定……"

[62] 《三权分置意见》规定，集体所有权包括：(1)依法发包集体土地，任何组织和个人不得非法干预；(2)因自然灾害严重毁损等特殊情形依法调整承包地；(3)对承包农户和经营主体使用承包地进行监督，并采取措施防止和纠正长期抛荒、毁损土地、非法改变土地用途等行为；(4)依法对土地经营权的流转进行监督；(5)集体土地被征收的，农民集体有权就征地补偿安置方案等提出意见并依法获得补偿。

[63] 参见刘守英等：《农地三权分置下的土地权利体系重构》，载《北京大学学报（哲学社会科学版）》2017年第5期。

[64] 参见韩松：《论农民集体土地所有权的管理权能》，载《中国法学》2016年第2期。

对较少的,可直接由村民民主监督或者设置监事人进行监督,监事人应当为具有专门知识的人,如果本村范围内缺乏相应人才可以对外聘请,同时在市场化的进程中,应当逐步由监事人替代村民的民主监督,从而提高监督的科学性和规范性;对于集体财产数量较多的,应当设置集体财产监督小组。

2. 承包者的权利性质及内涵

对于承包者权利性质,笔者认为仍应当将其定义为土地承包经营权。原因有三,第一,从立法沿革角度出发,自改革开放以来,我国相关法律文件一直使用"土地承包经营权"这一名词,有关土地承包经营权的权利内涵等内容早已深入人心。[65] 如果人为地将土地的承包权和土地经营权相分离,不免会使承包者产生疑惑:自己的经营权去了哪里?如此可能加剧承包者对自身权利丧失的担忧,滋长其对于土地流转的抵触情绪。[66] 第二,从立法意旨的角度考虑,推行"三权分置"制度的重要目的在于"稳定农民承包权",如果贸然对承包者所享有的权利的立法表述加以改动,可能会导致政策性混乱,与政策目的背道而驰。[67] 第三,从现实层面考虑,不少学者之所以认为应当将"土地承包经营权"转化为"土地承包权",核心观点在于在"三权分置"的背景下承包者的土地权利已经基本转化为财产性权利,经营在其权利实践中占比较少。[68] 我们固然承认在"三权分置"中承包者的权利现实表现确实如其所述,但是不能忽视的是,目前仍有相当部分的土地由土地承包者自行耕种,在制定政策和法律时也要考虑这部分农户的经营状态。

因此,在权利体系建设中仍应当将承包者的权利锁定为土地承包经营权。但是具体在本文的语境下讨论,"三权分置"制度下的承包者权利确实已基本收益权化,属于财产性权利。因此,对其权利内涵的讨论应当注重保护其收益权,具体的方法为:一方面要加强对承包者和经营者的监督力度,避免"三马分肥"

---

〔65〕 参见孙宪忠:《推进农地三权分置经营模式的立法研究》,载《中国社会科学》2016年第7期。

〔66〕 不愿流转土地的因素中,担心失去土地权益所占比重为39.5%,位居影响因素的第一。参见户艳领、李丽红:《生态功能区域农村土地流转行为影响因素研究》,载《河北大学学报(哲学社会科学版)》2022年第1期。

〔67〕 参见孙宪忠:《推进农地三权分置经营模式的立法研究》,载《中国社会科学》2016年第7期。

〔68〕 参见刘守英等:《农地三权分置下的土地权利体系重构》,载《北京大学学报(哲学社会科学版)》2017年第5期。

状态下其余主体对承包者权利的侵占;另一方面应当在法律层面或至少在政策层面确立合理的地租制度。这里可以参考上海市松江地区的经验,其由村委会等牵头,根据单位田地的平均亩产量约为1000斤稻谷确定每亩地租,并折合成货币的方式确定具体的地租数额,取得了相当显著的效果。[69] 一方面农户对地租的价格比较满意,降低了流转的阻力;另一方面由稻谷确定地租金额的方式可以根据本年度粮食的价格对地租进行动态调整,有助于动态地租制度的形成,减少了经营者的经营压力。

3. 经营者的权利性质及内涵

就立法宗旨的角度而言,《三权分置意见》中明确对经营者应当"赋予经营主体更有保障的土地经营权","保障其(土地经营权人)有稳定的经营预期"。此外,从缓解权利失衡状态的角度考虑,也要注重保障经营者的盈利权,也就是其退出的权利,即当继续经营将明显亏损的时候,应该赋予其正常的退出机会,避免将退出演变为"弃耕毁约"的激烈方式。

基于此,可以考虑将经营权定性为债权,同时对其加以物权性的保护。这样处理的依据有三:第一,从法理的角度考虑,土地利用关系在法律表述上本身就存在物权、债权的二元化构造。[70] 选择何种方式表达经营权的性质均有其依据,将土地经营权定义为用益物权至少存在三方面困境,首先,现行法律对经营权进行了不同于用益物权的限制,如其规定土地经营权的再流转需要承包者书面同意,[71] 这样的规定不同于物权自由化流转的特性,而更类似于《民法典》第551条关于债务转移的规定。[72] 其次,将经营权定义为用益物权缺乏母权基础,所有权已经将其占有、使用、收益等权能分配给承包者,形成了承包经营权这一用益物权,受承包经营权的制约无法产生新的经营权作为用益物权。承包经营权本身为用益物权,且与经营权共同以承包土地作为权利客体,若将承包经营权视为母权,将导致承包经营权本身所具有的占有、使用、收益权能空置,沦为"空壳权利"。最后,从目的解释的角度考虑,"三权分置"制度创设的目的在于促进农村土地的适度规模化流转,前文已述欲达此目的的重要抓手在于激

---

[69] 参见孙宪忠:《推进农地三权分置经营模式的立法研究》,载《中国社会科学》2016年第7期。

[70] 参见王泽鉴:《民法物权》,北京大学出版社2010年版,第277页。

[71] 《农村土地承包法》第46条规定:"经承包方书面同意,并向本集体经济组织备案,受让方可以再流转土地经营权。"

[72] 参见单平基:《土地经营权债权定性之解释论》,载《法学家》2022年第4期。

发承包者的流转热情,而担心自身权益受损是阻碍规模化流转的首要因素。将土地经营权设置为用益物权势必会侵占土地承包经营权的权能,[73]如此则与我国立法与制度设立之目的背道而驰。

第二,从保障承包者合理退出权的角度考虑,将经营权定义为债权是合理的解决路径。如果定性为物权,则主体之间的法律关系被强行控制,不经法定程序难以变更,定性为债权则赋予了当事人一定的自由选择权。[74] 由此可根据我国法律对不可抗力和情势变更的规定,赋予经营者因非市场风险导致合同难以履行时,依法解除合同从而退出土地关系的权利。

第三,为保护经营权的稳定性,应当基于经营权物权化的保护。所谓的物权化保护即采取登记对抗主义,首先赋予债权以登记权并无法理上的不当,赋权与否取决于国家的法政策选择。[75] 其次,从体系化的角度考虑,应当赋予作为债权的土地承包经营权以登记权,如此可以增强对经营权规制的科学性,[76]赋予了经营者对抗承包者的普通债权人和善意第三人的权利,并可引入《民法典》侵权责任编对经营权加以保护。[77]

《三权分置意见》中进一步细化了土地经营权的内涵,下一步的立法规制要重视进一步放活经营权,尤其是在设置抵押权方面赋予其法律保护,进一步提升土地资源的市场化程度;同时要加强监督和保护,防止土地用途、土壤肥力的破坏。为此一方面要进一步明确所有者的权利内涵,督促其履行自身监督职责;另一方面要积极推动村集体股份化改革,以现代的监事会等组织方式对土地实际经营状况进行更加科学合理的监督。[78]

(二)外部控制法:土地流转退出机制和风险分担机制

农业经营体制的核心是耕作者的积极性问题。[79] 在"三权分置"的背景

---

〔73〕 参见单平基:《"三权分置"中土地经营权债权定性的证成》,载《法学》2018年第10期。

〔74〕 参见高圣平:《承包地三权分置的法律表达》,载《中国法学》2018年第4期。

〔75〕 参见高圣平:《土地经营权登记规则研究》,载《比较法研究》2021年第4期。

〔76〕 参见舒国滢、王夏昊、梁迎修等:《法学方法论问题研究》,中国政法大学出版社2007年版,第432~433页。

〔77〕 参见单平基:《"三权分置"中土地经营权债权定性的证成》,载《法学》2018年第10期。

〔78〕 参见韩松:《论农民集体土地所有权的管理权能》,载《中国法学》2016年第2期。

〔79〕 刘守英等:《农地三权分置下的土地权利体系重构》,载《北京大学学报(哲学社会科学版)》2017年第5期。

下,其核心在于合理保障经营者的经营权,因此在制度构建方面务必要考虑如何保证经营者的权利,同时为维护"三权分置"中各主体权利义务关系平衡,也要注重如何在维护经营者权利的同时避免侵害其他主体权利。基于此,在外部控制法中我们构想了两项制度:一是为避免经营者权利过度受损,设立当其土地经营活动难以继续时,调整和退出土地流转的制度;二是主要针对流转风险,设立流转保险制度,从而保证土地承包者的权利在土地流转中不会因经营者的退出而过度受损。

1. 多层次退出机制

前文已述农业经营具有相当程度的不稳定性,同时为了稳定经营者的经营权,我国目前在政策层面倡导土地经营权的长期流转。[80] 基于此,笔者认为在土地经营权的制度设计中应当坚持原则上以长期流转为主,但设立多层次的退出制度,从而赋予经营者合理退出的权利,避免经营者自身利益过度受损。

(1)事前协议的退出机制

这一制度设立的现行法依据为《民法典》第 562 条,[81] 同时也是基于在我国土地关系中,流转合同解除权不明晰的司法现状。[82] 通过事先约定合同的解除条件,至少可以将不可抗力和情势变更等造成合同难以履行的情况排除在外。[83] 其中情势变指的是情势变更下的显失公平,即继续履行将导致合同当事人一方的利益严重受损,继续履行有失公平。考虑显失公平标准的客观化、标准化,可以考虑以经济成本核算作为判断的依据。[84] 如果经营者所获的收益只是相对减少,那么仍应当维持合同履行,只有当其履行成本明显超过所获收益,继续履行将导致亏损时方可解除合同;履行不能不同于显失公平,亦涵盖了如因自然灾害等原因导致的土地无法经营等情况。履行不能包括全部

---

〔80〕 参见《关于引导农村土地经营权有序流转发展农业适度规模经营的意见》"三、规范引导农村土地经营权有序流转"之"(五)鼓励创新土地流转形式"。

〔81〕《民法典》第 562 条规定:"当事人协商一致,可以解除合同。当事人可以约定一方解除合同的事由。解除合同的事由发生时,解除权人可以解除合同。"

〔82〕 参见党德强:《我国农村土地流转的法律制度构建研究——基于 117 份判例的实证分析》,载《河北农业大学学报(社会科学版)》2019 年第 5 期。

〔83〕 参见赵风暴、李圣瑞:《论发包方终止土地经营权流转合同——沿着合同解除的实践路径》,载《法律适用》2022 年第 7 期。

〔84〕 参见王德山:《论情势变更制度的适用要件》,载《法学杂志》2008 年第 1 期。

履行不能和部分履行不能,以及暂时履行不能和永久履行不能,对于部分履行不能和暂时履行不能的,为保护土地关系的稳定性,不应将其作为流转合同解除的条件,但应当赋予经营者据此对所承包的土地进行调整的权利,对于全部履行不能和永久履行不能,则应当明确此时经营者可以据此解除合同,退出土地流转。

在方法论上可以考虑通过法定条款的方式,借助强制力将事先约定纳入合同内容,这样做的依据有二,一是我国在合同的法律规定上对于特殊类型的合同加以细化有其先例,如劳动关系合同中强制规定订立形式必须为书面形式,合同解除情形依托于《劳动法》特殊规定等;二是对于土地流转合同我国法律业已采取了特殊规定,[85]进一步适度扩张法律规定的范畴并不突兀。

(2)经营过程中的退出机制:经营者的合同单方解除权

从原则上来说,当经营者亏损源于土地经营的固有风险,即一般意义上的商业风险时,不应当赋予经营者以合同解除权,因为经营风险是土地经营过程中必不可少的部分,如果赋予经营者依经营风险的合同解除权,则赋权过于随意,增大了侵害其他主体合法权益的可能性,同时也会加剧土地关系的变动,有违稳定土地关系的政策和立法意旨。

但是我们也要考虑,当经营者长期或者巨额亏损时,此时的土地流转合同已经出现合同僵局情况,即经营者由于经济形势、履行能力的变化,土地流转合同难以继续履行,而承包者拒绝解除合同,且要求支付原先合同议定的地租。基于提高经济效率、维护公平和诚实信用原则考虑,[86]应当赋予合同的违约方,即经营者以解除合同的权利,如此一方面可以促使权利失衡状态的解决,即当事人可尽快从原有的合同僵局中脱身,这既有利于经营者开展正常经营活动,也帮助了承包者脱离丧失分红能力的经营者,将所涉土地流转给其他经营主体,从而实现自身收益权,此外承包者收益权的加速正常化也可避免所有者承担"本不应当"的确保承包者收益的责任;另一方面,前文已述承包者不考虑经营状况基于合同索取固定地租实际上是自身权利的绝对化,权利失衡的状态在一定程度上有违公平原则和诚实信用原则,通过单方解除权可以避免双方严重利益失衡。关于合同僵局中违约方的单方解除权我国法律并未明文规定但也

---

〔85〕 如需明确流转土地的用途,当事人权利义务,土地征收补偿款归属等。参见《农村土地承包法》第40条的相关规定。

〔86〕 参见王利明:《论合同僵局中违约方申请解约》,载《法学评论》2020年第1期。

并未禁止,同时在既往的司法判例中多有支持。[87]

就具体的操作方法而言,应当将解除的方法定为司法解除,由法院判断是否出现合同僵局情形,合同僵局是否需要打破以及破除后的后果。这是因为我国法律原则上并未赋予合同违约方解除权,其权利的行使应当坚持限制性原则,不可随意行使。另外,由于经营者毕竟是合同中的违约方,合同虽可解除但仍有赔偿责任,关于赔偿责任的划分可以借助引起合同僵局的原因加以判断,属于固有风险的,即属于文中所述的自然因素和市场因素的,因为该风险属于经营者在经营过程中可以也应该预料到的风险,此时其应当承担更重的赔偿责任;而对于较为特殊的,不属于固有风险亦不属于情势变更和不可抗力的,则可酌情减少其赔偿责任。

2. 风险分担机制

前述制度的核心在于保障经营者的合理推出权利,虽然在一定程度上亦保护了承包者的收益权和解决权利失衡状态,但对所有者和承包者的权利保护仍略显匮乏。如果承包者不能或不愿承担合同解除时的违约责任,则承包者的求偿权利无法落实,最终责任仍将转嫁给所有者。因此,应当设置风险共担机制,深化农村金融改革,建立政策性农业保险制度。如设置土地履约保险,当经营者弃耕,承包者求偿权难以实现时,由保险公司代为赔付,目前这一制度在我国部分地区已经实现,取得了相当显著的效果,优先推动了土地流转进程,也利于化解系统性流转风险。[88] 由于当前土地市场化程度仍有所欠缺,当前阶段仍应当以国有银行政策性帮扶为主,下一步应当进一步完善土地履约保险纠纷的法律规范,建立所有者、担保者协调合作机制,积极引入市场主体作为担保者。[89]

---

〔87〕 参见张某兰与厦门龙潭房地产开发有限公司商品房预约合同纠纷案,福建省厦门市思明区人民法院(2014)思民初字第 16844 号民事判决书;潘某才与杨某梅房屋租赁合同纠纷案,广东省广州市中级人民法院(2016)粤 01 民终 2604 号民事判决书;中国建设银行股份有限公司内蒙古自治区分行营业部、张某贤房屋租赁合同纠纷案,内蒙古自治区呼和浩特市中级人民法院(2017)内 01 民终 2000 号民事判决书;张某、朱某利租赁合同纠纷案,浙江省湖州市中级人民法院(2016)浙 05 民终 1656 号民事判决书。

〔88〕 参见范丹等:《我国土地流转违约风险防范机制研究——以邛崃市开展履约保证保险为例》,载《四川师范大学学报(社会科学版)》2018 年第 1 期。

〔89〕 参见范丹等:《我国土地流转违约风险防范机制研究——以邛崃市开展履约保证保险为例》,载《四川师范大学学报(社会科学版)》2018 年第 1 期。

五、余　论

本文所述的权利失衡状态(所有者义务绝对化、承包者权利绝对化、经营者权力弱化)是“三权分置”制度在发展过程中主体权利义务关系异化的表现之一,其背后的原理同目前学界关注较多的异化模式(经营者或所有者权利无序扩张,承包者权利受损)颇有共通之处,共同反映了当前土地关系领域立法完善度不够、司法适用混乱等问题。本文所述的内外部控制法可能对于缓解本文所述的当前权利失衡状态有所帮助,但是面对未来土地承包经营权股份化、经营权可抵押化、土地自由流转程度提高等情况仍然需要适时而动,不断变革,尽量实现土地关系主体的权利义务平衡。“三权分置”制度作为新兴的土地制度,是新时代市场经济与计划经济、价格规律和政治动机相融合的产物,作为新兴的土地制度,其进一步的实践落实和发展完善还需要时间的检验,相关问题的法律规制仍然任重而道远,但也不明为一段艰辛而浪漫的历程。

法学书评

浮出历史地表的"巧儿":法与人文的另一种书写

——评丛小平《自主:中国革命中的婚姻、法律与女性身份(1940～1960)》

冀翌昕*

摘要:

《自主:中国革命中的婚姻、法律与女性身份(1940～1960)》将文学材料和历史人物结合,分析了"封张案"中"巧儿"作为文化符号书写的过程,"自主"一词愈合了法律表达和实践间的差距,并作为实践理念贯穿于底层人物的生命历程中:"巧儿"的文学书写演绎了"婚姻自主"的司法实践,"自主"也因文学背后人物自我言说有了生命力,最终完成了其生命叙事。文学作品关注生活世界,实际还提示了法学智识长期忽视的"人文"。法与人文的关注需运用好文学和历史材料,进而打破学科间的"文类壁垒",让"法与人文"透过历史和文学的双重书写,实现"文法互证"。

关键词:

婚姻自主;刘巧儿;法与人文;"文法互证"

我们没有我们之后的延续;在我们之后,我们没有法律和权力在它们的力量和光辉之中得以表现的光荣和谱系学。我们从阴影中走出,我们不曾有权利也不曾有光荣,而正是为此我们要发言,开始讲述我们自己的历史。[1]

——米歇尔·福柯(Michel Foucault,1877～1940)

---

* 冀翌昕,甘肃政法大学民商经济法学院研究生,研究领域为家事审判、法社会学、法律与文学。本文受2021年度教育部人文社会科学研究青年基金项目"法律地理学:观念与经验研究"(项目批准号:21YJC820013)资助。

〔1〕[法]米歇尔·福柯:《必须保卫社会》,钱翰译,上海人民出版社2018年版,第75页。

“在现代中国的思想文化史上,‘女性’和‘个人’一样,是一个响亮的名字,同时是一份暧昧的存在”[2],“其‘响亮’在于女性‘浮出历史地表’是‘现代’的标志之一”[3],而暧昧则集中体现在最新著作《自主:中国革命中的婚姻、法律与女性身份(1940~1960)》中。不同于方慧容“无事件镜”中始终对真相的追问,不同于郭于华突出自下而上对权力的反抗,也不同于贺萧突出性别化了的记忆,[4]丛小平教授一反底层女性的“诉苦”叙事,在女性主体性集体稀缺的革命历史中发现了“巧儿”。与许慧琦教授讲述“娜拉”在中国的“旅行”相似,丛教授运用全景式视角分析了“自主”这一法律术语是如何通过个案延伸到家庭和革命中的,因此此书可以看作个人与家庭、社会、国家在近代中国的关系问题在中国革命历程中的回答。

“巧儿”的历史书写背后还潜藏着文化逻辑,书中记录了“巧儿”这一文化符号从司法案件诞生之后,在政治模式中衍生出了一系列文艺作品。主流观点认为,文学材料具有的虚构性,因而在法学研究中文学很难提供实证意义上的启示。不过,研究文学故事固然不等同于真实事实,但文学故事却能“以其精致布局来映衬、凸显甚至刺穿了法律实践的‘可能结构’”[5]。那么此书中“巧儿”作为文化符号是如何被嵌入“可能结构”的?本文无意完全叙述此书的内容,主要以“封张案”为切入点,阐述“刘巧儿”作为文化符号如何与底层女性“自主”的婚姻实践形成互动的,进而挖掘个案分析背后的法学价值。方法论上本文试图打破以往的“法律与文学”分析框架及“法学内部的学科交流”,竭力让法学与文学、社会学、人类学、传播学等多学科视角实现“视域融合”。最终透过文化符号生成背后一系列的法律、文学及社会问题,探讨个案背后法与人文的启示。

---

〔2〕 戴锦华:《涉渡之舟:新时期中国女性写作与女性文化》,北京大学出版社2007年版,第10页。转引自贺桂梅:《女性文学与性别政治的变迁》,北京大学出版社2014年版,第9页。

〔3〕 贺桂梅:《女性文学与性别政治的变迁》,北京大学出版社2014年版,第9页。

〔4〕 参见郭于华:《“弱者的武器”与“隐藏的文本”——研究农民反抗的底层视角》,载《读书》2002年第7期;方慧容:《“无事件境”与生活世界中的“真实”——西村农民土地改革时期社会生活的记忆》,载杨念群主编:《空间·记忆·社会转型——“新社会史”研究论文精选集》,上海人民出版社2001年版,第467~572;[美]贺萧:《记忆的性别:农村妇女和中国集体化历史》,张赟译,人民出版社2017年版。

〔5〕 刘星:《法律与文学:在中国基层司法中展开》,北京大学出版社2019年版,第129~130页。

一、“巧儿”底层叙事的缘起:从“封张案”到“婚姻自主”实践

瓦尔特·本雅明(Walter Benjamin,1892 ~ 1940)将叙事区分为信息叙事和故事叙事两种,在他看来,信息叙事“只存活于那一刻”,而故事叙事则“即使在漫长的时间以后,还可以释放出来”。[6]《自主:中国革命中的婚姻、法律与女性身份(1940 ~ 1960)》一书从后来广为传唱的“刘巧儿”故事讲起。其故事原型为 1943 年甘肃省华池县的封彦贵诉张金才婚姻纠纷案(以下简称“封张案”)。该案一审判决婚姻无效并对张氏父子分别判处了刑罚。后来捧儿找到了马锡五,经过上诉二审作出“各打五十大板”的判决:不仅谴责了捧儿父亲买卖婚姻,也批评了张柏父亲的抢婚行为,最终判决婚姻有效。在混合了苏维埃革命传统、西方司法理念、晚清司法实践惯例三种司法资源的陕甘宁边区,“封张案”只是当地包办婚姻、买卖婚姻、彩礼、抢婚等问题的一个缩影。当“人财两空”、“一女两/多许”、“两/多夫争妻”、彩礼涨价等经济冲突裹挟在一起,便是一场极其复杂的婚姻纠纷。但该案何以成为研究中国革命实践中地方司法的一个重要方面?丛教授往前推进了一步,通过考察“婚姻自由”和“婚姻自主”的表达与实践串联起一系列法律问题。

(一)作为“他者”经验的“婚姻自由”

“自由”一词在属性上仅仅是一个静态、无主体的名词,在经历了古典含义到近代转型后,其内容、词语结构发生了变化。“封张案”一审的处理依据是 1939 年的《陕甘宁边区婚姻条例》,该条例尤其强调婚姻的基础是“本人自由意志”,这种强调“自由”的激进婚姻的观念最早追溯至五四话语。五四时期胡适将易卜生的《玩偶之家》翻译后带入中国,剧尾女主角愤然出走,门“砰”的一声,留下了五四青年男女们无尽的遐想,娜拉以“出走”为开端的行动给当时中国带来了“文化震惊”,五四青年视家族为“专制主义之渊薮”[7]。在五四话语的疾风骤雨下,不论是在文学还是在现实中,新女性都纷纷在娜拉式的精神示

[6] 参见[德]瓦尔特·本雅明:《写作与救赎:本雅明文选》(增订版),苏仲乐等译,东方出版中心 2017 年版,第 127 ~ 128 页。

[7] 许纪霖:《家国天下:现代中国的个人、国家与世界认同》,上海人民出版社 2017 年版,第 7 页。

范下迈出她们区别于旧女性的第一步。[8] “人格平等”理念进一步激励着知识女性以娜拉为榜样继挣脱家庭的锁链,完成“脱嵌”。

鲁迅对五四话语的思考是敏锐的,他看到了娜拉实在只有两条路——不是堕落,就是回来,[9] 并在爱情小说《伤逝》中对女性解放和婚姻自由问题进行了思考。与鲁迅看到的五四自由话语下“梦醒之后无路可走”不同,张爱玲的《五四遗事》则把所有五四青年嘲弄了一遍,“自由恋爱”的佳话变成了“三美团圆”的喜剧。在她笔下描写着变动社会下的婚姻面貌,不仅有被困于深宅大院中受尽无尽痛苦的女性,也有摩登都市中有闲男女的浮世悲欢,更有描写新式婚姻怎样在“一个多妻主义的丈夫之前,愉快地遵行一夫一妻主义”[10]。

五四话语将“婚姻自由”奉为圭臬,然而“自由”的表达与实践之间始终夹着一道沟壑。在婚姻制度上,民国时期的法律构造将妇女视为有主体地位的个体,如1930年颁布的《中华民国民法·亲属编》第972条规定:“婚约,应由男女当事人自行订定。”[11] 但实践中以父母意志为根本特质的传统婚姻观念根深蒂固,“旧家庭制度改造,对国民的法律、经济地位影响较大,舍旧谋新,必然会引起民众的反抗”[12],彼时妇女离婚运动也轰轰烈烈,震惊当时的赵五贞抗婚自尽案[13] 就是例证。由此可以看到,盲目推行“婚姻自由”非但没有解决父权压迫,还加剧了传统家长“主婚权”与子女个体之间的矛盾,上述表达和实践上的差距为陇东地区司法问题埋下伏笔。

(二)遵循“主体性”下的“婚姻自主”

与“自由”这一改革者设计的理想话语不同,“自主”诞生之初便与婚姻内容相关,之后在20世纪初还与政治发生了关联,它不仅保留了原有词义还保留了行动主体,更为关键的是“自主”还具有以言行事(illocutionary act)的语言功

---

[8] 参见孟悦、戴锦华:《浮出历史地表:现代妇女文学研究》,中国人民大学出版社2004年版,第11页。

[9] 参见鲁迅:《坟·娜拉走后怎样》,载《鲁迅全集》(第1卷),人民文学出版社2015年版,第167页。

[10] 张爱玲:《借银灯》,载金宏达、于青编:《张爱玲文集》(第4卷),安徽文艺出版社1992年版,第179页。

[11] 《中华民国民法》,上海文明书局1931年版,第241页。

[12] 张仁善:《近代中国的主权、法权与社会》,法律出版社2013年版,第201页。

[13] 参见王新宇:《民国时期婚姻立法的时代性与助动力》,载《性别与法律:女性主义的实践》,中国政法大学出版社2021年版,第230页。

能：其“自己做主，自己决定”的词义内涵尊重了当地妇女在恋爱、婚姻、性活动上的“自主性”。在访谈中，“捧儿”时至晚年仍记得双方见面时曾许下的婚姻誓言，还讲述了自己在一审判决后不满华池县的判决，裹着小脚步行80余里路找到了马专员，向其诉说自己的遭遇，这一上诉动机也被记录在了二审判决中。由此看出这场“抢婚”背后“捧儿”并非全在家长掌控下，是基于自己的意愿做出婚姻选择的。

马锡五正是看到了捧儿“自主”作为处理“封张案”的关键，注意到捧儿对于包办婚姻的反抗、包办婚姻在当地的复杂性以及法律的普遍性和地方风俗习惯之间的张力。司法处理原则上坚持“地方灵活性”，又照顾到人民群众期待。[14] 同时，陕甘宁边区的婚姻改革作为近代以来家庭改革的延续，“婚姻自主”不仅仅尊重边区的“地方性知识”，更将其作为司法实践话语。首先，下乡巡回、调审结合、注重调查和听取意见等便捷利民的案件审理模式发挥了司法对婚姻改革的保障作用，婚姻改革的实践也强化了婚姻制度的建设，是注重法的精神还是形式、司法机构是衙门式的还是为人民服务，都源自对该案的思考。其次，田间地头公开审理方式使得群众能够参与司法过程，并因此形成了独特的“乡村民间公共场所”，它有别于黄宗智教授的“第三领域”，更不同于哈贝马斯(Jürgen Habermas，1929～)的“资产阶级公共领域”。在这个公共空间内部，政府只作为调停者或引导者，基层精英平衡着地方群众和政府。最后，随着这种下情上达、沟通群众和政府的协商对话方式的推广，边区政府得到广大人民的支持。

如果说“婚姻自由”是现代性的追求，那么“婚姻自主”则是在中国革命实践中的转化性创造。陕甘宁边区司法制度如何落实到社会底层只是其中一方面，底层社会、文化以及女性生存状况显示出更加真实鲜活的另一面。尤其在边区革命试图沟通地方文化习俗与现代法律话语之背景下，经历了本土与现代的外源性冲突，“封张案”提供了处理类似司法面对社会性“对抗”的“样板”。与之相关的是婚姻司法理念的改变，即从“自由”到“自主”的变化。“婚姻自主”不仅尊重了妇女的自主性，还成为中国婚姻革命的经验表达，这一原则愈合了法律表达和实践间的差距，并通过边区婚姻法实践重塑了女性主体性地位。

---

〔14〕［美］丛小平著译：《自主：中国革命中的婚姻、法律与女性身份(1940～1960)》，社会科学文献出版社2022年版，第185页。

二、"巧儿"文学叙事中的主体性塑造:法律话语的力量

"封张案"作为《马锡五同志的审判方式》文章中的重要例证,之后衍生出了《刘巧儿告状》《刘巧团圆》等多部文艺作品,这些作品在文学界有另一个名字——"人民文艺"。它们与《白毛女》《小二黑结婚》等一并被收录到"人民文艺丛书"中,体现了底层人民的"翻身"过程及日常人伦愿景。[15] 若按照波斯纳(Richard Allen Posner,1939 ~)的理解,非要用学科框定来界定法律与文学的话,二者是很难搭界的。毕竟文学作为一门艺术,对之进行解释和评价的最佳方法是美学的方法;与之相比法律除了有纸面上的文本外,作为一种社会控制的体系,其运作过程还需要社会科学加以阐明且离不开伦理判断。[16] 不过"小说中的故事情节、人物刻画以及情景重现或是当其他某些因素能够用于解释或是影响社会经验"[17]。当"婚姻自主"这一法律话语进入文学场域中后,丛教授作为两种文本的中介者,穿梭于法律与文学的交叉地之间,通过虚实人物间的互动发现革命时期的法律话语对女性主体性的塑造。

(一)倾听"巧儿"的声音:从家庭向社会延伸的权利诉求

冯象曾用"教鱼游泳"隐喻将一种普遍理性对地方经验进行压制,[18] 实际上这种"教鱼游泳"的方案也同样用于妇女解放话语对女性经验的误解。在丛教授看来西方妇女解放话语采用一种"机械二分法"(dichotomy),这种狭隘的解放思想将革命话语视作一种新的父权制度,妇女被视作受害者等待被解救,从而忽略了女性在革命中的能动性。[19] 其实不仅是西方解放话语,回溯 20 世

---

〔15〕 "人民文艺"这一说法来自 1943 ~ 1949 年形成的"群众文艺运动"高潮出版的"人民文艺丛书",作品多记录当时跨地区全国影响的以"女性形象为叙事"主体的"农村斗争题材作品",参见贺桂梅:《人民文艺中的婚姻家庭叙事与妇女解放的历史经验》,载《妇女研究论丛》2020 年第 3 期。

〔16〕 [美]理查德 · A. 波斯纳:《法律与文学》,李国庆译,中国政法大学出版社 2002 年版,第 9 页。

〔17〕 [英]罗杰 · 科特雷尔:《法律、文化与社会:社会理论镜像中的法律观念》,郭晓明译,北京大学出版社 2020 年版,第 134 页。

〔18〕 参见冯象:《送法下乡与教鱼游泳》,载冯象:《政法笔记》,北京大学出版社 2012 年版,第 96 ~ 106 页。

〔19〕 [美]丛小平著译:《自主:中国革命中的婚姻、法律与女性身份(1940 ~ 1960)》,社会科学文献出版社 2022 年版,第 9 页。

纪40年代以前的精英文化圈层,受西式话语影响的“启蒙者”试图用这种二元对立思维对女性解放问题进行叙述。例如,鲁迅尽管在《伤逝》中意识到新式女子的觉醒程度问题,但他笔下的子君是“静默”的“他者”,即便读者竭力去倾听子君的声音,那也是借涓生之口发出的。所幸中国近现代女作家“作为一个性别群体的文化代言人,恰因一场文化断裂而获得了语言、听众和讲坛”[20],不过作为少数“浮出历史地表”的女作家书写的主体性仅涉及士大夫一级,其言说出的个体认同与妇女在婚姻现实中的普遍认同之间仍存在张力,底层妇女仍处于“失语”状态。

女性书写从来不是一个简单的提笔动作。书写背后的发言权是一种进行自我改造的方式,也促使她们由客体转变为主体。[21] 这种权利“并非基于特定的法律条文,而是建立在广义的权利意识至上”[22],可看作规范性赋权外的自我赋权,重在让女性“认识和获得在家庭和社区生活中与男性平等的权利的过程”[23]。经过被书写到自我书写后,女性的权利意识不再被封缄,而当隐匿在女性角落的真实的“声音”揭露时,带来的不仅是一场对近代中国妇女法律地位的反思,也是一次纷乱时代的主体性认同。正是在书写女性愿望与女性时代语言匮乏的现实裂缝中,出现了一批探讨女性婚姻与身份的革命文学。延安文艺从质疑都市文化开始,其文化精神来源于毛泽东在1943年发表的《在延安文艺座谈会上的讲话》。在文化创作上延安文学鼓励大众文化和乡村当地文化结合,尤其还产生了独特的“延安女作家群”,她们不仅反叛传统家庭,还同时对启蒙话语这一“反叛者”进行反叛。凭借对边区女性的法律地位进行“自主”思考,袁静努力从革命话语、传统话语、启蒙话语的游离间隙中延伸出个体话语,并带着《刘巧儿告状》进入了延安文化圈。

首先,《刘巧儿告状》的离婚判决突出了反对家长制和阶级关系的革命意识形态,体现了延安文化背后的国家权力试图介入家庭之中鼓励女性参与革命,

---

〔20〕 参见孟悦、戴锦华:《浮出历史地表:现代妇女文学研究》,中国人民大学出版社2004年版,第1页。

〔21〕 参见[英]约翰·斯道雷:《文化理论与通俗文化导论》,杨竹山等译,南京大学出版社2001年版,第231页。

〔22〕 [美]萨利·安格尔·梅丽:《诉讼的话语:生活在美国社会底层人的法律意识》,郭星华等译,北京大学出版社2007年版,第3页。

〔23〕 谭琳、陈卫民:《女性与家庭:社会性别视角的分析》,天津人民出版社2001年版,第195页。

而作者本人“革命爱人”的婚姻模式就是国家话语介入个人婚姻的写照;其次,作品折射出传统家庭观念发生了变化,从教授挖掘到了长期被中国儒家亲属制度传统压抑的母女关系,同是“没娘女儿群”的袁静,所刻画的“巧儿”不同于延安精英丁玲笔下的逃离母亲的梦柯,也不像张爱玲笔下反“慈母形象”的曹七巧,“反叛”的袁静通过她的“文学权力”在故事叙述中完成了一次“弑母”——没有写亲生母亲,创造出了一个具有拯救“巧儿”意味的社会母亲“李婶”,母女关系转移到了社会,社会母亲成了和国家力量同等重要的社会力量,而这一权利想象后来也影响了作者成为儿童文学家;最后,属于这一时期女性独有的家国关系理解在结尾处得以体现,“大团圆”以代表国家公权力的马专员和代表女性社会力量的“李婶”双重力量下得以实现,女性社会力量的“在场”表明袁静试图言说女性在公共领域的合法性。这一权利愿望恰巧在现实原型人物封芝琴身上成为了现实,捧儿后来带着自己的“官名”参与到国家建设、政治活动中去,成为了人大代表。

(二)地方和国家话语下的“巧儿”:婚姻法实践的不断完善

与边区司法致力于兼容地方实际、判决符合人民期待相类似的是,边区政府也致力于吸收民间文化精髓,在理解底层中改造社会。不过,边区文化建设仅影响像袁静一样的都市知识女性和参加革命的女性,也就是说“自主”的文化塑造到乡村一级就戛然而止了,由此可以理解在韩起祥版本的《刘巧团圆》中,乡土伦理的复调叙事再度出现。这种“婚姻自主”的民间叙事表达展现了一种皮埃尔·布迪厄(Pierre Bourdieu,1930~2002)意义上的“文化区隔”(cultural segregation):“青天”矮化了女性的主体性地位,将女性视作等待被救,“娃娃亲”式的“团圆”则暗示“包办婚姻”在当地习俗中被“合法化”,“父母之命媒妁之言”的传统话语依旧存在。上述社会正义想象的“区隔”说明婚姻法要产生更具普遍性意义的真正的社会认同,还需要通过这些民间叙事不断发现“婚姻自主”在司法实践中涵摄能力有限的弊端。

而文化区隔要打破得益于新中国成立。由于需要获得城市人民的支持,1950年《婚姻法》又回到了都市化语境,“婚姻自由”又重回法条。历史仍在重演,司法实践仍然徘徊在摆脱理想条文与矫枉过正之间,“自由”与“自主”之间又再次出现了紧张。不过在官方话语与地区司法互动下,革命经验被带入了婚姻法解释中,实践中还延续陕甘宁边区的做法。不过“自主”仍然是司法适用话语,比如会充分调查离婚动机,于是在新中国初期形成了“政治保持自由,实践中保持自主”的格局。

以上变化也印证了历史变化“以渐不以骤”。“婚姻自主”到“婚姻自由”不是顷刻就作出决定,如之前司法改革用“自主”沟通婚姻理念和社会实际、条文表达和实践需要一样,“渐”的部分是“法律的沟通过程而不是变化本身”[24]。当原有的制度理性面临非理性困境,需要将被人民接受并行之有效、符合社会实际并可以成为指导社会发展的准则正式纳入法律条文。[25] 可以说法律理念中的实用性思考一直存在。今之视昔,要让这种沟通由“渐”到“骤”,用立法与司法技术进行正式的法律沟通固然是一种社会整合的方式,而将法律理念以文学为载体并借助大众传媒对新婚姻法理念进行文化传播也可视为一种非正式的法律沟通。因此,这一时期的《刘巧儿传》剧本增加了新的革命话语、婚姻法的精神以及劳动伦理,革命根据地婚姻改革的经验被弱化。其编排理念为婚姻自由的保障虽来自人民政府,却“还是要靠青年男女自己勇敢斗争来获得婚姻幸福”[26]。由此电影中“自由”一词又回到了五四时代的抽象化理解,目的是让群众接受婚姻法的新观念。

(三)“巧儿”们的镜像人生:法律话语的主体间传递

法律与文学应该关注人物的法律经历还是关注镶嵌在社会中的法律现实?从法学界及文学界对革命文学的看法可窥探一二。从法学关注于现实的立场来看,革命文学所处的“时代氛围和社会环境很难为作者和受众提供足够空间来思考和体察与法律规范相关的问题”[27];而文学界则对这一时期的“文学工具论”予以批判,认为如果仅将“反映现实”作为文学的直接任务,那么“人在作品中,就只居于从属的地位”,“这个人又怎么能成为活生生的、有血有肉的、有着自己的真正的个性的人呢?”[28]。实际上不管是“立人”还是书写现实,从人文关怀这一角度看二者不是割裂开的。伊格尔顿(Terry Eagleton,1943 ~)在《文学事件》中认为文学话语作为一种“述行语言”能够以言行“事”,文学作

---

[24] [英]罗杰・科特雷尔:《社会学法学:法律思想与社会探究》,李俊等译,北京大学出版社 2022 年版,第 235 页。

[25] 参见黄宗智:《中国的新型正义体系:理论与实践》,广西师范大学出版社 2020 年版,第 106 页。

[26] 参见[美]丛小平著译:《自主:中国革命中的婚姻、法律与女性身份(1940 ~ 1960)》,社会科学文献出版社 2022 年版,第 396 页。

[27] 苏力:《为什么未老先衰?——“法律与文学”在当代中国》,载《法律科学(西北政法大学学报)》2021 年第 5 期。

[28] 钱谷融:《论“文学是人学”》,载张炯主编:《中国新文艺大系(1949—1966):理论史料集》,中国文联出版公司 1994 年版,第 358 页。

品的产生可看作是发生学上的事件;[29]同时"事件化"在福柯看来是"非必然的历史独特性的闯入"[30]。由此将"巧儿"象征"自主"作为中国婚姻革命一个"闯入"的历史事件,能够进一步理解本书提到的人物分别作为读者、叙述(表演)者与人物原型,她们的"自主"话语是如何在文史互动下汇入法律话语与人文关怀的。

在经历了新闻报道到文艺改编,封芝琴、袁静、新凤霞作为故事的原型、书写者、表演者,她们身上展现着三种不同形态的人生悲喜剧,互相纠结、渗透、影响、撞击:"巧儿"的符号传播激励着封芝琴本人从家庭中"脱嵌",加入中国共产党,成为妇女主任、人大代表、劳动模范,"自主"的实践话语影响从私领域延伸至公共领域;袁静这一知识青年通过书写"社会母亲"这一被正典历史屏蔽的女性社会力量,找到了自由神话迷失后寻求救济的另一个"立身之所";演员新凤霞的婚姻历程则受到"巧儿"激励,银幕形象融合了知识分子与民间社会关于现代婚姻的个体精神和现实想象。

因此,对美好生活的向往不再是文学想象对现实的代偿,"婚姻自主"的理念让她们借助"巧儿"形成"想象的共同体"时,也"激励着她的追随者,在行动中体现了她们的主体性"[31]。从教授正是从女性主体性出发,透过一桩婚姻案件延伸至一个群体的意义书写,实际上在作品的传播过程中还形成了主体间性(intersubjectivity)。主体间传递同时说明,法律与文学共享同一个文化背景、同一个生活世界,能够使我们认识到自身才是语言、法律和文化的主体。[32] 当新的读者在阅读中不断"重构作品结构"时,那些虽不能言、沉积在心的法律意义又在无数个"巧儿"中不断扩展。由此婚姻法律规范的有效性的主体间承认,不再局限于法律系统内部的自我理解,而是有了更多的"参与者"视角。当个体的欲望书写被更多的行动者理解,又经大众媒介形成更普遍的公共性理解时,"巧儿"作为

---

〔29〕 参见苏岩:《文学作为事件——读伊格尔顿〈文学事件〉》,载《外国美学》2020年第1期。

〔30〕 [法]朱迪特·勒薇尔:《福柯思想辞典》,潘培庆译,重庆大学出版社2015年版,第61页。

〔31〕 [美]丛小平著译:《自主:中国革命中的婚姻、法律与女性身份(1940~1960)》,社会科学文献出版社2022年版,第402页。

〔32〕 [英]玛丽亚·阿里斯托戴默:《法律与文学:从她走向永恒》,薛朝凤译,北京大学出版社2017年版,第13页。

文学符号承载的关于婚姻自主的集体记忆成为了“中国正义体系”[33]中革命法律传统部分的文化记忆。分不清是“巧儿”成就了“她们”,还是“她们”成为了“巧儿”,“自主”的理念让新中国成立后的一代代妇女从“他塑”走向“自塑”。

三、“巧儿”生命叙事的生成:寻找法学背后的“人文性”

区别于主流法学教育中的案例分析,作为个案研究的法律与文学进路不是法解释意义上的,它在传统上被视为法社科/法律的社会科学(social science of law)研究的一部分;同时也区别于实证意义上的法社科研究,它所采用的“思想实验”进路更多是提出各种可能性,提出超越个案制度意义及理论意义,所依靠的不是扎实的田野调查而是想象力。[34] 主张走出去进行访谈和参与式观察的法实证研究无疑是一种重要方法,而社会学对人的主体性反思提示我们,法律与文学若只凭借一点史料或是单部文学作品来静态地观察、忖度,其实很难提出实践上的法律问题,还需要穿梭于众多材料中用怀疑精神寻找出法律意义,寻找“人文性”就是“巧儿”之于法学研究的启示。

费孝通先生晚年曾反思社会研究不仅仅要看到社会结构还要关注活生生的人。[35] 他说过去“只讲了社会生活的共性而没有讲社会里生活的人的个性,只画了乐谱,没有听到琴音,只看了剧本,没有看到台上演员的精彩表演”[36]。周飞舟教授认为,费孝通先生是从个人和社会关系入手,看到了个体通过社会的自觉,这是一种“我”的自觉或者“自我感觉”,是人和人相处时如何理解对方的“道义关系”,是一种“人文世界”。[37] 而“人文关怀”“自我感受”的背后事实则是对大写的人的重视。文学知识背后潜藏的“人文关怀”“生命体悟”可以弥补

---

[33] 黄宗智认为,中国的正义体系只可能同时来自古代的“中华法系”、现代和改革时期从西方移植的法律以及从中国革命传统所承继的政治体制与司法制度这三大主要传统。参见黄宗智:《中国的新型正义体系:理论与实践》,广西师范大学出版社2020年版,第6页。

[34] 参见侯猛:《实证“包装”法学?——法律的实证研究在中国》,载《中国法律评论》2020年第4期。

[35] 参见费孝通:《对文化的历史性和社会性的思考》,载《费孝通全集》(第17卷),内蒙古人民出版社2009年版,第523~524页。

[36] 费孝通:《小城镇研究十年反思》,载《费孝通全集》(第15卷),内蒙古人民出版社2009年版,第33~34页。

[37] 参见周飞舟:《从“志在富民”到“文化自觉”:费孝通先生晚年的思想转向》,载《社会》2017年第4期。

法律知识对人的冷漠,去体察具体人物背后的生活世界。法律不能言说的,交由文学去言说,用人文弥补社会科学入侵法学后所忽略的法律问题,正是法律与人文的意义所在。[38]

文学材料中的可贵性恰恰在于,其背后的话语是作者构建的,"文学家在描写法律事件时,一般不会为此专门学习有关法律的知识,他的写作,完全是在生活积累的基础上进行'无意识'创作"[39]。正是这种视角可以帮助我们看到另一个世界,帮助我们听到沉默的人的声音。[40] 因此,关注文学中的人、回归人的主体性,实际走向了法学研究的"生命叙事",尤其关注婚姻家庭关系主体的个人背后有着被情感、道德、制度等联结,伦理道德背后的人文关怀、人本主义对家事司法具有补充性。马锡五审判衍生的"人民文艺"作品正是通过这种"人文性"将法律叙事与文学叙事相连接:审判方式所贯彻的"群众路线"与"大众文化"相结合,使得"自主"的法律理念贯穿人们的日常,革命时期女性婚姻的"主体性"地位通过法律的"生命叙事"得以完整表达,法律也因带给底层人民的美好生活而生生不息。

然而法学关注人文,若"只停留在价值倡导层面,很难对法学研究提供更深入的指引"[41]。特别是近年来如苏力所说的文学越来越像游戏,[42] 媒介变迁下文艺作品几番浮沉,已经很难有本雅明所说的"灵韵"(aura)。除了审美价值的丧失外,文学的认识价值逐渐让位于娱乐功能,"流量为王"可以让作品一夜间街知巷闻,也可以让曾经腾传众口的经典文献石沉海底,文学与社会关切渐行渐远,很难实现所谓的"诗性正义"[43]。从"娱乐至死"这一点这就不难理解为何提供

---

[38] 参见侯猛、杜官磊:《"法律与人文"研讨会综述》,载《华东政法学院学报》2006 年第 1 期。

[39] 尹伊君:《红楼梦的法律世界》,商务印书馆 2007 年版,第 25 页。

[40] See Peter Goodrich, Daniela Gandorfer & Cecilia Gebruers, *Research Handbook on Law and Literature* (*Research Handbooks in Legal Theory series*), Cheltenham, Edward Elgar Publishing, 2022, p. 28.

[41] 李琛:《"法与人文"的方法论意义——以著作权法为模型》,载《中国社会科学》2007 年第 3 期。

[42] 苏力:《为什么未老先衰? ——"法律与文学"在当代中国》,载《法律科学(西北政法大学学报)》2021 年第 5 期。

[43] 美国芝加哥大学法学院教授玛莎·努斯鲍姆从法哲学意义上提出"诗性正义"的概念,在批判功利主义的观点的同时,希望通过文学中的同情和想象的正义标准指导司法和公共实践。参见[美]玛莎·努斯鲍姆:《诗性正义文学想象与公共生活》,丁晓东译,北京大学出版社 2010 年版。

法律解释的经典文本越来越匮乏。哈贝马斯提出消除“文类壁垒”、提倡文本间性的主张无疑是一个思路。在他眼中,专业书籍和文学作品的分类不再泾渭分明,弗洛伊德、布卢门伯格也是作家。[44] 不止于心理学、哲学研究,甚至人类学也可以纳入文学分析中。克利福德·格尔兹(Clifford Geertz,1926～2006)的论著中出现了“人类学几乎属于‘文学话语’”的说法:《忧郁的热带》为“列维—斯特劳斯版的《追忆似水年华》和《骰子一掷》”[45]。尤其是他所采用深描方法来寻找特定地域文化的地方性知识,在方法上与“文学研究对特殊性、具体性和语境的强调及文学文本微观描述、虚构和想象特征一脉相承”[46]。历史人类学家王明珂也主张在“田野、文本、记忆”中通过寻找文化层面的社会结构和意义,从而发现“社会本相”。[47] 同样,从教授的文本意识是跨文类的,正是运用档案、地方志、个人回忆录以及访谈等社会学、人类学常用资料和方法发现零星的思想,在口述史、新闻材料、民间歌谣、评剧、电影、木刻画、照片、实物等非文字的遗存里试图建立起民间文学与法律现实的联系,打破了“文法壁垒”。

法与人文要真正实现相互动,还需将法律与文学二者嵌入到具体现实社会情境中,将历史和文学的事实细节带入到法律现实中相互对比。不过这种对比并非止步于用文学与史料所提供的微观法律细节进行“循环论证”,[43] 而是对前文所述的文学中“大写的人”进行法律现象的人文反思,实现“文法互证”。从 2000 年评剧《刘巧儿新传》来看,“巧儿”竟成了一个旧婚姻陋习“符号”表达,起因是一篇新闻报道了“巧儿”干涉外孙子女婚姻。[49] “巧儿”成为年轻人的“反面教材”、巧儿和孙辈间的婚姻观念分歧引出了城乡关系、代际关系、新家庭关系中有关“婚姻自主”的新思考。比如“农民权利意识的增长是从爱情的自

---

[44] 参见[德]于尔根·哈贝马斯:《后形而上学》,曹卫东、付德根译,译林出版社 2012 年版,第 222 页。

[45] [美]克利福德·格尔兹:《论著与生活:作为作者的人类学家》,方静文、黄剑波译,中国人民大学出版社 2013 年版,第 63 页。

[46] 汪正龙、张瑜:《语言转向视野下的文学理论问题重估研究》,中国社会科学出版社 2019 年版,第 29 页。

[47] 参见王明珂:《田野、文本与历史记忆——以滇西为例》,载《思想战线》2017 年第 1 期。

[48] 参见刘星:《马锡五审判方式的“可能”的运行逻辑:法律与文学》,载《清华法学》2014 年第 4 期。

[49] [美]丛小平著译:《自主:中国革命中的婚姻、法律与女性身份(1940～1960)》,社会科学文献出版社 2022 年版,第 412 页。

由表达开始的,它直接导致了年轻人在婚姻上自主性的增长"[50],也就是阎云翔所说的"个体社会化"。特别是国家力量走出基层后一系列社会要素发生了变化,市场因素向家庭私域的"入侵"产生了更多的复杂问题,国家、市场和传统文化在现代性的话语体系中扮演的角色以及力量对比正在发生变化,现代性和个体自由的诉求更多了。[51] 这些新变化的出现则要求制度为情感与亲密创造更多条件。由此可以理解为何"感情破裂条款"在 1950 年《婚姻法》"缺场"后于 1980 年《婚姻法》中再度重现,且"感情破裂主义"也一直延续至民法典时代。

与"婚姻自主"的表达相互对比,当前"婚姻自主"的法律实践没有为上述的情感诉求提供良好环境,以爱情为基础的婚姻在司法实践中出现了问题。[52] 首先,如果说 20 世纪 50 年代还存在法官下乡调查的"审判方式",[53] 那么如今的离婚案件则主要采用颇具形式主义理性的当事人主义,法官着重处理双方财产、子女抚养争议,不太注重道德话语、情感修复。"婚姻自由"预设了男女法律地位上的平等,但在政治、经济和社会层面,大多数女性尤其是底层妇女还有其脆弱性。而忽视当事人诉讼能力的不对称性,将两造平等对抗强行套入离婚诉讼,这种重形式平等、轻实质平等的理念实际上只会加重家庭领域的不平等。[54] 其次,"体制制约造成离婚法实践常规化"[55] 以及家暴案件中"法官对于弱势女性作为受害者的冷漠"[56] 等"疏于事实"的例子都呈现出法官的实用主义色彩,用苏力的话来讲,案件处理被"格式化"了,如同韦伯所说的"自动贩卖机"。特别是自 2016 年以来家事审判改革试点工作在全国紧锣密鼓进行,民法典时代的家

---

〔50〕 陈柏峰:《半熟人社会:转型期乡村社会性质深描》,社会科学文献出版社 2019 年版,第 231 页。

〔51〕 参见吴小英:《市场化背景下性别话语的转型》,载《中国社会科学》2009 年第 2 期。

〔52〕 参见[美]丛小平著译:《自主:中国革命中的婚姻、法律与女性身份(1940 ~ 1960)》,社会科学文献出版社 2022 年版,第 417 页。

〔53〕 参见黄宗智:《离婚法实践——当代中国民事法律制度的起源、虚构和现实》,载《中国乡村研究》2006 年第 0 期。

〔54〕 参见[美]玛萨·艾伯森·法曼:《经年之后,平等仍未实现——公民权、自主权与性别权利之辩》,王新宇译,载《比较法研究》2014 年第 3 期。

〔55〕 贺欣、冯晓川:《离婚法实践的常规化——体制制约对司法行为的影响》,载《北大法律评论》2008 年第 2 期。

〔56〕 See He Xin, *Divorce in China: Institutional Constraints and Gendered Outcomes*, New York, NYU Press, 2021, p. 108 – 140.

事实体部分不断完善,然而现实生活中没有统一程序配套措施,法官凭借经验自我摸索难免无所适从,当事人也容易陷入对家事审判的不信任。[57] 司法能否“关怀”家门中那些弱者的利益,能否从实质上保障当事人在家庭私领域中“看不见的权利”,影响着广大女性走向公共领域这一“前台”实现其权益。

这就需要对“互证”后的相关的法律知识进行反思,法学知识生产也需要“人文”,也需要关注人的主体性,避免以“人”为名义而构建起知识“真理”,如菲利浦四世消失在画中一样被抹去了主体。[58] 那些抹去主体性的法律话语,看重的是某类法律知识的共性,而不是法律现实中的人,是把人作为一个知识权力塑造的象征符。只有放下“局外人”的孤高,才能突破“他者”的桎梏,跨越工具理性的局限,以交往理性认识一个个当下的人,去获得法律社会性整合的自我理解。法律作为系统和生活世界进行交往循环的转换器,在二者间建立正确的联系并非仅仅向系统进行专业编码,也应该同时注入生活世界中那些文化、人格及认同。[59] 因此文法互证的“文”不仅是文学,更要将目光往返于过去与现在,将本土资源背后深厚的人文内涵与法律知识相结合。中国的儒家思想中“人本主义”以及当下的社会主义价值就是中国“自主”的法律文化资源,有着西方中心论视角下无法简单勾勒的文化内涵以及智慧,在“寻根”的过程中可以避免知识的无主体。

四、结　　语

《自主:中国革命中的婚姻、法律与女性身份(1940～1960)》一书记录了“封张案”原型人物“捧儿”成为文化符号“巧儿”,中间经历了《解放日报》刊载、袁静和韩启祥文学改编以及新凤霞的生动演绎,最后走向荧幕成为家喻户晓的人物,激励千万个新中国妇女成为“巧儿”。在跨时空的书写过程中,“巧儿”的故事从最初作为传统文化被书写到新中国后加入劳动伦理,“文化重构”让“巧儿”的符号意义随着革命历程不断丰富,“巧儿”的人格意义和自主意识被编织

[57] 参见陈爱武:《家事案件审判程序改革的观察与思考——兼议民法典时代我国家事诉讼立法的必要性》,载《法治现代化研究》2020年第4期。

[58] 参见[法]米歇尔·福柯:《词与物》,莫伟民译,上海三联书店2016年版,第316页。

[59] 参见[德]哈贝马斯:《在事实与规范之间——关于法律和民主法治国的商谈理论》,童世骏译,生活·读书·新知三联书店2014年版,第97～98页。

成了流动的历史记忆。符号书写背后有宏观的集体群像也有微观的底层叙事,边区的法律实践与宏大的国家/个人、传统/现代化、革命/女性议题紧密联系。无固定的主角编排的历史叙事描绘了同期中国大多数"巧儿"们的婚姻命运,"自主"这一法律话语和个体经验相结合,丰富了女性在婚姻革命时期的主体性内涵,由个体层面上升至国家社会层面,个人命运与国家命运形成同构,现代性命题最终在底层女性婚姻命运上得以完整表达。

自 20 世纪 90 年代开始,国内法学学者受到西方法律与文学运动(Law and Literature Movement)影响,[60] 基于电影《秋菊打官司》研究,苏力不仅让"秋菊"这一命题成为法律与文学的代言词,在某种程度上"秋菊的困惑"也触碰到了经验问题。然而,随着一步步"解惑",基于"法社会学"的"法律与文学"分析逐渐成为一种"路径依赖"。[61] 已有研究在一定程度上突破了"二元对立"等老生常谈的问题,[62] 但能够从类似文学人物"角色隐喻"出发结合文学语境分析其所处生活世界的更是少见。[63] 有别于法律与文学解读的"四分法",[64]"刘巧儿"的历史文学双重叙事带来了更多学界所呼唤的"跨学科路径、知识的增量以及很多艺术形象和文化意义的分析"[65]。从教授用历史和文学两个维度证明"自主"这一实践话语在中国革命时期的效果:"马锡五审判"代表陕甘宁边区的诉

---

〔60〕 "法律与文学运动"兴起于 20 世纪 70 年代的欧美法学界,其渊源一般追溯至詹姆斯 · 怀特于 1973 年出版《法律想象:法律思想和表述的属性研究》。1989 年卡多佐创立了专门刊物《卡多佐法律与文学研究》进一步促进了该运动发展。该运动另一重要人物为理查德 · A. 波斯纳,其出版的《法律与文学》自 1988 年到 2009 年历经三版,从第一版强调法律与文学研究是"一个误会"到第三版肯定其价值,表明该研究为已走过初期阶段不断深入。参见刘星显:《法律与文学研究:基于关系视角》,社会科学文献出版社 2014 年版,第 1 ~ 4 页。

〔61〕 对社会科学路径的反思,参见陈颀:《秋菊二十年:反思"法律与文学"》,载《读书》2016 年第 9 期;陈颀:《法律与文学的社会科学进路:洞见与不足——以苏力〈法律与文学〉前三章为样本》,苏力主编:《法律书评》第 8 辑,北京大学出版社 2009 年版。

〔62〕 参见陈颀:《秋菊的困惑与解惑——"法律与文学"研究在中国》,载《开放时代》2019 年第 1 期。

〔63〕 "角色隐喻"出发分析人物,参见尤陈俊:《中国法治事业中的空间因素与性别因素——从〈秋菊打官司〉的角色隐喻切入》,载《学习与探索》2013 年第 3 期。

〔64〕 按照美国"法律与文学运动"的经典分类,法律与文学研究类型分为四种:"文学中的法律"、"作为文学的法律"、"通过文学的法律"和"有关文学的法律"。

〔65〕 韩尚宜:《从"秋菊的困惑"到法学知识生产之惑——中国"法律与文学"研究反思》,载《中国法律评论》2022 年第 1 期。

讼战场,“封张案”从法律实践角度证明了“自主”的表达与实践之间的愈合;“巧儿”的文化符号传播则记录了婚姻理念的实践细节,即“自主”对底层人物生活的意义。由此法律中的社会经由历史、文学叙事打破了学科壁垒,法律与文学研究不再局限于传统理论和文学材料的工具维度,而是有了更多现实关怀。贯穿全书的主体性问题借由一个个活生生的人展示的是一种人文意义上的法律真实。

威廉·狄尔泰(Wilhelm Dilthey,1833~1911)从个体生命体悟反思社会知识:“在知识和行为的边缘处,产生了这样一个领域:在这个领域中,生命似乎在一个观察、反省和理论无法进入的深处袒露自身。”[66]从教授对人的主体性思考,实际上还隐藏着“间性思维”。除了在人物间相互对照、文本间的相互佐证外,在书的结尾部分,“自主”的理解还从家庭领域扩展到国家领域,[67]体现了一种家与国的文化间性。这启示我们除了关注婚姻家庭性别议题、打破家庭与社会公私领域二元对立、妇女权益保障和国家社会联动外,“自主”背后的家国文化可以作为法治文化的底蕴,费孝通的“差序格局”、潘光旦的“位育思想”[68]都是从个体社会国家关系思考婚姻家庭价值的典范。思考过去的同时还不忘关注当下,从一系列专家网友对“妇女权益保护”议题进行大公共讨论、《妇女权益保障法》修订草案稿30多万条征询意见,再到2022年10月30日十三届全国人大常委会第三十七次会议审议修订了《妇女权益保障法》,将该法第六章“人身权利”提到第三章并命名为“人身和人权权益”,都在说明让法律去倾听女性的声音、让她们言说“自主”的重要性。同时自主、批判的公共领域作为能够引出更多法律与社会议题的“共振板”、不断吸纳全社会公共理性的“传感器”,更多“自主”的法律书写也仍未停止。

---

〔66〕[德]威尔海姆·狄尔泰:《对他人及其生命表现的理解》,李超杰译,载洪汉鼎主编:《理解与解释:诠释学经典文选》,东方出版社2001年版,第95页。

〔67〕参见[美]丛小平著译:《自主:中国革命中的婚姻、法律与女性身份(1940~1960)》,社会科学文献出版社2022年版,第423~425页。

〔68〕潘光旦在《中国之家庭问题》用结合“中和位育”理论提出的家庭改革方案,试图让家庭发挥作为个人和社会间“居间调停者”,实现为个人求发展、为社会谋秩序、为种族图久长的多重目标。参见吴小英:《重返传统:家庭研究的方法论转向》,载《理论月刊》2022年第8期。

《中山大学青年法律评论》稿约

一、《中山大学青年法律评论》简介

《中山大学青年法律评论》是由中山大学法学院学生独立运作的，由法律出版社公开出版的法学学术性出版物，创立于 2017 年。本评论致力于为青年法学人才搭建一个学术成果的交流平台，活跃学术研究氛围，开阔法学研究视野。

二、征稿对象及范围

1. 本评论面向国内外知名法学院校在校学生征稿。

2. 本评论奉行一切从学术出发的宗旨，对来稿不限制主题和体裁。来稿篇幅以 1 万 ~1.5 万字为宜，原则上不超过 2 万字。

3. 本评论尤其欢迎细致的制度分析和案例研究，亦欢迎选题良好的翻译稿件，不接受无问题意识的空泛议论或简单介绍，也不接受无深度的表面化评论。

4. 若为翻译稿件，请译者于投稿时附上原文及作者授权证明。

5. 本评论欢迎专稿专投，反对一稿多投、一稿多发。

三、格 式 体 例

1. 来稿请在正文前加列“目次”、“摘要”和“关键词”，无需英文标题和英文摘要。“摘要”为稿件核心观点的凝练，字数不超过 300 字。“关键词”不超过 5 个。

2. 来稿须符合学术规范，注释体例参照《法学研究》，推荐使用《法学引注手册》进行引注。注释是否符合本评论体例要求不影响稿件评价，但注释是否符合学术规范将影响稿件采用。

四、评审规则

为公正选稿，本评论实行匿名三审制。一审为学科编辑独立审稿；二审为责任编辑独立审稿与审稿委员会集体表决审稿相结合；三审为知名法学院校专家审稿，采末位淘汰制。

为加快稿件处理速度，本评论实行快速审稿和审稿意见及时反馈制度。自投稿起一个月内未获任何通知，请作者主动联系编辑部，以免遗漏或耽误用稿。

五、投稿方式

1. 本评论唯一工作邮箱：sysuyouthlaw@163.com。来稿请勿发送至包括主编在内的任何工作人员。

2. 投稿请以 Word 文档形式以附件发送。Word 文档标题只需填写论文题目，无需填写作者信息，Word 正文内亦无须包含作者个人信息，保证匿名审稿。

3. 作者个人信息及论文题目请在邮件正文中列明，建议投稿邮件标题格式为“投稿＋作者姓名＋论文题目”，以便编辑部及时准确回复邮件。

六、特别提醒

本评论不以任何形式向作者收取审稿费、版面费等费用，也从未授权任何机构或个人代理投稿事宜。所有投稿事宜仅在工作邮箱处理。未尽事宜，请直接通过本刊编辑部工作邮箱进行联系。

更多信息可关注本评论微信公众号“青年法律评论”（微信号为：sysuyouthlaw），或查阅中山大学法学院官网：http://law.sysu.edu.cn/。

《中山大学青年法律评论》编辑部

2023 年 3 月